水运工程监理培训用书

Zhiliang　Kongzhi

质　量　控　制

（第三版）

中国交通建设监理协会　**组织编写**
交通运输部工程质量监督局　**审　　定**
　　　　黄伦超　**主　　编**

人民交通出版社
China Communications Press

内 容 提 要

本教材按照交通运输部监理工程师考试《港口工程》和《航道工程》两个科目的大纲内容编写而成。主要介绍水运工程常规施工工艺和施工方法、质量控制方法、质量检验标准、常规测量方法和要求、环保和安全监理要点等内容。

本教材主要为水运工程监理业务培训、继续教育和水运工程监理工程师考试用书，亦可供相关监理人员实际工作参考和高等学校用书。

图书在版编目(CIP)数据

质量控制/中国交通建设监理协会组织编写. —3版. —北京：人民交通出版社，2013.5 (2024.12重印)
水运工程监理培训用书
ISBN 978-7-114-10633-0

Ⅰ.①质… Ⅱ.①中… Ⅲ.①航道工程—工程施工—质量控制—技术培训—教材 Ⅳ.①U615.1

中国版本图书馆 CIP 数据核字(2013)第 106228 号

	水运工程监理培训用书
书　　名	质量控制(第三版)
著 作 者	中国交通建设监理协会
责任编辑	韩亚楠　赵瑞琴
出版发行	人民交通出版社
地　　址	(100011)北京市朝阳区安定门外外馆斜街 3 号
网　　址	http://www.ccpcl.com.cn
销售电话	(010) 85285857
总 经 销	人民交通出版社发行部
经　　销	各地新华书店
印　　刷	北京科印技术咨询服务有限公司数码印刷分部
开　　本	787×1092　1/16
印　　张	25.75
字　　数	595 千
版　　次	2013 年 5 月　第 3 版
印　　次	2024 年 12 月　第 3 次印刷
书　　号	ISBN 978-7-114-10633-0
定　　价	58.00 元

(有印刷、装订质量问题的图书由本社负责调换)

《水运工程监理培训用书》编审委员会

主任委员: 黄　勇

副主任委员: 刘　巍　周元超

编写委员会: (按姓氏笔画排序)

　　王祖志　邓顺盛　田冬青　刘　文　刘志杰

　　刘　敏　许镇江　吴　彬　李　静　陈红萍

　　季永华　赵卫民　黄伦超　游　涛

审定委员会: (按姓氏笔画排序)

　　左旋峰　刘长健　吕翠玲　汤渭清　李　聪

　　苏炳坤　周　河　周立杰　唐云清　戴　中

序

交通运输行业是最早开展工程监理制度试点的行业之一，交通建设监理制度与项目法人责任制、招标投标制、合同管理制共同构成我国交通运输基础设施建设的"四项基本制度"。

为了提高公路水运工程监理人员的业务能力与水平，交通运输部工程质量监督局（原交通部基本建设质量监督总站）自1990年开始，组织行业内的有关高校编写了公路水运工程监理培训教材，并开展监理业务培训工作，到目前为止，先后有近20多万人参加培训，近7万人获得交通运输部颁发的公路水运工程监理工程师执业资格证书。作为交通建设监理队伍骨干的监理工程师和专业监理工程师，已经成为交通基础设施建设不可或缺的重要技术管理力量。

为满足公路水运工程建设监理业务教育培训需要，同时为参加交通运输部公路水运工程监理工程师过渡考试人员提供复习参考，中国交通建设监理协会组织相关专家学者对公路、水运工程监理培训教材（第二版）进行了修订完善。修订后的公路工程监理培训用书共分五册，分别是《监理概论》、《工程质量监理》、《工程进度监理》、《工程费用监理》和《合同管理》；水运工程监理培训用书共分六册，分别是《监理概论》、《质量控制》、《进度控制》、《费用控制》、《合同管理》和《机电设备控制》。

本套培训用书以我国公路水运工程建设实际和最新颁布的法规、标准、规范为依据，既注重工程监理基本理论、基本方法的阐述，又充分反映了工程建设管理和监理实践的发展与变化，同时兼顾了公路水运工程监理工程师过渡考试的相关要求，内容系统性与实践指导性并重，可满足广大公路水运工程监理人员学习及提高业务水平需要，同时也作为公路水运工程监理工程师过渡考试主要参考资料。

目前我国交通运输业正处于加快改革发展的重要战略机遇期，交通建设的持续发展,给广大立志从事工程建设监理事业的技术人员提供了更广阔的舞台,让我们不断提升自身业务素质与水平,进一步增强责任感与使命感,为交通基础设施建设的科学发展、安全发展做出新的贡献。

交通运输部工程质量监督局

2013 年 5 月

前　言

为满足水运工程建设需要,提高监理从业人员业务水平和现场工作能力,经交通运输部工程质量监督局同意,中国交通建设监理协会联合人民交通出版社于 2012 年 10 月 10 日在北京召开了《公路水运工程监理培训用书》修订工作会议,确定了编写大纲。在教材的修订过程中,编写人员吸纳教学过程中收集的意见和建议,结合水运工程建设实际和监理工作需要,力争体现国际和国内工程建设管理与工程监理领域的新理念、新方法、新进展,修订后的新教材经专家函审、编者修改、专家会审定后出版。

《质量控制》教材的重新编写,主要是按照交通运输部监理工程师考试《港口工程》和《航道工程》两个科目的大纲内容编写而成。因此,教材章节编排相对于水运工程监理培训统编教材(第二版)《质量控制》做了较大的调整,内容上紧密结合水运工程监理工程师注册资格考试要求和国家新颁布的有关水运工程监理的法规、规范性文件、部门规章以及工程监理的实践经验总结,主要介绍水运工程常规施工工艺和施工方法、质量控制方法、质量检验标准、常规测量方法和要求、环保和安全监理要点等内容。更加注重了水运工程施工监理的理论性、系统性、操作性和针对性。

本教材由长沙理工大学的黄伦超教授编写。

本教材由交通运输部工程质量监督局组织审定。黑龙江省水运工程质量监督站的戴中、北京水规院京华工程管理有限公司的刘长健、江苏省交通运输厅工程质量监督局的汤渭清、四川省水运工程监理事务所的左旋峰等四位专家为主审,对本书的成稿和内容质量的提升提出许多建设性意见,在此向部工程质量监督局领导和主审专家表示衷心感谢!

限于编者的水平和经验,教材中谬误和疏漏之处在所难免,敬请读者批评指正。

编　者
2013 年 5 月

目 录

第一章 水运工程质量控制基础知识 ... 1
- 第一节 水运工程概述 ... 1
- 第二节 水运工程质量控制的意义 ... 7
- 第三节 水运工程质量控制的目标和依据 ... 8
- 第四节 水运工程质量控制的程序和方法 ... 10
- 第五节 各施工时期质量控制的通用内容 ... 12
- 第六节 水运工程质量检验的统一规定 ... 16
- 思考题 ... 20

第二章 水运工程主要通用项目的质量控制 ... 21
- 第一节 模板工程质量控制 ... 21
- 第二节 钢筋工程质量控制 ... 27
- 第三节 混凝土工程质量控制 ... 32
- 第四节 预应力钢筋混凝土质量控制 ... 55
- 第五节 钢结构工程质量控制 ... 60
- 第六节 地基处理工程质量控制 ... 64
- 第七节 水运工程墙后工程质量控制 ... 74
- 第八节 停靠船与防护设施工程质量控制 ... 80
- 思考题 ... 88

第三章 重力式码头和防波堤质量控制 ... 90
- 第一节 概述 ... 90
- 第二节 基础工程质量控制 ... 101
- 第三节 重力式码头墙身结构质量控制 ... 107
- 第四节 防波堤堤身结构质量控制 ... 114
- 第五节 重力式码头和防波堤上部结构质量控制 ... 117
- 第六节 防波堤护面结构工程质量控制 ... 120
- 思考题 ... 124

第四章 高桩码头和板桩码头质量控制 ... 125
- 第一节 概述 ... 125
- 第二节 桩制作和梁板预制质量控制 ... 136
- 第三节 桩基工程施工质量控制 ... 145
- 第四节 梁板安装质量控制 ... 156
- 第五节 板桩码头锚碇结构质量控制 ... 159
- 思考题 ... 163

第五章　斜坡码头和浮码头质量控制 164
第一节　概述 164
第二节　斜坡码头施工的质量控制 169
第三节　钢引桥及钢撑杆制作安装质量控制 172
第四节　趸船定位的质量控制 174
思考题 176

第六章　港区道路堆场质量控制 177
第一节　概述 177
第二节　港区道路堆场质量控制 178
思考题 190

第七章　航道整治建筑物质量控制 191
第一节　概述 191
第二节　护底、护滩与护脚工程质量控制 199
第三节　坝体填筑工程质量控制 207
第四节　护岸工程质量控制 212
思考题 219

第八章　疏浚与吹填工程质量控制 220
第一节　概述 220
第二节　疏浚工程施工质量控制 224
第三节　吹填及围埝工程施工质量控制 235
思考题 241

第九章　船闸和修造船水工建筑物质量控制 242
第一节　概述 242
第二节　围堰工程施工质量控制 256
第三节　基坑开挖施工质量控制 261
第四节　船闸与船坞主体工程质量控制 262
第五节　船台滑道工程质量控制 269
思考题 275

第十章　水运工程爆破施工质量控制 276
第一节　概述 276
第二节　陆上爆破及开挖质量控制 280
第三节　水下爆破及清渣质量控制 280
第四节　水下爆炸挤淤抛石质量控制 285
第五节　爆破夯实质量控制 286
思考题 287

第十一章　航标工程质量控制 288
第一节　概述 288
第二节　岸标和水尺质量控制 296

第三节　浮标制作与抛设质量控制 ··· 307
　第四节　标志牌及附属设施质量控制 ·· 309
　思考题 ··· 312
第十二章 水运工程测量及质量控制 ··· 313
　第一节　测量学基础知识 ·· 313
　第二节　水运工程测量基本要求 ··· 332
　第三节　水运工程测量质量检验标准简介 ··· 347
　思考题 ··· 354
第十三章 水运工程环保和安全监理简介 ··· 355
　第一节　水运工程对环境的影响及防治措施 ··· 355
　第二节　水运工程施工环境保护监理 ··· 364
　第三节　水运工程施工安全监理概述 ··· 374
　第四节　水运工程施工安全防护技术要求简介 ··· 379
　思考题 ··· 398
参考文献 ··· 399

第一章　水运工程质量控制基础知识

第一节　水运工程概述

水运是一种重要的交通运输方式,有着运量大、成本低和能耗小等优点。水运工程是指港口、航道、航标、通航建筑物、海岸防护、修造船水工建筑物及支持系统、辅助和附属设施的新建、改建、扩建、大修工程和安装工程。主要包括港口、航道、防波堤(防砂堤)、护岸(海堤)、船闸(通航建筑物)、船坞、海岸、近海或内河工程等。

一、港口工程

港口是位于江、河、湖、海或水库沿岸,具有明确界限的水域和陆域及相应的设备和条件,提供船舶出入和停泊,旅客上下船,货物装卸、储存和驳运,以及船舶补给、修理等技术和生活服务的场所。

就其作用而言,港口是交通运输的枢纽,在公路、铁路、水运、民航和管道组成的运输系统中,港口是集中(出口)或分散(进口)客货的关键环节,各种运输方式的集汇点和水陆联运的咽喉。

就其工程内容而言,是各种工程建筑物(水工、房建、铁路、道路、给排水等)设备的综合体,而港口水工建筑物是这个综合体的主要部分。

港口工程是兴建港口所需的各项工程设施的工程技术总和,包括港址选择、工程规划设计及各项设施的修建与维护(如各种水工建筑物、装卸设备、系船设备、航标等)。

(一)港口的组成和分类

1.港口的组成

港口主要由水域、码头岸线、陆域等部分组成。

1)水域

港口水域是供船舶航行、停泊、锚泊、装卸等的区域,包括港池、航道、锚地、回旋水域以及防波堤、导航等设施。

2)码头岸线

码头岸线是供船舶停靠、旅客上下船和货物装卸的场所。

3)陆域

供旅客候船、货物存储、货物集疏运的地带及相应设施,包括仓库、堆场、装卸设备、交通设施(道路和铁路等)、生产生活辅助设施等。

2.港口分类

1)按功能与用途分

港口按功能与用途可分为商港、工业港、渔港、军港、避风港、旅游港等。

2)按地理位置分

港口按地理位置可分为河港、海港和水库港等,海港又可分为海岸港和河口港。

(1)河港:位于河流(运河)沿岸,主要供内河船舶使用,如武汉港、岳阳港、长沙港等。

(2)海港:河口港和海岸港统称为海港,如大连港、青岛港、深圳盐田港、新加坡港等。

(3)水库港:指建于大型水库沿岸的港口。

(二)码头的组成和分类

码头从广义上理解为码头建筑物及装卸作业地带的总和,即完成水陆货(客)转换功能设施组合的总称,它除码头建筑物自身外,还有装卸设备、库场和集疏运设施;狭义上解释是供船舶停靠的水工建筑物,是供船舶停靠、装卸货物和上下旅客的水工建筑物,它是港口的主要组成部分。

1.码头组成

码头由主体结构和码头附属设施两大部分组成。主体结构包括上部结构、下部结构和基础;码头附属设施用于船舶系靠和装卸作业,如图1-1和表1-1所示。

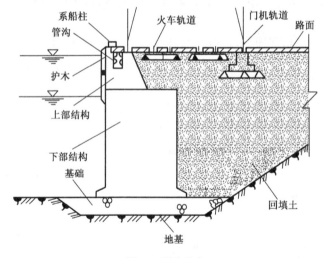

图1-1 码头组成

各种码头的组成 表1-1

组成部分	结构形式	重力式码头	板桩码头	高桩码头
主体结构	上部结构	胸墙	帽梁或胸墙	承台或梁板及靠船构件
	下部结构	墙身	板桩墙	桩
	基础	抛石基床		
	其他	墙后回填料	拉杆、锚碇结构	挡土结构
码头附属设施		系船设施、防冲设施、工艺设施、安全设施、路面		

2. 码头分类

1）按平面布置分

码头按平面布置情况主要可分为顺岸式、突堤式、墩式等，如图1-2所示。

a) 顺岸式码头

b) 突堤式码头

c) 墩式码头

图1-2 码头按平面布置分类

顺岸式码头应用较为普遍，根据码头与岸的连接方式又可分为满堂式和引桥式两种，满堂式码头与岸上场地沿码头全长连成一片，其前沿与后方的联系方便，装卸能力较大。引桥式码头用引桥将透空的顺岸码头与岸连接起来。

突堤式码头主要应用于海港，又分为窄突堤码头和宽突堤码头两种。

墩式码头为非连续结构，由靠船墩、系船墩、工作平台、引桥、人行桥等组成。对于不设引桥的墩式码头，一般又称岛式码头。墩式码头在开敞式码头的建设应用较多，主要用来装卸石油、煤炭、矿石等。

2）按断面形式分

码头按断面形式可分为直立式、斜坡式、半直立式、半斜坡式和多级式等形式。直立式码头适用于水位变幅不大的港口，如海岸港和河口港，如图1-3所示；斜坡式码头适用于水位变幅大的上、中游河港或水库港，如图1-4所示。

3）按结构形式分

码头按结构形式主要可分为重力式码头、板桩码头、高桩码头和混合式码头等，如图1-5所示。

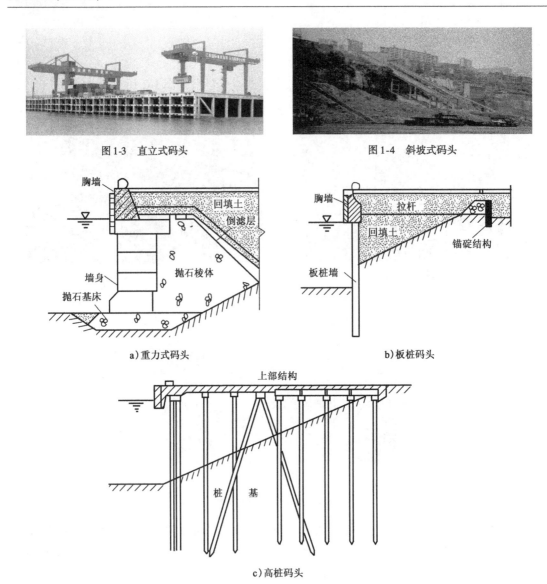

图1-3 直立式码头　　　　图1-4 斜坡式码头

a)重力式码头　　　b)板桩码头

c)高桩码头

图1-5 码头按结构形式分类

4)按用途分

码头按用途可分为一般件杂货码头、专用码头(渔码头、油码头、煤码头、矿石码头、集装箱码头等)、客运码头、供港内工作船使用的工作船码头以及为修造船工作而专设的修船码头、舾装码头等。

(三)码头结构上的作用及组合

施加在码头结构上的集中力和分布力,以及引起结构外加变形和约束变形的原因,总称为结构上的作用。

结构上的作用分为直接作用和间接作用两种。集中力和分布力是直接作用,工程上习惯将它们称为"荷载";引起结构外加变形和约束变形的原因为间接作用,如地基沉降、混凝土收缩变形、温度变形等。

1. 作用的分类

码头结构上的作用可按时间的变异、空间位置的变化和结构的反应进行分类,分类的目的主要是作用效应组合的需要。

1)按时间的变异分

按时间的变异可将作用分为永久作用、可变作用和偶然作用三种。

在设计基准期内,其量值随时间的变化与平均值相比可以忽略不计的作用称为永久作用,如自重力、预加应力、土重力及由永久作用引起的土压力等。在设计基准期内,其量值随时间变化与平均值相比不可忽略的作用称为可变作用,如堆货荷载等。在设计基准期内,不一定出现,但一旦出现其量值很大且持续时间很短的作用称为偶然作用,如地震作用等。

注:港口工程钢筋混凝土结构的设计基准期为50年。

2)按空间位置的变化分

按空间位置的变化将作用分为固定作用和自由作用两种。在结构上具有固定分布的作用称为固定作用,如结构自重力、固定设备自重力等。在结构的一定范围内可以任意分布的作用称为自由作用,如堆货、流动起重运输机械荷载等。

3)按结构的反应分

按结构的反应将作用分为静态作用和动态作用两种。加载过程中结构产生的加速度可以忽略不计的作用称为静态作用,如自重力、土压力等。加载过程中结构产生不可忽略的加速度的作用称为动态作用,如船舶撞击力、汽车荷载等。

2. 作用组合和作用代表值的取值

为了使建筑物的设计经济合理,在设计基准期内有可能同时在码头建筑物上出现的作用分别按承载能力极限状态和正常使用极限状态考虑效应组合。

对于承载能力极限状态可分为持久组合、短暂组合、偶然组合三种。持久组合是永久作用和持续时间较长的可变作用组成的作用效应组合;短暂组合是包括持续时间较短的可变作用所组成的作用效应组合;偶然组合是包含偶然作用所组成的作用效应组合。

对于正常使用极限状态,分为持久状况和短暂情况,其中持久状况又分为短期效应(频遇)组合和长期效应(准永久)组合两种。

进行结构设计时,对于不同的极限状态和组合,在设计表达式中采用不同的作用代表值。作用的代表值分为标准值、频遇值和准永久值三种。标准值是作用的主要代表值;频遇值是代表作用在结构上时而出现的较大值;准永久值是代表作用在结构上经常出现的量值,它在设计基准期内具有较长的总持续期。

永久作用的代表值仅有标准值;可变作用的代表值有标准值、频遇值和准永久值;偶然作用的代表值一般根据观测和试验资料或工程经验综合分析确定。

二、航道工程

为了组织水路运输所规定或设置的船舶航行通道称为航道。这里所谓的"规定",是指在图纸上画定或在现场标志出;所谓"设置",是指用疏浚或整治建筑物导致而形成的航道。航道必须满足以下三个基本要求：

(1)应有足够的水深、宽度和弯曲半径。

(2)适合船舶航行的水流条件，包括适宜的流速、良好的流态等。

(3)水上跨河建筑物应满足船舶的通航净空要求。

天然状态下的河流、湖泊和海洋不是处处都能满足航道的三大基本要求的，而往往存在大量碍航滩险。因此，必须采取航道工程措施使天然状态下的河流、湖泊和海洋满足航道的基本要求。

航道工程是指以延长通航里程，提高航道标准，改善通航条件和保障航道通畅为目的的疏浚、整治、渠化、运河、航标、清障等工程措施的总和。航道工程主要包括整治工程、疏浚工程、渠化工程、径流调节、运河工程及一些辅助工程措施。

(一) 整治工程

整治工程指建造整治建筑物，用于改变和调整水流结构，稳定、控制、调整水流与泥沙在河槽内的运动，集中水流冲刷浅滩河床，增加航道水深；改善或消除不利于航行的急弯与汊道，减缓过大的纵向和横向流速；调整不利的水流流态，以达到改善险滩的流态和降低急流滩的流速；采取护岸等工程保护河岸，稳定目前的良好河势。

(二) 疏浚工程

疏浚是指采用机械、水力及人力方法进行的水下土石方开挖作业方式。在水运工程中，疏浚的主要任务有：

(1)开挖新的航道、港池和运河。

(2)浚深、拓宽现有航道和港池。

(3)与疏浚开挖相结合进行陆域吹填(一般称吹填工程)等。

图1-6　渠化工程

(三) 渠化工程

在河道中建造拦河闸坝，抬高上游水位，在闸坝的壅水河段内，由于水位抬高，增加了航深，减缓了流速，消除了急、险滩段，如图1-6所示。河流建造拦河闸坝以后，为了使船舶通过存在上下游水位差的闸坝，需建造船闸或其他类型的通航建筑物。渠化是一种提高河流航道等级，构成标准统一的航道网和综合利用水资源的有效措施。

(四) 径流调节

根据河流流量加大，水深也相应加大的道理，利用浅滩上游水库调节流量，洪季拦蓄，枯季泄放，使靠近水库下游的浅滩枯季水深增加，径流调节往往与渠化工程相结合。

(五) 运河工程

运河是人工开挖的航道，用来沟通不同水系的河流、湖泊和海洋，克服地理上的障碍，缩短运输距离，联结重要城镇和工矿企业，与天然河流共同构成一个四通八达的航道网。

第二节 水运工程质量控制的意义

一、工程质量的概念

(一)质量

根据我国国家标准《质量管理体系——基础和术语》(GB/T 19000—2008/ISO 9000：2005),质量的定义是:一组固有特性满足要求的程度。"质量"可使用形容词,如差、好或优秀来修饰。

"固有"是指本来就有的,尤其是那些永久的特性。

"特性"是指可区分的特征。特性可以是固有的或赋予的,可以是定性的或定量的。特性有各种类别。如：

——物理的(如机械的、电的、化学的或生物学的特性);

——感官的(如嗅觉、触觉、味觉、视觉、听觉);

——行为的(如礼貌、诚实、正直);

——时间的(如准时性、可靠性、可用性);

——人因工效的(如生理的特性或有关人身安全的特性);

——功能的(如飞机的最高速度)。

"要求"是指明示的、通常隐含的或必须履行的需求或期望。

从上述内容来看,质量是满足要求的程度。"要求"包括明示的、隐含的和必须履行的需求或期望。"明示的"一般是指在合同环境中,用户明确提出的需要或要求,通常是通过合同、标准、规范、图纸、技术文件所作出的明确规定。"隐含需要"则应加以识别和确定,具体地说,一是指顾客的期望,二是指那些人们公认的、不言而喻的、不必作出规定的"需要",如洗衣机必须满足洗衣的基本功能即属于"隐含需要"。同时,"需要"是随时间、环境的变化而变化的,因此,应定期评定质量要求,修订规范和标准,以满足已变化的质量要求。

(二)工程质量

工程质量是指工程满足业主需要的,符合国家法律、法规、技术规范(标准)、设计文件及合同规定特性的总和。

二、影响工程质量的主要因素

影响工程质量的因素很多,且非常复杂。但根据工程施工实践经验,影响工程质量的主要因素可概括为人(Man)、材料(Material)、机械(Machine)、方法(Method)、环境(Environment)五大因素,简称4M1E。

三、水运工程质量控制的意义

水运工程是为了满足预定功能而建造起来的一种综合性建设工程,有自己特定的质量要求。水运工程项目质量控制是项目建设管理的核心,它对提高水运工程项目的经济效益、社会效益和环境效益均具有重大意义,它直接关系着国家财产和人民生命的安全,关系着水运事业的持续发展。

(一)质量控制是保证工程质量的管理手段

在工程施工过程中,质量控制可以避免不合格品的产出和流转到下一过程,出现质量问题可以及时进行纠正,使工程质量始终处于受控状态。例如,在浇筑混凝土过程中,要对混凝土拌和物质量进行检验,经检验符合规定要求后才允许浇筑成型,否则成型硬化后的混凝土质量难以保证。因此,质量控制是保证工程质量的重要管理手段。

(二)质量控制可以提高施工企业的技术水平和管理水平

工程质量的好坏是衡量一个施工企业的技术水平、管理水平的主要标志,施工企业要提高经济效益和市场竞争力,最根本的是要千方百计地提高工程质量,从而赢得信誉。在市场经济的条件下,谁赢得质量,谁就赢得了建设市场竞争主动权,而质量控制恰恰是提高施工企业的技术水平和管理水平的关键。

(三)质量控制可以达到节约投资的目的

水运工程具有点多线长、面广量大、投资大、周期长、施工影响因素复杂等特点。工程质量的优劣,直接影响到工程建设的速度和效益。低劣的工程质量一方面需要增加返修、加固、补强等人力物力的消耗;另一方面低劣的工程质量必然缩短工程的使用寿命,给业主增加使用过程中的维修、改造费用,使业主遭受经济损失;同时,如因工程质量存在隐患,投产后造成事故,其后果不堪设想,不但造成严重的经济损失,严重的还可能殃及国家和人民的生命财产安全和造成不良政治影响。

因此,水运工程质量控制对确保工程质量、提高企业的技术水平和管理水平、节约投资、加速水运事业的发展等具有十分重要的意义。

第三节　水运工程质量控制的目标和依据

一、水运工程质量控制的目标

水运工程项目属于国家基础设施。从投资和效益的关系出发,水运工程质量的特征和特性主要表现为:使用性能(适用性)、寿命(耐久性)、可靠性(稳定性)、安全性、经济性和与环境的协调性。

(一)适用性

是指满足使用要求的功能,它表示水运工程的构筑物荷载等级,水陆域面积,航道的宽度、水深、曲率半径、水流条件等方面的技术指标,与它在设计使用年限内,实际所能担负的交通使用能力相适应。

(二) 可靠性

表示已交付使用的水运工程构筑物对于保证船舶正常通航的可靠程度,即组成水运工程的各种建筑物和构筑物在使用过程中出现故障的概率大小。如通信、导航信号设施、靠船构筑物等是否容易出错或失去作用,一定时间内航槽的冲淤变化,两岸边坡发生坍塌引起断航、碍航次数的频率等都必须控制在规定的标准范围内。

(三) 耐久性

指建筑物在正常的使用情况和在正常的维护保养条件下,所能工作的年限,水运工程设计的工作寿命一般为 50 年,即在 50 年内应无需进行实质性的修理。要使水运工程满足工作寿命的要求,其承受各种交通荷载作用的次数及概率,抗震性能以及主体材料的抗蚀性、抗冰性、抗老化和抗疲劳的性能等都必须达到一定的标准。

(四) 安全性

表示水运工程设施的完善程度及其对于突发性事故的防御能力,如结构物的防洪能力及抗震应达到规定的标准等。

(五) 经济性

水运工程运行、养护和运输的成本应比较低,效益比较好。

(六) 与环境的协调性

一是指构筑物布置、造型及外在观感自身协调,并与周围的自然风貌和城市规划环境相协调;二是指建筑物应与生态环境和地质水文环境相协调,不破坏生态环境,且在地质、水文等自然力作用下能生存等。

水运工程施工监理质量控制的目标就是通过有效的监理工作,在满足设计文件和技术规范与标准的前提下,确保构筑物和设施安全可靠,实现业主在施工合同中确定的质量目标。

二、水运工程质量控制的依据

监理工程师应依据下列文件和资料进行工程质量控制和监理。

(一) 法律法规

与水运工程监理及质量控制相关的法律、法规。就交通运输部而言,有关水运工程质量监督和管理的法律法规主要有《水运工程质量监督规定》、《航道工程竣工验收管理办法》、《港口工程竣工验收办法》和《水运工程重点建设项目质量鉴定办法》等。

(二) 合同文件

各项工程质量的保障责任、处理程序、费用支付等均应符合依法签订的监理合同及施工合同等的相关规定。

(三) 设计文件

全部工程应与经批准的工程设计文件符合,或符合监理工程师批准的变更或其他技术文件要求,或业主、设计单位、监理机构和施工单位在工程实施过程中有关的会议纪要和经确认的其他文字记载。

(四) 技术规范

所有用于工程的材料、设施、设备及施工工艺,应符合合同文件所列技术规范或监理工程师批准的工程技术要求。

(五) 质量标准

所有工程质量均应符合合同文件中列明的质量标准或监理工程师同意使用的其他标准。

第四节 水运工程质量控制的程序和方法

一、质量控制的基本程序

水运工程质量控制可分为三个环节,即事前控制、事中控制和事后控制。其中事前控制是基础,事中控制是重点,事后控制是补救。

在施工阶段各过程中,监理工程师要进行全过程、全方位的质量监督、检查与控制,不仅涉及最终产品的质量检查、验收,而且涉及施工过程的各环节及中间产品的质量监督、检查与验收。

在每项工程开始前,施工单位须做好施工准备工作,然后填报《工程开工/复工报审表》及附件,报送监理工程师审查。若审查合格,则由总监理工程师批复准予施工。

在施工过程中,监理工程师应督促施工单位加强内部质量管理,严格质量控制。施工作业过程均应按规定工艺和技术要求进行。在每道工序完成后,施工单位应进行自检,自检合格后填报《____报验申请表》交监理工程师检验。监理工程师收到检查申请后应在合同规定时间内到现场检验,检验合格后予以确认。

在工程开工前,监理工程师应向施工单位提出各项工程进行质量控制的程序及说明,包括质量控制目标分解、质量控制程序、质量控制要点和质量风险控制措施等,以供所有监理人员、施工单位共同遵循,使质量控制工作程序化。施工质量控制一般程序如图1-7所示。

概括图1-7的含义,水运工程质量控制主要有以下基本程序:

(一) 开工报告审查

在各单位工程、分部工程、分项工程开工之前,监理工程师应要求施工单位提交工程开工报告并进行审批。

(二) 施工单位的自检

在每道工序完成后,监理工程师应要求施工单位按照规范和标准规定的频率和方法,对工程质量进行自检。

(三)监理检查认可

施工单位的自检合格后,提交申请检验报告(表),监理工程师按照规范和标准规定的频率和方法对工程质量进行检查认可。工程材料、构配件和设备应在施工单位填写"材料/构配件/设备报验单"经监理工程师审核合格后进场。隐蔽工程和分项工程应在收到施工单位自检合格填写的"隐蔽工程/分项工程报验单",进行现场检测、抽样试验、验收合格后,方可进行隐蔽工程掩盖或下道工序施工。对现场验收不合格的工程,应责成施工单位限期纠正并重新报验。

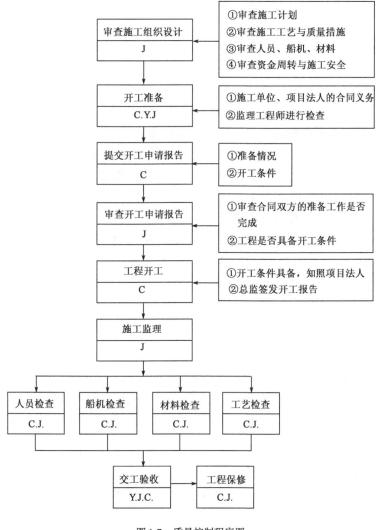

图1-7 质量控制程序图
C-施工单位;Y-业主;J-监理工程师

(四)中间交工报告

在单位工程、分部工程或分项工程完工后,施工单位应再进行一次系统的自检,汇总各道工序的检查记录和抽样试验的结果,提出交工报告。

(五)中间交工证书

针对施工单位提交的交工报告,监理工程师应按照工程量清单,对已完成工程再进行一次系统的检查验收,合格后签发中间交工证书。如高桩码头工程的桩基完成后,应对桩基进行中间交工检查,未经中间交工检验或检验不合格的工程,不得进行后续工程的施工。

(六)中间计量

对获得中间交工证书的工程方可进行中间计量。

二、质量控制的基本方法

(一)审查技术文件

(1)审查施工单位质量管理体系。包括质量管理机构的设置、人员配备和管理制度的落实情况等。质量管理体系应设置质量负责人和专职质量员,质量负责人应由项目经理或项目总工担任,质量管理体系中各级管理人员及专业操作人员应持证上岗。

(2)审查施工单位的施工组织设计。包括施工总平面布置;施工方法、质量标准及质量保证措施等;施工进度计划安排,包括人员、材料、设备的配备和施工用款计划;冬季、雨季施工措施和专项施工方案;安全、环保和文明施工措施。

(3)审查施工单位的工地试验室。对试验室的资质、试验人员的专业、资历和资格等进行审查,工地试验室试验设备的规格、性能、数量应满足现场试验的需要,计量设备应由计量部门定期检定。当条件不具备时,应委托具有相应资质的试验室进行试验。

(4)审查施工单位提交的各种检验和试验资料文件。包括"材料/构配件/设备报验单"、"隐蔽工程/分项工程报验单"等。

(二)现场监督

(1)见证:监理单位或建设单位现场监督施工单位某过程完成情况的活动。
(2)旁站:监理人员对工程的重要环节或关键部位,实施全过程的现场监督。
(3)巡视:监理工程师对施工现场或关键工序进行的经常性的检查活动。

(三)抽样检验

按照规定的抽样方案,从进场的材料、构配件、设备或检验项目中,按检验批随机抽取一定数量的样本对工程质量进行检验,包括见证抽样检验、平行检验、验证性检验等。

第五节 各施工时期质量控制的通用内容

为了对工程质量于进行有效控制,通常将工程实施过程划分为施工准备期、施工期、交工验收及保修期。

由于一个水运工程建设项目通常包含若干个单项工程,一个单项工程又包含若干个单位工程,一个单位工程又包含若干分部工程,一个分部工程又包含若干分项工程。根据施工准备工作的范围不同,一般可分为全场性施工准备、单位工程施工准备和分部(项)工程施工准备。因此,这里所说的"施工准备期"是指建设项目、单项工程、单位工程、分部工程、分项工程相应的施工准备期;"施工期"主要是指分部工程、分项工程施工过程;"交工验收及保修期"主要是指建设项目、单项工程、单位工程的交工验收及保修期。在后面章节中将直接引用下列通用内容,不再重复叙述。

一、施工准备期质量控制的通用内容

施工准备期质量控制的主要内容是对施工单位技术准备、现场准备、人员准备、材料(物资)和机械设备等准备情况的检查。

全场性施工准备是以一个建设项目施工为对象而进行的各项施工准备,其目的和内容是为整个建设项目施工服务,它不仅要为全场性的施工活动创造有利条件,而且要兼顾单位工程施工条件的准备。单位工程施工准备是以单位工程所进行的施工条件准备,其目的和内容是为单位工程施工服务,它既要为单位工程做好开工前的一切准备,又要为其分部(项)程施工进行作业条件准备。各分部(项)工程准备是以分部(项)工程或一个施工季节施工工程对象进行的施工条件准备。

(一)建设项目、单项工程或单位工程施工准备期质量控制的通用内容

1. 技术准备情况的检查

(1)检查施工单位对施工图纸和施工环境了解情况、参加设计交底和图纸会审情况。
(2)审查施工单位的施工组织设计。
(3)审查施工单位的质量管理体系。
(4)审查施工单位的试验室。
(5)核验施工单位的测量控制网点或基线。
(6)审核签认施工单位的有关标准试验(如混凝土配合比试验)等。
(7)其他相关技术准备情况的检查。
(8)审查开工报告及按法规规定应办理的其他开工手续,把好开工关。

2. 机构与人员到位情况的检查

(1)审查施工单位施工和管理人员到位情况。应检查施工单位是否按投标文件中施工组织模式建立项目经理部,项目经理、技术负责人、质量管理人员、安全管理人员等管理人员是否配齐,岗位证书是否齐全。
(2)施工队或分包队伍的人员资质状况。
(3)特殊工种或专业工种的工人是否持证上岗。
(4)各类岗位责任制度是否健全。

3. 材料(物资)采购进场与检验情况的检查

(1)检查施工单位的材料(物质)落实情况和采购计划。

(2)检查构配件的加工、制作或定做计划。

(3)大型构件的加工预制场进行的考察。

(4)检查开工前一段时期内的材料、构件和物资的进场情况及检验情况,并审核签认施工单位提交的"材料/构配件报验单"。

4. 施工设备情况的检查

(1)施工设备进场情况及计划的检查。

(2)审核签认施工单位提交的"施工设备报验单"。

5. 场外协调及其他准备情况的检查

(1)检查施工单位负责的场地平整,道路和电力、给排水管网的铺设情况。

(2)检查施工临时设施(包括生产、生活、办公和物资材料存储设施)的建设情况。

(3)检查办理施工有关手续情况,如施工航行通告发布情况,砂石开采,特殊作业(水上施工爆破)等手续。

(4)检查施工区域各种告示牌设立情况,特别是危险区域警告牌等。

(5)审查施工单位开工条件,签署开工令。

(二)分部工程、分项工程施工准备期质量控制的通用内容

1. 技术准备情况的检查

(1)审查施工单位的施工方案。在分部工程、分项工程开工前,监理工程师应要求施工单位在总体施工组织设计的基础上,编制相应的分部工程、分项工程施工方案。如"桩基工程施工方案",施工方案中应对桩供应计划、沉桩船舶的进退场计划、打桩船的锚位布置、沉桩顺序和沉桩控制方法等进行详细的叙述。重点审查施工方案和安全技术措施是否符合工程建设强制性标准。

(2)核验施工单位的施工放样资料,签认施工单位提交的"施工测量放样报验单"。

(3)审核签认施工单位的有关技术报告,如"试桩"等。

(4)审核有关应用新工艺、新技术、新材料、新结构的技术鉴定书。

(5)其他相关技术准备情况的检查。

2. 人员到位情况的检查

(1)审查施工单位施工和管理人员到位情况。应重点检查施工技术人员、质量管理人员、试验检测人员、安全管理人员等是否到位。

(2)特殊工种或专业工种的工人是否持证上岗。

3. 材料(物资)采购进场与检验情况的检查

(1)检查施工单位的材料(物质)的进场情况。在工程材料(物质)进入工地前,审查施工单位提交的材料(物质)清单,对质量保证资料如产地、厂家以及出厂合格证、检验合格证等进行核查,禁止不符合要求材料、设备进场。材料数量能否满足连续施工的需要。

(2)对进场材料(物质)按规定进行相关检验。

(3)审核签认施工单位提交的"材料/构配件报验单"。

4.施工设备情况的检查

(1)施工设备进场情况的检查。需要的船舶、机具是否到位,其数量与性能是否符合要求,能否有利于保证施工质量。

(2)审核签认施工单位提交的"施工设备报验单"。

5.施工准备情况的检查

(1)检查施工现场布置。主要检查施工临时设施布置和完成情况,施工道路是否畅通,水、电、通信设施是否到位,安全和消防设施是否齐备,生产设施是否与施工强度相适应。

(2)工程地质、水文气象、潮流潮汐、泥沙波浪等自然因素对工程质量的影响,检查施工单位有无预防措施。

(3)检查施工航行通告发布情况。

(4)检查施工区域各种告示牌设立情况,特别是危险区域警告牌等。

(5)审查施工单位开工条件,签署分部工程、分项工程的开工令。

二、施工期质量控制的通用内容

不同分部工程、分项工程在施工期有不同的质量控制内容,作为一个有经验的监理工程师,应在十分复杂的工作中,抓住主要矛盾,知要领而通全局,紧紧抓住影响工程质量的五大要素(人、材料、机械、方法、环境,即4M1E)进行质量控制工作。

对于重要工程部位和易产生质量问题的环节,监理工程师应随时检查,随时纠正不合规范的操作,及时纠正发现的质量问题。

在施工期,上道工序质量不合格或未进行验收,不得进行下道工序施工。

(一)人员配备

检查施工单位的人员的数量和结构,主要管理人员的资格与水平,试验检测人员的资格,一线人员的数量、素质与技能,特殊工种或专业工种的工人是否持证上岗。

(二)工程材料

审查原材料、半成品的数量、规格、材质是否符合标准或设计要求,是否按规定进行检验等。工程材料、构配件和设备应在施工单位填写"材料/构配件/设备报验单"经监理工程师审核合格后进场。

(三)船机配置

审查船机的数量、规格与进场时间是否符合合同规定,船机效率能否满足施工强度要求,保证施工过程船机设备的正常运转。

(四)施工工艺

施工方案、工艺流程和施工方法是否合理,施工质量措施是否可靠,施工安全是否有保证,使用的船机能否满足施工强度的要求,现场操作存在什么问题。

(五)施工环境

即施工条件,主要有水电交通条件;场地布置;自然环境条件;工程地质、水文气象、潮流潮汐、泥沙波浪等自然因素对工程带来的影响。

三、交工验收及保修期质量控制的通用内容

（一）交工验收

(1) 审查施工单位的预验收申请报告。
(2) 对全部完成或部分完成的工程进行预验收。
(3) 审查施工单位的交工验收报告或中间验收报告及其他有关交工资料。
(4) 审查施工单位工程保修期的质量保证计划。
(5) 参加交工验收会议，并签认"交工验收证书"或"中间验收证书"。
(6) 提交监理工作总结报告。

（二）保修期

(1) 检查工程质量情况。
(2) 审查或估算修复费用。
(3) 审查施工单位的补充资料。
(4) 审查施工单位的工程保修终止报告。
(5) 签认"工程保修终止证书"。

在保修期，监理单位应配备必要的监理人员，定期检查工程质量。监理工程师应对工程缺陷发生的原因进行调查。对施工单位原因造成的工程质量缺陷应责成施工单位进行修复；对非施工单位原因造成的工程质量缺陷，监理工程师应协助业主对修复工作进行费用估算。

第六节 水运工程质量检验的统一规定

一、水运工程质量检验的划分

水运工程质量检验应按单位工程、分部工程和分项工程及检验批进行划分。水运工程项目开工前，建设单位应组织施工单位、监理单位对单位工程、分部工程和分项工程进行划分，并报水运工程质量监督机构备案，工程建设各方应据此进行工程质量控制和质量检验。

（一）建设项目

按照同一个总体设计进行建设，全部建成后才能发挥所需综合生产能力或效益的基本建设单位。

（二）单项工程

建设项目的组成部分，在施工图设计阶段一般具有独立设计文件，建成后能够独立发挥生产能力和效益的工程。

（三）单位工程

单项工程的组成部分，一般指具备独立施工条件，建成后能够发挥设计使用功能的工程，

按工程使用功能和施工及验收的独立性进行划分。主要水运工程的单位工程划分见本节"二"。

(四)分部工程

单位工程的组成部分,一般指构成工程结构的主要组成部位。按工程的部位进行划分,设备安装工程可按专业类别划分分部工程。各种水运工程的分部工程划分见后面各章节。

(五)分项工程

分部工程的组成部分,一般指工程施工的主要工序或工种。按施工的主要工种、工序、材料、施工工艺和设备的主要装置等进行划分。施工范围较大的分项工程宜将分项工程划分为若干检验批,检验批可根据施工及质量控制和检验的需要按结构变形缝、施工段或一定数量等进行划分。各种水运工程的分项工程划分见后面各章节。

(六)检验批

指按同一生产条件或按规定方式汇总起来供检验的由一定数量样本组成的检验体。

二、主要水运工程的单位工程划分

(一)码头工程

(1)码头按泊位或座划分单位工程。
(2)两侧靠船的栈桥或窄突堤码头按主靠船侧泊位划分单位工程。
(3)宽突堤码头的横头作为一个单位工程。
(4)长度超过500m的附属栈桥或引堤作为一个单位工程。

(二)防波堤和护岸工程

(1)防波堤、导流防砂堤和独立护岸按座或合同标段划分单位工程,长度较长时以长度为1 000~2 000m划分单位工程。
(2)兼做码头的防波堤和独立护岸,其码头部分按码头工程的规定划分单位工程。
(3)码头、船坞、船台和滑道等工程的附属护岸作为所属工程的一个分部工程。

(三)堆场与道路工程

(1)港区堆场按设计单元划分单位工程。
(2)港区或厂区内的道路按设计单元划分单位工程。
(3)工程量较小的附属堆场与道路作为所属工程的一个分部工程。

(四)干船坞、船台与滑道工程

(1)干船坞、船台主体和独立滑道按座划分单位工程。
(2)坞门、防水闸门的制作与安装各组成一个单位工程。
(3)船坞、船台与滑道的设备安装工程各作为一个单位工程。

(五)航道整治工程

(1)堤坝、护岸、固滩和炸礁工程按座或合同标段划分单位工程。

(2)较长的整治建筑物按合同标段或以长度 2~5km 划分单位工程。
(3)分期实施的整治建筑物和炸礁工程按合同规定的施工阶段划分单位工程。
(4)长河段航道整治工程按单滩划分单位工程。

(六)疏浚与吹填工程

(1)港口工程中的航道、港池、泊位和锚地的疏浚工程各为一个单位工程。
(2)内河航道整治工程中的疏浚工程按河段划分单位工程。
(3)长度较长的航道疏浚工程按合同标段或节点要求划分单位工程。
(4)分期实施的疏浚工程按施工阶段划分单位工程。
(5)陆域形成的吹填工程按合同或设计文件划分的区域划分单位工程。

(七)船闸工程

(1)船闸主体作为一个单位工程。
(2)上、下游引航道各作为一个单位工程。
(3)闸阀门制作与安装和启闭机安装组成一个单位工程。
(4)船闸的电气与控制系统安装组成一个单位工程。

(八)航标工程

(1)塔形标按座划分单位工程。
(2)杆形岸标和立标、浮标、信号标志和航行水尺等按航道管理区段、系统类别或合同标段划分单位工程,工作量较小的组成一个单位工程。
(3)遥测监控系统按一个遥测监控中心及遥测终端组成单位工程。

三、水运工程质量检验合格标准

(一)检验批

(1)主要检验项目的质量经检验应全部合格。
(2)一般检验项目的质量经检验应全部合格。其中允许偏差的抽查合格率应达到80%及其以上,且不合格点的最大偏差值对于影响结构安全和使用功能的不得大于允许偏差值的1.5倍,对于机械设备安装工程不得大于允许偏差值的1.2倍。

所谓主要检验项目是指分项工程中对安全、卫生、环境保护和公众利益起决定性作用的检验项目;一般检验项目是指主要检验项目以外的检验项目。

(二)分项工程

(1)分项工程所含的检验批均应符合质量合格的规定。
(2)分项工程所含检验批的质量检验记录应完整。
(3)当分项工程不划分为检验批时,分项工程质量合格标准应符合检验批的规定。

(三)分部工程

(1)分部工程所含分项工程的质量均应符合质量合格的规定。

(2)质量控制资料应完整。

(3)地基与基础、主体结构和设备安装等分部工程有关安全和功能的检验和抽样检测结果应符合有关规定。

(四)单位工程

(1)所含分部工程的质量均应符合质量合格的规定。

(2)质量控制资料和所含分部工程有关安全和主要功能的检验资料应完整。

(3)主要功能项目的抽查结果应符合本标准的相应规定。

(4)观感质量应符合本标准的相应要求。

(五)建设项目和单项工程

(1)所含单位工程的质量均应符合质量合格的规定。

(2)工程竣工档案应完整。

四、质量不合格时的处理原则

当分项工程及检验批和分部工程的质量不符合上述质量合格标准要求时,应按下列规定进行处理:

(1)经返工重做或更换构配件、设备的应重新进行检验。

(2)经检测单位检测鉴定能够达到设计要求的,可认定为质量合格;经检测鉴定达不到设计要求但经原设计单位核算认可能够满足结构安全和使用功能的,可认定为质量合格。

(3)经返修或加固处理的分项、分部工程,虽然改变外形尺寸但仍能满足安全使用要求,可按技术处理方案和协商文件进行验收。

(4)通过返修或加固仍不能满足安全使用要求的分部工程和单位工程,不得验收。

五、水运工程质量检验的程序和组织

(一)分项工程及检验批检验

由施工单位分项工程技术负责人组织检验,自检合格后报监理单位,监理工程师应及时组织施工单位专职质量检查员等进行检验与确认。

(二)分部工程检验

由施工单位项目技术负责人组织检验,自检合格后报监理单位,总监理工程师应组织施工单位项目负责人和技术、质量负责人等进行检验与确认。其中,地基与基础等分部工程检验时,勘察、设计单位应参加相关项目的检验。

(三)单位工程检验

施工单位组织有关人员进行检验,自检合格后报监理单位,并向建设单位提交单位工程竣工报告。单位工程中有分包单位施工时,分包单位对所承包的工程项目应按上述程序进行检验,总包单位应派人参加,分包工程完成后应将工程有关资料交总包单位。

(四)预验收

建设单位收到单位工程竣工报告后应及时组织施工单位、设计单位、监理单位对单位工程进行预验收。

(五)质量鉴定

单位工程质量预验收合格后,建设单位应在规定时间内将工程质量检验有关文件,报水运工程质量监督部门申请质量鉴定。

(六)质量核定

建设项目或单项工程全部建成后,建设单位申请竣工验收前应填写建设项目或单项工程质量检查汇总表,报送质量监督部门申请质量核定。

思 考 题

1. 港口的组成和分类,码头的组成和分类。
2. 码头结构上的作用及组合,作用代表值的取值。
3. 航道工程的分类、特点、功能和作用。
4. 影响工程质量的主要因素,水运工程质量控制的意义。
5. 水运工程质量控制的依据。
6. 质量控制的基本程序和方法。
7. 各施工时期质量控制的通用内容。
8. 水运工程的单位工程划分。
9. 水运工程质量检验合格标准。
10. 4M1E 的含义是什么?

第二章 水运工程主要通用项目的质量控制

第一节 模板工程质量控制

一、模板设计

(一)模板设计方案

应满足混凝土结构或构件体型、施工分层或分段的要求,并应满足混凝土施工方案所确定的浇筑顺序、浇筑方式、浇筑速度和施工荷载等控制条件的要求。模板应结构简单,装拆方便,保证施工安全。

(二)模板材料

可选用钢材、木材、胶合板和塑料等,其质量应符合国家现行有关标准的规定。

(三)模板及支撑系统

具有足够的强度、刚度和稳定性,应保证混凝土结构和构件各部分的形状、尺寸和相互位置正确。模板及支撑系统设计应考虑下列荷载,并按表2-1的规定进行荷载组合。

(1)模板和支架的自身重力。
(2)新浇混凝土的重力。
(3)钢筋和预埋件的重力。
(4)施工人员和施工设备的重力。
(5)振捣混凝土产生的荷载。
(6)新浇筑混凝土的侧压力。
(7)侧倾混凝土时产生的荷载。

模板和支架的荷载组合 表2-1

序号	模板构件名称	荷载组合 计算强度用	荷载组合 验算刚度用
1	梁、板和拱等的底模板及支架	(1)、(2)、(3)、(4)	(1)、(2)、(3)
2	柱和墙等的侧模板	(5)、(6)、(7)	(6)
3	梁和板等的侧模板	(5)、(6)、(7)	(6)、(7)
4	基础、墩台等厚大结构的侧模板	(6)、(7)	(6)

(四)模板设计成果要求

应对模板及支撑的材料、制作、安装与拆除工艺提出具体要求。大型模板和承重模板应有模板总装图、支撑系统布置图和细部结构详图,并应标明设计荷载和变形控制要求。

(1)结构外露面模板的挠度,不大于构件计算跨度的1/400,且满足结构表面平整度要求。
(2)结构隐蔽面模板的挠度,不大于构件计算跨度的1/250。
(3)钢模板面板的变形,不大于1.5mm。
(4)支架的压缩变形值或弹性挠度,不大于相应结构计算跨度的1/1 000。

二、模板制作

模板及支撑应按模板设计图和工艺要求加工制作,模板及支架的材料及结构必须符合施工技术方案和模板设计的要求,成品应经验收合格后方可使用。

(一)钢模板制作

(1)模板零部件下料的尺寸应准确,料口应平整;面板、肋、背棱等部件焊前应调平、调直。
(2)模板的组拼组焊应在专用工装和平台上进行,并应采用合理的焊接顺序和方法。
(3)模板的焊缝应均匀,焊缝尺寸应满足设计要求,焊渣应清理干净,不得有夹渣、气孔、咬肉和裂纹等缺陷。
(4)模板面板应平整、无锈蚀,并应刷油保护;模板外表面应涂刷防锈油漆。

(二)木模板制作

(1)木模板与混凝土接触的表面应平整、光滑。
(2)模板的拼缝宜作成搭接缝或企口缝,当采用平缝时应采取措施防止漏浆。
(3)胶合板模板的板面组配宜采取错缝布置,支撑系统的强度和刚度应满足要求;高分子合成材料面板或塑料模板的制作接缝应严密,边肋及加强肋安装应与模板成一整体。

(三)模板的吊环

严禁使用冷拉钢筋,焊接式钢吊环的焊缝长度及焊缝高度应满足设计要求。

(四)模板制作的允许偏差

模板制作的允许偏差如表2-2所示。

模板制作允许偏差　　　　　　表2-2

序号	项目		允许偏差(mm)
1	木模板	长度与宽度	+5 −2
		表面平整度	3
		表面错台	1
2	钢模板	长度与宽度	±2
		表面平整度	2

续上表

序　号	项　　目		允许偏差(mm)
2	钢模板	连接孔眼位置	1
		表面错台	2
3	混凝土底胎模	长度与宽度	±3
		平整度	表面5 侧面3
		每5m长度或四角顶面相对高差	5

注：①胶合模板、钢框胶合模板按钢模板执行；
②组合定型钢模板按国家现行标准《组合钢模板技术规范》(GB 50214)的规定检查；
③异型曲面模板、滑模模板、离心成型构件模板等按设计要求检查。

三、模板安装

(一)安装工艺要求

(1)模板及支架系统的安装应满足模板设计的要求,并应与钢筋绑扎及装设等工序配合进行。

(2)大型模板及支撑在安装过程中,必须采取满足稳定性要求的临时固定措施。

(3)预制构件模板的支立宜采用"帮包底"的支模方法。当采用"底托帮"支模方法时,应在侧模板底端设置防止漏浆的措施。

(4)分层浇筑的模板应逐层控制上下层的偏差,模板下端与混凝土的接触不应有错台。

(5)混凝土浇筑时,应按模板设计荷载控制浇筑顺序、浇筑速度和施工荷载,模板上不得堆放超过模板设计荷载的材料和设备。

(6)混凝土浇筑过程中,应安排专人负责检查、调整模板的形状及位置,对重要部位的承重模板应进行监测。

(二)安装质量要求

1. 模板支撑质量

模板支撑的支承应稳定、坚固、可靠,应能抵抗在施工过程中可能发生的偶然冲撞和振动。支承应支承在坚实的地基或者混凝土上,并应有足够的支承面积,斜撑不得滑动。当采用在下层混凝土中预埋锚拉螺栓作为上层模板支承时,下层混凝土应具有足够的强度。桩帽或墩台等构件的模板,当采用夹桩木作为支撑时,应对夹桩木进行设计,安装后应对夹桩木的标高及稳固情况进行检查,在浇筑混凝土过程中不得产生松动。用作底模的地坪和胎模,表面应平整,不应有影响构件质量的沉陷和裂缝。

2. 模板面板质量

面板表面应平整、光洁,接缝应平顺、严密、不漏浆,透水模板敷面材料应敷贴平顺。结构或构件竖向棱角和底部棱边处宜作抹角处理,模板与混凝土的接触面应涂刷脱模剂,脱模剂模剂应涂刷均匀,不得污染工程结构和构件、钢筋、混凝土接茬部位。

3. 模板的起拱量

跨度大于 4m 的现浇梁、板构件的模板应起拱,当设计无要求时,起拱高度宜为全跨长度的 1/1 000~3/1 000。

4. 模板的拉杆质量

模板的钢拉杆不应有弯曲。伸出混凝土外露面的拉杆宜采用端部可拆卸的结构形式,拉杆与锚定件的连接应牢固。

5. 模板上的预埋件(预留孔洞)质量

固定在模板上的预埋件和预留孔洞不得遗漏,并应安装牢固,其位置的允许偏差应符合表 2-3 的规定。请注意表 2-3 与后面表 2-39 的差别,表 2-3 是在模板施工阶段对模板上的预埋件的质量要求;表 2-39 是混凝土硬化成型后对预埋件的质量要求,是不同阶段的控制要求。

预埋件、预留孔和预留洞的允许偏差　　　　表 2-3

序 号	项　　目		允许偏差(mm)
1	预埋钢板、预埋管、预留孔中心线位置		3
2	预埋螺栓	中心线位置	2
		外露长度	+10 0
3	预留洞	中心线位置	10
		尺寸	+10 0

6. 预制构件模板安装允许偏差

预制构件模板安装允许偏差、检验数量和方法如表 2-4 所示。

预制构件模板安装允许偏差、检验数量和方法　　　　表 2-4

序号	项　目			允许偏差(mm)	检验数量	单元测点	检验方法
1	长度	桩类		±30	桩、梁、板、柱类,抽查 30% 且不少于 3 件;大型构件,逐件检查	1	用钢尺测量
		梁、板类		±5		2	
		柱类		±5		1	
		方块类	边长≤5m	+5 −10		2	用钢尺测量两边
			边长>5m	±10			
		沉箱、沉井、扶壁	最小边长≤10m	±5		2	
			最小边长>10m	±1.5L/1 000			
2	截面尺寸	桩类	宽度	+2 −5		3	用钢尺测量两端及中部
			厚度	+2 −5		3	

续上表

序号	项目		允许偏差（mm）	检验数量	单元测点	检验方法
2	截面尺寸	梁、板、柱类 宽度	0 −5	桩、梁、板、柱类，抽查30%且不少于3件；大型构件，逐件检查	3	用钢尺测量两端及中部
		梁、板、柱类 高度或厚度	0 −5		6	
		方块类 宽度	+5		3	
		方块类 高度	−10		4	
		沉箱、沉井、扶壁 宽度	±15		3	
		沉箱、沉井、扶壁 高度	±10		4	
		沉箱、沉井、扶壁 壁厚度	±5		4	
3	侧向弯曲矢高	桩、柱类	$L/1\,000$ 且不大于20		1	拉线测量
		梁、板类	$L/1\,000$ 且不大于15		1	
4	全高竖向倾斜	高度≤5m	10		1	用经纬仪或吊线测量
		高度>5m	15		1	
5	顶面对角线差	短边≤3m	15		1	用钢尺测量
		短边>3m	30		1	
6	桩顶倾斜		$7B/1\,000$		1	用直角尺测量，取大值
7	桩尖对桩纵轴线偏斜		10		1	拉线测量，取大值

注：①L为构件长度，B为构件截面长度，单位为mm；
②空心块体、工字形方块的壁厚按沉箱壁厚允许偏差执行；
③空心胶囊位置偏差高度方向为0，−10，水平方向为±10，单位为mm；
④表中未列项目按本标准混凝土构件的允许偏差执行。

7. 现浇混凝土模板安装允许偏差

现浇混凝土模板安装允许偏差、检验数量和方法如表2-5所示。

现浇混凝土模板安装允许偏差、检验数量和方法　　　　　　表2-5

序号	项目		允许偏差（mm）	检验数量	单元测点	检验方法
1	轴线	柱、梁	5	桩、梁、板、柱类，抽查30%且不少于3件；大型构件逐件检查	2	用经纬仪和钢尺测量纵横两个方向
		桩帽、独立基础	10		2	
2	前沿线	码头胸墙、闸墙、坞墙、坞门槛等	10		3	用经纬仪或拉线测量两端和中部
		防波堤胸墙、挡土墙、防浪或防汛墙等	15		3	
3	标高	非安装支承面	±10		3	用水准仪测量两端及中部
		安装支承面	0 −10		3	

续上表

序号	项目		允许偏差(mm)	检验数量	单元测点	检验方法
4	内截面尺寸	柱、梁	±5	柱、梁、板、柱类,抽查30%且不少于3件;大型构件逐件检查	6	用钢尺测量两端及中部
		桩帽、墩台	±10		4	用钢尺测量四边
		墙、廊道、管沟等	+10 −5		3	用钢尺测量端部上、中、下口
		其他厚大构件	±10		6	
5	顶面对角线差	短边≤3m	15		1	用钢尺测量
		短边>3m	25		1	
6	长度	梁	+5 −10		2	用钢尺测量顶部和底部
		墙、廊道、管沟等	±10		2	
7	全高竖向倾斜		$3H/1000$		1	用经纬仪或吊线测量
8	侧向弯曲矢高		$L/1000$ 且不大于25		1	拉线测量,取大值
9	相邻两板错台		2		1	用钢直尺和塞测量

注:①H 为构件全高,L 为构件长度,单位为 mm;
②表中未列项目按混凝土构件的允许偏差执行。

四、模板拆除

(一)模板拆除工艺要求

(1)模板拆除的顺序应按施工方案的要求进行。当无要求时,应按照先支后拆、后支先拆的原则。

(2)模板拆除时,结构或构件混凝土的强度应达到设计要求,或按表2-6所示的规范要求。水下和水位变动区结构和构件的模板拆除时间应适当延后。

混凝土结构拆模时所需混凝土强度 表2-6

序号	结构形式	结构跨度(m)	达到设计强度标准值的百分率(%)
1	板	<2	50
		2~8	75
		>8	100
2	梁	≤8	75
		>8	100
3	悬臂构件	≤2	75
		>2	100

注:混凝土设计强度标准值,系指与设计的混凝土强度等级相应的混凝土立方体抗压强度标准值。

(3)大型模板和承重模板拆除时,应按模板设计的要求,采取防止模板倾覆或坠落的措施。

(二)模板拆除后的维护

(1)模板拆除后,应对遗留在结构或构件表面上的拉杆及拉杆孔眼进行处理。拉杆头的保护层的厚度不得小于设计最小厚度,拉杆孔眼的封堵应密实、平整。

(2)对拆下的模板、支撑及配件应及时清理、维修,分类堆存、妥善保管;大型模板堆放时,应垫平、放稳,并应采取防止翘曲变形的措施;大型模板竖立存放应满足自稳要求。

第二节 钢筋工程质量控制

一、原材料质量控制

(一)原材料进场控制

(1)钢筋、钢丝、钢绞线、焊条、焊剂等原材料的品种、规格和性能应满足设计要求和国家有关标准的规定。

(2)钢筋进场时,应检查其产品质量证明文件,并按炉号、批次及直径分批验收。验收时,应查明标牌及进行外观检查。

(3)钢筋在运输过程中,应避免锈蚀和污染。钢筋进场后,应分品种、牌号、等级、规格及生产厂家等堆存整齐,不得混杂,且应设立识别标志。

(4)环氧树脂涂层钢筋的包装、标志、搬运和存放应符合现行行业标准《海港工程混凝土结构防腐蚀技术规范》(JTJ 275)的有关规定。

(二)原材料抽样复验

(1)钢筋等原材料在使用之前按国家现行有关标准的规定进行力学、工艺性能等检验。

(2)钢筋等原材料的验收批和抽样数量应符合有关标准的规定,如表2-7所示。普通钢筋一般只进行拉伸试验和弯曲试验,在试验中如果有一个试件的一个试验项目不合格,则另取双倍数量的试件重新进行拉伸试验和弯曲试验,如果仍有一个试件的一个试验项目不合格,无论该试验项目在第一次试验中是否合格,该批钢筋不合格。

钢筋等原材料抽样组批原则及检测内容 表2-7

名 称	试验或检验项目	抽样组批原则
热轧带肋钢筋、热轧光圆钢筋、余热处理钢筋	必检:拉伸试验、弯曲试验 其他:反向弯曲、化学成分	以同一厂家、同一炉罐号、同一规格、同一交货状态,60t为一验收批,不足60t也按一批计;允许由同一牌号、同一冶炼方法、同一浇铸方法的不同炉罐号组成混合批,但各炉罐号含碳量之差不大于0.02%,含锰量之差不大于0.15%。混合批的重量不大于60t
低碳钢热轧圆盘条	必检:拉伸试验、弯曲试验 其他:化学成分	以同一厂家、同一炉罐号、同一规格、同一交货状态,60t为一验收批,不足60t也按一批计
预应力用钢筋	必检:抗拉强度、伸长率、弯曲试验 其他:屈服强度松弛率	以同一牌号、同一规格、同一生产工艺的钢丝,每不大于60t为一验收批,不足60t也按一批计

续上表

名　称	试验或检验项目	抽样组批原则
预应力用中强度钢丝	必检:抗拉强度、伸长率、反复弯曲；其他:规定非比例伸长应力、松弛率	以同一牌号、同一规格、同一强度等级、同一生产工艺的钢丝,每不大于60t为一验收批
预应力用钢绞线	必检:整根钢绞线的最大负荷、屈服负荷、伸长率、尺寸测量；其他:弹性模量、松弛率	以同一牌号、同一规格、同一生产工艺制度的钢绞线,每不大于60t为一验收批
预应力用低合金钢丝	拔丝用盘条必检:抗拉强度、伸长率、冷弯；钢丝必检:抗拉强度、伸长率、反复弯曲、应力松弛	拔丝用盘条:见本表"低碳钢热轧圆盘条"规定；钢丝:以同一牌号、同一形状、同一尺寸、同一交货状态的钢丝为一验收批
预应力用锚具与夹具	必检:硬度、静载锚固能力；其他:外观、疲劳荷载、周期荷载	以同一类产品、同一生产厂家、同一批原材料、同一种生产工艺,数量1 000套为一批,不足1 000套也为一批;连接器500套一批,不足500套也为一批;非定型产品每批不超过200套

(3)进口钢筋应进行化学成分检验和焊接试验,并应满足设计要求。

(4)钢筋施工中,当发现钢筋脆断、焊接性能不良或力学性能显著不正常等现象时,应对该批钢筋进行化学成分检验或其他专项检验。

(三)原材料的储存控制

(1)钢筋及已加工成半成品的钢筋宜堆置在仓库、棚内,露天堆置时应防雨、防雪、防潮。

(2)加工成半成品的钢筋宜根据使用要求分类堆存,并防止出现锈蚀和污染。

(3)钢筋加工和安装前,应根据实际情况再次对钢筋进行外观质量检查。

二、钢筋加工安装质量控制

下面主要介绍普通钢筋混凝土工程的钢筋加工安装质量控制,对预应力钢筋混凝土工程的钢筋加工与安装质量控制见本章第四节,环氧树脂涂层钢筋加工安装除应满足本节要求外,尚应符合现行行业标准《海港工程混凝土结构防腐蚀技术规范》(JTJ 275)的有关规定。

(一)调直除锈

(1)钢筋调直宜采用机械方法,也可以采用冷拉方法。

(2)采用冷拉法调直钢筋时,HPB235、HPB300牌号钢筋的冷拉率不宜大于4%,HRB335、HRB400牌号钢筋和KL400钢筋的冷拉率不宜大于1%。

(3)钢筋应平直、无损伤,表面不得有裂纹、油污、颗粒状或片状锈皮。经机械调直的钢筋,表面不得有明显擦伤,不应有局部弯曲。

(二)画线与剪切

(1)钢筋画线是按图纸要求选配材料划好下料长度。钢筋画线下料工作看似简单,其实对后续钢筋加工及混凝土保护层厚度影响较大。例如主筋下料长了,由于两端弯曲(弯钩)在工作台面上加工一般尺寸是固定准确的,两端弯曲(弯钩)后的中间直线段必定过长,造成钢筋骨架两端混凝土保护层厚度不够。因此,钢筋加工下料长度的计算一定要正确,画线位置要准确。

(2)画线时要考虑弯曲时的伸长。

(3)钢筋剪切可采用钢筋剪切机床或手动剪切机等进行剪切。手动剪切机可切断直径20mm以内的钢筋;剪切机床可切断20～40mm直径的钢筋;40mm以上的粗钢筋应用电弧或氧气切割。

(三)钢筋的冷加工

(1)钢筋的冷拉可采用控制应力或控制冷拉率的方法。对用作预应力混凝土结构的预应力筋,宜采用控制应力的方法。对不能分清炉(批)号的热轧钢筋,不宜采取控制冷拉率的方法。

(2)当采用控制应力方法冷拉钢筋时,其冷拉控制应力下的最大冷拉率应符合相应的规定,应进行力学性能检验。

(3)采用控制冷拉率方法冷拉钢筋时,其冷拉率应由试验确定。测定同炉(批)钢筋冷拉率的冷拉应力,其试样不少于4个,并取平均值作为该批钢筋实际采用的冷拉率。

(4)钢筋应先对焊再冷拉。

(5)钢筋冷拉后表面不得有裂纹和局部缩颈。

(四)钢筋的弯曲

钢筋的弯钩或弯折应符合设计和规范要求。主要是弯钩(弯折)的形式、弯弧内径、平直部分长度、弯起钢筋弯折点处弯曲直径等的控制。

1.弯弧内径

HPB235、HPB300牌号钢筋末端需作180°弯钩时,其弯弧内径不应小于钢筋直径的2.5倍;HRB335、HRB400牌号钢筋末端需作90°或135°弯折或弯钩时,HRB335牌号钢筋的弯弧内径不应小于钢筋直径的4倍,HRB400牌号钢筋的弯弧内径不应小于钢筋直径的5倍;冷轧带肋CRB550钢筋末端可不制作弯钩,当钢筋末端需制作90°或135°弯折或弯钩时,其弯弧内径不应小于钢筋直径的5倍,如图2-1所示。

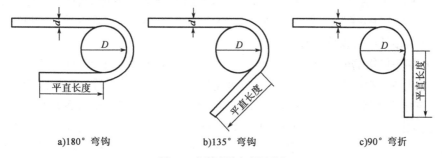

图2-1 钢筋弯钩和弯折示意

2.平直部分长度

钢筋弯后平直部分长度,HPB235、HPB300牌号钢筋不应小于钢筋直径的3倍;HRB335、HRB400牌号钢筋应满足设计要求,若设计无要求时,作135°的弯钩时不宜小于钢筋直径的5倍,作90°的弯折时不宜小于钢筋直径的10倍。箍筋弯后平直部分长度,对一般结构不宜小于箍筋直径的5倍;对有抗震要求的结构,不应小于箍筋直径的10倍,如图2-1所示。

3. 弯起钢筋弯折点处弯曲直径

HPB235、HPB300 牌号的钢筋不宜小于钢筋直径的 10 倍;HRB335、HRB400 牌号的钢筋不宜小于钢筋直径的 12 倍,如图 2-2 所示。

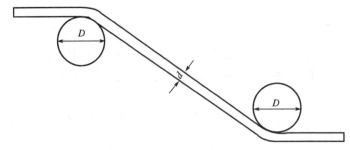

图 2-2 钢筋弯折示意图

(五) 绑扎与焊接

1. 钢筋绑扎接头

(1) 钢筋绑扎搭接最小搭接长度应符合表 2-8 的规定。

受力钢筋绑扎接头的最小搭接长度　　　　表 2-8

钢筋类型	受 拉 区	受 压 区
HPB235 HPB300	$25d$	$15d$
HRB335	$35d$	$25d$
HRB400	$40d$	$30d$

注:①d 为钢筋直径。直径小于或等于 12mm 的受压钢筋末端,如不做成弯钩,其搭接长度不应小于 $30d$;
②两根直径不同钢筋的搭接长度,以较细钢筋的直径计算;
③在任何情况下,受拉钢筋的搭接长度不应小于 300mm,受压钢筋的搭接长度不应小于 20mm;
④冷扎带肋钢筋绑扎搭接长度,应满足现行行业标准《冷扎带肋钢筋混凝土结构技术规程》(JGJ 92)的相关规定;
⑤钢筋焊接网绑扎搭接长度,应满足现行行业标准《钢筋焊接网混凝土结构技术规程》(JGJ 114)的相关规定。

(2) 钢筋搭接处中心及两端应用铁丝扎紧。

(3) 绑扎接头处钢筋的横向净距不应小于钢筋直径,且不得小于 30mm。

(4) 设置在同一构件中纵向受力钢筋的绑扎搭接应相互错开布置,钢筋搭接接头中点位于其他任一搭接钢筋接头连接区段应按同一连接区设计,钢筋接头连接区段的长度应为 1.3 倍搭接长度,如图 2-3 所示,同一连接区段,受力钢筋的绑扎接头面积占受力钢筋总面积的百分数应满足设计要求,设计无具体要求时,受压区不得大于 50%,受拉区不得超过 25%。

图 2-3 钢筋绑扎接头设置示意图

注:图中所示同一连接区段内接头截面面积按两根计。

(5)当钢筋成束布置时,成束筋中单根钢筋的接头应错开,间距不宜小于40倍钢筋直径,搭接的接头长度应加长20%。

2. 钢筋焊接接头

(1)钢筋焊接接头的材料、焊接方法、外观检查及力学性能检验等应符合现行行业标准《钢筋焊接及验收规程》(JGJ 18)的有关规定。

(2)设置在同一构件内的焊接接头应相互错开布置。在任一焊接接头中心至受力钢筋的最大直径的35倍且不小于500mm的区段内同一根钢筋不应有一处以上接头;在该区段内有接头的受力钢筋截面面积之和占受力钢筋总截面面积的百分率应满足设计要求,设计无具体要求时应满足下列要求。

①非预应力筋在受拉区不大于50%。
②预应力筋不超过25%,当焊接质量有可靠保证时,不超过50%。
③受压区和后张法的螺丝端杆不限制。

3. 钢筋机械连接接头

(1)钢筋连接件处的最小混凝土保护层厚度应满足设计要求。

(2)带肋钢筋套筒挤压接头、镦粗直螺纹钢筋接头、钢筋锥螺纹接头应符合现行行业标准《钢筋机械连接技术规程》(JGJ 107)的规定。滚轧直螺纹钢筋连接接头应符合现行行业标准《滚轧直螺纹钢筋连接接头》(JG 163)的规定。

(六)钢筋装设

(1)钢筋的品种、规格和数量应满足设计要求。若需以另一种类或规格的钢筋代替时,应征得设计单位的同意,并办理设计变更文件。

(2)钢筋保护层的厚度不应小于设计要求,其正偏差不应大于10mm,不允许有负偏差。请注意该要求与本章第三节"钢筋保护层厚度"要求的差别,本章第三节"钢筋保护层厚度"是混凝土硬化后对钢筋保护层厚度检测结果的要求,钢筋保护层厚度检测结果既允许有正偏差(+10mm),又允许有负偏差(-5mm),是不同阶段的控制要求。

钢筋与模板之间应设置垫块,垫块的间距和支垫方法应能确保钢筋在混凝土浇筑过程中不发生位移。当采用水泥砂浆垫块或混凝土垫块时,垫块的强度与密实性不应低于构件本体混凝土。垫块的外观颜色宜与构件本体混凝土一致,垫块与模板的接触面宜尽量小,垫块厚度的允许偏差为+2mm和0mm。

(3)多层非焊接钢筋骨架的各层钢筋之间,应保持层距准确,宜采用短钢筋支垫。

(4)环氧涂层钢筋与普通钢筋之间不应形成电连接。涂层损伤缺陷的修补应符合现行行业标准《环氧树脂涂层钢筋》(JG 3042)的有关规定。

(5)绑扎及装设钢筋骨架应符合下列规定。

①钢筋骨架应有足够的稳定性,受力钢筋不应产生位置偏移,钢筋的交叉点宜用铁丝扎牢,预制吊装的钢筋骨架或钢筋网还应具有足够的刚度。

②板和墙的钢筋网,除靠近外围的两行钢筋的交叉点全部扎牢外,中间部分交叉点可间隔交错绑扎且受力钢筋不产生位置偏移,双向受力的钢筋应全部扎牢。

③桩、柱和梁中骨架的箍筋除设计有特殊规定外,应保持与主筋垂直。

④箍筋弯钩的搭接点沿构件轴线方向应交错布置。

⑤钢筋骨架应绑扎或焊接牢固,绑扎铅丝头应向里按倒,不应伸入钢筋保护层。缺扣、松扣的数量不应超过绑扎数的10%,且不应集中。

⑥绑扎骨架中,在绑扎接头长度范围内,应按设计要求配置箍筋。若设计无要求时,应满足下列要求。

a. 当搭接钢筋受拉时,其箍筋间距不大于5倍搭接钢筋直径,且不大于100mm。

b. 当搭接钢筋受压时,其箍筋间距不大于10倍搭接钢筋直径,且不大于200mm。

(七) 钢筋加工安装允许偏差

钢筋加工安装的允许偏差应符合表2-9和表2-10的规定。

钢筋加工允许偏差   表2-9

序 号	项 目	允许偏差(mm)
1	长 度	+5 -15
2	弯起钢筋弯折点位置	±20
3	箍筋内尺寸	±5

注:本表是对钢筋加工工序的质量要求,其检测数据不计入钢筋绑扎的检测数据中。

钢筋绑扎和安装位置的允许偏差、检验数量与方法   表2-10

序号	项 目		允许偏差(mm)	检验数量	单元测点	检验方法
1	钢筋骨架外轮廓尺寸	长度	+5 -10	梁、板、桩等小型构件抽查10%且不少于3件;沉箱、扶壁等大型构件逐件检查	3	用钢尺测量两端和中部
		宽、高度	+5 -10		3	
2	受力钢筋	间距	±15		3	
		层距或排距	±10		3	
3	弯起钢筋弯起点位置		±20		2	用钢尺测量
4	箍筋、分布筋间距		±20		3	用钢尺测量两端和中部连续3挡,取大值

注:预制构件外伸环形钢筋的间距或倾斜允许偏差为±20mm。

第三节 混凝土工程质量控制

一、原材料质量控制

(一) 一般规定

(1)水运工程混凝土所用的原材料,应充分考虑环境的影响,满足新拌混凝土和硬化混凝土规定的性能要求。

（2）材料在运输与储存过程中，应按品种、规格分别堆放，不得混杂，不得接触海水，并防止其他污染。

（3）水运工程混凝土所用的原材料进场时应附有检验报告等质量证明文件，并应按照有关规定进行产品质量检验，如表2-11所示，其质量应符合国家现行有关标准的规定，并满足设计要求。

混凝土主要原材料抽样组批原则和试验内容　　　　　表2-11

名　　称		试验或检验项目	抽样组批原则
混凝土胶凝材料	水泥	必检：安定性、凝结时间、水泥胶砂强度 其他：细度、烧失率、三氧化硫、碱含量、氯化物、氧化镁	以同一生产厂家同期出厂的同品种、同强度等级、同一出厂编号的水泥为一验收批。但一验收批的总量：袋装水泥不超过200t，散装水泥不超过500t
	粉煤灰	必检：细度、烧失率、需水量比、三氧化硫 其他：28d抗压强度比	以连续供应相同等级的数量不大于200t为一验收批
	磨细矿渣	必检：比表面积、活性指数含水率	
	硅灰	必检：二氧化硅含量、含水率、烧失率、细度检验	以连续供应相同等级的数量不大于20t为一验收批
混凝土用集料	砂	必检：筛析、堆积密度、含泥量、泥块含量、氯离子含量 其他：有害物质含量、坚固性、碱活性	以同一产地、同一规格、每400m³或600t为一验收批，不足400m³或600t也按一批计；质量比较稳定进料数量较大时，定期检验
	碎石和卵石	必检：筛析、针片状颗粒含量、含泥量、泥块含量 其他：有害物质含量、压碎指标、坚固性、碱活性	
混凝土拌和用水		必检：pH值、氯离子含量、硫酸盐 其他：不溶物、硫化物含量、可溶物	当采用非饮用水时，定期检验
混凝土用外加剂	引气剂	必检：泡沫度、pH值、密度或细度、含气量、氯离子含量、碱含量、钢筋锈蚀试验、固体含量	以同一生产厂家、每5t为一批，不足5t也为一批；对于松香热聚物型引气剂以1t为一验收批，不足1t也为一批
	减水剂	必检：pH值、密度或细度、减水率、氯离子含量、碱含量、钢筋锈蚀	以同一生产厂家的掺量大于1%的同品种、统一批号，每100t为一验收批，不足100t也按一批计；掺量小于1%的，每50t为一验收批，不足50t也按一批
	缓凝剂	必检：固体含量、pH值、密度或细度、混凝土凝结时间差、氯离子含量、碱含量、钢筋锈蚀试验	
	早强剂	必检：固体含量、密度或细度、1d、3d抗压强度、钢筋锈蚀试验、氯离子含量、碱含量	以同一生产厂家的掺量大于1%的同品种、统一批号，每100t为一验收批，不足100t也按一批计；掺量小于1%的，每50t为一验收批，不足50t也按一批
	速凝剂	必检：密度或细度、凝结时间差、1d抗压强度、氯离子含量、碱含量、钢筋锈蚀试验	以同一生产厂家、同品种、同一编号，每60t为一验收批，不足60t也按一批计
	防冻剂	必检：钢筋锈蚀试验、氯离子含量、碱含量 其他：7d、28d抗压强度比、密度或细度、减水率、氨释放量	以同一生产厂家、同品种、同一编号，每50t为一验收批，不足50t也按一批计
	膨胀剂	必检：限制膨胀率、凝结时间、氯离子含量、碱含量 其他：水泥胶砂抗压强度比、抗折强度比、细度	以同一生产厂家、同品种、同一编号，每100t为一验收批，不足100t也按一批计

续上表

名称		试验或检验项目	抽样组批原则
混凝土用外加剂	防水剂	必检：pH值、密度或细度、钢筋锈蚀试验、氯离子含量、碱含量	以同一生产厂家、同品种、同一编号，每30t为一验收批，不足30t也按一批计
	泵送剂	必检：pH值、密度或细度、坍落度增加值及塌度损失、氯离子含量、碱含量、钢筋锈蚀试验	以同一生产厂家、同一品种、同一编号，每50t为一验收批；不足50t也按一批计

(二) 水泥

1. 一般要求

(1) 水运工程混凝土宜采用硅酸盐水泥、普通硅酸盐水泥、矿渣硅酸盐水泥、火山灰质硅酸盐水泥、粉煤灰硅酸盐水泥或复合硅酸盐水泥，质量应符合现行国家标准《通用硅酸盐水泥》(GB 175)的有关规定。普通硅酸盐水泥和硅酸盐水泥熟料中铝酸三钙含量宜在6%~12%。

(2) 水运工程严禁使用烧黏土质的火山灰质硅酸盐水泥。

(3) 水泥进场时，应对其品种、等级、出厂日期等检查验收，如表2-11所示。当因储存不当引起质量有明显改变或袋装水泥出厂超过3个月时，应在使用前对其质量进行复验。

2. 特殊要求

(1) 有抗冻要求的混凝土宜采用普通硅酸盐水泥或硅酸盐水泥，不宜采用火山灰质硅酸盐水泥。

(2) 不受冻地区海水环境的浪溅区混凝土宜采用矿渣硅酸盐水泥、普通硅酸盐水泥或硅酸盐水泥。

(3) 泵送混凝土应选用硅酸盐水泥、普通硅酸盐水泥、矿渣硅酸盐水泥和粉煤灰硅酸盐水泥，不宜采用火山灰质硅酸盐水泥，因为火山灰质硅酸盐水泥需水量大，易泌水。

(4) 大体积混凝土宜采用矿渣硅酸盐水泥、粉煤灰硅酸盐水泥、复合硅酸盐水泥、中热硅酸盐水泥、低热硅酸盐水泥、低热矿渣硅酸盐水泥，不宜使用早强水泥。采用普通硅酸盐水泥时，宜掺入粉煤灰、磨细粒化高炉矿渣等活性掺和料。

(5) 水下混凝土和水下不分散混凝土水泥可采用矿渣硅酸盐水泥、火山灰质硅酸盐水泥、粉煤灰硅酸盐水泥、普通硅酸盐水泥或硅酸盐水泥。水泥的初凝时间不宜早于2.5h，水泥的强度等级不宜低于42.5。

(三) 掺和料

(1) 粉煤灰、磨细粒化高炉矿渣、硅灰现场检验抽样组批原则和试验内容如表2-11所示。

(2) 粉煤灰的质量应符合表2-12的规定。检验时，如有一项指标达不到规定要求，应从同一批中加倍取样进行复验，复验后仍不符合要求时，该批粉煤灰应作不合格品或降级处理。

预应力混凝土应采用Ⅰ级粉煤灰；钢筋混凝土和C30及C30以上的素混凝土应采用Ⅰ级或Ⅱ级粉煤灰；海水环境浪溅区的钢筋混凝土应采用Ⅰ级粉煤灰或需水量比不大于100%的Ⅱ级粉煤灰；C30以下的素混凝土可采用Ⅲ级粉煤灰；有抗冻要求的混凝土可采用Ⅰ级和Ⅱ级粉煤灰。

粉煤灰质量指标 表2-12

粉煤灰等级	细度(45μm方孔筛筛余)(%)	烧失率(%)	需水量比(%)	SO₃含量(%)	活性指数(%) 7d	活性指数(%) 28d
Ⅰ	≤12	≤5	≤95	≤3	≥80	≥90
Ⅱ	≤25	≤8	≤105	≤3	≥75	≥85
Ⅲ	≤45	≤15	≤115	≤3	—	—

(3)磨细粒化高炉矿渣的质量应符合表2-13的规定。

磨细粒化高炉矿渣质量指标 表2-13

项目		级别 S105	级别 S95	级别 S75
密度(kg/m³)		≥2 800		
比表面积(m²/kg)		≥400		
活性指数(%)	7d	≥95	≥75	≥55
	28d	≥105	≥95	≥75
流动度比(%)		≥85	≥90	≥95
含水率(%)		≤1.0		
三氧化硫含量(%)		≤4.0		
氯离子含量(%)		≤0.02		
烧失率(%)		≤3.0		

(4)硅灰的品质应符合表2-14的规定。

硅灰品质指标 表2-14

项目		指标
SiO₂含量(%)		≥85
含水率(%)		≤3
烧失率(%)		≤6
活性指数(%)		≥90
细度	45μm方孔筛筛余(%)	≤10
	比表面积(m²/g)	≥15
均匀性	密度与均值的偏差(%)	≤5
	细度的筛余量与均值的偏差(%)	≤5

(四)细集料

(1)混凝土中使用的细集料应采用质地坚固、公称粒径在5.00mm以下的砂,其杂质含量、粗细程度和级配分区应满足表2-15~表2-17的规定。

(2)细集料不宜采用海砂。采用海砂时,海砂中氯离子含量应符合相关规定。

(3)采用特细砂、机制砂或混合砂时,应符合相关标准的要求。

(4)泵送混凝土细集料细度模数宜为2.4~2.9,筛孔(0.315mm)的累计筛余量不宜大于85%。

细集料杂质含量限值　　　　　　　　　　　　　　　　　　表 2-15

项次	项目	有抗冻性要求		无抗冻性要求		
		>C40	≤C40	≥C60	C55~C30	<C30
1	总含泥量(按质量计,%)	≤2.0	≤3.0	≤2.0	≤3.0	≤5.0
	其中泥块含量(按质量计,%)	<0.5		≤0.5	≤1.0	<2.0
2	云母含量(按质量计,%)	<1.0		≤2.0		
3	轻物质含量(以质量计,%)	≤1.0		≤1.0		
4	硫化物及硫酸盐含量(按SO_3质量计,%)	≤1.0		≤1.0		
5	有机物含量(比色法)	颜色不应深于标准色,当深于标准色时,应进行砂浆强度(按水泥胶砂方法)对比试验,相对抗压强度不应低于95%				

注:①有抗冻要求和强度大于或等于 C30 的混凝土,对砂的坚固性有怀疑时应采用硫酸钠法进行检验,经浸烘 5 次循环的失重率不应大于 8%;
②对于惯用的砂源,可不进行表中 2.4.5 项试验;
③轻物质是指表观密度小于 2 000kg/m³ 的物质。

砂的粗细程度划分　　　　　　　　　　　　　　　　　　　　表 2-16

粗细程度	细度模数 μ_f	粗细程度	细度模数 μ_f
粗砂	3.7~3.1	细砂	2.2~1.6
中砂	3.0~2.3	特细砂	1.5~0.7

砂颗粒级配分区　　　　　　　　　　　　　　　　　　　　　表 2-17

公称粒径(mm)	方孔筛筛孔边长(mm)	级配区		
		Ⅰ区	Ⅱ区	Ⅲ区
		累计筛余(%)		
5.00	4.75	10~0	10~0	10~0
2.50	2.36	35~5	25~0	15~0
1.25	1.18	65~35	50~10	25~0
0.63	0.60	85~71	70~41	40~16
0.315	0.30	95~80	92~70	85~55
0.16	0.15	100~90	100~90	100~90

注:①砂的实际颗粒级配与表中所列的累计筛余百分比相比,除公称粒径为 5.00mm 和 0.63mm 的累积筛余外,其余公称粒径的累积筛余允许超出表列范围,但超出总量不大于 5%;
②当使用Ⅰ区砂,特别是当级配接近上限时,宜适当提高混凝土的砂率,确保混凝土不离析;当使用Ⅲ区砂时,应适当降低混凝土的砂率或掺入减水剂,提高拌和物的和易性并便于振实;
③当采用特细砂时,应符合有关的规定;
④Ⅰ区砂宜配制低流动性混凝土、Ⅱ区砂宜配制不同强度等级混凝土、Ⅲ区砂宜降低砂率配制不同强度等级混凝土。

(5)试验检测相关规定:

①细集料应按表 2-11 的抽样组批原则,进行颗粒级配、堆积密度、含泥量、泥块含量和氯离子含量等指标的检测,必要时尚应检验其他质量指标。

②机制砂或混合砂应检验其石粉含量。

③已检验合格并堆放于场内或搅拌楼料仓内的细集料,必要时应对其颗粒级、含泥量等进行复验。

④采用新产源的细集料应进行全面的质量检验。

⑤细集料质量检验结果不符合规定的指标时,应采取措施,并经试验证明能确保工程质量时方可使用。

(五)粗集料

(1)配制混凝土应采用质地坚硬的碎石、卵石或碎石与卵石的混合物作为粗集料,其强度可用岩石抗压强度或压碎指标值进行检验。碎石、卵石的抗压强度或压碎指标应符合《水运工程混凝土质量控制标准》(JTS 202-2)的规定。

(2)粗集料的杂质含量、卵石中软弱颗粒含量应符合《水运工程混凝土质量控制标准》(JTS 202-2)的规定。

(3)粗集料的最大粒径应满足下列要求:

①不大于80mm。

②不大于构件截面最小尺寸的1/4。

③不大于钢筋最小净距的3/4。

④不大于混凝土保护层厚度的4/5,在南方地区浪溅区不大于混凝土保护层厚度的2/3。

⑤厚度为100mm和小于100mm混凝土板允许采用最大粒径不大于1/2板厚的集料。

⑥大体积混凝土在满足上述要求基础上宜选用较大值。

⑦水下混凝土粗集料的最大粒径不应大于导管内径的1/6,混凝土输送管的1/3和钢筋最小净距的1/4,同时不应大于40mm。

⑧水下不分散混凝土粗集料的最大粒径不应大于导管内径的1/6,混凝土输送管的1/3和钢筋最小净距的1/4,同时不应大于31.5mm。

(4)粗集料的颗粒级配应满足《水运工程混凝土质量控制标准》(JTS 202-2)的规定。

(5)试验检测相关规定:

①粗集料应按表2-11的抽样组批原则,进行颗粒级配、含泥量、针片状颗粒含量和压碎等指标的检测,必要时尚应检验其他质量指标。

②在选择采石场、对粗集料强度有严格要求或对质量有争议时,宜用岩石抗压强度做检验;常用的石料质量控制,可用压碎指标进行检验。

③对已检验合格并堆放于场内或搅拌楼料仓内的集料,必要时应对其颗粒级配、含泥量等进行复验。

④采用新产源的粗集料应进行全面的质量检验。

⑤粗集料质量检验结果不符合规定的指标时,应采取措施,并经试验证明能确保工程质量时方可使用。

(六)拌和用水

(1)混凝土拌和用水宜采用饮用水,不得使用影响水泥正常凝结、硬化和促使钢筋锈蚀的水拌和。

(2)钢筋混凝土和预应力混凝土均不得采用海水拌和。在缺乏淡水的地区,素混凝土允许采用海水拌和,但混凝土拌和物中总氯离子含量应符合相关规定,有抗冻要求的其水胶比应降低 0.05。

(3)拌和用水的检验规则和检验方法应根据现行行业标准《混凝土用水标准》(JGJ 63)的有关规定执行。

(七)外加剂

(1)混凝土应根据要求选用减水剂、引气剂、早强剂、防冻剂、泵送剂、缓凝剂、膨胀剂等外加剂。

(2)每批外加剂进场应按表 2-11 的抽样组批原则进行相关指标的检测。

(3)外加剂的品质应符合国家现行相关标准的有关规定。在所掺用的外加剂中,以胶凝材料质量百分率计的氯离子含量不宜大于 0.02%。

二、混凝土配合比控制

(一)混凝土配制强度确定

(1)混凝土配合比设计应符合混凝土的设计强度、耐久性及施工要求,并应经济合理。确定的配合比应根据指定的要求制作试件,进行试验校核。

(2)混凝土的施工配制强度应按式(2-1)确定。

$$f_{cu.o} = f_{cu.k} + 1.645\sigma \qquad (2\text{-}1)$$

式中:$f_{cu.o}$——混凝土施工配制强度(MPa);

$f_{cu.k}$——设计混凝土强度等级(MPa);

σ——工地实际统计的混凝土立方体抗压强度标准差(MPa)。

混凝土立方体抗压强度标准差 σ 的选取应符合下列规定:

①施工单位有近期混凝土强度的统计资料时,混凝土立方体抗压强度标准差按式(2-2)确定。

$$\sigma = \sqrt{\frac{\sum_{i=1}^{n} f_{cu.i}^2 - nm_{fcu}^2}{n-1}} \qquad (2\text{-}2)$$

式中:σ——混凝土立方体抗压强度标准差(MPa);

$f_{cu.i}$——第 i 组混凝土立方体抗压强度(MPa);

n——统计批内的试件组数,$n \geq 25$;

m_{fcu}——n 组混凝土立方体抗压强度的平均值(MPa)。

②当混凝土强度等级为 C20 或 C25,计算的强度标准差小于 2.5MPa 时,计算配制强度用的混凝土立方体抗压强度标准差应取 2.5MPa;当混凝土强度等级大于或等于 C30,计算的强度标准差小于 3.0MPa 时,计算配制强度用的混凝土立方体抗压强度标准差应取 3.0MPa。

③施工单位没有近期混凝土强度统计资料时,混凝土立方体抗压强度标准差可按表 2-18 选取。开工后应尽快积累统计资料,对混凝土立方体抗压强度标准差进行修正。

混凝土抗压强度标准差 σ_0 的平均水平 表2-18

强度等级	<C20	C20~C40	>C40
σ_0(MPa)	3.5	4.5	5.5

(3)减水剂应通过试验选择,并应与胶凝材料匹配良好。

(4)试验室试拌和完成验收合格后,尚应按照混凝土生产使用的设备、人员及管理进行搅拌站试拌和,经检验混凝土拌和物质量、强度、耐久性等指标,满足设计要求后才能用于生产。

(二)配合比设计基本参数的选取

1.水胶比的确定

(1)用建立强度与水胶比关系曲线的方法求水胶比。按指定的坍落度,用实际施工应用的材料,拌制数种不同水胶比混凝土拌和物,并根据28d龄期的混凝土立方体试件的极限抗压强度绘制强度与水胶比的关系曲线,从曲线上查出与混凝土施工配制强度相应的水胶比。

(2)有耐久性要求的混凝土,按强度要求得出的水胶比还应与按表2-19及表2-20中的按耐久性要求规定的水胶比相比较,当计算的水胶比大时,取表中规定值。

海水环境混凝土的水胶比最大允许值 表2-19

环境条件			钢筋混凝土、预应力混凝土		素混凝土	
			北方	南方	北方	南方
大气区			0.55	0.50	0.65	0.65
浪溅区			0.40	0.40	0.65	0.65
水位变动区	严重受冻		0.45	—	0.45	—
	受冻		0.50	—	0.50	—
	微冻		0.55	—	0.55	—
	不冻		—	0.50	—	0.65
水下区	无水头作用		0.55	0.55	0.65	0.65
	受水头作用	最大作用水头与混凝土壁厚之比小于5	0.55			
		最大作用水头与混凝土壁厚之比5~10	0.50			
		最大作用水头与混凝土壁厚之比大于10	0.45			

淡水环境混凝土的水胶比最大允许值 表2-20

环境条件		钢筋混凝土、预应力混凝土	素混凝土
水上区	水气积聚或通风不良	0.60	0.65
	无水气积聚或通风良好	0.65	
水位变动区	严重受冻	0.55	0.55
	受冻	0.60	0.60
	微冻	0.65	0.65
	不冻	0.65	0.65

续上表

环　境　条　件			钢筋混凝土、 预应力混凝土	素 混 凝 土
水下区		无水头作用	0.65	0.65
	受水头作用	最大作用水头与混凝土壁厚之比小于5	0.60	
		最大作用水头与混凝土壁厚之比5～10	0.55	
		最大作用水头与混凝土壁厚大于10	0.50	

（3）泵送混凝土最大水胶比不宜大于0.60。

2. 用水量的确定

1）坍落度

（1）塑性和流动性混凝土拌和物按其坍落度大小宜分为4个级别，如表2-21所示。

混凝土拌和物按坍落度的分级　　　　表2-21

名　称	级　别	坍落度(mm)	名　称	级　别	坍落度(mm)
低塑性混凝土	S1	10～40	流动性混凝土	S3	100～160
塑性混凝土	S2	50～90	大流动性混凝土	S4	>160

注：坍落度检测结果，在分级评定时，其表达取舍至临近的10mm

（2）泵送混凝土拌和物的坍落度应考虑泵送高度、水平距离和气候等因素的影响，不宜少于100mm，对不同泵送高度可按表2-22选用。

泵送混凝土拌和物的坍落度选用值　　　　表2-22

泵送高度(m)	坍落度(mm)	泵送高度(m)	坍落度(mm)
<30	100～140	60～100	160～180
30～60	140～160	>100	180～200

（3）水下混凝土混凝土拌和物应有良好的和易性，在运输和灌注过程中应无显著离析、泌水现象，灌注时应保持足够的流动性，其坍落度宜为160～220mm。

2）用水量

根据所用的砂石情况和确定的坍落度值，宜按经验或按表2-23选择用水量。

用水量选用值（kg/m³）　　　　表2-23

坍落度(mm)	碎石最大粒径(mm)			
	20	40	63	80
10～30	185	170	160	150
30～50	195	180	170	160
50～70	210	195	185	175

注：①采用卵石时，用水量可减少10～15kg/m³；
②采用粗砂时，用水量可减少10kg/m³；采用细砂时可增加10kg/m³；
③掺外加剂后的用水量按外加剂的减水率进行计算调整。

3. 胶凝材料用量的确定

（1）胶凝材料用量可按选定的水胶比和用水量计算近似值，宜按经验或按表2-24选取数种不同砂率,拌制混凝土,确定最佳砂率。在保持胶凝材料用量和其他条件相同的情况下,坍落度最大的拌和物所对应的砂率应为最佳砂率。

砂率选用值(%) 表2-24

碎石最大粒径(mm)	近似胶凝材料用量(kg/m³)							
	200	225	250	275	300	350	400	450
20	38~44	37~43	36~42	35~41	34~40	32~38	30~36	28~34
40	36~42	35~41	34~40	33~39	32~38	30~36	28~34	26~32
63	33~39	32~38	31~37	30~36	29~35	27~33	26~32	25~31
80	32~38	31~37	30~36	29~35	28~34	26~32	25~31	24~30

注:①采用卵石时,砂率可减少2%~4%;
②采用引气剂时,空气含量每增加1%,砂率可减少0.5%~1.0%;
③采用细砂时,砂率可减少3%;采用粗砂时,砂率可增加3%。

(2)按选定的水胶比和已确定的最佳砂率,拌制数种胶凝材料用量不同的混凝土拌和物,测定其坍落度,并绘制坍落度与胶凝材料用量的关系曲线,从曲线上查出与施工要求坍落度相应的胶凝材料用量,且不得低于表2-25和表2-26规定的限值,但胶凝材料最高用量不宜超过500kg/m³。上述过程应在不掺加减水剂的情况下进行。

淡水环境混凝土的最低胶凝材料用量(kg/m³) 表2-25

环境条件	钢筋混凝土及预应力混凝土结构		素混凝土结构	
	北方	南方	北方	南方
水上区	300	300	260	260
水位变动区	F250 330	300	F200 300	280
	F200 300	300	F150 280	280
	F150 280	300	F100 280	280
水下区	300	300	280	280

海水环境混凝土的最低胶凝材料用量(kg/m³) 表2-26

环境条件	钢筋混凝土、预应力混凝土		素混凝土	
	北方	南方	北方	南方
大气区	320	360	280	280
浪溅区	400	400	280	280
水位变动区	F350 400	360	400	280
	F300 360		360	
	F250 330		330	
	F200 300		300	
水下区	320	320	280	280

注:有耐久性要求的大体积混凝土,胶凝材料用量应按混凝土的耐久性和降低水泥水化热综合考虑。

(3)同时掺入粉煤灰、磨细粒化高炉矿渣或硅灰时,其总量不宜大于胶凝材料总量的60%(高性能混凝土不超过65%),其中粉煤灰掺入量不宜大于20%,硅灰掺入量不宜大于8%;超出上述范围的掺和料,配合比设计时,不得作为胶凝材料。

(4)采用矿渣硅酸盐水泥、粉煤灰硅酸盐水泥、火山灰质硅酸盐水泥、复合硅酸盐水泥拌制的混凝土,不宜外掺矿物掺和料,需要掺加时应通过试验确定。

(5)泵送混凝土最小胶凝材料用量应根据管径、距离、坍落度、集料种类、气候条件等因素确定,无抗冻要求的混凝土不得小于300kg/m³,有抗冻要求的混凝土不得小于340kg/m³。

(6)水下混凝土胶凝材料用量不宜小于350kg/m³,掺有适宜数量的减水缓凝剂或粉煤灰时,水泥用量不宜少于300kg/m³。

(7)水下不分散混凝土胶凝材料用量不宜小于500kg/m³。

4. 砂石用量的确定

(1)每立方米混凝土中的砂石用量宜采用绝对体积法计算确定。

(2)泵送混凝土砂率应根据集料粒径、胶凝材料用量和拌和物的和易性等综合分析确定,宜为35%~45%。

(3)水下混凝土含砂率宜采用40%~50%,有试验依据时含砂率可酌情增大或减小。

(4)水下不分散混凝土的砂率宜为38%~42%,也可根据经验在保证水下不分散混凝土的和易性和抗分散性的情况下选取最佳砂率。

5. 外加剂用量的确定

根据各类工程和各种施工条件的不同要求,各类外加剂用量由试验确定。

(三)配合比设计的其他要求

(1)抗冻混凝土配合比计算应采用绝对体积法计算,并应计入混凝土拌和物的含气量。

(2)大体积混凝土最终配合比宜经胶凝材料水化热总量的测定和验算确定,在满足设计和施工要求的前提下,宜提高掺和料和集料的用量,减少每立方米混凝土的水泥用量。

(3)水下混凝土的配合比设计必须满足混凝土的设计强度、水陆强度比、水下自密实性、水下抗分散性、耐久性和施工和易性的要求,并应经济合理。

(4)水下混凝土水胶比的选择应同时满足强度和耐久性要求。按强度要求得出的水胶比与按耐久性要求规定的水胶比相比较,应取其较小值作为配合比的设计依据。

(5)水下混凝土的施工配制强度应比设计强度标准值提高40%~50%。

(四)配合比的报审与确认程序

(1)在工程开工前施工单位要根据工程的设计要求,对各种设计强度的混凝土进行施工配制强度的确定和配合比的设计。

(2)在混凝土施工前,施工单位要向监理工程师报送混凝土配合比设计资料,填报"技术报审表",并附上"混凝土配合比设计报告"或"砂浆配合比设计报告"及有关原材料的试验资料。经监理工程师审查同意后,施工单位才能进行混凝土施工。

(3)在施工过程中,混凝土原材料发生变化,由于下雨等环境原因造成集料含水率变化,使用外加剂改变配合比时,也必须事先报告监理工程师,经审查同意后才能进行。

三、混凝土生产过程质量控制

(一) 配料

(1)混凝土拌制前应测定砂、石含水率并根据测试结果调整材料用量,提出施工配合比,填写配料单。原材料配料时,应按配料单进行称量,不得改动。

(2)混凝土原材料进行称量时,其偏差应符合表 2-27 的规定。

原材料称量的允许偏差(%) 表 2-27

原材料名称	水上拌制	陆上拌制	
		单罐计量允许偏差	累计计量允许偏差
水泥、掺和料	±2	±2	±1
粗、细集料	±3	±3	±2
水	±2	±2	±1
外加剂	±1	±1	±1

注:①表中"水上拌制"指混凝土搅拌船在水上工程现场拌制混凝土;"陆上拌制"指陆上混凝土集中搅拌站拌制混凝土;
②表中"累计计量允许偏差"是指每一运输车中各罐混凝土的每种材料计量偏差的平均值,该项指标仅适用于采用微机控制的陆上搅拌站。

(3)各种衡器应定期校验,每一工作班正式称量前,应对称量设备进行零点校核。原材料称量示值每一工作班检查次数应符合表 2-28 的规定。

每一工作班原材料称量示值检查次数 表 2-28

材料名称	检查次数	材料名称	检查次数
水泥、掺和料	≥4	水、外加剂	≥4
粗、细集料	≥2		

(4)施工过程中应检测集料含水率,每一工作班至少测定 2 次。当遇雨天或含水率有显著变化时,应增加检测次数,并应及时调整用水量和集料用量。

(二) 搅拌

(1)混凝土拌和物应拌和均匀,颜色一致,不得有离析和明显泌水现象。连续搅拌的最短时间应按搅拌设备出厂说明书的规定并经试验确定。

(2)混凝土搅拌完毕后,应按下列要求检测拌和物的质量指标。

①混凝土拌和物的坍落度和含气量,应在搅拌地点和浇筑地点分别取样检测,每一工作班应对坍落度至少检查 2 次,含气量至少检查 1 次。在混凝土预制构件场,当混凝土拌和物从搅拌机出料起至浇筑入模的时间不超过 15min 时,可在搅拌地点取样检测坍落度和含气量。

②混凝土拌和物的稠度和含气量等检测结果应符合相关规定。

③必要时应检测混凝土拌和物的其他质量指标。

(三) 运输

(1) 混凝土运输能力应与搅拌及浇筑能力相适应,并宜缩短运输时间和减少倒运次数。

(2) 混凝土运输容器应光洁、平整、不吸水、不漏浆。

(3) 混凝土拌和物运送到浇筑地点时,应不离析、不分层,并满足施工所要求的稠度。

(4) 混凝土拌和物运送至浇筑地点如出现离析、分层或稠度不满足要求等现象,应对混凝土拌和物进行二次搅拌,二次搅拌时不得任意加水。稠度不足时可同时加入水和胶凝材料,保持其水胶比不变。

(5) 混凝土从搅拌机卸出后到浇筑完毕的延续时间应通过试验确定。

(6) 采用皮带运输机运送混凝土拌和物时,应符合现行行业标准《水运工程混凝土施工规范》(JTS 202)的有关规定。

(7) 采用泵送混凝土时,供应的混凝土量应能保证混凝土泵的连续工作。如因故间歇,间歇时间不应超过45min。

(四) 浇筑

1. 浇筑混凝土前的有关检查

(1) 浇筑混凝土前,应检查模板、钢筋、预埋件和预留孔等的尺寸、规格、数量和位置,其偏差应符合本章第一节表2-3的规定,并应检查模板支撑的稳定性、接缝的密合情况、脱模剂涂刷情况,并清除模内杂物、积水。

(2) 钢筋的混凝土保护层厚度应符合设计要求,其允许偏差应为+10mm和0mm。

(3) 混凝土浇筑前应检查垫块的位置和数量,垫块的位置应符合要求,构件侧面或底面的垫块数量不应少于4个/m^2,并应绑扎牢固。绑扎垫块的铁丝头不得伸入保护层内。

(4) 钢筋表面不得有锈屑、油污、水泥浆、盐渍或其他可能影响耐久性及握裹力的有害物质。

(5) 施工缝处理情况检查。

①已浇筑的混凝土,其抗压强度不应小于1.2MPa。

②在已硬化的混凝土表面上,应凿毛处理,清除水泥薄膜、松动石子和软弱混凝土层。

③浇筑新混凝土前,应先用水充分润湿水平缝老混凝土表面,达到饱和面干,低洼处不得留有积水。

2. 混凝土浇筑

(1) 混凝土拌和物运至浇筑地点的温度,最高不宜高于35℃,最低不宜低于5℃。大体积混凝土的浇筑应合理分段分层进行,使混凝土沿高度均匀上升;应在室外气温较低时段进行浇筑,混凝土浇筑温度不宜超过28℃。

(2) 混凝土在浇筑过程中应控制混凝土的均匀性和密实性,不应出现露筋、空洞、冷缝、夹渣、松顶等现象。

(3) 混凝土的浇筑应连续进行。如因故中断,其允许间歇时间应根据混凝土硬化速度和振捣能力经试验,或参照表2-29的规定执行。

浇筑混凝土的允许间歇时间 表 2-29

混凝土的入模温度 (℃)	允许间歇时间(h)	
	硅酸盐水泥、普通硅酸盐水泥	矿渣硅酸盐水泥、火山灰质硅酸盐水泥、粉煤灰硅酸盐水泥、复合硅酸盐水泥
30~35	1.5	2.0
20~29	2.0	2.5
10~19	2.5	3.0
5~9	3.0	3.5

注：①允许间歇时间为混凝土从搅拌机卸出到浇筑完毕的延续时间；
②表列数值未考虑掺用外加剂的影响；
③如间歇时间过长，应在现场进行重塑试验，如混凝土不能重塑时，应按施工缝处理；
④重塑试验可用插入式振捣器在振动下靠自重插入混凝土中，并经振捣 15s 后，在振捣器周围 100mm 处仍能翻浆，即认为能重塑。

(4) 混凝土在浇筑过程中发现原材料、稠度不符合规定，或有分层离析等异常现象时，应立即查明原因妥善处理后方可继续浇筑。

(5) 混凝土拌和物倾落自由高度不宜超过 2m。如可能发生离析时，应采用串筒、斜槽、溜管或振动溜管等措施下落。

(6) 浇筑混凝土的分层厚度，应根据气温、浇筑能力和振捣设备综合分析确定，其厚度宜符合表 2-30 的规定。

浇筑混凝土的分层最大允许厚度 表 2-30

捣实方法	分层允许最大厚度(mm)	捣实方法	分层允许最大厚度(mm)
插入式振捣器振实	500	附着式振捣器振实	300
表面振捣器振实	200	人工振实	200

注：分层厚度系指振实后的混凝土厚度。

(7) 混凝土应振捣成型，振捣器应根据施工对象和混凝土拌和物性质选择，并确定振捣时间，混凝土振捣以混凝土表面呈现水泥浆和不再沉落为度。

(8) 浇筑混凝土时，应随时检查模板、支架、钢筋、预埋件、预留孔和垫块的固定情况，发现有变形、位移时应立即停止浇筑，并应在已浇筑的混凝土凝结前进行修整。

(9) 混凝土在浇筑和静置过程中，应采取措施防止产生裂缝。由于混凝土的沉降和塑性干缩产生的表面裂缝，应及时予以修整。

(10) 浇筑厚大无筋或配筋稀疏的结构混凝土，需埋放块石时，应按下列规定进行：

①块石质量，凡有显著风化迹象、裂缝夹泥砂层、片状体或强度低于规定指标值的块石，均不得使用；块石形状应大致方正，最长边与最短边之比不应大于 2。

②埋放块石数量应满足设计要求，如设计无要求，一般应控制在 20%~30%。除受拉区的混凝土内不得埋放块石外，其他区域埋放块石应均匀。

③当气温低于 0℃时，应停埋块石。

④混凝土中所埋放的块石距混凝土结构物表面的距离，有抗冻性要求的不小于 300mm；无抗冻性要求的不小于 100mm 或混凝土粗集料最大粒径的 2 倍。

⑤块石应立放在新浇筑的混凝土层上,并被混凝土充分包裹。埋放前应将块石冲洗干净并保持湿润,块石与块石之间的净距不得小于100mm或混凝土粗集料最大粒径的2倍。

3. 混凝土试块制作

在浇筑混凝土时,应同时制作吊运、张拉、放松、加荷和强度合格评定的立方体抗压强度试件。必要时还应制作抗冻、抗渗、抗氯离子渗透或其他性能的试件,试件的取样与制作应符合现行行业标准《水运工程混凝土施工规范》(JTS 202)的有关规定或本节"五"的规定。

(五)养护

1. 养护工艺要求

(1)素混凝土宜采用淡水、养护剂养护,在缺乏淡水的地区,可采用海水保持潮湿养护。

(2)现浇钢筋混凝土结构中,在浪溅区和水位变动区采用淡水养护确有困难时,北方地区应适当降低水胶比,南方地区可采用掺入适量的钢筋阻锈剂,并在2天后拆模,再喷涂养护剂养护。

(3)钢筋混凝土、预应力混凝土构件不得采用海水养护。

(4)养护方法应根据构件外形选定,宜采用洒水、土工布覆盖浇水、包裹塑料薄膜、喷涂养护液进行养护,当日平均温度低于5℃时不宜洒水养护。

(5)采用塑料薄膜或养护剂进行养护时应覆盖严密,并经常检查塑料薄膜或养护液薄膜的完整情况和混凝土的保湿效果,有损坏时应及时修补。

(6)大体积混凝土的养护应通过热工计算,确定其保温、保湿或降温措施,并宜设置测温孔或埋设热电偶等方法测定混凝土内部和表面温度,温度应控制在设计要求的温差内。设计无要求时温差不宜大于25℃。

2. 养护时间要求

混凝土潮湿养护的时间不应少于表2-31的规定。

混凝土潮湿养护时间　　　　　　表2-31

水 泥 品 种	混凝土潮湿养护时间(d)
硅酸盐水泥、普通硅酸盐水泥	≥10
矿渣硅酸盐水泥、火山灰质硅酸盐水泥、粉煤灰硅酸盐水泥、复合硅酸盐水泥	≥14

注:①对有抗冻要求的混凝土,按表列规定进行潮湿养护之后,宜在空气中放置14~21d;
　②对厚大结构的混凝土,使用硅酸盐水泥、普通硅酸盐水泥时,潮湿养护不得少于14d,使用矿渣硅酸盐水泥、火山灰质硅酸盐水泥、粉煤灰硅酸盐水泥或复合硅酸盐水泥时,潮湿养护不得少于21d。

3. 其他要求

(1)养护混凝土时,应每天记录天气的最高、最低温度和天气变化情况,并形成养护记录。

(2)混凝土强度未达到2.5MPa以前,人员不得在已浇筑的结构上行走、运送工具或设置上层结构的支撑和模板。混凝土达到上述强度的时间应经试验确定,当缺乏试验资料时,可按表2-32采用。

混凝土达到2.5MPa所需的时间（h）　　　　表2-32

水泥品种	水泥强度等级	混凝土强度等级	混凝土平均硬化温度(℃)					
			5	10	15	20	25	30
硅酸盐水泥、普通硅酸盐水泥	≥42.5	<C30	40~44	25~28	20~23	18~20	15~17	14~15
		≥C30	37~40	21~24	18~20	14~16	12~14	11~12
矿渣硅酸盐水泥、火山灰质硅酸盐水泥、粉煤灰硅酸盐水泥	32.5	<C30	78~82	56~60	45~48	33~36	22~24	18~20
	≥42.5	≥C30	60~64	44~48	35~38	28~30	20~22	16~18

（六）模板拆除控制

模板拆除时机和工艺不当会对混凝土内在质量和表面质量造成严重后果，因此，应严格控制模板拆除时机和工艺，详细要求见本章第一节"四"。

四、大体积混凝土防裂措施

所谓大体积混凝土，是指预计因胶凝材料水化热等因素引起混凝土温度变化导致裂缝，或结构断面最小尺寸大于或等于1m的混凝土。因此，水运工程中有许多混凝土结构属于大体积混凝土。

大体积混凝土应在结构设计、材料选用、混凝土配制及施工的全过程采取保证结构安全、适用、耐久的温度裂缝控制措施。由于篇幅限制，下面仅简单介绍施工环节应控制的重点内容，其他环节及其详细控制要求见《水运工程大体积混凝土温度裂缝控制技术规程》（JTS 202-1）。

1．大体积混凝土施工应符合下列规定

（1）施工中应控制混凝土的浇筑温度，充分利用低温季节施工。

（2）热天施工应采取下列措施。

①混凝土入模温度不高于30℃。

②混凝土施工安排温度较低的夜间进行。

③降低集料和拌用水的温度。

④避免混凝土表面骤然降温。

（3）冷天施工应采取下列措施。

①混凝土入模温度不低于5℃。

②浇筑完毕后覆盖保温，防止冷击。

③不使用冷水养护。

（4）无筋或少筋大体积混凝土中宜埋放块石，埋放块石时应按第本节"三（四）"的有关规定执行。

（5）当混凝土早期升温时，宜采取下列散热措施。

①分层浇筑。

②顶面洒水或用流动水散热。

③采用钢模板。

④布设冷却水管，如图2-4所示。

图 2-4 大体积混凝土布设冷却水管工程实例

(6)在混凝土降温阶段应采取下列保温措施。

①在寒冷季节推迟拆模时间,拆模后采用草袋、帆布、塑料薄膜覆盖等保温措施。

②对于地下结构及时进行回填保温、减小干缩。

(7)拆模不宜在混凝土可能受冷击时进行。

(8)施工缝设置应满足下列要求。

①在岩基或老混凝土上浇筑的混凝土结构,纵向分段长度不大于15m。

②在底板上连续浇筑墙体的结构,墙体上的水平施工缝设置在墙体距底板顶面大于或等于1.0m的位置。

③对不适合设置施工缝的结构,采取跳仓浇筑和设置闭合块的方法,减小一次浇筑的长度。

④上下两层相邻混凝土避免错缝浇筑。

⑤在已浇筑的混凝土结构上浇筑新混凝土时,间隔时间不超过7d。

(9)岩石地基表面宜处理平整,在地基与结构之间可设置缓冲层。

2. 大体积混凝土养护宜满足下列要求

(1)养护期不少于14d。

(2)热天采用流动水养护;在不冻地区,冷天采用滞水养护。

(3)混凝土内部和表面温度应控制在设计要求的温差内,当设计无要求时,温差不宜超过25℃。

五、混凝土质量检验

混凝土质量检验可分为内在质量(抗压强度、抗折强度、抗冻性、抗渗性、抗氯离子渗透性和钢筋保护层厚度等)、表面质量和外形尺寸质量三大方面。

(一)内在质量

1. 抗压强度

(1)混凝土强度的评定应分批进行。同一验收批的混凝土应由强度等级相同、配合比和生产工艺基本相同的混凝土组成。对现浇混凝土,宜按分项工程划分验收批;对预制混凝土构件,宜按月划分验收批。

(2)抗压强度标准试件的留置要求。

①连续浇筑超过 1 000m³ 时,同一配合比的混凝土每 200m³ 取样不少于一组,不足 200m³ 者取一组。

②连续浇筑不超过 1 000m³ 时,同一配合比的混凝土每 100m³ 取样不少于一组,不足 100m³ 者取一组。

③用于灌注桩混凝土强度评定的标准试件,每根桩至少应留置二组,当桩长大于 50m 时,应增加一组。

④当混凝土配合比有变化时,每一配合比均留置试件。

(3)对同一验收批的混凝土强度,应以该批内全部留置标准试件组数强度代表值,作为统计数据来进行评定,除非查明确系试验失误,不得任意抛弃一个统计数据。

(4)留置的每组抗压强度试件应由 3 个立方体试块组成,试样应取自同一罐混凝土。同一罐混凝土,系指一次称量拌和而成的混凝土。并应以 3 个试件强度的平均值作为该组试件强度的代表值。当 3 个试件强度中的最大值或最小值之一,与中间值之差超过中间值的 15% 时,代表值应取中间值;当 3 个试件强度中的最大值和最小值,与中间值之差均超过中间值的 15% 时,该组试件不应作为强度评定的依据。

(5)试件抗压强度应以 150mm×150mm×150mm 试件的抗压值为标准值,其他尺寸试件测得的强度值均应乘以尺寸换算系数。200mm×200mm×200mm 的试件和 100mm×100mm×100mm 的试件,换算系数应分别为 1.05 和 0.95。

(6)当验收批内混凝土试件组数大于或等于 5 时,混凝土强度的统计数据应同时满足式(2-3)和式(2-4)的要求,如只有强度最小值不能满足式(2-4)的要求,可将混凝土试件的强度代表值按时间顺序排列,并结合生产过程管理图表,分析低强度数据出现的原因和规律,将验收批适当划小,再行评定。

$$m_{fcu} - S_{fcu} \geqslant f_{cu.k} \tag{2-3}$$

$$f_{cu.min} \geqslant f_{cu.k} - C\sigma_0 \tag{2-4}$$

式中:m_{fcu}——n 组混凝土立方体抗压强度的平均值(MPa);

$f_{cu.k}$——该验收批混凝土设计强度等级(MPa);

$f_{cu.min}$——n 组混凝土立方体抗压强度中的最小值(MPa);

S_{fcu}——n 组混凝土立方体抗压强度的标准差(MPa),按式(2-2)计算,S_{fcu} 的取值不得低于 $\sigma_0 - 2.0$(MPa);

σ_0——混凝土抗压强度标准差的平均水平,按表 2-18 选取;

C——系数,按表 2-33 选取。

系 数 C 表 2-33

n	5~9	10~19	≥20
C	0.7	0.9	1.0

(7)当验收批内混凝土试件组数 $n = 2 \sim 4$ 时,混凝土强度统计数据应同时满足式(2-5)和式(2-6)的要求。

$$m_{fcu} \geqslant f_{cu.k} + D \tag{2-5}$$

$$f_{cu.min} \geqslant f_{cu.k} - 0.5D \tag{2-6}$$

式中:D——常数,其取值与表 2-18 中的 σ_0 相同;其他符合意义同前。

(8)当对混凝土强度合格评定结论有怀疑时,可采用超声–回弹综合法或辅以芯样校核,并按现行行业标准《港口工程混凝土非破损检测技术规程》(JTJ/T 272)的有关规定执行,必要时还可进行构件荷载试验。

2. 抗折强度

1)抗折强度标准试件的留置要求

(1)水运工程水工建筑物混凝土结构,如果有抗折强度要求,抗折强度试件的留置要求与前面混凝土抗压强度试件留置要求相同。

(2)用于港区道路、堆场混凝土面层抗折强度评定的标准试件,每天或铺筑 $200m^3$ 混凝土,应同时制作二组试件,龄期应分别为 7d 和 28d;每铺筑 $1\,000 \sim 2\,000m^3$,混凝土应增做一组试件,用于检查后期强度,龄期不小于 90d。

2)混凝土抗折强度的评定验收应满足下列要求

(1)当试件组数 $6 \sim 25$ 组时,混凝土平均抗折强度符合式(2-7)的规定。

$$f_{mn} = f_{cm} + K\sigma \tag{2-7}$$

式中:f_{mn}——混凝土平均抗折强度(MPa);

f_{cm}——混凝土设计抗折强度(MPa);

σ——混凝土抗折强度实际标准差(MPa);

K——合格判断系数,按表 2-34 选取。

合格判断系数 表2-34

n	5~9	10~14	15~24	>25
K	0.35	0.45	0.55	0.65

(2)当试件组数大于 25 组时,每 25 组允许有 1 组小于 $0.85f_{cm}$,但不小于 $0.75f_{cm}$。

(3)当试件组数小于或等于 5 组时,其平均抗折强度不小于 $1.05f_{cm}$,任意一组最低强度不小于 $0.85f_{cm}$。

3. 抗冻性

(1)抗冻性标准试件的留置要求。每一有抗冻要求的单位工程,混凝土抗冻性试件的留置不少于 3 组;跨年度施工或混凝土技术条件变化时,至少增加 1 组。

(2)抗冻性评定。

①当试件组数为 3 组时,至少有两组达到设计抗冻等级;当试件组数大于 3 组时,达到设计等级的组数不低于总组数的 75%。

②当设计抗冻等级不大于 F250 时,最低 1 组的抗冻等级最多比设计抗冻等级低 50 次

循环;当设计抗冻等级大于F300时,最低1组的抗冻等级最多比设计抗冻等级低100次循环。

4. 抗渗性

(1)抗渗性标准试件的留置要求。有抗渗要求的混凝土分项工程,混凝土抗渗试件的留置不少于3组,当混凝土技术条件变化时,至少增加1组。

(2)抗渗性评定。各组试件的抗渗等级达到设计抗渗等级。

5. 抗氯离子渗透性

(1)抗氯离子渗透性标准试件的留置要求。有抗氯离子渗透性要求的混凝土抗氯离子渗透性试件,同一配合比的混凝土每浇筑1 000m³留置1组,每个混凝土分项工程至少留置3组。

(2)抗氯离子渗透性评定。

①试件组数为3组时,任何一组的平均值满足:a.采用普通混凝土时的抗氯离子渗透性不应大于2 000C;b.采用高性能混凝土时的抗氯离子渗透性不应大于1 000C。

②试件组数为4~10组时,总的平均值满足:a.采用普通混凝土时的抗氯离子渗透性不应大于2 000C;b.采用高性能混凝土时的抗氯离子渗透性不应大于1 000C;c.其中任何一组的平均值不超过限值的10%,即不大于2 200C和1 100C。

③试件组数大于10组时,总的平均值满足:a.采用普通混凝土时的抗氯离子渗透性不应大于2 000C;b.采用高性能混凝土时的抗氯离子渗透性不应大于1 000C;c.其中任何一组的平均值不超过限值的15%,即不大于2 300C和1 150C。

(3)当对留置试件抗氯离子渗透性评定结论有怀疑时,采用在构件上钻取芯样进行验证性检测,同类构件的芯样不少于3个,混凝土构件养护龄期不大于58d(即龄期不宜超过标准养护试件30d)。

6. 钢筋保护层厚度

1)钢筋保护层厚度的基本要求

混凝土保护层厚度应满足设计要求。按照混凝土耐久性要求,钢筋保护层最小厚度要求如下。

(1)海水环境钢筋的混凝土保护层最小厚度应符合表2-35的规定。

海水环境钢筋的混凝土保护层最小厚度(mm) 表2-35

建筑物所处地区	大 气 区	浪 溅 区	水位变动区	水 下 区
北方	50	60	50	40
南方	50	65	50	40

注:①混凝土保护层厚度系指主筋表面与混凝土表面的最小距离;
②表中数值系箍筋直径为6mm时主钢筋的保护层厚度,当箍筋直径大于6mm时,保护层厚度应按表中规定增加5mm;
③位于浪溅区的码头面板、桩等细薄构件的混凝土保护层,南方和北方一律取50mm;
④南方指历年最冷月月平均气温大于0℃的地区。

(2)海水环境预应力筋的混凝土保护层最小厚度应符合表2-36的规定。

海水环境预应力筋的混凝土保护层最小厚度（mm） 表 2-36

构件厚度(m)	构件所在部位(mm)			
	大气区	浪溅区	水位变动区	水下区
≥0.5	65	80	65	65
<0.5	2.5 倍预应力筋直径且不小于 50			

注：①构件厚度系指规定保护层最小厚度方向上的构件尺寸；
②后张法的预应力筋保护层厚度系指预留孔道壁至构件表面的最小距离；
③制作构件时，如采用特殊施工工艺或专门防腐措施，应经充分技术论证，对钢筋的防腐作用确有保证时，保护层厚度可不受上述规定的限制；
④有效预应力小于 400MPa 的预应力筋的保护层厚度，按表 2-35 执行，但不宜小于 1.5 倍主筋直径。

(3) 淡水环境钢筋的混凝土保护层最小厚度应符合表 2-37 的规定。

淡水环境钢筋的混凝土保护层最小厚度（mm） 表 2-37

水 上 区		水位变动区	水 下 区
水汽积聚	无水汽积聚		
40	35	40	35

注：①箍筋直径大于 6mm 时，保护层厚度可按表中规定增加 5mm，板等无箍筋的构件保护层厚度宜按表中规定减少 5mm；
②预应力钢筋的保护层厚度不宜小于 1.5 倍主筋直径；碳素钢丝、钢绞线的保护层厚度宜按表中规定增加 20mm，如采取特殊工艺或专门防腐措施，经充分技术论证，对预应力筋的防腐蚀作用确有保证时，保护层厚度可不受上述规定的限制。

(4) 配置构造钢筋的素混凝土结构，海水环境构造筋的混凝土保护层最小厚度不应小于 40mm，且不小于 2.5 倍构造筋直径；淡水环境构造筋的混凝土保护层最小厚度不应小于 30mm。

2）钢筋保护层厚度检测

混凝土保护层厚度检测宜采用非破损方法并用局部破损方法进行校准。采用非破损方法检测时，所用仪器应进行校准。钢筋混凝土、预应力混凝土结构或构件的钢筋保护层厚度检测结果应符合下列的规定。

(1) 海水环境大气区、浪溅区、水位变动区混凝土主要构件保护层厚度检测的检测范围、抽样数量和允许偏差值应符合下列规定。

①混凝土保护层厚度检测的结构部位，应根据结构构件的重要性选定。检验批可按构件类型或时间段划分。

②检验批构件应各抽取构件数量的 2% 且不少于 5 个构件进行检测。

③受检构件应选择有代表性的最外侧 4 根纵向受力钢筋进行混凝土保护层厚度无破损检测，每根钢筋应选取 5 个代表性部位检测。

④钢筋保护层厚度的允许偏差应为 +10mm 和 -5mm。请注意该允许偏差标准与本章第二节"钢筋装设"时的允许偏差标准的差别，即混凝土硬化后，钢筋保护层厚度检测结果既允许有正偏差又允许有负偏差，这与前面钢筋装设阶段钢筋保护层厚度检查时只允许有正偏差 +10mm、不允许有负偏差是不同的，是不同阶段的控制要求。

(2) 合格判定标准。

①受检构件保护层厚度检测的合格点率为 90% 及以上时，保护层厚度的检测结果应判定

为合格。

②保护层厚度检测的合格点率为80%～90%时,可再增加4根钢筋进行检测,当按两次抽样数量总和计算的合格点率为90%及以上时,保护层厚度的检测结果仍应判定为合格。

③每次抽样检测结果中不合格点的最大偏差均不应超过+10mm和-5mm的1.5倍,即不超过+15mm和-7.5mm。

④有受检构件保护层厚度的检测结果不合格时,判定检验批不合格,可对检验批构件全部检测。

(3)保护层厚度不合格构件的处理。

保护层厚度检测结果不合格构件,应研究采取增加有效的防腐蚀措施。可采用喷射水泥砂浆、水泥环氧砂浆、水泥聚合物乳胶砂浆或表面涂料等措施。

说明:上述"钢筋保护层厚度检测"和"合格判定标准"为《水运工程混凝土质量控制标准》(JTS 202-2—2011)中的要求,与《水运工程质量检验标准》(JTS 257—2008)中的相关要求有所差别。鉴于两个标准均为现行标准,现阶段实际工作中仍然采用《水运工程质量检验标准》(JTS 257—2008)进行质量检验。

(二)表面质量

1)混凝土构件表面缺陷的程度分级应按表2-38的规定确定

混凝土构件表面缺陷的程度分级　　　　　表2-38

名称	现　　象	严重缺陷	一般缺陷
裂缝	由表面延伸至混凝土内部的缝隙	主要受力部位有影响结构性能和使用功能的裂缝	其他部位有少量不影响结构性能、使用功能和耐久性的裂缝
露筋	钢筋未被混凝土包裹而外露	受力钢筋有露筋	其他钢筋有少量露筋
空洞	混凝土中空穴的深度超过保护层的缺陷	构件主要受力部位有空洞	其他部位有少量空洞
蜂窝	混凝土表面缺失水泥砂浆,局部有蜂窝状缺陷或成片粗集料外露	构件主要受力部位有蜂窝	其他部位有少量蜂窝,总面积不超过所在面的0.2%且一处面积不大于0.04m²
夹渣	混凝土中夹有杂物或有明显空隙	构件主要受力部位有夹渣	其他部位有少量夹渣,深度未超过保护层的厚度
松顶	构件顶部混凝土缺少粗集料,出现明显砂浆层或不密实层	梁、板等构件有超过保护层厚度的松顶	高大构件有少量松顶,但其厚度未超过100mm
麻面	包括构件侧面出现的气泡密集、表面漏浆和粘皮等	—	水变区、浪溅区和外露部位总面积未超过所在面的0.5%;其他部位未超过所在面积的1%
砂斑	表面细集料未被水泥浆充分胶结,出现砂纸样缺陷。宽度大于10mm为砂斑,宽度小于10mm的为砂线	—	水变区、浪溅区和外露部位总面积未超过所在面的0.5%,其他部位未超过所在面积的1%
砂线		—	水位变动区、浪溅区、大气区及陆上结构外露部位每10m²累积长度不大于3 000mm
外形缺陷	包括缺棱掉角、棱角不直和飞边凸肋等	对使用功能和观感质量有严重影响的缺陷	对使用功能和观感质量有轻微影响的缺陷

注:混凝土构件的表面缺陷程度应由施工单位和监理单位现场共同确定。

2）混凝土构件表面不应有严重缺陷，构件表面不宜有一般缺陷

3）表面质量缺陷的处理

(1)对严重缺陷应提出技术处理方案，并经监理工程师批准后进行处理。对不影响结构的使用性能时，可提出处理方案，经整修后重新检验评定。

(2)影响外观的严重麻面、砂斑，应采用钢丝刷和压力水冲刷干净，可用水泥浆或1：2水泥砂浆抹平，并用薄膜覆盖养护。

(3)蜂窝、孔洞、局部缺陷应将松散薄弱部分全部凿除，冲刷干净，宜在结合面上涂刷一层环氧树脂黏结剂，并应采用比原混凝土强度高一级的无收缩水泥砂浆或细石混凝土填塞修补；体积较小的蜂窝、孔洞、局部缺陷，可直接采用丙乳砂浆、环氧砂浆修补；大面积缺陷可采用喷射混凝土或砂浆修补。露筋缺陷应将钢筋周围疏松部分全部凿除，然后按照上述修补方法处理。

(4)预应力混凝土表面缺陷，宜在混凝土施加预应力之前修补。

(5)混凝土裂缝修补前应对裂缝产生的性质和原因进行调查分析，确定修补方案。缝宽随温度变化的裂缝，宜在低温季节裂缝宽度较大时修补；宽度为 0.2～0.5mm 的纵深或贯穿裂缝，应采用环氧树脂等灌浆材料进行压力灌浆修补；宽度大于 0.5mm 时也可采用水泥灌浆；宽度在 0.2mm 以下，深度不大，且已停止发展的表面裂缝，应清洁表面后用环氧树脂浆液或胶泥封闭，或采用沿裂缝凿 U 形槽，用环氧树脂浆液或胶泥封闭，必要时再贴玻璃纤维布。

4）混凝土构件表面附加防腐蚀质量控制

对于设计上要求对混凝土构件表面进行附加防腐蚀处理时，混凝土构件表面附加防腐蚀质量应符合下列要求。

(1)防腐涂层材料的品种和质量应满足设计要求，并应符合现行行业标准《海港工程混凝土结构防腐蚀技术规范》(JTJ 275)的有关规定。

(2)涂装前混凝土表面应无露石、蜂窝、碎屑、油污、灰尘或不牢附着物。

(3)涂装工艺、涂层种类和涂层遍数应满足设计和产品说明书要求。涂层表面应完整、均匀，无气泡和裂缝等缺陷。

(4)平均干膜厚度应不小于设计干膜厚度，最小干膜厚度应不小于设计干膜厚度的75%。

（三）外形尺寸质量

(1)外形尺寸质量要求。混凝土外形尺寸质量主要是混凝土结构成型后各种尺寸的允许偏差要求，包括长、宽、高(厚)、垂直度、平整度等。混凝土外形尺寸的允许偏差、检验数量和方法见后面各章节相应内容，详细要求见《水运工程质量检验标准》(JTS 257)。

(2)构件上的预埋件、预留孔洞和外伸筋的数量、规格和尺寸应满足设计要求，其允许偏差应符合表 2-39 的规定。请注意该要求与本章第一节表 2-3 相关要求的差别，本章第一节表 2-3 的相关要求是在模板装设和钢筋装设阶段预埋件、预留孔洞等的要求，而表 2-39 的要求是混凝土硬化成型后对预埋件、预留孔洞和外伸筋等的要求，是不同阶段的控制要求。

预埋件、预留孔洞和外伸筋的允许偏差　　　　表 2-39

序　号	项　　目		允许偏差(mm)
1	预埋钢板	位置	10
		与混凝土表面错台	5
2	预留孔、洞中心线位置		10
3	外伸筋	中心线位置	5
		外露长度	+20 −10

第四节　预应力钢筋混凝土质量控制

预应力钢筋混凝土施工质量控制的大部分内容与上节的普通钢筋混凝土施工质量控制要求相同,不再重复叙述。本节重点对预应力钢筋混凝土施工过程中与普通钢筋混凝土施工质量控制要求不同的部分进行介绍。

一、预应力筋制作质量控制

(一)预应力筋下料

1. 下料方法

钢丝、钢绞线、钢棒及精轧螺纹钢筋,应采用砂轮锯或切断机切断,不得采用电弧切割。

2. 下料长度

预应力筋的下料长度应根据预应力筋种类、张拉方式和锚固方式经计算确定,并应考虑锚夹具厚度、千斤顶长度、焊接接头和墩头或其他形式锚头的预留量、冷拉伸长值、弹性回缩值、张拉伸长值、台座长度、构件长度、构件间距和连接杆长度等因素。预应力筋下料长度的允许偏差和抽检数量应符合下列规定。

(1)采用钢丝束作预应力筋,且两端采用墩头锚具时,同一束中各根钢丝下料长度的相对差值不应大于配筋长度的 1/5 000,且不应大于 5mm。

(2)采用钢筋作预应力筋时,冷拉后同一构件内各钢筋的下料长度的相对差值不应大于构件配筋长度的 1/2 000,且不应大于 20mm。

(3)预应力筋下料长度检查,每工作班应抽查总数的 3%,且不得少于 3 根。

(二)预应力筋端部锚具的制作

预应力筋端部锚具的制作质量和抽检数量应符合下列规定。

(1)挤压锚具制作时压力表油压应符合操作说明书的规定,挤压后预应力筋外端应露出挤压套筒 1~5mm。对挤压锚具的抽检数量,每工作班应抽查 5%,且不应少于 5 件。

(2)钢绞线压花锚成形时,表面应清洁、无油污,梨形头尺寸和直线段长度应满足设计要求。对压花锚的抽检数量,每工作班应抽查 3 件。

(3)钢丝镦头的强度不得低于其强度标准值的98%,每批钢丝应抽取6个镦头试件进行强度检测。

二、预应力张拉、放松机具设备质量控制

(一)张拉梁

预应力筋张拉所用的张拉梁,应按预应力筋的布置、根数、张拉荷载、张拉条件等因素经过计算选定。设计时除应满足强度、刚度要求外,尚应考虑操作简便等因素。

(二)张拉机具设备及仪表

预应力张拉机具设备及仪表应定期维护和校验,并应配套标定,配套使用,专人保管。

(三)预应力筋用锚具、夹具和连接器

预应力筋用锚具、夹具和连接器的形式应根据设计要求或使用条件选用,其应具有可靠的锚固性能、足够的承载能力和良好的适应性、安全性。

1. 抽样复验组批方案

对定型产品同一组批不宜超过1 000套,对非定型产品同一组批不宜超过500套,对少量加工的非定型产品同一组批不宜超过200套,如图2-5所示。

2. 复验内容及要求

(1)预应力筋用锚具、夹具和连接器复验的内容应根据设计要求、使用条件和相关技术标准等综合确定。当设计无明确要求时,复验内容应包括外

图2-5 预应力筋用锚具(部分)

观质量、尺寸偏差、硬度和静载锚固性能试验。

(2)外观和尺寸偏差检查,抽检数量不应少于10%,且不得少于10套锚具。当有一套表面有裂纹或超过产品标准及设计图纸规定尺寸的允许偏差时,应另取双倍数量的锚具重做检查,如仍有一套不符合要求,则应逐套检查,合格者可使用。

(3)夹片式和锥塞式锚夹具硬度检查应从每批中抽取5%,且不少于5件。有硬度要求的零件应做硬度试验,对多孔夹片式锚具的夹片,每套抽取不少于5片,每个零件应测试3点,其硬度应在设计要求范围内,当有一个零件不合格时,应另取双倍数量的零件重做试验,如仍有一个零件不合格,则应逐个检查,合格者可使用。

(4)首次使用的锚具,或改变锚具型号、规格时,经上述两项试验合格后,应从同批中取6套锚具组成3个预应力筋锚具组装件,进行静载锚固性能试验,当有一个试件不符合要求时,应另取双倍数量的锚具重做试验,如仍有一套不合格则该批锚具为不合格品。

(5)重复使用的锚具组件应进行互换性检查,互换性合格率应达95%以上;每次使用前应进行外观检查,其表面应无污物、锈蚀、变形、裂纹和机械损伤等,对失效的锚具组件应及时进行报废处理。

(四)先张法放松预应力筋的放松器

1. 设计与制作

(1)放松器宜选用通用性强的结构形式,多根预应力筋应能一次性放松。

(2)放松器的结构应以刚度控制,应力校核。

(3)放松器应构造简单,操作方便,易于维修。

2. 参数选择的原则

(1)当采用楔形放松器时,楔块的宽度、高度应根据张拉台座的布置,放松预应力筋最大回缩量选定;楔块的倾斜度应根据楔形的正压力、放松器的扭矩和楔块的润滑条件等因素经计算确定。

(2)当采用砂箱放松器时,砂箱的直径、高度应根据承受的正压力、砂的承载能力和放松预应力筋时的最大回缩量确定。

(3)当采用平面推力轴承时,轴承的选型应根据预应力筋的布置、单根预应力筋的张拉力、端头螺杆的直径等因素综合确定。

三、施加预应力

(一)施加预应力工艺要求

(1)先张法多根直线预应力钢筋同时张拉时,其张拉力的合力线水平位置应在构件中轴线的垂直面内,垂直位置应在台座设计允许偏心范围内。

(2)多根直线预应力钢筋单根张拉时,张拉力的作用线应与钢筋的设计轴线一致。

(3)后张法直线预应力筋张拉力作用线应与孔道中心线一致。

(4)曲线预应力筋的张拉力作用线应与孔道中心线末端的切线一致。

(5)应力控制法张拉时,应减少张拉体系的摩阻力。摩阻力数值应通过试验确定,并在张拉时补足。

(6)预应力筋可通过超张拉减少松弛影响。设计未规定时,可从零应力开始张拉至1.05倍张拉控制应力,持荷2min后卸荷至张拉控制应力;或从应力为零开始,张拉至1.03倍张拉控制应力。

(7)预应力筋的实际伸长值,宜在初应力为10%张拉控制应力时开始量测,但应加上量测前张拉力的推算伸长值;先张法尚应扣除钢模在张拉过程中的弹性压缩值;后张法尚应扣除混凝土构件在张拉过程中的弹性压缩值。

(8)采用热轧带肋钢筋作预应力筋时,张拉时的温度不得低于 -15℃。

(二)预应力控制标准

(1)预应力筋的张拉控制应力应满足设计要求,预应力筋张拉锚固后,实际预应力值的偏差应不超过 ±5%。

(2)预应力筋如需超张拉时,可比设计要求提高5%,其最大张拉控制应力,不得超过表2-40的规定。

最大张拉控制应力允许值　　　　　　　　　　　　　　　　　表 2-40

钢　种	张　拉　方　法	
	先张法	后张法
钢丝、钢绞线	$0.80 f_{ptk}$	$0.75 f_{ptk}$
钢棒	$0.75 f_{ptk}$	$0.70 f_{ptk}$

注：f_{ptk} 为预应力筋极限抗拉强度标准值。

(3) 采用应力控制张拉时,应校核预应力筋的伸长值。实际伸长值与设计计算理论伸长值的相对偏差不应超过 ±6%。如有异常,应立即查明原因,并采取措施予以调整后方可继续张拉。

(4) 预应力筋断裂或滑脱数量必须符合下列规定。

① 结构、构件中钢丝、钢丝束、钢绞线断裂或滑脱的数量,对后张法严禁超过结构、构件同一截面钢丝总根数的 3%,且一束钢丝不得超过一根；对先张法严禁超过结构、构件同一截面钢丝总根数的 5%,一束钢丝不得超过一根且严禁相邻两根预应力筋断裂或滑脱。

② 结构、构件中的预应力钢筋发生断裂或滑脱必须予以更换。

(5) 后张法锚固阶段张拉端预应力筋的内缩量不得大于表 2-41 规定的允许值。

张拉端预应力筋的内缩量限值　　　　　　　　　　　　　　　　　表 2-41

锚具类别	内缩量限值(mm)	
支承式锚具(镦头锚具等)	螺帽缝隙	1
	每块后加垫板的缝隙	1
锥塞式锚具		5
夹片式锚具		5

四、先张法质量控制

(一) 张拉台座质量

张拉台座可采用墩板式、压柱式、墩台-压柱式、低桩墩台-压柱式等。

(1) 张拉台座必须具有足够的强度和刚度,并应进行抗倾和抗滑验算,其抗倾系数不得小于 1.5,抗滑系数不得小于 1.3,并应采取预防台座区差异沉降的措施。

(2) 张拉台座长度应根据构件的通用长度、单构件混凝土体积、生产能力和场区的地形等因素综合考虑确定。

(二) 张拉

按照本节"三"的要求施加预应力,同时应满足下列要求。

(1) 张拉梁、锚固梁安装时,其受力中心的位置应与台座底板中心一致,水平位置偏差不得大于 3mm。

(2) 多根预应力筋同时张拉,应预先调整初应力,保持各根钢筋的应力基本一致。

(3) 构件的侧模板在施加预应力之后安装时,宜先施加 70% 的控制应力,待模板安装后,再施加至设计要求的张拉控制应力。

(三) 放松

(1) 放松预应力筋时,混凝土强度必须满足设计要求。设计无要求时,不得低于设计强度标准值的75%。

(2) 预应力筋的放松顺序:

①轴心受压构件,所有预应力筋应同时放松。

②偏心受压构件,在采用整体张拉工艺时,所有预应力筋宜同时放松;预应力筋不能同时放松时,应先同时放松预压力较小区域的预应力筋,再同时放松预压力较大区域的预应力筋。

③当不能按上述要求放松时,应分阶段、对称、相互交错地放松。

五、后张法质量控制

(一) 预留孔道质量

预留孔道可采用预埋管法或抽芯管法。采用预埋管法时,预埋管应有一定的轴向刚度,密封良好,接头应严密,不漏浆;采用抽芯管法时,钢管应平直光滑,胶管宜充压力水或采取其他防止变形的措施。

(1) 预留孔道的尺寸与位置应正确,孔道应平顺。端部的预埋垫板应垂直于孔道中心线,并采取措施固定在模板上,在浇筑混凝土时不得移动。

(2) 预埋管道宜用钢筋井字架固定,其间距:金属螺旋管、塑料波纹管及钢管间距不宜大于1m,胶管间距不宜大于0.5m,曲线孔道宜适当加密。

(3) 灌浆孔间距,预埋管不宜大于30m,抽芯管不宜大于12m;采用真空辅助灌浆时,灌浆孔间距可适当加大。曲线孔道的曲线波峰部位,宜设排气孔。

(4) 预埋管的抽芯时间,应根据气温和所用水泥性能通过试验确定。抽芯的顺序应先上后下。用钢管作孔道芯管时,宜在浇筑混凝土后每隔5~15min将芯管转动一次,抽管的速度应均匀,边抽边转,抽管的拉力作用线应与孔道中心线一致。

(5) 孔道形成后应立即逐孔进行检查,发现堵塞应及时疏通。

(二) 张拉

按照本节"三"的要求施加预应力,同时应满足下列要求。

(1) 预应力筋张拉时,结构、构件的混凝土强度、弹性模量应满足设计要求,当设计无要求时,不应低于设计强度标准值的75%。

(2) 预应力筋张拉顺序、张拉端的设置,应按设计规定进行。

(3) 平卧重叠浇筑的构件,宜先上后下逐层进行张拉,并逐层加大张拉力。底层张拉力对钢丝、钢绞线、钢棒不宜比顶层大5%,且不应超过表2-40的规定。

(三) 封端和灌浆

(1) 预应力筋锚固后的外露长度应按设计要求留置,当设计无要求时,不宜小于预应力筋直径的1.5倍,且不宜小于30mm。

(2)锚具应采用封端混凝土保护,封闭预应力锚具的混凝土质量应高于构件本体混凝土。如需长期外露时,应有防止锚具锈蚀的措施。

(3)预应力筋张拉后应及时进行孔道灌浆,灌浆材料的品种及强度应满足设计要求。

(4)灌浆前孔道应湿润、洁净,灌浆顺序宜先灌注下层孔道,对曲线孔道和竖向孔道应由最低点的压浆孔压入。

(5)灌浆量应均匀,不得中断,并采取措施保证灌浆密实饱满。

(6)孔道内的灌浆材料强度未达到设计要求时,不得移动构件、切割主筋和拆卸锚具。

(7)灌浆过程和灌浆后48h内,若环境温度低于+5℃,应对结构或构件采取保温措施。

第五节 钢结构工程质量控制

一、钢结构制作质量控制

(一)原材料质量控制要点

(1)钢材的品种、规格和性能应满足设计要求,并应符合国家现行有关标准的规定。

(2)钢材表面的外观质量应符合下列规定。

①钢材表面的麻点或划痕深度不得大于厚度负允许偏差值的1/2。

②钢材表面的锈蚀等级应满足设计要求并应符合现行国家标准《涂装前钢材表面锈蚀等级和除锈等级》(GB 8923)的有关规定。

③钢材端边或断口处不应有分层和夹渣等缺陷。

④焊接材料的品种、规格、性能和质量应满足设计要求,并应符合现行行业标准《建筑钢结构焊接技术规程》(JGJ 81)和《港口设备安装工程技术规范》(JTJ 280)的有关规定。

(二)钢结构焊接质量控制要点

(1)一、二级焊缝无损探伤的方法、数量、部位和质量应满足设计要求并应符合国家现行标准《钢焊缝手工超声波探伤方法和探伤结果分级》(GB/T 11345)和《金属熔化焊焊接接头射线照相》(GB/T 3323)的有关规定。施工单位按构件和材料类别抽样检测,监理单位见证抽样检测。

(2)焊缝坡口形式应满足设计要求,并应符合现行国家标准《气焊、焊条电弧焊、气体保护焊和高能束焊的推荐坡口》(GB/T 985.1)和《埋弧焊的推荐坡口》(GB/T 985.2)的有关规定。

(3)焊缝外形应均匀,焊道与焊道、焊道与金属间过渡应平滑,焊渣和飞溅物应清理干净。

(4)焊缝表面不得有裂纹、焊瘤等缺陷。一级、二级焊缝不得有表面气孔、夹渣、弧坑裂纹、电弧擦伤等缺陷,且一级焊缝不得有咬边、未焊满、根部收缩等缺陷。施工单位每批同类型构件抽查10%且不少于3件,被抽查构件每种焊缝各抽查5%且均不少于1条,总抽查数不应少于10处;监理单位见证检验。

(5)焊缝尺寸应满足设计要求,焊缝尺寸允许值应符合表2-42的规定。施工单位每批同类型构件抽查10%且不少于3件,被抽查构件每种焊缝各抽查5%且均不少于1条,总抽查数不应少于10处;监理单位见证检验。

焊缝尺寸允许值　　　　　　表2-42

序号	检验项目		允许值(mm)		
			一级	二级	三级
1	对接焊缝余高	$b<20$	0~2.0	0~3.0	0~4.0
		$b\geq20$	0~3.0	0~4.0	0~5.0
2	对接焊缝错边			小于0.1δ且不大于2.0	小于0.15δ且不大于3.0
3	贴角焊缝余高偏差	$k\leq6$	+1.5 / 0		
		$k>6$	+3 / 0		
4	贴角焊缝焊脚高度偏差	$k\leq6$	+1.5 / 0		
		$k>6$	+3 / 0		
5	T形接头和要求焊透的K形焊缝偏差	$K=\delta/2$	+1.5 / 0		

注:①b为焊缝宽度,k为焊脚高度,δ为母材厚度,单位为mm;
②焊脚高度$k>8.0$mm的角焊缝,局部焊脚高度可低于设计要求值1.0mm,累积长度不得超过焊缝长度的10%;
③工字形梁腹板与翼缘板的焊缝两端在其两倍翼缘板宽度范围内,焊缝的焊脚尺寸不得低于设计值。

(三)高强度螺栓连接质量控制要点

(1)高强度螺栓连接副的形式、规格和技术参数应满足设计要求。

(2)高强度螺栓连接摩擦面的抗滑移系数应满足设计要求。

(3)大六角头型高强度螺栓连接副的施拧顺序和初拧、终拧扭矩应满足设计要求,并应符合现行行业标准《钢结构高强度螺栓连接技术规程》(JGJ 82)的有关规定。施工单位全数检查,监理单位每个节点随机抽取螺栓数的10%,且不少于1副。检验方法:采用扭矩扳手在螺栓终拧1h后、48h前进行检查。

(4)螺母和垫圈的安装应满足设计要求。高强度螺栓连接副终拧后,螺栓丝扣外露宜为2~3扣,10%的螺栓丝扣外露可为1~4扣。施工单位全数检查,监理单位抽查节点数的5%,且不少于10副。

(5)高强度螺栓孔不应采用气割扩孔。扩孔后的孔径不应超过1.2倍的螺栓直径。

(6)扭剪型高强度螺栓连接副终拧后,因构造原因未在终拧中拧掉梅花头的螺栓数不应多于该节点螺栓数的5%。施工单位全数检查,监理单位抽查节点数的10%,且不少于10个。采用观察检查,被抽查节点中梅花头未拧掉的全数用扭矩法检查。

(7)磨光顶紧构件的紧贴面积不应小于设计接触面积的75%,边缘间隙不应大于0.8mm。施工单位抽查总数的10%,且不少于3处。检验方法:紧贴面积采用0.3mm塞尺检查,边缘间隙采用0.8mm塞尺检查。

(8)螺栓孔孔距的允许偏差、检验数量和方法应符合表2-43的规定。

螺栓孔孔距的允许偏差、检验数量和方法　　　　　表2-43

序号	项　目		允许偏差（mm）	检验数量	单元测点	检验方法
1	同一组内任意孔间距离	$T \leq 500$	±1.0	抽查构件总数的10%且不少于3件	1	用钢尺测量
		$500 < T \leq 1\,200$	±1.5			
2	相邻两组的端孔距离	$T \leq 500$	±1.5			
		$500 < T \leq 1\,200$	±2.0			
		$1\,200 < T \leq 3\,000$	±2.5			
		$T > 3\,000$	±3.0			

注：T为孔距，单位为mm。

(四) 钢结构制作的允许偏差、检验数量和方法

钢结构制作的允许偏差、检验数量和方法见后面各章节相关内容。

二、钢结构安装质量控制

(一) 施工质量控制要点

(1) 钢构件型号、规格和质量应满足设计要求，由于运输或其他原因造成的变形应矫正。

(2) 钢结构安装就位校正后的焊接和高强螺栓连接质量应符合本节"一(二)、(三)"的有关规定。

(3) 磨光顶紧构件的紧贴面积不应小于设计接触面积的75%，边缘间隙不应大于0.8mm。检验数量：施工单位抽查总数的10%，且不少于3处。检验方法：紧贴面积采用0.3mm塞尺检查，边缘间隙采用0.8mm塞尺检查。

(4) 钢结构安装的轴线、基础轴线、地脚螺栓的规格及紧固应满足设计要求。螺栓孔、基座与基础板间的灌浆应饱满、密实。

(5) 永久性普通螺栓紧固应牢固可靠，外露丝扣不应少于2扣，垫片数量不应多于2片。

(6) 钢结构安装的基础支承面、地脚螺栓、座浆板和化学黏着螺栓的允许偏差、检验数量和方法应符合表2-44的规定。

基础支承面、地脚螺栓、座浆板和化学黏着螺栓的允许偏差、检验数量和方法　　表2-44

序号	项　目		允许偏差（mm）	检验数量	单元测点	检验方法
1	支承面	标高	±3.0	抽查总数的10%，且不少于4组	1	用水准仪测量
		水平度	$L/1\,000$		1	用水平尺测量
2	预埋地脚螺栓	顶标高	+10.0 0		1	用水准仪测量
		中心位置	2.0		1	用经纬仪、钢尺测量
		垂直度	$10L/1\,000$		1	用直角尺测量
		螺栓长度	+30.0 0		1	用钢尺测量

续上表

序号	项目		允许偏差(mm)	检验数量	单元测点	检验方法
3	座浆板	顶面标高	0 -3.0	抽查总数的10%，且不少于4组	1	用水准仪测量
		水平度	$L/1\,000$		1	用水平尺测量
		中心位置	20.0		1	用经纬仪、钢尺测量
4	化学黏着螺栓孔	平面位置	2.0	抽查总数的20%，且不少于4组	2	用经纬仪、钢尺测量
		孔壁垂直度	5.0			用角尺测量
		深度	+10.0 0		1	用钢尺测量

注：L 为测量长度，单位为 mm。

（二）钢结构安装的允许偏差、检验数量和方法

钢结构安装的允许偏差、检验数量和方法见后面各章节的相关内容。

三、钢结构涂装质量控制

（一）原材料质量控制要点

（1）油漆、稀释剂和固化剂的种类、规格和性能应满足设计要求。

（2）金属喷涂所用的材料质量应满足设计要求，并应符合现行国家标准《热喷涂 金属和其他无机覆盖层锌、铝及其合金》(GB/T 9793)的有关规定。

（3）防火涂料的黏结强度和抗压强度应满足设计要求。施工单位每使用100t或不足100t薄涂型涂料抽样检验1次，每使用500t或不足500t厚涂型涂料抽样检验1次，监理单位见证抽样检验。

（二）涂装施工质量控制要点

（1）涂装前钢材表面除锈应满足设计要求，并应符合现行国家标准《涂覆涂料前钢材表面处理 表面清洁度的目视评定》(GB/T 8923.1)的有关规定。处理后的钢材表面不应有焊渣、焊疤、灰尘、油污和毛刺等。

（2）涂装完成后，构件的标志、标记和编号应完整。

（3）油漆涂料涂装应符合下列规定。

①涂装遍数、涂层厚度应满足设计要求。当设计无要求时，涂层干漆膜总厚度室内应为 $125\mu m$，室外应为 $150\mu m$，其允许偏差为 $-25\mu m$。施工单位抽查构件总数的10%，且同类构件不少于3件，监理单位见证检验。

②涂装应均匀，不应有漏涂、明显起皱和流挂等现象。构件涂层破坏时应及时进行补涂。

（4）金属喷涂涂装应符合下列规定。

①涂装的遍数、涂层厚度应满足设计要求。当设计无要求时，喷铝层宜为 $120\sim150\mu m$，

喷锌层宜为 120~250μm。对一般构件,施工单位抽查构件总数的 10%,且同类构件不得少于 3 件。对于闸阀门、坞门等构件,每 10m² 在 100cm² 面积内抽测 10 个点厚度,大于或等于设计厚度的点数不应少于 85%,最小值不应小于规定范围的下限;当设计对下限未作规定时,应取设计值的 85%,监理单位见证检验。检验方法:采用漆膜测厚仪测量。

②涂层应均匀,表面不应有针眼缺陷和可见粗颗粒。

(5)防火涂料涂装应符合下列规定。

①涂层厚度应满足设计要求。施工单位抽查构件总数的 10%,且同类构件不少于 3 件,监理单位见证检验。采用涂层厚度测量仪、测针和钢尺测量。

②涂层应均匀,不应有漏涂、涂层不闭合、脱层、空鼓和粉化松散等缺陷。

第六节 地基处理工程质量控制

一、地基处理的主要方法

常见地基处理的主要方法如表 2-45 所示。

地基处理的主要方法　　　　表 2-45

方法		适用土质情况	适用建筑物情况
换填法	换填砂垫层	换填软土厚度一般不大于 4m	码头、防波堤等
	土工织物(包括格栅、网络)垫层法	一般软土地基,增加抗滑稳定性,匀化地基沉降	适应变形能力强的防波堤等建筑物
	抛石挤淤	淤泥或流泥厚度一般小于 3m	适用于防波堤、护岸等建筑物
排水固结法	堆(加)载预压法 设置排水砂垫层	淤泥、淤泥质土等浅层软土加固,最大固结排水距离一般小于 5m	码头后方堆场、仓库、利用软土人工造陆、人工岛、油罐、道路,以及工民建等建筑物地基加固。真空预压及真空预压联合堆载预压尤其适于超软土地基加固
	堆(加)载预压法 设置竖向排水体	较深厚的淤泥、淤泥质土、冲填土等饱和黏土地基,但不适于泥炭土	
	真空预压法 设置竖向排水体	适用于土质同堆载预压法,还需具备能形成(包括采取密封措施)稳定的负压边界条件	
	真空预压联合堆载预压法 设置竖向排水体	适用情况同真空预压,用于设计荷载大于 80kPa 的情况	
	轻型真空井点法	渗透系数 $1 \times 10^{-4} \sim 1 \times 10^{-7}$ cm/s 的土层	加固基坑边坡、基坑降水
	强夯法	松软的碎石土、砂土、低饱和度的粉土和黏性土	码头堆场、道路及其他港工及工民建地基
振冲法	振冲置换法	抗剪强度不宜小于 30kPa 的黏性土、粉土和人工填土地基	堆场道路及其他港工及工民建地基
	振冲密实法	砂土、低塑性粉土地基	

续上表

方法		适用土质情况	适用建筑物情况
爆炸法	爆破排淤填石	淤泥质软土地基,置换的软基厚度宜取4~12m	防波堤、围堰、护岸、驳岸、滑道、围堤等工程。对复杂或重要的工程宜进行工程试验
	爆破夯实	水下地基和基础应为块石或砾石,分层厚度不宜大于12m,最大不得超过15m。当石层过厚时,应分层抛填、分层爆破	
深层搅拌法		淤泥、淤泥质土和含水率较高且地基承载力不大于120kPa的黏性土地基	水(海)上重力式水工建筑物地基及陆上港工及工民建地基

对重要的和大型工程,对已选定的地基处理方法,宜在有代表性的场地上进行相应的现场试验或试验性施工,并进行必要的测试,以检验设计参数和处理效果,指导现场的施工,如达不到设计要求,应查明原因,采取措施或报设计单位修改设计。

软土地基加固后,应对处理的效果进行检测。检测的时间、项目、数量和结果应满足设计要求。

二、砂垫层和基础换砂质量控制

(一)施工特点

当软弱土地基的承载力和变形满足不了上部结构对地基的强度和变形要求时,采用换(填)砂垫层来增加地基的承载力。先挖去基础下处理范围内的部分或全部软弱土层,然后分层换(填)强度较高的砂层,并进行压(夯、振)实至要求的密实度。

换填砂垫层处理方法适用换填软土厚度一般不大于4m的一般饱和和非饱和的软弱土和水下黄土地基处理,不适宜用于湿陷性黄土地基。不宜采用粉细砂做垫层。在水运工程中,适用于码头、防波堤及航道中的堤坝基础等的处理。

(二)工程质量控制的一般要求及监理质量控制重点

砂垫层和基础换砂质量控制的一般要求及监理质量控制重点如表2-46所示。

砂垫层和基础换砂质量控制要求　　　　表2-46

序号	质量控制一般要求	监理质量控制重点
1	砂垫层施工时应减少对地基土的扰动	严格履行验槽手续
2	砂填料符合质量要求	按要求对砂料进行检验
3	水上砂垫层避免出现淤泥夹层,对开挖的基槽应防止槽底回淤	控制抛砂的间隙时间
4	密实度应满足设计要求	审核密实工艺

(三)施工质量控制要点

(1)旁站取样并检查砂料试验报告,砂的规格和质量应满足设计要求,当设计无要求时,排水砂垫层应选用含泥量不大于5%的中粗砂。

(2)基坑开挖及砂垫层施工时应有减少或避免坑底土层受扰动的措施。

(3)水下施工抛设前应检查基槽尺寸,发现明显变化时应进行处理。检查断面测量资料,必要时插探或潜水检查。

(4)当垫层底部存在古井、古墓、洞穴、旧基础、暗塘等软硬不均的部位时,应根据建筑对不均匀沉降的要求,经设计单位确认的方法予以处理,并经验收合格后,方可填垫层。

(5)要求施工单位进行最优含水率试验,压实应在砂垫层的最优含水率时进行。

(6)垫层铺设的范围和厚度应满足设计要求,旁站检查砂垫层的分层铺填厚度、压实遍数,控制机械碾压速度。

(7)对于水上施工砂垫层,检查抛填是否均匀,避免成堆,并应要求控制抛砂的间隙时间,避免出现淤泥夹层。

(8)基础砂垫层的干土重度或标准贯入击数应满足设计要求。施工单位按施工段取样检验,监理单位见证取样。

(四)砂垫层和基础换砂的允许偏差、检验数量和方法

砂垫层和基础换砂的允许偏差、检验数量和方法应符合表2-47的规定。

砂垫层和基础换砂的允许偏差、检验数量和方法 表2-47

序号	项目		允许偏差(mm)	检验数量	单元测点	检验方法
1	水下砂垫层顶标高		+500 −200	按断面检查,每5~10m一个断面,2~5m一个点	1	用测深仪或测深水砣测量
2	陆上	顶标高	+30 −20	每100m²一处	1	用水准仪测量
3		厚度	±h/10		1	

注:h为砂垫层厚度,单位为mm。

三、排水砂井质量控制

(一)施工特点

排水砂井包括普通砂井和袋装砂井。砂井施工一般先在地基中成孔,再在孔内灌砂或砂袋。普通砂井成孔方法有套管法、射水法和螺旋孔法等;袋装砂井成孔方法包括锤击打入法、水冲法、静力压入法、钻孔法和振动贯入法等。袋装砂井可以克服普通砂井施工中容易出现的缩颈、中断、错位等质量事故,是一种比较理想的竖向排水体。

排水砂井主要作用是改变地基原有的排水边界条件,缩短孔隙排水距离,加快土体固结。适用于较深厚的淤泥、淤泥质土、冲填土等饱和黏土地基。用于码头后方堆场、仓库、利用软土人工造陆、人工岛、油罐、道路以及工民建等建筑物地基加固中的竖向排水通道。

(二)工程质量控制的一般要求及监理质量控制重点

排水砂井施工质量控制的一般要求及监理质量控制重点如表2-48所示。

排水砂井施工质量控制要求 表2-48

序号	质量控制一般要求	监理质量控制重点
1	平面位置应符合设计和规范要求	复核测量控制点及平面位置
2	砂井直径、底标高、垂直度应符合设计要求	检查/验收
3	避免砂井中断或缩颈现象	旁站检查并控制灌砂量

(三)施工质量控制要点

(1)检查清理及平整场地情况,对场地做好高程测量工作。

(2)制作砂袋所用土工织物的品种、规格、强度和滤水性能,应满足设计要求。施工单位按进场批次抽样复验,监理单位见证取样。

(3)砂的规格和质量应满足设计要求,砂的含泥量不应大于5%。施工单位按进场批次抽样检验,监理单位见证取样。

(4)复核砂井平面位置和深度控制标记,水上应检查定位系统,砂井的底标高应满足设计要求,砂井的顶部应与砂垫层相连通。

(5)砂井不得出现中断和缩径,若有中断和缩径,要求补打,灌砂率不应小于85%。

(6)抽查砂垫层的厚度、范围,应符合设计要求。

(7)袋装砂井打设时,检查露出砂垫层顶面不少于50cm。

(四)排水砂井的允许偏差、检验数量和方法

排水砂井的允许偏差、检验数量和方法应符合表2-49的规定。

排水砂井的允许偏差、检验数量和方法 表2-49

序号	项目		允许偏差(mm)	检验数量	单元测点	检验方法
1	平面位置	水上施工	200	抽查10%	1	陆上用经纬仪、拉线和钢尺测量两方向,取大值;水上检查施工记录
		陆上施工	100			
2	垂直度(每米)		15		1	用经纬仪或吊线测量套管

四、排水板施工质量控制

(一)施工特点

塑料排水板作为竖向排水体,与排水砂井具有相同的作用,即增加排水通道,缩短排水距离,加快土体固结。

塑料排水板采用机械打设,打设机有专业厂家生产,也有用挖掘机、起重机、打桩机等改选的;从机型上分有轨道式、滚动式、履带式等多种;从套管驱动方式又可分为静压式和振动式两种。

(二)工程质量控制的一般要求及监理质量控制重点

排水板施工质量控制的一般要求及监理质量控制重点如表2-50所示。

排水板施工质量控制要求 表2-50

序号	质量控制一般要求	监理质量控制重点
1	排水板质量、性能应符合要求	检查质保书和抽样试验
2	平面位置及深度应符合设计要求	旁站检查打设全过程
3	垂直度和外露长度应符合设计要求	

(三) 施工质量控制要点

(1) 平整场地,对场地进行高程测量。

(2) 塑料排水板的规格、质量和排水性能应满足设计要求,并应符合国家现行有关标准的规定。施工单位按进场批次抽样复验,监理单位见证取样。

(3) 排水板在现场应妥加保护,防止阳光照射、破损或污染,破损或污染的排水板不得在工程中使用。

(4) 复核排水板平面位置和排水板插入深度的控制标记,塑料排水板的底标高应满足设计要求,顶端应高出砂垫层,打设过程中随时注意套管的垂直度、插入深度和间距。

(5) 塑料排水板下沉时不得出现扭结、断裂和撕破滤膜等现象,不符合要求的立即整改或重新打设。

(6) 严格控制排水板回带长度和回带根数,打设套管拔出后,塑料排水板的回带长度不得超过500mm,不符合要求重新打设。

(7) 排水板需接长时,应采用滤水膜内平搭接的连接方法,搭接长度需在200mm以上。

(8) 排水板在水平排水垫层表面外露长度不应小于200mm。

(9) 一个区段排水板验收合格后,要及时用砂垫层砂料仔细填满打设时在排水板周围形成的孔洞。

(四) 塑料排水板沉设的允许偏差、检验数量和方法

塑料排水板沉设的允许偏差、检验数量和方法应符合表2-51的规定。

塑料排水板沉设允许偏差、检验数量和方法　　　　表2-51

序号	项目	允许偏差(mm)	检验数量	单元测点	检验方法
1	平面位置	±100	抽查10%	1	陆上用经纬仪、拉线和钢尺测量纵横两个方向,取大值;水下检查施工记录
2	垂直度(每米)	15		1	用经纬仪或吊线测量套管
3	外露长度	+150 -50		1	用钢尺测量;水下检查潜水探摸记录

五、地基预压施工质量控制

(一) 施工特点

地基预压主要有堆载预压法和真空预压法。

堆载预压法是在软土地基上施加荷载后,孔隙水在压力作用下缓慢排出,孔隙随之减少,地基发生固结变形。同时,随着超静水压力逐渐消散,有效应力逐渐提高,地基承载力就得到提高。在堆载过程中,对地基产生附加应力,会造成地基的局部破坏,在堆载时要严格控制加载速率。堆载预压法适用于淤泥、淤泥质土等饱和黏土地基。在淤泥层较厚时,可在地基中设置竖向排水体,以加快土体固结。

真空预压法是在需要加固的软土地基表面先铺设砂垫层和设置竖向排水体,然后用不透气的封闭膜覆盖,薄膜四周埋入土中,使膜内外空气阻隔。通过埋设在砂垫层内的吸水管道,用真空装置进行抽气,使膜内形成一定的真空度,因地基土的固结压力增加而产生固结。真空预压法加固地基必须设置竖向排水体,适用土质同堆载预压法,还需具备能形成(包括采取密封措施)稳定的负压边界条件。由于真空预压法不增加剪应力,地基不会产生剪切破坏,所以除了适用与堆载预压法相同的建筑物情况外,尤其适用于超软土地基加固。

(二)工程质量控制的一般要求及监理质量控制重点

地基预压施工质量控制的一般要求及监理重点如表2-52所示。

地基预压施工质量控制要求　　　　　　　　　表2-52

序号	质量控制一般要求	监理质量控制重点
1	加固区的划分应符合要求,加载范围应大于建筑物基础外缘所包围的面积	根据建筑物分布情况等审核划分的合理性,测量检查
2	加载速率应与地基土的强度相适应,膜内真空度必须符合设计要求	通过水平位移和垂直位移控制加载速率,定时检查真空表读数
3	卸载(停泵)时间符合设计要求	以总沉降量及固结度控制卸载时间,检查相关参数

(三)施工质量控制要点

(1)竖向排水体(袋装砂井或塑料排水板)及水平排水砂垫层应经验收合格。并按设计要求布设沉降、水平位移、孔隙水压力等仪器,测试仪器和观测装置的数量、精度和位置应满足设计要求。

(2)抽气设备、管道、真空泵的设置、真空泵的功率应符合要求。滤水管的布置与埋设保证真空负压快速而均匀地传到各个部位。

(3)加工好的密封膜面积要求大于加固场地面积,每边应大于加固区相应边2~4m;并应确保膜本身密封,膜与黏土接触要有足够的长度,确保四周密封。

(4)加载的堆料在施工时必须严格按设计加载部位、顺序及规定时间内进行,不得过快或过慢。堆载预压分级荷载的堆载高度偏差不应大于本级荷载折算堆载高度的5%,最终堆载高度不应小于设计总荷载的折算高度。

(5)真空预压膜下稳定真空度不应低于设计要求。如设计无要求,膜下真空度应稳定地维持在80kPa以上。在满足真空要求的条件下,应连续抽气,当沉降稳定后方可停泵卸载。

(6)旁站记录真空度、地面沉降量、深层沉降、水平位移、孔隙水压力和地下水位等。地表总沉降规律应符合一般堆载预压时的沉降规律,如有异常应及时采取措施。

(7)预压终止的审查。终止预压主要根据设计要求或用总沉降量及固结度来控制,终止预压标准是连续5d,每天平均沉降量小于2mm以及按测量资料计算平均固结度已达80%,或按设计要求。

(8)卸荷监控。地基预压后的卸载应满足设计要求,地基预压后卸载前的固结度和沉降速率应满足设计要求,一般卸荷要求分级进行以便进行地基变形回弹观测,终止回弹观测时间一般在最后一级卸荷完毕后延续观测2~3d。

(9)加固效果检测监控。监督检测工作是否按合同规定项目和检测手段进行,是否在相同地点使用同一检测方法,报告分析评价是否客观、真实可靠,通过效果检测验证预压是否达到合同目的和标准要求。

（10）卸载后，场地的平均标高不得低于设计标高，场地平整的允许偏差、检验数量和方法应符合表 2-53 的规定。

场地平整的允许偏差、检验数量和方法　　　　　表 2-53

项　目	允许偏差（mm）	检验数量	单元测点	检验方法
标高	±100	每 100m² 一处	1	用水准仪按 10m 方格网测量

六、强夯地基施工质量控制

（一）施工特点

强夯法是将十几吨至上百吨的重锤从几米至几十米的高处自由落下，对土体进行动力夯击，在地基土中所出现的冲击波和动应力，可提高地基土的强度、降低土的压缩性、改善砂土的抗液化条件、消除湿陷性黄土的湿陷性等。这种加固方法的优点是所用设备少（起重机、推土机和夯锤）、施工简单、加固速度快、经济，缺点是机械磨损大、振动大。

强夯法适用于软弱碎石土、砂土、低饱和度的粉土与黏性土，适用于码头堆场、道路及其他类似地基。

（二）工程质量控制的一般要求及监理质量控制重点

强夯地基工程质量控制的一般要求及监理质量控制重点如表 2-54 所示。

强夯地基施工质量控制要求　　　　　表 2-54

序号	质量控制一般要求	监理质量控制重点
1	单击夯击能量符合设计要求	开夯前检查夯锤重量和落距
2	夯击点位置偏差在允许范围内	在每一遍夯击前，应对夯点放线进行复核，夯完后检查夯坑位置，发现偏差或漏夯应及时补夯
3	每个夯点的夯击次数和每击的夯沉量应符合设计要求	旁站夯击全过程，并做好旁站记录

（三）施工质量控制要点

（1）清理并平整施工场地，当地下水位较高，夯坑底积水影响施工时，要求采用人工降低地下水位或铺设一定厚度的松散材料，场内的积水应及时排除。

（2）当强夯施工时所产生的振动，会对临近建筑物或设备产生有害影响时，必须采取防震或隔振措施。

（3）夯锤的重量、尺寸、落距控制手段和夯点的布置应满足设计要求。

（4）夯击的范围、夯击顺序、夯击遍数及两遍之间的时间间隔应满足设计要求。

（5）强夯处理后地基的强度或地基承载力应满足设计要求。

（四）强夯地基的允许偏差、检验数量和方法

强夯地基的允许偏差、检验数量和方法应符合表 2-55 的规定。

强夯地基允许偏差、检验数量和方法　　　　表 2-55

序号	项　　目	允许偏差(mm)	检验数量	单元测点	检验方法
1	夯击点中心位置	150	抽查 5%	2	用经纬仪或拉线和钢尺测量纵横两个方向
2	夯后场地整平标高	+20 -50	每 100m² 一处	1	用水准仪按 10m 方格网测量

七、爆夯及爆炸挤淤施工质量控制

爆夯及爆炸挤淤施工质量控制要求见第十章第四节和第五节。

八、振冲地基施工质量控制

(一) 施工特点

振冲地基主要有振冲置换法和振冲密实法。

振冲置换法是指在软土地基中以压力和振冲器振动的联合作用下制孔,在孔中加入含泥量不大的碎石或卵石、角砾、圆砾等硬质材料,形成一根根柱状的桩体,以此来提高地基强度。振冲置换法适用于抗剪强度不宜小于 30kPa 的黏性土、粉土和人工填土地基,应用于堆场道路及其他类似地基。

振冲密实法是以压力和振冲器振动的联合作用,利用振冲器的振动力,使原地基的松散砂振挤密实。一般在粗地基中使用时可不另外加料,而在粉细砂、黏质粉土中制桩,边振动边填料,以防振冲器提出地面孔内塌方。地基土经密实而提高地基强度,消除地基液化。振冲密实法适用于砂土、低塑性粉土地基,应用于堆场道路及其他类似地基。

(二) 工程质量控制的一般要求及监理质量控制重点

振冲地基施工质量控制的一般要求及监理质量控制重点如表 2-56 所示。

振冲地基施工质量控制要求　　　　表 2-56

序　号	质量控制一般要求	监理质量控制重点
1	桩体材料应符合要求	检查试验报告及抽样检验
2	成桩质量和振密工艺应符合要求	旁站记录填料量、密实电流和留振时间

(三) 施工质量控制要点

(1) 检查清理及平整场地情况,合理布置供水管、电路、运轨道路、排泥水沟、料场、沉淀池、清水池等。

(2) 振冲填料的粒径及级配应满足设计要求,填料中的含泥量不应大于 5%。

(3) 振冲施工过程的密实电流、供水压力、供水量、填料量、孔底留振时间和振动器施工参数等应满足振冲试验施工所确定的参数。

(4) 振冲地基范围应满足设计要求,一般宜在基础外缘扩大 1~2 排桩,水上制桩时应有合理的定位方法。

(5) 成孔贯入时水泵水压可用 400～600kPa，水量可用 200～400L/mm，使振冲器徐徐沉入土中的最终深度。

(6) 旁站清孔。造孔后振冲器应徐徐上提至孔口，再下沉至孔底，往复 1～2 遍。

(7) 加料宜"少吃多餐"，填料量应大于理论值。

(8) 在桩体全部制成后，要求将桩体顶部的松散桩体清除或采用碾压等方法使之密实。

(9) 如有漏孔或不符合规定的桩或振冲点，应补孔或采取有效的补救措施。

(10) 振冲后的地基强度或地基承载力的检测数量及结果应满足设计要求。

(四) 振冲地基施工的允许偏差、检验数量和检验方法

振冲地基施工的允许偏差、检验数量和检验方法应符合表 2-57 的规定。

振冲地基施工允许偏差、检验数量和检验方法　　表 2-57

序号	项　目	允许偏差(mm)	检验数量	单元测点	检验方法
1	成孔中心与设计孔位中心的偏差	100	逐孔检查	1	检查施工定位记录
2	孔深	±200		1	

九、水上深层搅拌法施工质量控制

(一) 施工特点

水上深层搅拌法是用水泥等材料作为固化剂，通过专用作业船机、深层搅拌机械在地基深处就地将软土和固化剂强制搅拌，利用固化剂和软土之间所产生的一系列物理化学反应，使软土硬结或具有整体性、水稳定性和一定强度的水泥加固土，从而提高地基强度，如图 2-6 所示。

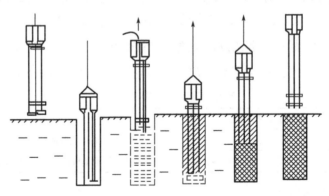

图 2-6　水泥深层搅拌法施工顺序图

采用水上深层水泥搅拌法处理重力式码头、防波堤和护岸等地基时，可采用块式或壁式加固体。

水上深层搅拌法适用于淤泥、淤泥质土和含水量较高且地基承载力不大于 120kPa 的黏性土地基，应用于水(海)上重力式建筑物地基。

(二) 工程质量控制的一般要求及监理质量控制重点

水上深层搅拌法施工质量控制的一般要求及监理质量控制重点如表 2-58 所示。

水上深层搅拌法施工质量控制要求 表2-58

序 号	质量控制一般要求	监理质量控制重点
1	原材料应符合要求	检查产品合格证和抽样试验
2	定位应准确	检查船上定位系统和旁站定位过程
3	搅拌桩质量应符合设计要求	旁站抽查成桩过程中的全部参数

(三)施工质量控制要点

(1)所用水泥和外加剂的质量应符合现行国家标准的有关规定。施工单位、监理单位按材料进场批次全数检查。

(2)搅拌头的转速、贯入与提升速度、着底电流和水泥浆流量等应符合试验段施工所确定的工艺参数。

(3)水泥浆的水胶比和每立方米加固体的水泥用量应满足设计和技术方案的要求。

(4)浆液搅拌要均匀,不能离析、沉淀。

(5)水下深层水泥拌和体的位置、范围和形式应满足设计要求。要求搭接的壁状搅拌群桩应连续施工,相邻桩施工间隔不超过24h。

(6)复搅深度、次数、桩机垂直度应符合要求,泵送压力和喷浆量应符合要求,无断浆现象。

(7)水泥搅拌桩单桩承载力的检测数量和检测结果应满足设计要求。

(8)水泥搅拌体与搅拌桩的钻孔取芯检测应符合下列规定。

①水下深层水泥拌和体钻孔取芯率不应低于80%,芯样试件的无侧限抗压强度平均值应满足设计要求,变异系数宜小于0.35,最大值不得大于0.5。

②水泥搅拌桩钻孔取芯率不应低于85%,芯样试件的无侧限抗压强度平均值应满足设计要求。

(四)水上深层搅拌施工的允许偏差、检验数量和方法

水下深层水泥拌和体和搅拌桩施工的允许偏差、检验数量和方法应符合表2-59和表2-60的规定。

水下深层水泥拌和体施工的允许偏差、检验数量和方法 表2-59

序号	项 目	允许偏差(mm)	检验数量	单元测点	检验方法
1	顶部标高	±200	每10 000m³拌和体抽查一处,且每个单位工程不少于三个钻孔	1	检查钻孔取样记录
2	底部标高	±200		1	

水泥搅拌桩施工的允许偏差、检验数量和方法 表2-60

序号	项 目	允许偏差(mm)	检验数量	单元测点	检验方法
1	桩位	50	逐件检查	1	拉线用钢尺测量纵横两方向,取大值
2	桩底标高	±200		1	测量机头深度
3	桩顶标高	+100 −50		1	用水准仪测量
4	桩径	±0.04D	抽查10%	1	用钢尺测量
5	垂直度(每米)	15		1	用经纬仪或吊线测量

注:①D为水泥搅拌桩的直径,单位为mm;
②表中桩顶标高不包括浮浆厚度。

第七节 水运工程墙后工程质量控制

本节主要介绍码头后方抛石棱体、倒滤层、回填及船坞、船闸后方倒滤层、回填的质量控制要点及质量检验标准。

一、岸坡开挖

(一)码头工程岸坡开挖

对高桩码头和板桩码头,为保证沉桩过程中岸坡的稳定和打桩船吃水的要求,一般要对岸坡进行必要的开挖,同时高桩码头根据地质条件和整体稳定的要求,设计了岸坡开挖线和坡度,也要进行相应开挖;对斜坡码头的斜坡道施工也要先进行岸坡开挖,斜坡码头的斜坡道设计要求见第五章第一节"一(二)"。

1)码头工程岸坡开挖基本要求

(1)岸坡开挖范围及坡度应满足设计要求。

(2)岸坡水下开挖断面的平均轮廓线不得小于设计断面。分层挖泥的台阶高度应满足设计要求,当设计无规定时,台阶高度不宜大于 1 000mm。

(3)岸坡坡面应平整、稳定,不得有贴坡。

2)码头工程岸坡开挖的允许偏差、检验数量和方法应符合表 2-61 的规定

码头工程岸坡开挖允许偏差、检验数量和方法   表 2-61

序号	项　目	允许偏差(mm)		检验数量	单元测点	检验方法
		陆上	水下			
1	岸坡沿线长度	+2 000 0	0	逐件检查	1	检查两端断面测量资料
2	边线和肩线偏移	+50 -100	±1 000		1	检查断面测量资料
3	平台部分标高	+50 -100	0 -500	每5~10m一个断面,每2m一个点	1	用回声测深仪或测深水砣测量
4	坡面线标高	+50 -200	+200 -1 000		1	

(二)护岸工程岸坡开挖

1)护岸工程岸坡开挖质量控制要点

(1)岸坡开挖、削坡前,应进行断面测量,并布设断面控制标志。

(2)开挖岸坡时,应防止附近建筑物或构筑物、道路和管线发生变形,必要时应采取防护措施。

(3)岸坡开挖与削坡宜从上到下分层、分段依次进行;坡面基底土质应满足设计要求,坡面土层不得扰动;坡式护岸的边坡应平整稳定,不得扭曲和贴坡,对少量确需回填的部位,回填

的方式、范围和密实度应满足设计要求。

(4)开挖弃土的地点、范围和堆放应满足设计要求,并应保证开挖边坡的稳定,削坡弃土应尽量上岸摊平,严禁向航道内弃土。

(5)岸坡开挖范围和坡度应满足设计要求,当地质情况与设计资料不符,需修改边坡坡度时,应与设计单位研究确定。

2)护岸工程岸坡开挖的允许偏差、检验数量和方法应符合表2-62 的规定

护岸工程岸坡开挖允许偏差、检验数量和方法　　表2-62

序号	项　目		允许偏差	检验数量	单元测点	检验方法
1	平台高程	陆上	±100mm	每 10～20m 一个断面	1	用水准仪等测量
		水下	±500mm			用经纬仪、测深仪或水砣等测量
2	平台宽	陆上	±100mm		1	用尺测量
		水下	±300mm			用经纬仪、测深仪、GPS 或水砣等测量
3	坡度		0 －10%		1	用经纬仪等测量
4	坡底线位置		100mm		1	

二、抛石棱体

在方块、扶壁和沉箱等重力式码头墙后,方块、扶壁和沉箱等直立式护岸结构墙后,一般均设计有抛石棱体,如图2-7 所示;部分高桩码头的接岸部位(图4-3)和板桩码头的锚碇结构部位(图4-7)也设计有抛石棱体结构。

抛填棱体的断面形式一般有三角形、梯形和锯齿形三种,如图2-7 所示。

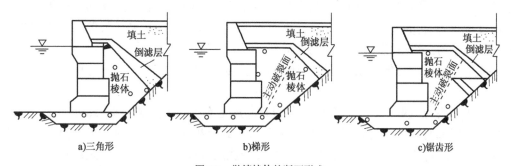

图 2-7　抛填棱体的断面形式

抛填棱体主要是为防止回填土流失设置的抛石棱体,通常采用三角形断面,此时所用抛填材料最少。以减压为主要目的抛填棱体(又称减压棱体),一般采用梯形和锯齿形断面。在减压效果相同情况下,锯齿形比梯形节省用料,但施工程序多,影响工期,质量也不易保证。因此分级式棱体一般不多于两级。为避免棱体密实下沉后,填土从墙身缝隙中流失,棱体顶面高出预制安装的墙身不应小于 0.3m。

(一)抛石棱体施工质量控制要点

(1)棱体抛填前应检查基床和岸坡有无回淤或塌坡,超过设计要求的回淤或塌坡应进行

清理。

(2)棱体所用材料的规格和质量应满足设计要求。

(3)抛石棱体宜分段、分层施工,每段每层应错开足够的距离。

(4)棱体抛填应采取措施防止墙身变位过大,墙身后棱体抛填的程序和速率应满足设计要求,抛填应与墙身安装相配合。

(5)抛石棱体表层的二片石应进行整理,棱体断面的平均轮廓线不得小于设计断面。

(二)棱体抛填的允许偏差、检查数量和方法

棱体抛填的允许偏差、检查数量和方法应符合表2-63的规定。

棱体抛填的允许偏差、检查数量和方法　　　　表2-63

序号	项目		允许偏差(mm)	检验数量	单元测点	检验方法
1	棱体顶部边线		±100	每5~10m一个断面	1~2	用经纬仪和钢尺测量
2	棱体顶部标高		+200 0		2m一个点且不少于三个点	用水准仪测量
3	坡面轮廓线	水上	±200			
		水下	±300			用测深水砣测量

三、倒滤层

重力式码头墙后、船闸和船坞工程墙后、斜坡码头斜坡道、滑道斜坡道、航道工程的护岸等水运工程均涉及倒滤层施工。倒滤层工程中各分项工程的检验批宜按施工段划分,每段的长度宜为200~500m。

重力式码头为防止回填土的流失,在抛填棱体顶面、坡面、胸墙变形缝和卸荷板顶面接缝处均应设置倒滤层,如图2-7所示。而且在抛石棱体顶面和坡面的表层与倒滤层之间应铺盖0.3~0.5m厚的二片石,以防止倒滤材料漏到抛石的缝隙中。

倒滤层可采用碎石倒滤层和土工织物倒滤层,碎石倒滤层又分为分层和不分层倒滤层两种。

重力式码头的"漏砂"问题与倒滤层的设计和施工有关。为避免码头"漏砂",无论是何种形式的倒滤层都要有如下要求:①倒滤层必须高出卸荷板顶面,即在卸荷板上面抛填不小于0.3m厚的二片石,然后在二片石上作倒滤层;②倒滤层分段施工时一定要搭接好。

(一)砂石倒滤层

(1)倒滤层采用的砂石规格、级配和质量应满足设计要求,施工单位按进场批次抽样检验,监理单位见证取样并按规定抽样平行检验。

(2)倒滤层宜分段、分层由坡脚向坡顶施工,每段、每层推进面应错开足够距离。倒滤层应连续,分段分层施工的接茬处理应满足设计要求,并不得出现基层裸露。

(3)斜坡码头斜坡道、斜坡式护岸等倒滤层的铺设,应与面层铺设相配合,做到随铺随砌。铺设倒滤层时,材料不得从坡顶向下倾倒,以保持其良好级配。

(4)在有风浪影响的地区,重力式码头胸墙完成前不应抛筑棱体顶面的倒滤层。

(5)倒滤层施工验收后,应及时回填覆盖,以防止倒滤层破坏。

(6)砂石倒滤层的允许偏差、检验数量和方法应符合表2-64的规定。

砂石倒滤层允许偏差、检验数量和方法　　　　表2-64

序号	项目	允许偏差(mm) 陆上	允许偏差(mm) 水上	检验数量	单元测点	检验方法
1	倒滤层分层厚度	+50 0	+100 0	每5~10m一个断面	每2m一个点	用水准仪或测深水砣测量
2	倒滤层总厚度	+100 0	+200 0	每5~10m一个断面	每2m一个点	用水准仪或测深水砣测量
3	倒滤井10天下沉量	100		逐件检查	1	用钢尺测量

(二)土工织物倒滤层

(1)土工织物的规格和质量应满足设计要求。施工单位按进场批次抽样检验,监理单位见证取样并按规定抽样平行检验。

(2)土工织物拼幅、搭接及缝接方法应满足设计要求,并应符合现行行业标准《水运工程土工合成材料应用技术规范》(JTJ 239)的有关规定。土工织物的拼幅与接长,宜采用"包缝"或"丁缝"(图7-12),尼龙线的强度不得小于150N。

(3)土工织物的铺设范围应满足设计要求。

(4)土工织物滤层铺设不得有破损。竖向接缝采用土工织物倒滤材料时,应采取防止填料砸破土工织物的技术措施,在棱体面铺设土工织物时,无石尖外露,必要时用二片石修整;斜坡码头使用土工织物作倒滤层时,基层土坡必须平整密实,不得有锐利的石尖等物外露,铺设垫层及砌筑坡面块石时,不得将土工织物划破。当有破损时,应采用同一材料进行修补。

(5)土工织物滤层的坡顶、坡趾处理或立缝铺设的固定措施,应满足设计和施工方案的要求,水下铺设的压稳措施应可靠。

(6)土工织物的搭接长度应满足设计要求,并不小于1.0m。

(7)倒滤层施工验收后,应及时回填覆盖,以防止土工织物日晒老化,回填顺序宜由坡底向坡顶方向进行。

(8)土工织物滤层施工的允许偏差、检验数量和方法应符合表2-65的规定。

土工织物滤层施工允许偏差、检验数量和方法　　　　表2-65

序号	项目			允许偏差(mm)	检验数量	单元测点	检验方法
1	基层平整度	抛石面	水下	200	每10m一个断面	每2m一个点	检查基层理坡或整平测量记录
			水上	100			
		砂或砂砾石面	水下	150			
			水上	100			
2	铺设快搭接长度		水上	±L/10	抽查30%	3	用尺测量上、中、下三处
			水下	±L/5			

注:L为设计搭接长度,单位为mm。

(三) 倒滤腔和倒滤井

对于不设抛石棱体的沉箱、扶壁和空心方块码头,其缝隙少且集中,可分别在安装缝处设置倒滤空腔和倒滤井,如图 2-8 所示,施工也较方便。

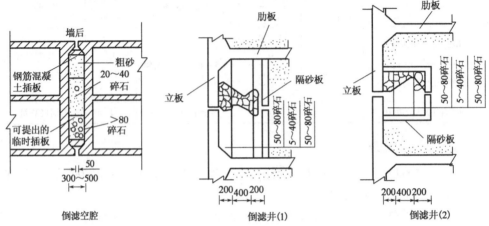

图 2-8　倒滤空腔和倒滤井(尺寸单位:mm)

倒滤空腔和倒滤井施工质量控制要求与倒滤层施工质量控制要求基本相同,同时还应注意以下问题:

(1) 倒滤空腔和倒滤井施工时应采取防漏措施,临水面宜采用加大倒滤材料粒径或加混凝土插板,临砂面宜采用透水材料临时间隔。

(2) 竖向接缝采用土工织物倒滤材料时,应采取防止填料砸破土工织物的技术措施。

四、土石方回填

(一) 基本要求

(1) 回填时主体结构强度应满足设计要求。

(2) 填方基底处理应满足设计要求,应清除回淤浮泥和塌坡泥土;水下回填前,应对回填区进行检查,回填区内的回淤沉积物超过设计要求时应进行清理。

(3) 回填的填料应满足设计要求;墙后填料的物理力学指标和回填顺序、方向、速率应符合设计要求;码头后方的回填程序和加载速率应符合设计和施工方案的要求。

(4) 回填时不得损坏结构排水设施和倒滤层。

(5) 经碾压或夯实处理后的密实度应满足设计要求,施工单位对密实度每一施工段且不大于 20m 取一组试件,监理单位见证取样。

(二) 吹填法回填

1) 吹填施工质量控制的一般要求具体要求

见第八章第三节。

2) 特殊要求

(1) 结构内外水位差不超过设计限值,吹填过程中应对墙体内填土高度、内外水位及墙体的沉降、位移等进行观测。结构发生较大变形等危险迹象时,立即停止吹填,并采取有效措施。

(2)围堰顶高程高出填土顶面0.3~0.5m,其断面尺寸经设计确定。

(3)吹泥管管口宜靠近结构墙身后,尽量使粗粒填料沉淀在靠近结构墙身处,但吹泥管口距倒滤层坡底的距离不应小于5m,必要时应进行试吹确定。

(4)排水口远离结构前沿,其口径尺寸和高程根据排水要求和沉淀效果确定。

(5)在结构墙前水域取土吹填时,控制取土地点与结构的最小距离和取土深度,防止结构产生滑移。

(三)陆上回填

1.一般要求

(1)当干地施工采用黏土回填时,填料应分层压实,每层填土的虚铺厚度,对人工夯实不宜大于0.2m,对机械夯实或碾压不宜大于0.4m,填土表面应留排水坡。

(2)采用开山石回填时,细颗粒含量应符合设计要求,对大型振动式压路机压实石渣或碎石类土石,分层厚度宜取1.0~1.5m,小型设备分层厚度不大于0.3m。

(3)当使用砂和卵石的混合料回填时,宜采用洒水压实法,压实前应充分洒水提高压实效果。

2.特殊要求

1)高桩码头

(1)抛填应由水域向岸分层、由低到高进行,基桩处应沿桩周对称抛填,桩两侧高差不应大于1m,设计另有规定时应满足设计要求。

(2)接岸结构岸坡回填土和抛石不宜采用由岸向水域方向倾倒推进的施工方法。

2)板桩码头

(1)板桩码头后方回填的时间、顺序和速率应满足设计要求,并宜按先回填锚碇结构前方土体,再回填板桩后方土体,最后进行上部大面积回填的顺序进行施工。

(2)锚碇结构前的回填范围和技术要求应满足设计要求。

(3)板桩墙后方的回填应与拉杆的安装和张紧施工相协调,当需要在拉杆安装前回填部分棱体时,应采取防止板桩墙发生过大变形和位移的措施。

(4)沿板桩墙轴线方向的回填应均匀,并应按照从板桩墙纵轴线向后方呈扇形推进的原则进行。

(5)回填时不得损坏拉杆和外敷包裹层。

(6)板桩码头后方陆上大面积回填及压实应沿着与拉杆平行的方向进行。

(7)采用碾压法密实拉杆上部回填土时,拉杆上部的覆土厚度不宜小于500mm。

3)重力式码头

(1)与填料共同维持稳定的空心块体、扶壁、圆筒和沉箱码头,应先在墙身内部填充填料。

(2)墙后采用陆上回填时,应防止淤泥挤向码头墙后,其回填方向应由墙后往岸方向填筑。

(3)墙身结构仓内和墙后回填块石时,应保证墙体结构的安全,控制块石的重量和采取合适的抛填方法。

(四) 土石方回填允许偏差、检验数量和方法

水运工程土石方回填的允许偏差、检验数量和方法应符合表2-66～表2-68的规定。

码头工程、船坞工程土石方回填允许偏差、检验数量和方法　　表2-66

序号	项目	允许偏差(mm)		小型沟槽和地面、道路基层	检验数量	单元测点	检验方法
		后方大面积回填					
		人工	机械				
1	标高	±50	±100	0 −50	每100m²一处	1	用水准仪按10m方格网测量
2	平整度	—	—	20		1	用2m靠尺和钢尺测量

注：码头后方和场地大面积回填的平均标高不应低于设计标高。

护岸工程土石方回填允许偏差、检验数量和方法　　表2-67

序号	项目	允许偏差	检验数量	单元测点	检验方法
1	顶面高程	±100mm	每20m一段，或每100m²处	2	用水准仪等测量
2	平整度	50mm		1	用2m靠尺和钢尺测量
3	坡度	0 −10%	每20m一段	1	用经纬仪或坡度仪等测量

船闸工程石方及混凝土回填允许偏差、检验数量和方法　　表2-68

序号	检验项目	允许偏差(mm)		地面、道路基层	检验数量	单元测点	检验方法
		墙后和场地回填					
		土石方	混凝土				
1	顶面标高	±50	±20	0 −50	每100m²一处	3	用水准仪等测量
2	顶面平整度	50	20	20		2	用2m靠尺和钢尺等测量

第八节　停靠船与防护设施工程质量控制

水运工程停靠船与防护设施是保障船舶安全停靠、系泊和进行装卸作业的重要设备，主要包括系船柱、护舷、系网环、护轮槛、爬梯、栏杆等。这些设施施工的特点是在安装前有的需要订货、有的需要加工制作，并在结构浇筑时埋设相关预埋件。监理工程师除了要对预埋件、构配件进行常规的检查外，应特别注意对预埋件、构配件及成型产品的加工制作质量控制。

系船柱、护舷及构配件的质量应按设计图和生产厂家提供的技术文件检查验收，合格后方准使用。

一、系船柱

系船柱可分为普通系船柱和风暴系船柱。当风暴条件下有系船要求时，应设置风暴系船柱。风暴系船柱宜设在泊位两端距码头前沿线较远处，且不应影响码头正常装卸作业。

(一) 系船柱制作

(1) 系船设施及其相关构件所用的材料、规格和型号应满足设计要求。

(2) 为保护系缆绳,系船柱铸造件的表面质量不能有影响系缆绳使用寿命的缺陷,即系船柱制作表面应平顺圆滑,不得有裂缝、严重节瘤、铁豆、结疤、飞边、毛刺和缺角。

①节瘤:铸造件表面粗糙不规则的金属瘤状物。

②铁豆:嵌入铸件表面,但又未完全与铸件熔合的小金属球粒。

③结疤(亦称夹砂结疤):铸件表面上的未完全与铸件熔合的金属片状物。其表面粗糙、边缘锐利,有小部分和铸件本体相连或与铸件之间夹有砂层。

④缺角:铸件损伤断缺。

⑤飞边(亦称披缝):铸件表面上厚薄不均匀的薄片状金属突起物。

⑥毛刺:铸件表面上刺状金属突起物。

(3) 底盘应平整,无明显翘曲和节瘤、浮渣。螺孔应清理干净,机加工的精度应满足设计要求。

(4) 系船柱制作主要外形尺寸的偏差允许值应符合表 2-69 的要求。施工单位应全数检验,监理单位抽查 10% 且不少于 3 件。

系船柱制作偏差允许值　　　　表 2-69

序号	项	目	偏差允许值(mm)
1	高度		±10
2	底盘	厚度	+6 -4
3	底盘	长宽或直径	±10
4	螺孔	直径	+2 0
5	螺孔	位置	±2
6	螺孔埋头	直径	+2 0
7	螺孔埋头	深度	±3
8	柱体	内圆直径	+6 -10
9	柱体	外圆周长	±5
10	接缝表面高差		2
11	羊角型挡檐与底盘相对偏转		3°

(二) 系船柱安装

(1) 系船柱安装所用的材料及固定构造应满足设计要求,如图 2-9 所示。

(2) 系船柱安装方向应正确。螺母应拧紧,螺栓应外露 2~3 扣,但不应高出底盘。施工单位全数检验,监理单位抽查 10% 且不少于 3 件。

(3) 系船柱安装的允许偏差、检验数量和方法应符合表 2-70 的规定。

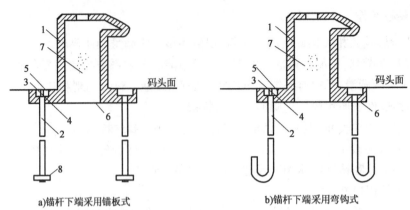

a) 锚杆下端采用锚板式　　　　b) 锚杆下端采用弯钩式

图 2-9　系船柱组成示意图

1-柱壳;2-锚杆;3-螺母;4-垫圈;5-螺母孔填料;6-定位板;7-柱芯筑料;8-锚板

系船柱安装允许偏差、检验数量和方法　　　　表 2-70

序号	项目	允许偏差(mm)	检验数量	单元测点	检验方法
1	平面位置	50	逐件检查	2	用经纬仪测量纵横两方向
2	底盘顶标高	±20		2	用水准仪测量两对边

(三) 系船柱防锈处理

系船柱防锈处理和油漆应满足设计要求和本章第五节"三"的相关要求。

二、浮式系船柱

(一) 浮式系船柱制作

(1) 浮式系船设施及其相关构件所用的材料、规格和型号应满足设计要求。

(2) 浮式系船柱钢浮筒体制作和焊接的质量应符合有关规定。浮筒体必须做密闭试验,其结果必须满足设计要求。

(3) 系船设施及相关构件的除锈和防腐蚀处理应满足设计要求和本章第五节"三"的有关规定。

(二) 浮式系船柱安装

(1) 钢浮筒的安装方式和与导轨槽的间隙应满足设计要求,钢浮筒随水位浮动应无卡阻。

(2) 浮式系船柱导轨安装的允许偏差、检验数量和方法应符合表 2-71 的规定。

导轨安装允许偏差、检验数量和方法　　　　表 2-71

序号	项目	允许偏差(mm)	检验数量	单元测点	检验方法
1	导轨竖向倾斜	$H/1000$	逐件检查	1	吊线测量或用测斜仪检查纵横两方向
2	相邻导轨错位	1.0		1	用1m靠尺和塞尺测量
3	主滚轮、侧滚轮轴线平行偏差	0.5		4	吊线测量

注:H 为导轨高度,单位为 mm。

三、橡胶护舷

橡胶护舷有压缩型、冲气型、填充泡沫型等。目前大多采用压缩型,常用的压缩型橡胶护舷有V形、改良D形、圆筒形和鼓形等四种,如图2-10所示。

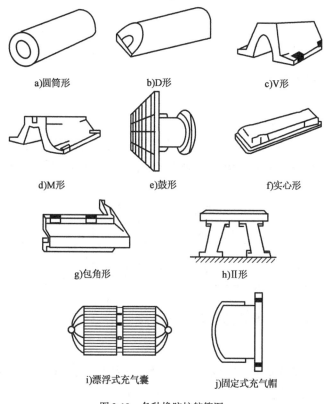

图2-10 各种橡胶护舷简图

(一)产品及配件质量

(1)护舷的型号、规格应满足设计要求,并应符合现行行业标准《橡胶护舷》(HG/T 2866)等的有关规定。检查出厂质量证明文件并观察检查,充气橡胶护舷应做气密性试验。

(2)护舷的固定构造和所采用的螺栓、螺母、链索、卡具等配件的规格、质量及防腐处理应满足设计要求。

(二)安装

(1)固定式护舷底盘与码头的接触应紧密。螺母应满扣拧紧,螺栓应外露2~3扣,螺栓顶端应缩进护舷内,深度应满足设计要求。施工单位全数检验,监理单位抽查10%且不少于3件。

(2)悬挂式护舷的连接卡具应锁紧。施工单位全数检验,监理单位抽查10%且不少于3件。

(3)橡胶护舷安装的允许偏差、检验数量和方法应符合表2-72的规定。

橡胶护舷安装允许偏差、检验数量和方法　　　　表 2-72

序号	项目	允许偏差(mm)		检验数量	单元测点	检验方法
		陆上	水上			
1	标高	±20	±50	D 型抽查 50%，其他逐个检查	1	用水准仪测量
2	间距	±50	±100		1	用钢尺测量
3	D 型护舷接头高差	10		抽查 10%	1	用钢尺测量,取大值

四、钢护舷与木护舷

(一)钢护舷与木护舷制作

(1)护舷的材质和规格应满足设计要求,钢护舷的制作和焊接应符合本章第五节的有关规定,护舷加工尺寸的偏差允许值应符合表 2-73 的规定。施工单位应全数检验,监理单位抽查 10% 且不少于 3 件。

护舷加工尺寸偏差允许值　　　　表 2-73

序号	项目	允许值(mm)
1	截面尺寸	+5 / -3
2	侧向弯曲	2L/1 000
3	表面平整度	5

注:L 为护舷长度,单位为 mm。

(2)护舷及铁件应按设计要求进行防腐处理。

(二)安装

(1)护舷的固定构造应满足设计要求。螺母应满扣拧紧,螺栓顶端应缩进护舷内 50mm。施工单位全数检验,监理单位抽查 10% 且不少于 3 件。

(2)护舷与码头接触应严密,空隙应用垫木垫实。

(3)护舷安装的允许偏差、检验数量和方法应符合表 2-74 的规定。

护舷安装允许偏差、检验数量和方法　　　　表 2-74

序号	项目	允许偏差(mm)	检验数量	单元测点	检验方法
1	前沿线顺直	20	每 10m 一处	1	用经纬仪测量
2	水平护舷标高	±20	每 10m 一处	1	用水准仪测量
3	竖向护舷间距	±50	每 10m 一处	1	用钢尺测量
4	相邻护舷表面高差	10	抽查 10% 且不少于 3 处	1	用钢尺测量,取大值

五、系船环与系网环

(一)系船环与系网环制作(图 2-11)

系环、垫圈、螺栓及预埋吊耳的材质、规格、焊接和防腐处理应满足设计要求。

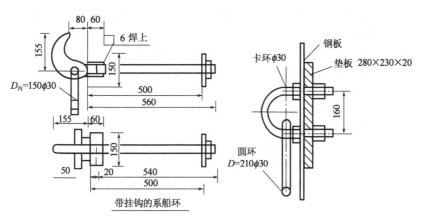

图 2-11 系船环(尺寸单位:mm)

(二) 安装

(1) 预埋吊耳的方向、外露长度和混凝土的凹槽应满足设计要求,并应一致。采用螺栓连接时,垫圈应平正,螺母应满扣拧紧,螺栓外露长度不应大于螺栓直径的 1/2。

(2) 系船环和系网环安设的允许偏差、检验数量和方法应符合表 2-75 的规定。

系船环和系网环安设允许偏差、检验数量和方法　　　　表 2-75

序号	项目	允许偏差(mm)	检验数量	单元测点	检验方法
1	标高	±20	查 10% 且不少于 10 个	1	用水准仪测量
2	间距	±20		1	用钢尺测量

注:设在码头面上的系网环,标高不作检查。

六、护轮坎

(一) 护轮坎施工(图 2-12)

(1) 护轮坎的锚筋和构造筋应满足设计要求。钢筋绑扎应顺直,钢筋保护层应符合本章的有关规定。

(2) 钢护轮坎钢板材料的品种、规格、制作、焊接和防腐蚀应满足设计要求,并应符合本章第五节的有关规定。

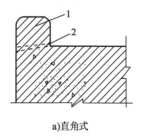
a) 直角式

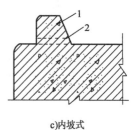
b) 外坡式

c) 内坡式

图 2-12　护轮坎断面示意图
1-护轮坎;2-排水孔

(3)混凝土表面应密实、平整、光洁,顶面棱角应做抹角;钢护轮坎内的填充混凝土应振捣密实,表面应压平抹光。

(4)护轮坎下部预留的排水孔口应与面层接顺且无堵塞。

(5)护轮坎表面涂料的颜色、线条和涂刷厚度应满足设计要求,涂刷时不应污染码头面层。

(二)护轮坎的允许偏差、检验数量和方法

护轮坎的允许偏差、检验数量和方法应符合表2-76的规定。

护轮坎允许偏差、检验数量和方法　　　　表2-76

序号	项目	允许偏差(mm)	检验数量	单元测点	检验方法
1	前沿线顺直	10	每10m一处	1	用经纬仪和钢尺测量
2	顶面标高	±10		1	用水准仪测量
3	顶面宽度	±10		1	用钢尺测量
4	平整度	8		2	用2m靠尺和塞尺测量顶面和临水面
5	相邻段表面高差	5	抽查10%	1	用钢板尺和塞尺测量
6	钢护角对接表面高差	3		1	
7	预埋件位置	20	抽查10%	1	拉线用钢尺测量垂直和水平两方向,取大值

七、铁梯

(一)铁梯制作

(1)钢材的品种、型号、规格和质量应满足设计要求。

(2)铁梯制作和焊接的质量应符合本章第五节的有关规定。

(二)铁梯安装

(1)铁梯安装预埋件的规格、数量和间距应满足设计要求,铁梯与埋件的连接必须牢固、可靠。

(2)铁梯制作及安装的允许偏差、检验数量和方法应符合表2-77的规定。

铁梯制作及安装允许偏差、检验数量和方法　　　　表2-77

序号		项目	允许偏差(mm)	检验数量	单元测点	检验方法
1	制作	梯长度	+10 −20	逐件检查	2	用钢尺测量两侧边
2		梯宽度	±5		3	用钢尺测量两端和中部
3		梯弯曲矢高	$L/200$ 且不大于15		2	拉线用钢尺测量纵横两方向
4		平面对角线差	10		1	用钢尺测量
5		踏步(棍)间距	10		3	用钢尺抽查三挡
6		扶手高差	5		3	用钢尺测量两端和中部

续上表

序号	项目		允许偏差(mm)	检验数量	单元测点	检验方法
7	安装	梯口位置	50	逐件检查	2	用钢尺测量纵横两方向
8		梯口标高	±20		2	用水准仪检查顶部两侧
9		直梯竖向倾斜	$L/100$ 且不大于20		2	吊线用钢尺测量正面和侧面

注：①L 为铁梯长度，单位为 mm；
②链条铁梯的弯曲矢高不作检查。

八、栏杆

(一)栏杆制作

(1)栏杆所用材料的种类、型号、规格和质量应满足设计要求。

(2)栏杆线条应整齐，横杆接头应平顺。铁链式栏杆铁链曲度应一致。

(3)钢栏杆的焊接、除锈和油漆应满足设计要求和本章第五节的有关规定。

(二)钢栏杆的允许偏差、检验数量和方法

钢栏杆的允许偏差、检验数量和方法应符合表2-78的规定。

钢栏杆允许偏差、检验数量和方法　　　表2-78

序号	项目		允许偏差(mm)	检验数量	单元测点	检验方法
1	单片制作	长度	+10 −5	抽查10%且不小于5件	2	用钢尺测量
2		宽度	±5		2	
3		平面翘曲	$L/100$		1	放平台上，三角着地用量另一角翘起高度
4		立柱长度	+3 −5		2	用钢尺测量两边的立柱
5		竖杆间距	10		3	用钢尺连续量三挡
6		横杆平直	$L/1000$ 且不大于5		1	拉线用钢尺测量
7		上横杆对接表面错台	1		1	用刻槽直尺和楔形塞尺测量
8	现场安装	立柱位置	10	抽查10%且不少于10件	2	用钢尺测量纵横两方向
9		立柱竖向倾斜	10		2	吊线用钢尺测量纵横两方向
10		上横杆顶标高	±10	每5m一处	1	用水准仪检查
11		上横杆顺直	10		1	拉10m线用钢尺测量

注：L 为单片栏杆长度，单位为 mm。

九、钢板护角与护面

(一)钢板护角与护面施工

(1)钢材的品种、型号、规格和质量应满足设计要求。

(2)连接锚筋的数量、长度和焊接应满足设计要求。
(3)钢材的除锈和防腐应满足设计要求,并应符合本章第五节的有关规定。
(4)固定方式应满足设计要求。

(二)钢护角与护面制作的允许偏差

钢护角与护面制作的允许偏差应符合表2-79的规定。

钢护角与护面制作的允许偏差　　　　　　　　　　　　　　表2-79

序 号	项 目		允许偏差(mm)
1	钢板	长度和宽度	±10
		平整度	3
2	钢护角	长度	±10
		宽度	±5
		平整度	3
		弯曲矢高	2L/1 000
3	锚筋间距		20

注:L为护角长度,单位为mm。

(三)钢护角与钢板护面安装的允许偏差、检验数量和检验方法

钢护角与钢板护面安装的允许偏差、检验数量和检验方法应符合表2-80的规定。

钢护角与钢板护面安装允许偏差、检验数量和检验方法　　　　表2-80

序号	项 目	允许偏差(mm)	检验数量	单元测点	检验方法
1	平面位置或标高	±20	抽查10%且不少于3件	2	平面位置用经纬仪和钢尺测量,标高用水准仪测量
2	与混凝土表面错台	6		2	用2m靠尺和塞尺测量
3	相邻件错台	3		1	用钢尺测量
4	竖向护角垂直度(每米)	10		1	用经纬仪或吊线测量

思 考 题

1.水运工程通用项目土方工程、钢筋工程、模板工程、混凝土工程的施工工艺及程序、方法。

2.水运工程通用项目的质量控制要点。

3.水运工程通用项目的质量检验方法。

4.混凝土配合比和生产过程质量控制。

5.大体积混凝土防裂措施。

6.预应力钢筋混凝土质量控制。

7. 混凝土质量检验评定,质量缺陷的处理方法。
8. 钢结构制作安装及涂装质量控制要求。
9. 地基处理的方法,地基处理的质量控制要点及质量检验方法。
10. 码头回填的施工质量要求。
11. 抛填棱体、倒滤层的作用,倒滤层铺设的质量控制要点及质量检验方法。
12. 停靠船与防护设施的制作及安装质量要求。
13. 从4M1E的五个方面,熟练分析各种水运工程通用项目质量控制的重点。

第三章 重力式码头和防波堤质量控制

第一节 概 述

重力式码头和防波堤靠结构本身及其上填料重量抵抗建筑物的滑动和倾覆,要求地基具有一定强度,故它主要运用于岩石地基或挖深不大而有较好持力层的非岩石地基。

一、重力式码头

重力式码头是我国分布较广、使用较多的一种码头结构形式。其结构坚固耐久;抗冻和抗冰性能好;能承受较大的地面荷载和船舶荷载,对较大的集中荷载以及码头地面超载和装卸工艺变化适应性较强;施工比较简单,维修费用少。

重力式码头的结构形式主要决定于墙身结构。按墙身结构重力式码头可分为方块码头、沉箱码头、扶壁码头、大圆筒码头、格型钢板桩码头、干地施工的现浇混凝土和浆砌石码头等。

方块码头和沉箱码头在我国是一种常用的结构形式,扶壁码头在我国南方采用较多,大圆筒码头和格形钢板桩码头是近些年来采用的码头形式。

(一)重力式码头的主要形式及特点

1.方块结构

一般多采用预制的混凝土方块,方块有实心和空心,空心方块可以节省混凝土用量和减小块体的重量,有时还可采用异形块体。块体在预制场预制,然后运到现场进行水下安装(图3-1和图3-13)。

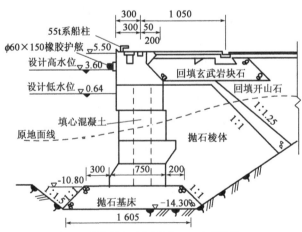

图 3-1 方块码头(尺寸单位:cm,高程单位:m)

方块结构的优点是：耐久性好，基本不需要钢材，施工简单，也不需要复杂的施工机械。如果没有大型的起重船，可把块体做得小些。对于方块尺寸不大的小型码头还可采用浆砌石方块。其缺点是：水下工作量大，结构的整体性和抗震性差，需要石料量大。

2. 沉箱结构

沉箱是一种巨型的钢筋混凝土空箱，箱内用纵横隔墙隔成若干舱格。沉箱一般在专门的预制场预制，然后在滑道上用台车溜放下水。当预制沉箱的数量不多时，也可利用当地修造船厂的船坞、滑道、船台或其他合适的天然岸滩预制下水。下水后的沉箱用拖轮拖至现场，定位后用灌水压载法将其沉放在基床上，再用砂或块石填充沉箱内部（图3-2和图3-12）。

沉箱结构水下工作量小，结构整体性好、抗震性能强，施工速度快，但其耐久性不如方块结构，需要钢材多，需要专门的施工设备和合适的施工条件。一般在当地有可用于预制沉箱的设施的大型码头选用沉箱结构。

3. 扶壁结构

扶壁结构是由立板、底板和肋板互相整体连接而成的一种轻型钢筋混凝土结构（图3-3和图3-14）。在工程实践中，扶壁结构也逐步得到了改进，将底板尾部翘起（即成尾板），不仅减少了底板前趾、后踵之间的反力差，使基底反力均匀，合力作用点位置不超过三分点，而且还可减小基床宽度，不仅减少了抛石基床的工程量，也减少了岸坡的填挖方量。

扶壁结构的优缺点介于方块结构和沉箱结构两者之间。混凝土和钢材的用量比钢筋混凝土沉箱少，施工速度比混凝土方块结构快，耐久性和沉箱结构基本相同。主要缺点是结构整体性差。

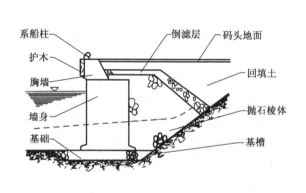

图3-2 沉箱码头

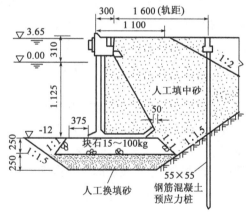

图3-3 扶壁码头（尺寸单位：cm，高程单位：m）

4. 大直径圆筒结构

大直径圆筒结构主要由预制的大直径薄壁钢筋混凝土无底圆筒组成，如图3-4所示，将它们一个挨一个地安放，圆筒内填块石、砂或土。可直接沉入地基中，也可放在抛石基床上。为了不使墙后填土流失，圆筒之间采取堵缝措施。这种结构主要是靠圆筒与其中填料整体形成的重力来抵抗作用在码头上的水平力。

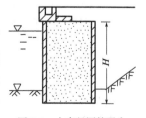

图3-4 大直径圆筒码头

大直径圆筒结构形式始创于法国,近20年来我国也逐渐采用这种结构形式建造码头和防波堤。这种码头的结构简单(与沉箱比);混凝土与钢材用量少;适应性强,可不作抛石基床;造价低;施工速度快。但大圆筒码头也还存在一些问题,例如抛石基床上的大圆筒产生的基底压力大,沉入地基的大圆筒码头施工较复杂,大圆筒与上部结构的连接以及护舷的布置不够方便等,有待于进一步探索和解决。

5. 格形钢板桩结构

格形钢板桩结构是由直腹式钢板桩组成的格形结构,通过合适的格仓填料建成自身稳定的重力式墙。码头结构由格形板桩重力墙身和其上部的胸墙组成。格体由直腹式钢板桩在施工现场整体拼成后,运到规定位置,再用打桩设备依次打入地基中。格形钢板桩结构施工筹备期短,施工速度快,占用场地小。在砂源丰富地区,对于水深大、挡土高度大和岸线较长的码头来说,是一种比较经济合理的结构形式。但此结构形式还处在发展阶段,如何振实格体内的砂和换砂基础,如何防止码头的沉降位移,当无起重船条件下如何施工等,这些问题有待进一步探索。

6. 干地浇筑的混凝土结构和浆砌石结构

在有干地施工条件的内河港,常采用此种结构,其断面一般分为梯形式、衡重式、卸荷板式三种。其优点是可就地取材,不需要钢材,不需要大型和复杂的施工设备,施工简单,造价低。

(二)重力式码头的一般构造

1. 基础

重力式码头基础的作用是将通过墙身传来的外力扩散到较大范围的地基上,以减小地基应力和建筑物沉降量;保护地基免受波浪和水流的淘刷;整平基面后便于墙身的砌筑或安装。因此,基础是重力式码头非常重要的部分,基础处理的好坏是重力式码头的关键。抛石基床是重力式码头中广泛应用的一种基础形式。

1)基床形式

有暗基床、明基床和混合基床三种形式,如图3-5所示。暗基床适用于原床面水深小于码头设计水深的情况;明基床适用于原床面水深大于码头设计水深且地基较好的情况,但当水流流速较大时应避免采用明基床;混合基床适用于原床面水深大于码头设计水深且地基较差的情况,此时需将地基表层的软土全部挖除填以块石,软土层很厚时可部分挖除换砂。

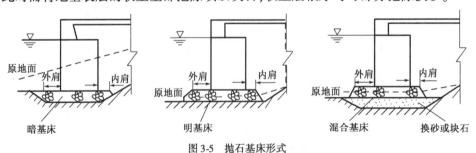

图 3-5 抛石基床形式

2)基床厚度

当基床顶面应力大于地基容许承载力时,抛石基床起扩散应力的作用,基床厚度由计算确定,并不宜小于1m。当基床顶面应力不大于地基容许承载力时,基床只起整平基面和防止地基被淘刷的作用,但其厚度也不宜小于0.5m。

3)基槽底宽及边坡坡度

基槽底宽决定于对地基应力扩散范围的要求,不宜小于码头墙底宽度加两倍的基床厚度。对于受土压力作用的码头,基槽底边线距墙前趾和后踵的距离分别不宜小于$1.5d$和$0.5d$(d为基床厚度)。对于不受土压力作用的码头,基槽底边线距墙前趾和后踵的距离相等,且不宜小于$1.0d$。

基槽边坡坡度一般根据土质由经验确定。基槽距岸较近需要开挖岸坡时,其坡度应按施工时的岸坡稳定性由计算确定。

4)基床肩宽

为保证基床的稳定性,基床肩部(特别是暴露在外面的外肩)应有一定的宽度。对于夯实基床,不宜小于2m;当采用水下爆夯法密实时,应适当加宽;对于不夯实基床,不应小于1.0m。当码头前沿的底流速较大,地基土有被冲刷危险时,应加大基床外肩宽度,放缓边坡,增大埋置深度或采用其他护底措施。

2. 墙身和胸墙

墙身和胸墙是重力式码头的主体结构,其作用是:构成船舶系靠所需要的直立墙面;阻挡墙后回填料坍塌;承受作用在码头上的各种荷载,将这些荷载传到下面的基础和地基中。此外胸墙还起着将墙身连成整体的作用,并用来固定防冲设施、系船设施、系网环、铁扶梯等。有时在胸墙中设置工艺管沟,在其顶部固定起重机轨道,系船柱块体通常也和胸墙连在一起。

1)墙身

墙身结构主要有前面介绍的几种形式,其中方块结构、沉箱结构、扶壁结构最为常见,本章后面将重点介绍这三种结构的重力式码头质量控制要点。

2)胸墙

胸墙是将墙身预制构件连成整体的构件,直接受船舶的撞击,并处在水位变动区,外界影响因素多,受力情况复杂。因此在设计胸墙时,除保证其抗倾和抗滑稳定性外,还应有良好的整体性、足够的强度和刚度,内设电缆沟等的单薄胸墙还应通过计算配置钢筋。

胸墙一般采用现浇混凝土胸墙、浆砌石胸墙、预制混凝土块体胸墙,其中现浇混凝土胸墙应用最多,现浇混凝土胸墙的优点是结构牢固、整体性好。

为了保证胸墙有良好的整体性和足够的刚度,胸墙高度越高越好,但对于现浇胸墙,底部高程不宜低于施工水位。施工水位根据胸墙的浇筑量或砌筑量、结构形式、施工能力和水文条件等综合考虑后确定。

胸墙的顶宽由构造确定。为适应船舶的撞击作用,顶宽一般不小于0.8m,对于停靠小型内河船舶的码头,顶宽不小于0.5m。胸墙底宽由抗滑和抗倾稳定性计算确定。

3)变形缝设置

为适应地基的不均匀沉降和温度的变化,重力式码头必须沿长度方向设置沉降缝和伸缩缝,一般是一缝两用,统称变形缝。缝宽20~50mm,做成上下通缝,即胸墙与墙身的变形缝设在一个垂面上。变形缝间距根据气温情况、结构形式、地基条件和基床厚度确定,一般采用

10～30m；并考虑设在以下位置：

(1) 新旧建筑物衔接处。

(2) 码头水深或结构形式改变处。

(3) 地基土质差别较大处。

(4) 基床厚度突变处。

(5) 沉箱或方块接缝处。

4) 卸荷板

对于采用卸荷板的码头，卸荷板设置在胸墙底下，如图 3-6 所示。卸荷板应采用钢筋混凝土结构，一般采用预制安装方式。当起重能力不足时，也可部分预制、部分现浇。卸荷板的悬臂长度和厚度应通过后倾稳定性和强度计算确定。根据岸墙高度，悬臂长度一般可取 1.5～3.0m，厚度取 0.8～1.2m。

设置有悬臂卸荷板的重力式码头不仅从构造上减少墙后主动土压力，又能利用一部分上部填土的重力增加结构物的稳定性，这种形式的码头在我国港口中得到广泛应用。其缺点是受结构强度的制约，悬臂长度受到限制。有的码头采用简支式卸荷板代替悬臂式卸荷板，卸荷板的一端搁在重力式墙身上，另一端支承在抛石棱体顶部的地梁上，其卸荷效果更好，可用于地面使用荷载较大的情况，如图 3-6 所示。

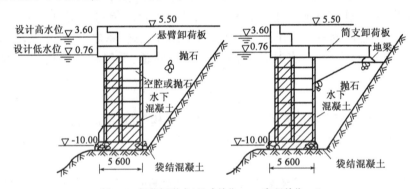

图 3-6　卸荷板形式(尺寸单位：mm，高程单位：m)

3. 墙后回填

码头墙后回填包括抛填棱体、倒滤层和回填土石方，目的是形成码头地面，减小墙后土压力。墙后回填的构造要求及质量控制要求见第二章第七节。

二、防波堤

建造在开敞海岸、海湾或岛屿的港口，通常由防波堤来形成有掩护的水域。防波堤的功能主要是防御波浪对港域的侵袭，保证港口具有平稳的水域，便于船舶停靠系泊，顺利进行货物装卸作业和上下旅客。有的防波堤还可能具有防沙、防流、防冰、导流或内侧兼作码头的功能。

(一) 防波堤的分类

防波堤按结构形式可分为斜坡式、直立式以及特殊形式三类。本章只介绍斜坡式和直立式防波堤施工质量控制,对其他结构形式防波堤可参考相关文献。

1. 斜坡式防波堤

斜坡式防波堤的结构断面一般为梯形,如图3-7所示,采用天然块石或人工混凝土块体抛筑而成,水深和波浪较大时,常用人工块体护面,其坡度一般不陡于1∶1,波浪在斜坡面上发生破碎,大部分波能在斜坡面的行进过程中被吸收和耗散。斜坡堤结构简单,波浪反射小,可就地取材,施工方便,修复容易,整体稳定性较高,对地基沉降不敏感,可适用于各种地基情况。由于堤身材料的用量随水深的增加而有较大的增长,因而水深较浅(10~12m)、地基较差和石料来源丰富的情况常常采用这种结构形式。

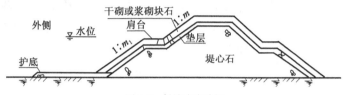

图3-7 斜坡式防波堤

2. 直立式防波堤

直立式防波堤(图3-8)的结构断面内外两侧均为直立或接近直立的墙面,根据墙前水深和波浪入射角度的不同情况,入射波在墙面上产生完全反射或部分反射,波浪反射比斜坡堤反射大。直立堤主要有重力式和桩(包括板桩)式两种类型。重力式防波堤的基床埋设在原海底面以下时为暗基床直立堤;当基床抛置在原海底面以上时为明基床直立堤。直立堤的优点是内侧可兼作码头,与斜坡堤相比,建筑材料用量较少,且随水深增大两者差值越大,因此一般适用于水深较大的情况。但直立堤消能效果较差,建造过程中一般需要大型专门的施工机械,施工较复杂。采用重力式结构时,一般适用于地基较好的情况,如果是软弱地基,需进行加固处理。直立堤一旦发生破坏,修复极其困难。因此,当直立堤前产生的破碎波浪较大时,常采用在堤前堆放人工块体的办法以减少作用在直立堤上的巨大的破波冲击压力,保持直立堤的稳定。

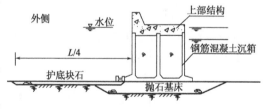

图3-8 直立式防波堤

(二) 防波堤的构造

1. 直立式防波堤构造

直立式防波堤主要由基础、墙身、上部结构组成。其基础、墙身构造与重力式码头基础、墙身构造基本相同,不再重复介绍,不同之处主要在上部结构。

直立式防波堤上部结构一般由平台和挡浪墙构成,如图3-8所示,通常由现浇或整体装配式混凝土建成。上部结构应有足够的刚度和良好整体性,厚度不宜小于1.0m,嵌入下部墙身厚度不宜小于0.3m,与堤身连接可使堤体联成整体而增加稳定性。挡浪墙可以增加堤迎浪面高程而降低堤顶平台高程,平台顶面亦可供交通或其他使用。

防波堤的设计顶高程以挡浪墙顶为准。当防波堤允许少量波浪越顶时,堤顶高程在设计高水位以上0.6~0.7倍设计波高处;当设计防波堤不允许波浪越顶时,堤顶高程在设计高水位以上1.0~1.25倍设计波高处。

2. 斜坡式防波堤的构造

斜坡式防波堤一般为抛石结构,当工程所在区域石料缺乏,而波浪较大时可采用抛填混凝土块体代替石料。

1) 堤顶高程

斜坡堤的堤顶高程,应依据港内水面平稳程度的要求确定。在允许少量越浪时,一般采用设计高水位以上不小于0.6~0.7倍设计波高值处。对于港内水域泊稳要求高(或属于堤内侧兼做码头、堤顶用作通道等),则不允许波浪越顶,这时堤顶高程要提高,对基本不越浪的斜坡堤,采用设计高水位以上不小于1.0倍设计波高值处。如在堤顶外侧修建胸墙时,如图3-9所示,胸墙顶高程可取设计高水位上加1.0~1.25倍设计波高值处。

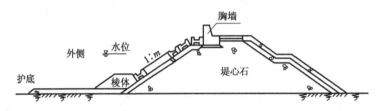

图3-9 堤顶设胸墙的斜坡式防波堤

2) 堤顶宽度

对于一般用途的防波堤,顶宽按1.10~1.25倍设计波高取值,但要求不得小于2.0m,并至少能布放两排护面块体。对有特殊要求的斜坡堤,顶宽应按使用要求确定。如果从陆上推进施工,堤顶宽度还考虑施工机械的要求。

3) 斜坡的坡度

在设计斜坡堤时主要考虑外坡,内坡可陡于外坡。外坡坡度的确定应考虑波浪要素,护面块体及结构形式,一般取1:1~1:3。

4) 堤心石

堤心石的主要作用是构成斜坡堤的基本轮廓,并支承主要防浪层(即护面块垫层石及护面块体)。由于石料用量特别大,通常选用重量范围比较大(10~100kg)的不分级块石。

5) 垫层石

护面的异形混凝土块体要有良好的支承面,且孔隙较大,为保护堤心石不被波浪抽走,因此通常使用厚度为两层块石的垫层。块石的大小与护面块体重量有关,一般不应小于护面块体重量的1/40~1/20。

6) 护面块体

当防波堤位于水深和波浪较大的水域中时,各种混凝土制成的异型块体应运而生。这类块体可以增强自身稳定性,增加堤表面的糙度和渗透性,因此也提高消浪能力。目前世界上已报道的研究成果,各类混凝土异形块体约130种。常见的有扭工字块、四角锥、扭王字块等,如图3-10所示。

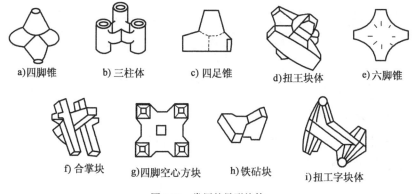

图 3-10 常用的异形块体

(三) 波浪对防波堤的作用

1. 波浪对直立式防波堤的作用

波浪遇到直立堤建筑物时,当水深足够,波浪会形成全反射,与入射波叠加形成立波(驻波)。当水深较浅或直立堤本身有较高的抛石基床时,波浪会产生破碎。当波浪在离堤半个波长以外发生破碎时称为远破波;当波浪在离堤半个波长以内或在基床及堤面发生破碎时为近破波。

2. 波浪对斜坡式防波堤的作用

当波浪作用于坡度较缓(通常小于45°)的堤面时,往往由于水深的变化使波浪破碎。由于波浪具有能量,水体会沿斜坡上爬,当动能消耗殆尽而势能达最大时,水体又会沿斜坡下滑而使水面下降。波浪在堤前及堤面上各处的速度分布与行进波不同,各点的压力分布也较为复杂。

三、重力式码头与防波堤工程的分部工程、分项工程划分

(一) 重力式码头的分部工程、分项工程

重力式码头的分部工程、分项工程可按表 3-1 的规定划分。当工程内容与表列项目不一致时,可根据结构特点进行调整。

重力式码头的分部工程、分项工程划分　　　　　　　　　　　　表 3-1

序号	分部工程名称	分项工程名称
1	基础与换填地基	基槽开挖,砂垫层或地基换砂,基床抛石(基床抛石、基床重锤夯实、基床爆炸夯实、基床整平),地基换填等
2	墙身	预制构件(沉箱、空心方块、方块、扶壁、卸荷板等),预制构件安装(沉箱、空心方块、方块、扶壁、卸荷板等),构件箱格内回填,墙身构件接缝倒滤层,现浇混凝土墙身,砌石墙身等
3	上部结构	现浇混凝土结构(胸墙、管沟、悬臂板、面层等),管沟盖板安装,帽石砌筑,变形缝等
4	后方回填与面层	抛石棱体,倒滤层,土石方回填,回填砂振冲,垫层与基层,现浇混凝土面层,沥青混凝土面层,铺砌块面层等

续上表

序号	分部工程名称	分项工程名称
5	轨道梁与轨道安装	轨道梁基础(预制混凝土方桩、管桩、预制桩沉桩、灌注桩、换填基础)、现浇轨道梁、轨道安装、车挡与地锚等
6	停靠船与防护设施	系船柱、护舷、系船环与系网环、护轮坎、铁梯、栏杆等

(二)防波堤的分部工程、分项工程

防波堤的分部工程、分项工程可按表 3-2 的规定划分。当工程内容与表列项目不一致时,可根据结构特点进行调整。

防波堤分部工程、分项工程划分 表 3-2

结构形式	序号	分部工程	分项工程
直立式	1	基础	水下基槽开挖、地基换砂、水下基床抛石、水下基床夯实、水下基床整平等
	2	堤身	构件预制、构件安装等
	3	上部结构	预制防浪墙块、防浪墙块安装、现浇接缝混凝土、现浇防浪墙、现浇胸墙、浆砌防浪墙、面层混凝土、变形缝等
	4	基床护面	大块石护面、护面块体预制、护面块体安放、砌石护面等
	5	附属设施	系船柱、护舷、踏步、栏杆等
斜坡式	1	基础	水下基槽开挖、地基换砂、土工合成材料加筋垫层等
	2	堤身	堤心抛石、水下爆炸挤淤抛石、土工织物充填袋筑堤、垫层石抛石与理坡、压脚棱体抛石、护坦抛石等
	3	护面	大块石护面、护面块体预制、护面块体安放、砌石护面、模袋混凝土护面等
	4	上部结构	预制防浪防汛墙块、防浪防汛墙块安装、现浇接缝混凝土、现浇防浪防汛墙、浆砌防浪防汛墙、现浇压顶混凝土、变形缝等

注:①混合式防波堤,其堤身分部工程可增加墙身构件预制与安装和上部结构的部分分项工程;
②桩式直立防波堤、透空式直立防波堤,可参照桩基码头工程划分;
③直立式护岸的其他分部、分项工程可参照码头工程划分。

四、重力式码头与防波堤工程总体

(一)重力式码头工程整体尺寸

重力式码头工程整体尺寸的允许偏差应符合表 3-3 的规定。

重力式码头整体尺度允许偏差 表 3-3

序号	项目	允许偏差(mm)	检验数量	单元测点	检验方法
1	总长度	+3.5L/1 000 且不大于 3 000, -0.5L/1 000	逐座检查	1~2	用 GPS、或全站仪、经纬仪、钢尺测量前沿
2	总宽度	—		3	用钢尺测量两端和中部
3	前沿线位置	±50	每 10m 一处	1	用全站仪或经纬仪检查
4	前沿顶面标高	±20		1	用水准仪检查

续上表

序号	项目	允许偏差(mm)	检验数量	单元测点	检验方法
5	前沿水底高程	0 -500	每5～10m一个断面,每2m一个点	10	垂直码头拉20m线,用测深水砣检查

注:L为码头设计长度,单位为mm。

(二) 防波堤工程整体尺寸

防波堤工程竣工尺度应符合表3-4和表3-5的规定。

斜坡式防波堤竣工尺度允许偏差 表3-4

序号	项目		允许偏差(mm)	检验数量	单元测点	检验方法
1	轴线位置		200	每20～50m一处	1	用GPS、全站仪或经纬仪测量
2	口门宽度		±4 000	逐座检查	1	
3	总长度		±2 000		1	用GPS、全站仪或钢尺测量堤顶部
4	顶标高与设计控制标高偏差	有胸墙、压顶块	-50	每20～50m一处	1	用GPS、全站仪或水准仪测量
		栅栏板、四脚块	-100			
		大块石护面	-200			

直立堤竣工尺度允许偏差 表3-5

序号	项目	允许偏差(mm)	检验数量	单元测点	检验方法
1	轴线位置	100	每20～50m一处	1	用GPS、全站仪或经纬仪测量
2	总长度	±L/200且不超过±2 000	逐座检查	1	
3	顶标高与设计控制标高偏差	±30	每20～50m一处	1	用GPS、全站仪或水准仪测量

注:L为堤的总长度,单位为mm。

(三) 码头工程观感质量

码头工程的观感质量应按表3-6的规定进行检查评价,综合得分率不应低于80%。

码头工程观感质量评价项目和质量要求 表3-6

序号	评价项目	质量要求	标准分	评价等级		
				一级 95%	二级 85%	三级 70%
1	码头面部	表面平整、坡向符合要求	10			
		变形缝顺直、上下贯通,填缝符合要求	10			
		分格缝清晰、顺直,灌缝饱满、均匀	10			
		沟槽顺直,与面层接茬平顺	10			
		盖板平整、稳固	10			
		无明显碰损和建筑污染	10			

续上表

序号	评价项目	质量要求	标准分	评价等级 一级 95%	二级 85%	三级 70%
1	码头面部	混凝土面层抹压、拉毛均匀,无裂缝、严重龟裂和起砂	20			
		铺砌面层砌块完整、无破损,与构筑物接茬顺平、紧密	20			
		沥青混凝土面层颜色一致,颗粒均匀,无集料集中、臃包、推挤和烂边	10			
2	迎水面	码头前后沿线顺直,无明显错台和弯曲	20			
		表面平顺,线条清晰,无过大错台	10			
		施工螺栓拆除和螺栓孔封堵符合要求	10			
3	混凝土结构	构件表面无严重缺陷,一般缺陷未超出要求	20			
		构件边角完整,无明显碰损	10			
		施工缝平顺、密实,无明显流坠	10			
		安装铺垫砂浆饱满、勾缝密实、整齐	10			
		修补质量符合要求	10			
		附加外防腐均匀、颜色一致,无明显漏涂	10			
4	钢结构	防腐涂层均匀,无漏涂	10			
		漆膜完整、颜色一致,无流挂和皱皮	10			
		无明显脱皮和泛锈	10			
5	码头设施	系船柱位置、方向正确、安装紧固	10			
		护舷位置正确、安装紧固	10			
		护轮坎顺直、无明显缺陷和碰损	10			
		栏杆、铁梯、踏步等位置正确,无明显缺陷	10			
		泄水孔位置正确、排水通畅	10			
6	接岸岸坡	码头接岸处无明显差异沉降	20			
		坡面平整,无明显变形	10			
		压顶与防汛墙顺直、无明显缺陷	10			
		其他附属构筑物符合要求	10			

(四)防波堤工程观感质量

防波堤工程的观感质量应按表3-7的规定进行检查评价,其综合得分率不应低于80%。

防波堤和护岸观感质量评价项目和质量要求　　　表3-7

序号	评价项目	质量要求	标准分	评价等级 一级 95%	二级 85%	三级 70%
1	防浪墙	墙面平整、标高一致、线条顺直	20			
		混凝土墙面无蜂窝、露石等缺陷	10			
		接茬平顺、无明显错台和流坠	10			

续上表

序号	评价项目	质量要求	标准分	评价等级 一级 95%	二级 85%	三级 70%
1	防浪墙	支模螺栓、铁件处理符合要求	10			
		浆砌石墙砌缝均匀、勾缝密实、牢固、清晰	20			
2	胸墙	面层平整、坡向正确、无起砂和裂缝	10			
		迎水面无峰窝、露石等缺陷	20			
		墙身构件、胸墙无明显碰损	20			
		接茬或施工缝无明显错台和流坠	10			
		支模螺栓、铁件处理符合要求	10			
		减压孔位置正确、通畅	10			
3	变形缝	上下贯通、顺直、缝宽一致、填缝符合要求	10			
		缝两侧混凝土无明显缺陷	10			
4	护面	坡顶、坡肩、线条平顺、坡面符合要求	10			
		扭工字块或扭王字块安放形式符合要求,疏密程度均匀	10			
		四脚空心块、栅栏板坡顶、坡面平整、线条平顺	10			
		大块石坡顶、坡肩、坡面平整、线条平顺	10			
		干砌条石砌缝符合要求,均匀	10			
		排水孔位置准确,通畅	10			
5	附属设施	系船柱安装正确、防腐油漆符合要求	10			
		护舷紧固、平、直,铁件防腐符合要求	10			
		栏杆、铁梯整齐、防腐油漆符合要求	10			
		混凝土踏步高度、宽度一致、棱角无破损	10			

第二节 基础工程质量控制

重力式码头和防波堤的基础施工一般包括基槽开挖、基床抛石、基床夯实、基床整平等施工过程。

一、基槽开挖

(一)基槽开挖质量控制要点

(1)对施工基线进行验收,核对水尺,检查挖泥船机性能,并审查挖泥方案。

(2)基槽开挖应根据地质条件采用相应的开挖方式。地基为岩基时,可采用水下爆破,用抓斗(铲斗)挖泥船清除;为非岩基时,因基槽面积较小,亦多用抓斗(铲斗)挖泥船开挖。各种挖泥船施工质量控制要求见第八章第二节。

(3)重力式码头的挖泥,一般均采取先挖港池、后挖基槽的施工顺序。

(4)基槽开挖的平面位置应满足设计要求,断面尺寸不应小于设计规定,基槽的边坡不应陡于设计要求。

(5)基槽开挖深度较大时宜分层开挖,每层开挖的高度应根据地质条件和开挖方法确定。

(6)基槽开挖应采用"双控",即控制标高和地质条件,以地质条件为主。挖泥过程注意核对土质,特别是达到设计标高后的土质核对,当挖泥达设计标高后,其土质应与设计图纸所示土质相一致,否则应与设计单位协商处理。

(7)陆上基槽开挖后,基槽底层不得受水浸泡或受冻,并防止扰动。

(8)水下基槽开挖后应避免长时间暴露,应及时抛填。

(9)抛泥应到指定的地点卸泥或吹填。

(二)基槽开挖检验批划分

(1)码头基槽与岸坡开挖分项工程的检验批宜按施工段划分,每段的长度不宜大于200m。墩式结构应按设计单元划分。

(2)防波堤地基与基础工程各分项工程的检验批宜按施工段划分,每段的长度不宜大于200m。

(三)基槽开挖允许偏差、检验数量和检验方法

基槽开挖允许偏差、检验数量和检验方法如表3-8~表3-11所示。

岩石地基水下爆破开挖基槽的允许偏差、检验数量和方法　　　　　表3-8

序号	项目	允许偏差(m)		检验数量	单元测点	检验方法
		长条形基坑	独立墩基坑			
1	平均超深	0.5	1.0	每5m一个断面,且不少于三个断面	1	用测深仪或测深水砣测量,1~2m一个点,取平均值
2	平均超宽、超长	1.0	2.0		2	在全部断面图上量测,各边取平均值

注:在无掩护或离岸500m以上水域当爆破开挖水深大于或等于20m时,其平均超深、超宽、超长允许偏差值可适当加大。

非岩石地基水下基槽开挖允许偏差、检验数量和方法　　　　　表3-9

序号	项目			允许偏差(m)		检验数量	单元测点	检验方法
				有掩护水域	无掩护或离岸500m以上水域			
1	平均超深	斗容≤4m³		0.3	0.5	每5~10m一个断面,且不少于三个断面	1	用测深仪或测深水砣测量,2~5m一个点,取平均值
		4m³<斗容≤8m³	Ⅰ、Ⅱ类土	0.8	0.8			
			Ⅲ、Ⅳ类土	0.5	0.5			
		8m³<斗容≤13m³	Ⅰ、Ⅱ类土	1.0	1.0			
			Ⅲ、Ⅳ类土	0.8	0.8			
		13m³<斗容≤18m³	Ⅰ、Ⅱ类土	1.5	1.5			
			Ⅲ、Ⅳ类土	1.0	1.0			

续上表

序号	项目		允许偏差(m)		检验数量	单元测点	检验方法
			有掩护水域	无掩护或离岸500m以上水域			
2	每边平均超宽	斗容≤4m³	1.0	1.5	每5~10m一个断面,且不少于三个断面	2	在全部断面图上量测,取各边平均值
		4m³<斗容≤8m³ Ⅰ、Ⅱ类土	2.0	2.0			
		4m³<斗容≤8m³ Ⅲ、Ⅳ类土	1.5	2.0			
		8m³<斗容≤13m³ Ⅰ、Ⅱ类土	2.2	2.5			
		8m³<斗容≤13m³ Ⅲ、Ⅳ类土	1.7	2.2			
		13m³<斗容≤18m³ Ⅰ、Ⅱ类土	2.5	3.0			
		13m³<斗容≤18m³ Ⅲ、Ⅳ类土	2.0	2.5			

注:①表中土质的分类应符合现行行业标准《疏浚岩土分类标准》(JTJ/T 320)的有关规定;
②无掩护水域当挖泥水深大于或等于20m或抓斗大于18m³时,其平均超深、超宽允许偏差值可根据实际情况适当加大;
③河港的小型码头基槽挖泥平均超深、超宽允许偏差值应适当减小;
④链斗式挖泥船平均超深、超宽允许偏差值分别为0.4m、1.5m;
⑤当土质与设计要求不相符需要超挖时,超深、超宽值不受本表规定值限制。

非岩石地基陆上基槽开挖允许偏差、检验数量和方法　　　　表3-10

序号	项目		允许偏差(mm)	检验数量	单元测点	检验方法
1	槽底设计中心线两边长、宽度	长条形基槽	+500 0	每5~10m一个断面	2	用钢尺测量
		独立墩基槽	+200 0	逐件检查	4	
2	底标高	长条形基槽	+50 -100	每5~10m一个断面	1	用水准仪测量,1~2m一个点,取平均值
		独立墩基槽	0 -50	逐件检查	3	用水准仪测量底
		大面积开挖	+50 -100	每100m²一处	1	用水准仪方格网测量

岩石地基陆上爆破开挖基槽允许偏差、检验数量和方法　　　　表3-11

序号	项目		允许偏差(mm)	检验数量	单元测点	检验方法
1	槽底设计中心线两边长、宽度	长条形基槽	+200 0	每5~10m一个断面	2	用钢尺测量
		独立墩基槽	+100 0		2	
2	标高	长条形基槽	0 -200	每5m一处	2	用水准仪测量
		独立墩基槽	0 -100	逐件检查	3	用水准仪测量
		大面积爆破开挖	+100 -300	每100m²一处	1	用水准仪方格网测量

二、地基换砂

(一)地基换砂质量控制要点

(1)施工前应检查已开挖的基槽断面,发现明显变化时应进行处理。

(2)砂的规格和质量应满足设计要求。施工单位按进场批次抽样检验,监理单位见证取样。

(3)换砂的范围、厚度和密实的范围应满足设计要求。

(4)地基换砂振冲后的标准贯入击数应满足设计要求。施工单位按设计要求抽样检测,监理单位见证检测。

(二)地基换砂的允许偏差、检验数量和方法

地基换砂的允许偏差、检验数量和方法应符合表3-12的规定。

地基换砂允许偏差、检验数量和方法　　　　表3-12

序号	项目		允许偏差(mm)	检验数量	单元测点	检验方法
1	顶面标高	水下砂垫层或地基换砂	+500 −200	每5~10m一个断面,且不少于3个断面	每2~4m一个点	用测深仪或水砣测量
		陆上砂垫层	+30 −20	每100m² 一处	1	用水准仪方格网测量
2	陆上砂垫层厚度		±h/10	每100m² 一处	1	检查方格网测量资料或挖坑、用尺测量

注:①h为砂垫层设计厚度,单位为mm;
②排水砂垫层只检查厚度。

三、基床抛石

(一)原材料质量控制要点

石料的规格和质量应满足设计要求。石料的"规格"是指块石的重量等级,"质量"是指块石的强度和风化程度。施工单位按进场批次抽样检验,监理单位见证取样并按规定抽样平行检验。基床块石石料材质应满足下列要求。

(1)饱和单轴极限抗压强度,对夯实基床不低于50MPa,对不夯实基床不低于30MPa。

(2)未风化、不成片状和无严重裂纹。

(3)对夯实基床,当地基为松散砂基或采用换砂处理时,宜在基床底层设置0.3~0.5m厚的二片石垫层。

(4)当抛石基床以下采用抛石换填并爆夯密实时,块石重量可采用1~500kg,块石饱和单轴极限抗压强度不宜低于30MPa。

(二)基床抛石质量控制要点

(1)抛石前应对基槽断面、标高及回淤沉积物进行检查。基槽内含水率小于150%或重度

大于 12.6kN/m³ 且厚度大于 0.3m 的回淤沉积物应予清除。当有换填抛石并有夯实措施时,基槽底面回淤沉积物的厚度限值可适当放宽。

(2)抛石前要求施工单位进行试抛,通过试抛确定石料漂移与水深、流速的关系,了解石料抛填后的扩散情况,以选定抛石起始点和移船距离。

(3)现场监理过程中对导标要进行经常性复测,确保基床平面位置和尺寸的准确,特别是基床顶面宽度不得小于设计宽度。

(4)当抛石厚度较大时,应进行合理的分层抛填,监理检查控制分层抛填厚度。并要求施工单位勤测水深,防止漏抛或高程差过大。基床顶面及分层抛石基床的上下层接触面不应有回淤沉积物,如出现回淤应立即采取相应措施。

(5)基床抛石顶面不得超过施工规定的高程,但不宜低于 0.5m。若抛石基床需要爆夯施工,要求施工单位通过经验和试爆夯控制合理的抛石高程,以便在爆夯施工后能达到合理的基床整平前的标高。

(三)水下基床抛石的允许偏差、检验数量和方法

水下基床抛石的允许偏差、检验数量和方法应符合表 3-13 的规定。

水下基床抛石允许偏差、检验数量和方法　　　　表 3-13

序号	项目	允许偏差(mm)	检验数量	单元测点	检验方法
1	顶面标高	+0 −500	每 5~10m 一个断面,且不少于三个断面	1~2m 一个点	用回声测深仪或测深水砣检查
2	边线	+400 −0	每 5~10m 一个断面	2	

注:当水深大于 20m 时,基床边线的允许偏差可适当加大。

四、基床密实

在有夯实要求的基床抛石中,每层抛石后须进行夯实,以消除或减少其压缩沉降。夯实的方法主要有重锤夯实和爆破夯实法。

(一)重锤夯实

1.试夯

重锤夯实的夯击遍数由试夯确定,试夯的技术要求如下:

(1)试夯地点应在抛石基床现场选取有代表性的区段,当地质情况有较大差异时,应在不同地段分别试夯。

(2)试夯宽度应按基床夯实范围要求的宽度确定,段长不宜小于 10m。

(3)试夯的观测要求:在试夯范围内选取三个断面,每个断面上 1m 一个点进行夯沉观测,求出平均值。观测时应对夯前和第 4 夯各测一次,以后每两夯测一次,至相邻测次的累计沉降值趋于接近为止。观测沉降的同时,应潜水检查基床表面块石的紧密程度及破损情况。

(4)根据观测的结果整理分析,求出相邻夯次的平均沉降差在 30mm 以内时的次数即为

正式夯击遍数。

(5)试夯所用的船机、夯锤设备和操作方法应与正式施工条件相同。

2. 重锤夯实质量控制要点

(1)基床夯实范围应满足设计要求。采用重锤夯实时,在夯实前应对抛石面层作适当整平,其局部高差不宜大于300mm。

(2)基床重锤夯实时应分层、分段夯实,每层厚度宜基本相等,每层夯实后的厚度不宜大于2m。夯击能量较大时,分层厚度可适当加大;分段夯实的搭接长度不应小于2m。

(3)夯锤底面积不宜小于$0.8m^2$,底面静压强宜采用$40\sim60kPa$,落距可取$2.0\sim3.5m$。不计浮力、阻力等影响时,每夯的冲击能不宜小于$120kJ/m^2$;对无掩护水域的深水码头,冲击能宜采用$150\sim200kJ/m^2$,夯锤宜具有竖向泄水通道。

(4)基床锤夯宜采用纵横向相邻接压半夯,每点1锤,采用初、复夯各1遍或多遍夯实的方法,如图3-11所示。夯击遍数应根据试夯确定,不进行试夯时,夯数不宜少于8夯,并应分2遍夯打。

(5)当夯实后补抛块石的面积大于1/3倍构件底面积或连续面积大于$30m^2$,且厚度普遍大于0.5m时,宜作补夯处理,补夯应满足技术处理方案要求。

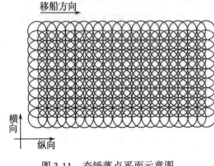

图3-11 夯锤落点平面示意图

3. 基床夯实验收

(1)基床夯实验收,夯实质量标准可采用在已夯的基床上码头墙底面积范围内任选不小于5m一段复打一夯次,夯锤相接排列,不压半夯,其平均沉降量不大于30mm。无掩护水域的重力墩不大于50mm。

(2)对离岸式码头,当采用定点复夯验收时,选点数量不应少于20点,并应均匀分布在基床上,其平均沉降量不应大于50mm。

(二)爆炸夯实

爆破夯实是在水下块石、砾石地基或基础表面布置裸露药包或在表面上方布置悬浮药包,利用爆破振动使地基和基础密实的方法。爆夯基床密实效果主要包含爆后平整度和爆破夯实率,除与基床抛填平整状况和块石的级配有关外,主要决定于布药位置的准确性、布置网格和爆炸有效动载荷情况(覆盖水厚度、总药量大小与次数)。

爆破夯实质量控制要点见第十章第五节。

五、基床整平

抛石基床的整平可分为粗平、细平和极细平。其中粗平主要是在基床夯实前为保证夯锤的稳定性和夯实效果,对基床进行的整平工作,其局部高差不宜大于300mm。

(一)基床整平质量控制要点

(1)基床整平施工前,施工单位应设计好整平施工区域分段、导轨位置图,施工中必须随时在分段、导轨位置图上标明完成区域的位置等整平情况,在分段、导轨位置图上做好详细的施工记录,以便于交接作业和防止漏整平。

(2)基床整平要控制好整平导轨的轴向位置,严格控制整平导轨的标高,在进行整平之前或在整平施工中,对导轨准确性有怀疑时及时进行校验以确保整平导轨高差控制在±1cm内。

(3)整平的范围和方法应满足设计要求,并应符合现行行业标准《重力式码头设计与施工规范》(JTS 167-2)的有关规定。

(4)基床顶面的坡度应满足设计和施工方案的要求。

(5)抛石基床不论有无夯实要求,为使基床顶面标高符合设计要求,以及便于平稳安装上部预制构件,基床顶面均需按设计要求进行细平或极细平,其技术要求如表3-14所示,即细平为±50mm、极细平为±30mm。

(6)基床整平时,对块石间不平整部分,宜用二片石填充,对二片石间不平整部分宜用碎石填充,其碎石层厚度不应大于50mm。

(7)大型构件底面尺寸大于或等于30m² 时,其基床可不进行极细平。

(8)基床整平验收及验收后下道工序跟进,要及时进行,以免发生基床落淤现象。

(二)水下基床整平的允许偏差、检验数量和方法

水下基床整平的允许偏差、检验数量和方法应符合表3-14的规定。

水下基床整平允许偏差、检验数量和方法　　　　表3-14

序号	项 目	允许偏差(mm)		检验数量	单元测点	检验方法
		细平	极细平			
1	顶面标高	±50	±30	每2m一个断面	2~3	经纬仪或GPS定位,用水准仪、水深测杆测量钢轨内侧1m和中线处。基床顶宽小于6m时,可只测钢轨内侧1m处
2	整平边线	+500 0			2	经纬仪或GPS定位,用水准仪、水深测杆测量

注:①滑道基床顶面极细平的允许偏差应按设计要求施工,如设计无要求时按+0,-20mm控制;
②如用3条及3条以上轨道整平时,每个断面的单元测点为$(n-1)\times 2$,其中n为轨道条数。

第三节　重力式码头墙身结构质量控制

一、预制墙身构件的预制、出运及安装质量控制要点

(一)墙身构件预制施工

(1)墙身构件(沉箱、方块、扶壁)预制施工的模板工程、钢筋工程质量控制要求见第二章第一、二节,混凝土工程质量控制要求见第二章第三节。

(2)墙身构件(沉箱、方块、扶壁)预制的外形尺寸质量要求如表3-15~表3-18所示。

预制矩形沉箱、空心方块允许偏差、检验数量和方法　　　表 3-15

序号	项　目		允许偏差(mm)	检验数量	单元测点	检验方法
1	长度宽度	$L \leqslant 10m$	±25	逐件检查	4	用钢尺测量
		$L > 10m$	±2.5L/1 000			
2	高度		±10		4	用钢尺或水准仪测量查四角
3	墙厚度		±10		8	用钢尺测量每墙三分点处
4	顶面对角线差		50		1	用钢尺测量
5	顶面平整度	支承面	10		8	用2m靠尺和塞尺测量外墙三分点处和内墙中部
		非支承面	15		4	
6	外壁竖向倾斜		2H/1 000		2	用经纬仪或吊线测量两侧面
7	外壁平整度		10		4	用2m靠尺和塞尺测量垂直两方向
8	外壁侧向弯曲矢高		2L/1 000		4	拉线测量,取大值
9	相邻段错台		10		4	用钢尺测量,每面取大值

注:①L为箱体外边长,H为箱体高度,单位为mm;
②预埋止水带和止水槽位置的允许偏差为10mm。

预制圆形沉箱、圆筒允许偏差、检验数量和方法　　　表 3-16

序号	项　目		允许偏差(mm)	检验数量	单元测点	检验方法
1	直径	$D \leqslant 10m$	±25	逐件检查	4	用钢尺按"米"字形测量
		$D > 10m$	±2.5D/1 000			
2	高度		±10		8	
3	壁厚		±10		8	
4	椭圆度	$D \leqslant 10m$	50		2	取两组相互垂直直径之差
		$D > 10m$	5D/1 000			
5	顶面平整度		10		8	用2m靠尺按"米"字形测量
6	外壁竖向倾斜		2H/1 000		4	用经纬仪或吊线测量
7	外壁平整度		10		8	用2m靠尺和弧形靠尺按"米"字形测量顺母线和垂直母线两方向
8	相邻段错台		10		4	用钢尺测量

注:D为沉箱外径,H为沉箱高度,单位为mm。

预制方块允许偏差、检验数量和方法　　　表 3-17

序号	项　目		允许偏差(mm)	检验数量	单元测点	检验方法
1	长度宽度	边长≤5m	±10	逐件检查	8	用钢尺测量
		边长>5m	±15			
2	高度		±10		4	
3	顶面对角线差	短边长度≤3m	20		1	
		短边长度>3m	30			
4	顶面平整度		10		2	用2m靠尺和塞尺测量中部对角线方向
5	侧面平整度		10		4	

续上表

序号	项目		允许偏差(mm)	检验数量	单元测点	检验方法
6	空心块体壁厚		±10	逐件检查	8	用钢尺测量每边三分点处
7	榫槽尺寸	位置	10		2	用钢尺测量
		高(深)度	+5 −10		2	
8	吊孔、吊环位置		40		各1	用钢尺测量,取大值

注:①防波堤顶层方块顶面应压光,其他方块顶面应抹粗面;
②卸荷板的允许偏差按本表执行。

预制扶壁允许偏差、检验数量和方法　　　　表3-18

序号	项目		允许偏差(mm)	检验数量	单元测点	检验方法
1	板厚		±10	逐件检查	4	用钢尺测量趾板和立板两端
2	立板竖向倾斜	$H \leqslant 7.5m$	15		3	经纬仪、吊线测量立板迎水面中部和两侧面
		$H > 7.5m$	$2H/1\,000$			
3	立板迎水面和侧面平整度		10		4	用2m靠尺和塞尺测量
4	立板长度		±10		3	用钢尺测量上、中、下三处
5	立板高度		±10		2	用钢尺测量立板两端
6	底板两侧尾端边线位置		−15		4	用钢尺测量
7	吊孔位置		30	逐孔检查	1	用钢尺测量,取大值

注:①H为扶壁立板高度,单位为mm;
②隔砂板安装后,其外缘不得超过扶壁侧缘。

①预制矩形沉箱(图3-12)、空心方块的允许偏差、检验数量和方法应符合表3-16的规定。

②预制圆形沉箱、圆筒的允许偏差、检验数量和方法应符合表3-16的规定。

③预制方块(图3-13)的允许偏差、检验数量和方法应符合表3-17的规定。

④预制扶壁(图3-14)的允许偏差、检验数量和方法应符合表3-18的规定。

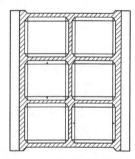

图3-12　矩形沉箱平面图

图3-13　预制方块

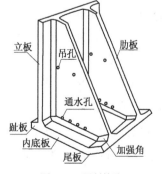

图3-14　预制扶壁

(二) 预制墙身构件出运

(1)审查施工组织设计中墙身构件出运的工艺。必须做到技术可行、安全可靠、工期保证,同时应该是经济合理。船机、设备、项目组织、质量保证体系、安全措施等必须详尽、落实。进度计划应安排合理、有弹性,各种船机能够得到落实并且保证状态良好。

(2)墙身构件的出运必须质量验收合格、资料齐全,出运的顺序、规格编号符合计划安排。

(3)对方块、扶壁等构件吊运时,构件承载力应达到设计要求。用起重船吊运时,应选在风、浪、流都比较小的条件下进行。

(4)沉箱下水和浮运控制要点。

①沉箱下水时混凝土强度满足设计要求,出运前需清除隔舱内因浇筑混凝土散落的混凝土残渣,支模用的对穿螺丝孔需要用硬水泥砂浆堵死,并在砂浆表面涂抹环氧水泥砂浆1~2遍,防止漏水。

②沉箱顶起过程中应监督施工单位保证气囊同步、均匀顶升,以免沉箱底部受力不均匀受到损坏。

③沉箱下水可采用滑道、浮船坞、半潜驳或干坞等工艺。

④沉箱下水时,滑道末端水深、下潜区的水深应满足要求,不满足沉箱吃水要求时,沉箱应暂不压载或少压载,可采用起重船或浮筒助浮,应在拖至深水处时再压载至满足沉箱自身浮游稳定要求。

⑤沉箱采用滑道工艺下水时,应控制沉箱溜放的下滑速度,用台车下滑时应控制在0.25~0.35m/s;用滑板下滑时,速度应符合设计要求。

⑥浮船坞或半潜驳下潜时,下潜区波高不宜大于1.0m,风速不宜大于6级,流速宜小于1.0m/s,能见度宜大于1 000m。浮船坞或半潜驳宜顺流驻位下潜,沉箱移离浮船坞或半潜驳的方向宜与水流方向一致。

⑦沉箱水上运输,可用浮运拖带法、半潜驳或浮船坞干运法。采用浮运拖带法水上运输沉箱时,拖带前应对沉箱进行吃水、压载和浮游稳定等进行验算;采用半潜驳或浮船坞干运法,无类似条件下的运输经验时,应对下潜装载、航运和下潜卸载的各个作业阶段进行相应验算。

⑧根据施工情况复核沉箱的浮游稳定性,不满足要求时,采取适当措施。沉箱浮游稳定计算及要求见第十三章第四节"三"。进行浮游稳定性核算时,对沉箱钢筋混凝土、水和砂、石压载料的重度,以及封舱盖板的重量,应根据实测资料准确确定。不对称沉箱的压载,为调平沉箱,各隔舱的压载量不相同时,任一隔墙两侧压载料的高差应以不致使隔墙开裂为度。

⑨沉箱拖运前,应对气象、海况进行调查,及时掌握短期预报资料,确定起航日期。拖带时的气象、海况条件应满足下列要求:a.近程拖带风速小于或等于6级,波高小于或等于1.0m;b.远程拖带风速小于或等于6级,波高小于或等于1.5m。

(三) 墙身构件安装

在墙身构件安装前,必须检查基床回淤情况,当回淤厚度大于30cm时,必须先清淤,然后再进行安装。对所用基线、控制点进行校核,多层方块的安装,还应在基床面设置控制方块位置的准线。

1. 沉箱和扶壁安装

沉箱和扶壁的安装一般由一端开始向另一端安装,如图 3-15 所示,安装时可用全站仪或 GPS 定位。常规方法也可在陆上设经纬仪直接观测其顶部,控制线距设计前沿线 15~20cm,如图 3-16 所示,如基床有向里的倒坡,设计前沿线应按坡度进行调整。第一个构件控制坐标计算是安装的重要环节,对于海上工程第一个构件安装往往缺少参照物,在茫茫大海中较容易出现位置错误。监理工程师应对第一个构件的控制坐标计算进行审查,确保计算无误。

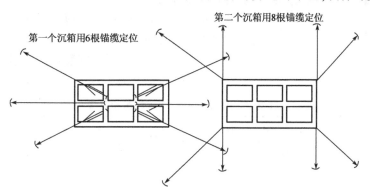

图 3-15 沉箱安装定位示意图

2. 方块安装

方块的安装方法由地质条件、基床厚度以及施工条件而定。在平面上先安外侧、后安内侧;在立面上大致可分为三种基本安装方法,即长段逐层安装法、短段(按变形缝划分)逐层安装法和阶梯安装法。

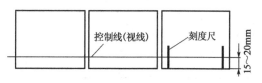

图 3-16 沉箱安装控制示意图

1)长段逐层安装法(图 3-17)

以建筑物的全长或几个变形缝为安装段,然后逐层安装。该方法对地基加载速度慢、加载均匀,地基沉降较均匀,但施工船舶移位频繁,施工工期长。主要适用地基条件相对较差情况。

2)阶梯安装法(图 3-18)

对地基加载较快,在地基强度不高时会产生过大的不均匀沉降,甚至导致基床局部塌陷局部隆起,以致引起方块排列错乱或损坏。但该方法施工船舶移锚次数少,安装效率高,一部分构件先出水面,可提前进行下一道工序施工。主要适用地基条件较好情况。

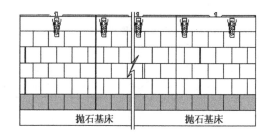

图 3-17 长段逐层安装法

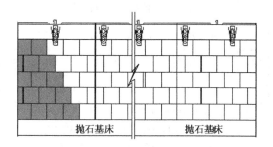

图 3-18 阶梯安装法

3) 短段逐层安装法(图3-19)

短段逐层安装法是以两个变形缝划之间为一个安装段,每段采用逐层安装法。其优缺点及适用条件介于长段逐层安装法和阶梯安装法。

(四) 墙身构件安装质量检验标准

(1) 构件的型号和质量应符合本节"一(一)"的有关要求。

(2) 构件安装前应对基床进行检查,基床面不得有回淤沉积物。

(3) 墙身构件安装的允许偏差、检验数量和方法应符合表3-19~表3-24的规定。

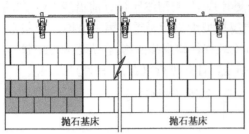

图3-19 短段逐层安装法

沉箱安装的允许偏差、检验数量和方法　　　表3-19

序号	项目	允许偏差(mm)		检验数量	单元测点	检验方法
		岸壁式	墩式			
1	轴线	—	150	逐件检查	2	用经纬仪测量纵横两方向
2	临水面与施工准线偏移	50	—		2	用经纬仪和钢尺测量前沿两角顶部
3	临水面错台	50	100		1	用钢尺测量
4	接缝宽度	30	50		2	用钢尺测量顶部前后两端
5	竖向倾斜	—	H/250		2	用钢尺测量

注:①H为沉箱高度,单位为mm;
②砌缝宽度是指与设计平均缝宽的偏差值;
③接缝的最大缝宽,当沉箱高度不大于10m时,为80mm;沉箱高度大于10m时,为8H/1 000;
④开敞海域墩式码头,当沉箱高度大于20m时,沉箱轴线允许偏差为200mm。

方块和卸荷板安装允许偏差、检验数量和方法　　　表3-20

序号	项目		允许偏差(mm)		检验数量	单元测点	检验方法
			岸壁式	墩式			
1	临水面与施工准线偏差	方块	50	70	逐件检查	2	用经纬仪测量顶部两角
		卸荷板	30	—			
2	相邻方块临水面错台		30	30		1	用钢尺测量,取大值
3	相邻方块顶面高差		30	30		1	
4	砌缝宽度		15	15	逐层逐段检查	1	
5	垂直度		—	H/250	逐段检查	1	吊线测量

注:①H为结构高度,单位为mm;
②砌缝宽度是指与设计平均缝宽的偏差值;
③无掩护的墩式码头砌缝宽度可适当放宽;
④码头底层方块接缝的最大缝宽为50mm,其他为70mm。

扶壁和一次出水空心方块安装允许偏差、检验数量和方法　　　表3-21

序号	项 目		允许偏差(mm)	检验数量	单元测点	检 验 方 法
1	临水面与施工准线偏移		50	逐件检查	2	用经纬仪和钢尺测量两端顶部
2	相邻块临水面错台		30		1	用钢尺测量,取大值
3	接缝宽度	$H \leq 10m$	20		2	用钢尺测量上下两端
		$H > 10m$	30			

注:①H为构件高度,单位为m;
②接缝宽度是指与设计平均缝宽的偏差值;
③接缝的最大缝宽,当构件高度$H \leq 10m$时,为100mm;构件高度$H > 10m$时,为150mm。

圆筒形构件安装允许偏差、检验数量和方法　　　表3-22

序号	项 目	允许偏差(mm)	检验数量	单元测点	检 验 方 法
1	圆筒中心到前沿线距离偏差	50	逐件检查	1	用经纬仪和钢尺测量
2	相邻圆筒齿槽错台	30		1	用钢尺测量
3	相邻圆筒顶高差	30		1	用钢尺测量
4	接缝宽度	30		1	用钢尺测量
5	上下层错台	50		1	
6	竖向倾斜	$4H/1\,000$		2	用经纬仪或吊线和钢尺测量

注:①H为圆筒高度,单位为mm;
②接缝宽度是指与设计平均缝宽的偏差值;
③接缝的最大缝宽:圆筒高度不大于10m时,为80mm;圆筒高度大于10m时,为100mm。

墩台块安装允许偏差、检验数量和方法　　　表3-23

序号	项 目	允许偏差(mm)	检验数量	单元测点	检 验 方 法
1	轴线或外沿线位置	30	逐件检查	1	用经纬仪和钢尺测量
2	上下层错台	20		1	用钢尺测量取大值
3	接缝宽度	20		1	用钢尺测量
4	竖向倾斜	$H/250$		1	吊线尺测量

注:①H为墩台块高度,单位为mm。

沉箱、空心方块封顶盖板安装允许偏差、检验数量和方法　　　表3-24

序号	项 目	允许偏差(mm)	检验数量	单元测点	检 验 方 法
1	搁置长度	20	逐件检查	4	用钢尺测量四角
2	板缝宽度	30		4	用钢尺测量

二、现浇混凝土墙身与墩身质量控制要点

(一)现浇混凝土墙身与墩身施工

现浇混凝土墙身与墩身施工的模板、钢筋、混凝土工程质量控制要求见第二章第一、二、三节。

(二)现浇混凝土墙身与墩身外形尺寸质量

现浇混凝土墙身与墩身构件的允许偏差、检验数量和方法应符合表 3-25 的规定。

现浇混凝土墙身与墩身允许偏差、检验数量和方法　　表 3-25

序号	项目	允许偏差(mm) 墙身	允许偏差(mm) 墩身	检验数量	单元测点	检验方法
1	轴线	—	50	逐件检查	4	用经纬仪测量纵横两方向
2	临水面与施工准线偏差	30	—	逐件检查	2	用经纬仪和钢尺测量前沿两角
3	顶面标高	+20 0	+20 0	逐件检查	3	用水准仪测量两端和中部
4	顶面平整度	10	10	逐件检查	2	用 2m 靠尺和塞尺测量中部两方向
5	顶面宽度	±10	±10	逐件检查	3	用钢尺测量两端和中部
6	相邻段错台	20	20	逐件检查	2	用钢尺测量迎水面和顶部,取大值
7	迎水面暴露面平整度	20	20	逐件检查	2	用 2m 靠尺和塞尺测量中部
8	迎水面暴露面竖向倾斜	H/200	H/200	逐件检查	2	吊线或用经纬仪测量两端

注:H 为墙身与墩身高度,单位为 mm。

第四节　防波堤堤身结构质量控制

直立式堤身分项工程的检验批宜按结构段划分,斜坡式堤身宜按施工段划分,每段的长度不宜大于 200m。施工过程中应对堤身的沉降位移进行观测和记录。

一、抛石堤身

(一)施工质量控制要点

(1)应根据设计要求、施工能力、潮位和波浪等影响,确定分层和分段的施工顺序。
(2)软土地基上的抛石顺序应符合下列要求。
①当堤侧有块石压载层时,应先抛压载层,后抛堤身。
②当有挤淤要求时,应从断面中间逐渐向两侧抛填。
③当设计有控制抛石加荷速率要求时,应按设计要求设置沉降观测点,控制加荷间隙时间。
(3)水上抛填块石,应根据水深、水流和波浪等自然条件对块石产生漂流的影响,确定抛石船的驻位。
(4)每段堤心石抛填完成后,应及时理坡并覆盖垫层块石及护面层。堤心石抛石的暴露长度宜不大于 50m。

(二)质量检验标准

(1)石料或块体的规格和质量应满足设计要求。施工单位按进场批次抽样检验,监理单位见证检验。

（2）垫层石抛理后堤身断面的平均轮廓线不得小于设计断面,如图 3-20 所示,坡面坡度应满足设计要求。施工单位每 10～20m 测 1 个断面,监理单位抽查不少于 10％的断面。

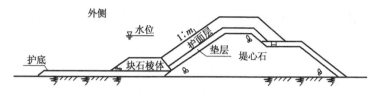

图 3-20　抛石堤身防波堤断面图

（3）垫层石或护面石之间应接触紧密,其最大缝宽处不应大于堤心石或垫层的最小粒径。
（4）压脚棱体抛石断面的平均轮廓线不应小于设计断面。
（5）护坦抛石表面应平整,标高应满足设计要求。
（6）抛石、理坡、安放和人工铺砌的允许偏差、检验数量和方法应符合表 3-26 的规定。

抛石、理坡、安放和人工铺砌断面标高的允许偏差、检验数量和方法　　表 3-26

序号	项目		允许偏差(mm)	检验数量	单元测点	检验方法
1	抛石	10～100kg	±400	每 5～10m 一个断面	1～2m 一个点	用 GPS、全站仪定位,用测深仪测量或拉断面用水砣测量
		100～200kg	±500			
		200～300kg	±600			
		300～500kg	±700			
		500～700kg	±800			
		700～1 000kg	±900			
2	理坡	10～100kg	±200			
		100～200kg	±300			
3	安放	200～300kg	±400			
		300～500kg	±500			
		500～700kg	±600			
		70～1 000kg	±700			
4	人工铺砌垫层石	水上施工	±100			
		水下施工	±150			

二、土工织物充填袋堤身

(一)施工质量控制要点

（1）充填袋所用土工织物的品种、规格和技术指标应满足设计要求,并应符合现行行业标准《水运工程土工合成材料应用技术规范》(JTJ 239)的有关规定。施工单位按进场批次抽样检验,监理单位见证取样。

（2）充填料的土质及颗粒级配应满足设计要求。施工单位按进场批次抽样检验,监理单位见证取样。

(3)堤心的断面应满足设计要求。

(4)充填袋砌筑方式应满足设计要求,充填袋不得有破损。

(二)土工织物充填袋筑堤的允许偏差、检验数量和方法

土工织物充填袋筑堤的允许偏差、检验数量和方法应符合表3-27 的规定。

土工织物充填袋筑堤允许偏差、检验数量和方法　　　　表3-27

序号	项目	允许偏差(mm)		检验数量	单元测点	检验方法
		水下抛筑	水上砌筑			
1	堤轴线	1 500	500	每 20~50m 一个断面	1	用经纬仪、全站仪或GPS等测量
2	堤顶高程	±150	±100		1	用测深仪与GPS、水准仪或全站仪测量
3	堤顶宽度	±200	±100		2	用钢尺测量
4	边坡坡度	±10%			2	用测深仪与GPS、全站仪、坡度尺等测量

三、预制构件堤身

(一)堤身(方块、沉箱和圆筒)施工质量控制要点

防波堤预制构件堤身主要有方块、沉箱(图3-21)和半圆形(图3-22)等结构形式。其预制、出运、安装等施工质量控制要求与重力式码头墙身施工基本相同,见本章第三节"一"。

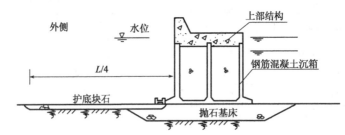

图3-21 沉箱堤身防波堤断面图

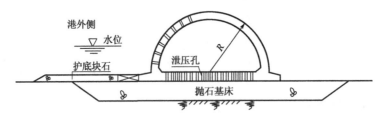

图3-22 半圆形防波堤

(二)预制构件堤身质量检验标准

(1)构件的型号和质量应满足设计要求,并应符合本章第三节"一(一)"的有关规定。

(2)构件安装前应对基床进行检查,基床面不得有回淤沉积层。

(3)沉箱和半圆体等空心构件安装合格后应及时进行箱格内回填。回填过程中不得砸坏构件棱角。

(4)预制构件安装的允许偏差、检验数量和方法应符合表3-28~表3-31的规定。

沉箱、空心方块安装允许偏差、检验数量和方法 表3-28

序号	项目	允许偏差(mm) 护岸	允许偏差(mm) 防波堤	检验数量	单元测点	检验方法
1	前沿线与施工准线的偏移	50	100	逐件检查	2	用经纬仪和钢尺测量前沿两角顶部
2	相邻块错台	50	80	逐件检查	1	用钢尺测量
3	接缝宽度	30	50	逐件检查	2	用钢尺测量顶部前后两端

注:①当沉箱高度大于15m时,其接缝宽度允许偏差值可会同设计单位研究适当增加;
②接缝的最大缝宽不应大于150mm。

坐床式圆筒安装允许偏差、检验数量和方法 表3-29

序号	项目	允许偏差(mm)	检验数量	单元测点	检验方法
1	圆筒中心到前沿线距离偏差	50	逐件检查	1	用经纬仪和钢尺测量
2	相邻圆筒齿槽错台	30	逐件检查	1	用钢尺测量
3	相邻圆筒顶高差	30	逐件检查	2	用钢尺测量
4	接缝宽度	±30	逐件检查	2	用钢尺测量

注:接缝的最大缝宽,当圆筒高不大于10m时为80mm,当圆筒高大于10m时为100mm。

半圆体和半圆体沉箱安装允许偏差、检验数量和方法 表3-30

序号	项目	允许偏差(mm) 半圆体	允许偏差(mm) 半圆沉箱	检验数量	单元测点	检验方法
1	轴线	150	200	逐段检查	2	用经纬仪或GPS测量两端
2	相邻块错台	80	100	逐段检查	1	用钢尺测量
3	接缝缝宽	±30	±50	逐段检查	1	用钢尺测量

注:半圆体接缝的最大缝宽不应大于100mm,半圆体沉箱接缝的最大缝宽不应大于150mm。

方块安装允许偏差、检验数量和方法 表3-31

序号	项目	允许偏差(mm)	检验数量	单元测点	检验方法
1	轴线与施工准线的偏差	70	逐件检查	2	用经纬仪检查顶部两角
2	相邻方块临水面错台	30	逐件检查	1	用钢尺测量,取大值
3	相邻方块顶面高差	30	逐件检查	1	用水准仪测量,取大值
4	砌缝宽度	±20	逐层、逐段检查	2	用钢尺测量,取大值

注:①无掩护的防波堤砌缝宽度可适当放宽;
②方块接缝的最大缝宽不应大于100mm。

第五节 重力式码头和防波堤上部结构质量控制

重力式码头和防波堤上部结构主要包括胸墙、防浪墙、防汛墙、廊道、管沟等,一般为现浇混凝土。

一、上部结构现浇

(一)现浇混凝土施工质量控制要点

(1)模板、钢筋、混凝土质量要求见第二章第一、二、三节。

(2)扶壁码头的胸墙施工宜在扶壁底板上回填压载后进行。

(3)直接在填料上浇筑胸墙混凝土时,应在填料密实后浇筑。

(4)胸墙混凝土浇筑应在下部安装构件沉降稳定后进行。

(5)胸墙混凝土浇筑属大体积混凝土浇筑,施工中混凝土宜采用分层、分段浇筑,施工缝应符合现行行业标准《水运工程混凝土施工规范》(JTS 202)的有关规定。同时对大体积混凝土防裂采取有效措施,保证混凝土的质量满足要求。

(6)现浇胸墙混凝土时,混凝土振捣应在水位以上进行,混凝土初凝前不宜被水淹没,否则应采取防止淘刷的措施。

(7)施工期间对码头墙身的沉降位移进行定期观测,做好记录,进行数据分析,用以指导施工。

(二)重力式码头上部结构外形尺寸检验标准

(1)现浇胸墙、防浪墙和防汛墙的允许偏差、检验数量和方法应符合表3-32的规定。

现浇胸墙、防浪墙和防汛墙允许偏差、检验数量和方法　　　　表3-32

序号	项 目		允许偏差(mm)		检验数量	单元测点	检 验 方 法
			码头胸墙	防浪墙防汛墙			
			重力式	板桩			
1	前沿线位置		20	20	30	逐段检查	3	用经纬仪和钢尺测量两端和中部
2	顶面标高		+20 0	±15	±30		3	用水准仪测量两端和中部
3	顶面宽度		—	±10	±10		3	用钢尺测量两端和中部
4	相邻段错台		10	10	20		2	用钢尺测量迎水面和顶部,取大值
5	暴露面平整度		20	10	20		2	用2m靠尺和塞尺测量中部垂直两方向
6	暴露面竖向倾斜		5H/1 000	5H/1 000	—		2	用经纬仪或吊线测量两端
7	顶面平整度		10	10	10		2	用2m靠尺和塞尺测量顶面三分点处
8	预留孔洞位置		20	20	20		1	用钢尺测量纵横两方向,取大值
9	预埋铁件	位置	20	20	20	抽查50%	1	用钢尺测量
		与混凝土表面错台	5	5	—		1	用钢尺测量

注:①序号1.2是指相对于施工准线的偏差;

②H为墙高度,单位为mm;

③预制胸墙块与上部接高胸墙的错台不应大于30mm。

(2)现浇廊道、管沟允许偏差、检验数量和方法应符合表3-33的规定。

现浇廊道、管沟允许偏差、检验数量和方法　　表 3-33

序号	项目		允许偏差(mm)	检验数量	单元测点	检验方法
1	边线位置		10	逐段检查	3	用经纬仪和钢尺测量两端和中部
2	壁厚		±10		6	用钢尺测量上口两端和中部
3	沟宽		±10		3	
4	内壁平整度		10		4	用2m靠尺和尺测量三分点处取大值
5	相邻段表面错台		10		2	用钢尺测量每壁,取大值
6	支承面标高		0 −10		6	用水准仪测量两端和中部
7	预留孔位置		20	抽查50%且不少于3个	1	用钢尺测量纵横两方向,取大值
8	预埋铁件	位置	20		1	用钢尺测量纵横两方向,取大值
		与混凝土面错台	5		1	用钢尺测量

(三) 防波堤上部结构外形尺寸检验标准

防波堤现浇混凝土胸墙(图3-9)与防浪墙允许偏差、检验数量和方法应符合表3-34的规定。

现浇混凝土胸墙与防浪墙允许偏差、检验数量和方法　　表 3-34

序号	项目	允许偏差(mm)			检验数量	单元测点	检验方法
		防波堤胸墙	防浪墙	护岸挡土墙			
1	前沿线位置	30	30	20	逐件检查	3	用经纬仪和钢尺测量两端和中部
2	顶面标高	±30	±30	±20		3	用水准仪测量两端和中部
3	顶面宽度	—	±10	+20 −10		3	用钢尺测量两端和中部
4	相邻段错台	20	20	10		2	用钢尺测量迎水面和顶部,取大值
5	平整度	20	20	20		2	用2m靠尺和塞尺测量中部
6	竖向倾斜	—	—	5H/1 000		2	用经纬仪或吊线测量
7	顶面平整度	10	10	10		2	用2m靠尺和塞尺测量三分点处
8	孔洞位置	20	20	20	抽查50%	1	用钢尺量纵横两方向,取大值

注:H为现浇混凝土胸墙、防浪墙或挡土墙的高度,单位为mm。

二、变形缝及止水质量控制

(一) 施工质量控制要点

(1)变形缝的位置及构造应满足设计要求。

(2)止水设置的位置及构造应满足设计要求。

(3)止水材料的品种、规格和质量应满足设计要求。施工单位按设计要求取样检验,监理单位见证取样。

(4)同一条止水带应连续、完整,不应有割口、撕裂和钉孔。焊接或黏接的连接形式、工艺和质量应满足止水材料产品说明书的要求。

(5) 止水带与混凝土的结合应严密。止水带不得发生卷曲,混凝土不得有蜂窝等缺陷。

(6) 变形缝的上下层位置应贯通,缝内不得夹有杂物。

(7) 填缝材料的品类应满足设计要求,填缝应饱满、整齐、不污染工程。

(二) 变形缝及止水的允许偏差、检验数量和方法

变形缝及止水的允许偏差、检验数量和方法应符合表 3-35 的规定。

变形缝及止水的允许偏差、检验数量和方法 表 3-35

序号	项 目	允许偏差(mm)	检验数量	单元测点	检 验 方 法
1	缝宽	±5	抽查 50%	2	用钢尺测量
2	缝顺直	10		1	拉 5m 线用钢尺测量,取大值
3	立缝坚向倾斜	$L/200$ 且不大于 15		1	吊线用钢尺测量
4	止水带中心与缝中心的偏位	10		3	在浇筑下一段前用钢尺测量两端和中部
5	止水带中心距混凝土表面距离	±10		3	

注:L 为立缝长度,单位为 mm。

第六节 防波堤护面结构工程质量控制

防波堤护面层结构一般有人工块体、干砌块石、干砌条石、浆砌块石和模袋混凝土等。护面分项工程的检验批宜按施工段划分,每段的长度不宜大于 100m。

一、石料护面

(一) 石料护面施工质量控制要点

(1) 石料的规格和质量应满足设计要求。施工单位按进场批次抽样检验,监理单位见证检验。

(2) 块石护面层的平均厚度不应小于设计要求,坡面坡度应满足设计要求。

(3) 对于只安放 1 层块石的护面层,块石应相互靠紧,其最大缝宽不大于垫层块石最小粒径的 2/3,坡面上不允许有连续 2 块块石以上垂直于护面层的通缝。

(4) 干砌块石护面应自下而上错缝立砌,块石应紧密嵌固,相互错缝,块石与垫层相接处块石间空隙应用二片石填紧,不得由坡外侧填塞块石间空隙。

(5) 浆砌块石护面应坐浆铺砌,块石间不宜直接接触,砌缝砂浆饱满并勾缝。

(6) 干砌条石应相互错缝坐紧挤实,不得松动和叠砌。

(二) 护面石理坡、安放高程允许偏差、检验数量和方法

护面石理坡、安放高程允许偏差、检验数量和方法应符合表 3-36 的规定。

第三章 重力式码头和防波堤质量控制

护面石理坡、安放标高允许偏差、检验数量和方法　　　　表3-36

项　目		允许偏差(mm)	检 验 数 量	单元测点	检 验 方 法
标高	200～300kg	±300	每5～10m一个断面	2～5m一个点	GPS、全站仪或拉线定位,用测深仪、水准仪或水砣测量
	300～500kg	±400			
	500～700kg	±500			
	700～1 000kg	±600			

注:当块石规格大于1 000kg时,允许偏差值可适当调整。

二、预制块体护面

(一)块体预制质量控制要点

(1)预制块体预制施工的模板、钢筋、混凝土质量控制要求见第二章第一、二、三节。

(2)预制块体外形尺寸质量检验标准如表3-37～表3-39所示。

预制扭工字块、四角锥、扭王字块允许偏差、检验数量和方法　　　　表3-37

序号	项　目		允许偏差(mm)	检 验 数 量	单元测点	检 验 方 法
1	各部位尺寸	扭工字块四角锥	±10	抽查1%,且不少于3件	7	用钢尺测量肢杆长度和端头截面
		扭王字块			8	
2	表面错台		15		4	用钢尺测量每肢杆,取大值

注:①抹面应平顺并二次压光;
②块体重量允许偏差为-5%;
③边棱残缺不应大于50cm²。

预制四脚空心块允许偏差、检验数量和方法　　　　表3-38

序号	项　目	允许偏差(mm)	检 验 数 量	单元测点	检 验 方 法
1	各部位尺寸	±10	抽查1%且不少于3件	8	用钢尺测量轮廓边长和四角高度
2	板厚度	±10		4	用钢尺测量各侧面,取大值
3	孔心位置	20		2	用钢尺测量纵横两方向

注:①抹面应平顺并二次压光;
②块体重量允许偏差为-5%;
③边棱残缺不应大于50cm²。

预制栅栏板允许偏差、检验数量和方法　　　　表3-39

序号	项　目	允许偏差(mm)	检 验 数 量	单元测点	检 验 方 法
1	长度、宽度	±10	抽查10%且不少于3件	8	用钢尺测量各边
2	厚度	±10		4	用钢尺测量各边中部
3	顶面对角线差	20		1	用钢尺测量
4	顶面平整度	10		2	用2m靠尺和塞尺测量对角线方向
5	孔格间距	±10		3	用钢尺测量中部连续三格

注:①顶部和隔板两侧应二次压光;
②边棱残缺不应大于50cm²。

(二)预制块体护面安放质量控制要点

(1)扭工字块、扭王字块、四脚锥安放方式应满足设计要求,定点定量不规则安放时,不得有漏放和过大隆起,如图3-23所示。

图3-23 块体不规则安放工程实例

(2)扭工字块规则安放时,应使垂直杆件安放在坡面下面,并压在前排的横杆上,横杆置于垫层块石上,腰杆跨在相邻块的横杆上,如图3-24所示。

(3)扭工字块、扭王字块、四脚锥安放数量偏差应控制在5%以内。

(4)四脚空心块(图3-25)和栅栏板(图3-26)应安放稳固、平顺。当需用二片石支垫时,支垫的脚数不得超过2处,且每处只能支垫1层片石。

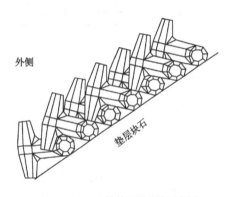

图3-24 扭工字块体规则安放示意图

图3-25 四脚空心块安放工程实例

图3-26 栅栏板安放工程实例

(5)四脚空心块、栅栏板安放的允许偏差、检验数量和方法应符合表3-40的规定。

四脚空心块、栅栏板安放允许偏差、检验数量和方法　　　　　表3-40

序号	项 目	允许偏差(mm)	检验数量	单元测点	检验方法
1	相邻块体高差	150	四脚空心块抽查10%，栅栏板逐件检查	2	用钢尺测量任意2边，各取大值
2	相邻块体缝宽	±100		2	用钢尺测量任意2边，各取大值

三、模袋混凝土护面

模袋混凝土护面是采用土工模袋(以高强化纤为主要原料机织而成的双层水工柔性模袋)。用高压泵在模袋内冲混凝土或砂浆后，可用于护岸、围堤和航道整治的大面积护坡及护面工程，如图3-27所示。

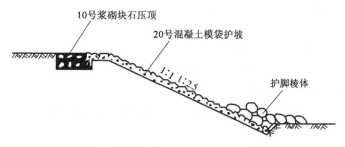

图3-27　模袋混凝土护面断面图

(一) 模袋混凝土护面施工质量控制要点

(1) 土工织物模袋的型号、规格和性能应满足设计要求。施工单位按进场批次抽样检验，监理单位见证取样。

(2) 模袋混凝土的强度等应符合有关规定。用于制作模袋混凝土强度试件的试样，在充灌管出口取样后，先灌入直径为150mm、长度为1 200mm的模袋布袋，吊置15～20min后再取出制作试件。

(3) 坡顶、坡底和侧翼的处理应满足设计要求。

(4) 有滤点的模袋，滤点的数量、留置位置和处理应满足设计要求。

(二) 模袋混凝土护面施工允许偏差、检验数量和方法

模袋混凝土护面施工允许偏差、检验数量和方法应符合表3-41的规定。

模袋混凝土护面施工允许偏差、检验数量和方法　　　　　表3-41

序号	项 目	允许偏差(mm)	检验数量	单元测点	检验方法
1	厚度	$+8\%H$ $-5\%H$	间隔抽查50%	3	探针测量模袋的上、中、下三个部位
2	表面平整度	100		2	用2m靠尺和塞尺测量
3	坡顶平台宽度	±100		1	用钢尺测量

注：①H为模袋混凝土设计厚度，单位为mm；
　　②相邻块最大缝宽不宜大于30mm。

思 考 题

1. 重力式码头的结构形式、构造要求及特点。
2. 防波堤的功能、结构形式、特点、波浪标准、建筑物等级标准。
3. 作用于直立式防波堤的波浪形态及产生条件。
4. 波浪对斜坡式防波堤的作用。
5. 水下基础的施工程序及质量控制要点。
6. 直立式防波堤、斜坡式防波堤的施工程序及施工工艺。
7. 直立式防波堤施工、斜坡式防波堤施工的质量控制要点。
8. 墙身构件的预制、出运及安装质量控制要点。
9. 胸墙的施工质量控制要点及质量检验方法。
10. 上部结构现浇混凝土施工质量控制要点。
11. 卸荷板、变形缝及止水的作用和质量控制要点。
12. 防波堤护面结构工程质量控制要点。
13. 从 4M1E 的五个方面,熟练分析重力式码头和防波堤工程各施工环节质量控制的重点。

第四章 高桩码头和板桩码头质量控制

第一节 概 述

一、高桩码头

高桩码头为透空结构,波浪反射小,对水流影响小。高桩码头适用于可以沉桩的各种地基,特别适用于软土地基,在岩基上也可采用嵌岩桩。高桩码头的缺点是对地面超载和装卸工艺变化的适应性差;接岸结构处理不当时,易发生侧向位移、变形、开裂等现象。耐久性不如重力式和板桩式码头,构件易损坏且难修复。

(一)高桩码头结构形式及特点

1. 按平面布置分

(1)连片式高桩码头,连片式高桩码头按接岸方式又可分为满堂式和引桥式。

(2)墩式高桩码头。

2. 按上部结构分

高桩码头按上部结构可分为板梁式、桁架式、无梁板式和承台式等。

(1)板梁式高桩码头

板梁式码头上部结构主要由面板、纵梁、横梁、桩帽和靠船构件组成,如图4-1所示。板梁式码头各个构件受力明确合理;由于能采用顶应力结构,提高了构件的抗裂性能;横向排架间距大,桩的承载力能充分发挥,比较节省材料;此外装配程度高,施工迅速,造价较低。它一般适用于水位变幅不大、荷载较大且较复杂的大型码头,是目前普遍采用的一种上部结构形式。

(2)桁架式高桩码头

桁架式码头又称框架式码头,上部结构主要由面板、纵梁、桁架和水平撑组成,如图4-2所示。桁架式高桩码头整体性好,刚度大。由于上部结构高度大,当水位变幅较大时还可采用两层或多层系缆。但由于施工比较复杂,材料用量多,造价较高,所以只在水位变幅较大需多层系缆的内河港口有应用。

(3)无梁板式高桩码头

顾名思义,无梁板式即没有梁,上部结构主要由面板、桩帽和靠船构件组成,如图4-3所示。面板直接支承在桩帽上,其结构简单,施工迅速,造价也低。面板为双向受力构件,采用双向预应力有困难;面板位置高,使靠船构件悬臂长度增大,给靠船构件的设计带来困难;此外桩的自由高度大,对结构的整体刚度和桩的耐久性不利。因此无梁板式高桩码头仅适用于水位变幅不大、集中荷载较小的中小型码头。

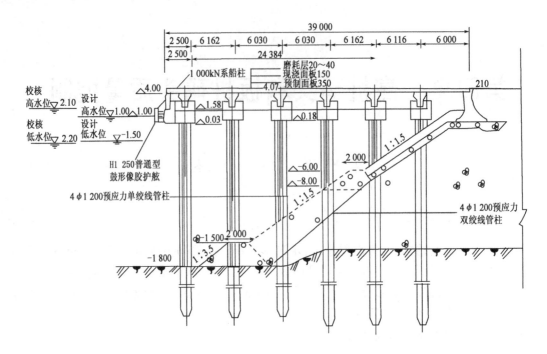

图 4-1 板梁式高桩码头(尺寸单位:mm,标高单位:m)

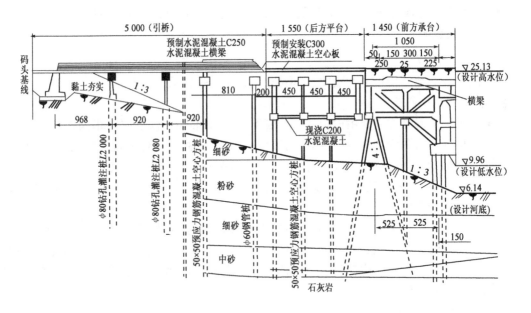

图 4-2 桁架式高桩码头(尺寸单位:cm,标高单位:m)

(4)承台式高桩码头

承台式结构是早期使用的一种上部结构形式,主要由水平承台、胸墙和靠船构件组成。承台上面用砂、石料回填。承台一般采用混凝土或钢筋混凝土结构。这种结构刚度大、整体性好,但自重(包括填砂、石料)大,需桩多,承台现浇工作量大,目前已很少采用。

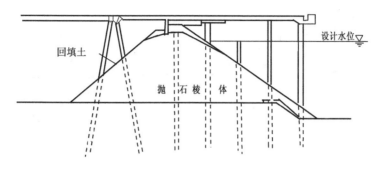

图 4-3 无梁板式高桩码头

(二) 高桩码头的一般构造

1. 桩

桩按材料分为钢筋混凝土桩、钢桩以及两种材料构成的组合桩。钢筋混凝土桩耐久性好,节省钢材,造价较低,在高桩码头中得到普遍采用。一般采用预应力混凝土方桩和预应力混凝土管桩。钢管桩也是常采用的桩型,特别是外海工程中,水深大,自然条件恶劣,采用钢桩制作方便,打入容易,能穿过硬土层,并能承受较大的水平荷载。特殊情况下,根据需要也可采用组合桩、灌注桩和嵌岩桩。

2. 桩帽

为了预制梁或板的安装,桩的顶端设置桩帽,以调整打桩时产生的桩顶标高和平面位置的偏差。桩帽一般采用现浇钢筋混凝土,桩帽的顶面尺寸按预制梁的宽度、梁(或板)的搁置长度以及预制安装允许偏差确定;底面尺寸的确定应考虑桩宽、打桩允许偏差和外包最小宽度等因素;桩帽高度根据受力情况确定,同时应考虑桩伸入桩帽的长度以及桩顶钢筋锚固长度的要求;桩帽高度不宜小于0.5倍桩帽宽度,且不得小于600mm。为保证桩帽与桩之间的整体连接,桩的全部外伸钢筋应埋入桩帽内,桩头应嵌入桩帽50~100mm。当上部结构为无梁板时,应将桩帽顶面做成凹槽形式,以便安放安装找平用的支垫(通常采用牛油盘根或氯酊橡胶块),板安装后用砂浆将凹槽填平。当横梁现浇时,不需设桩帽,横梁直接与桩浇在一起。

3. 横梁

横梁是板梁式高桩码头的主要受力构件,作用在码头上的几乎所有荷载通过它传给基桩。前桩台的横梁断面形式与纵横梁的连接方式有关,主要有矩形、倒T形和花篮形三种。当纵梁高度小于横梁高度较多时,形成纵梁搁置在横梁上的非等高连接,此时横梁断面采用倒T形,如图4-4a)所示,一般情况下,下横梁采用预制混凝土,上横梁采用现浇混凝土。横梁的宽度由计算确定,并应考虑纵梁或板的搁置长度等构造要求,现浇混凝土横梁尚应考虑打桩偏位的影响。当纵横梁高度相差不大时,可采用等高连接,此时横梁的断面形式一般采用矩形和花篮形,如图4-4b)和图4-4c)所示。若不设纵梁,面板可直接搁置在横梁上。后桩台的受力简单,横向整体性的要求不高,为使结构受力明确,横梁可采用矩形简支梁,面板直接搁置在横梁上,为减小梁宽又满足搁置长度要求,有时也采用倒梯形断面。

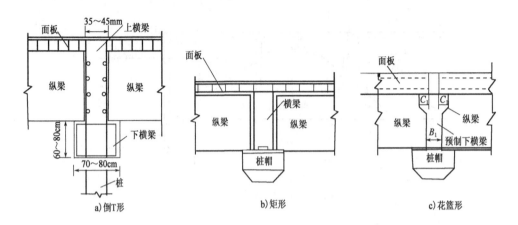

图 4-4 横梁的断面形式及接头构造

4. 纵梁

沿码头纵向通常设置纵梁。有门座起重机或其他轨道式装卸机械的码头,设在轨道下的纵梁称为轨道梁。考虑到码头的纵向整体性要求,纵梁一般采用连续梁,其断面形式有矩形、花篮形(含半花篮形)和Ⅱ形等,可根据需要选用。

5. 面板

面板分实心板、空心板和异形板。

实心板按施工方法分为现浇板、预制板和叠合板三种。现浇板整体性好,但只能是非预应力板,抗弯和抗裂能力小,特别是现浇工作量大,模板用量多,施工速度慢,目前在大中型码头中已不采用。预制板通常采用分块预制,在现场安装拼接,如图 4-5a)和图 4-5b)所示。当板厚较大时,一般采用叠合板形式,叠合板除能充分发挥预制板的预应力作用外,板的整体性比较好,而且与面层一起浇筑,面层不会出现脱皮现象。叠合板的缺点是现场工作量较大,现浇层应保证有一定的厚度,并在现浇层和预制件的结合面采用凹凸型结构,如图 4-5c)所示,使现浇混凝土与预制部分结合良好。

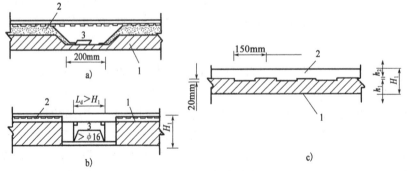

图 4-5 预制板和叠合板的构造
1-预制板;2-现浇层;3-插筋

空心板的自重轻,抗弯、抗裂能力高,刚度大,一般适用于大型码头的后桩台、引桥和中小型码头。空心板常见的孔洞形式主要有圆形、近似矩形和腰圆形三种,如图4-6所示。

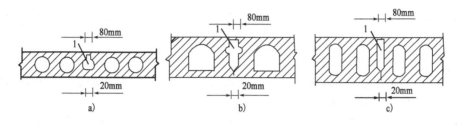

图4-6 空心板形式
1-细石混凝土

6. 面层

在承重的面板上还需设置面层,一方面铺平码头,另一方面作为磨耗层。面层与面板一起浇筑时,面层厚度应不小于2cm;分开浇筑时,厚度应不小于5cm。面板顶层宜设纵、横向构造钢筋,构造钢筋面积可取受力钢筋截面面积的15%。为了减少现浇面层在横梁顶部出现裂缝,宜在横梁顶面垂直于梁的长度方向增设短筋。为防止气温变化时面层混凝土由于膨胀和收缩产生裂缝,应在面层设间距为3~5m的伸缩缝,缝宽0.5~1.0cm。码头面还应设排水坡和泄水孔,排水坡坡度一般采用0.5%~1.0%。

7. 靠船构件

高桩码头的靠船构件是为了固定防冲设备设置的,一般有梁式和板式两种。

板梁式码头的靠船构件一般采用悬臂梁式,其主要构件为悬挂在横梁前端的悬臂梁。悬臂梁式靠船构件之间一般宜设纵向水平撑,以加强悬臂梁的纵向刚度。

8. 构件的连接

板梁式高桩码头的预制程度高,预制构件连接处的构造与连接质量对于码头的刚度、耐久性有直接影响。构件连接的方式有以下三种:

(1) 固接:要求构件之间能传递弯矩和剪力,例如前述的整体板的连接。

(2) 铰接:要求构件之间只传递剪力或轴力,如空心板的横向拼接(只传剪力)。

(3) 不连接,构件之间不需要传力,仅在构件之间留宽度为2~3cm的安装缝。

采用何种连接方式,根据受力情况而定。构件之间除按受力需要进行连接外,有时为了构件的稳定性和结构的整体性也需要连接,例如放在横梁上的简支板,按受力不需连接,但考虑板的稳定搁置和码头结构的纵向整体性,可将构件两端下面伸出的钢筋头每隔3~4根用短筋焊接起来。

二、板桩码头

板桩码头主要靠板桩沉入地基来维持工作。其结构简单,材料用量少,施工方便,施工速度快,对复杂的地质条件适应性强,主要构件可在预制场预制,但结构耐久性不如重力式码头,施工过程中一般不能承受较大的波浪作用。

(一) 板桩码头结构形式及特点

1. 按板桩材料分

板桩码头按板桩材料可分为木板桩码头、钢筋混凝土板桩码头和钢板桩码头三种。

木板桩的强度低,耐久性差,且耗用大量木材,现已很少应用。

钢筋混凝土板桩的耐久性好,用钢量少,造价低,在板桩码头中应用较多,但钢筋混凝土板桩的强度有限,一般只适用于水深不大的中小型码头。对于干地施工的地下连续墙结构,由于墙体断面可做得较大,也可用于万吨级码头。

钢板桩重量轻,强度高,锁口紧密,止水性好,沉桩容易,适用于水深较大的海港码头。但钢板桩造价较高,易锈蚀,需采取防锈措施。

2. 按锚碇系统分

板桩码头按锚碇系统可分为无锚板桩码头和有锚板桩码头,有锚板桩又可分为单锚板桩、多锚板桩和斜拉板桩。

1) 无锚板桩

无锚板桩墙如同埋入土中的悬臂梁(板),当其自由高度增大时,其固端弯矩亦将急剧增大,故多用于墙较矮、地面荷载不大的情况。

2) 有锚板桩

(1) 单锚板桩。单锚板桩是板桩码头中最常用的一种结构形式,以往多用于中小型码头,目前已建造了许多万吨级的单锚板桩码头,如图4-7所示。

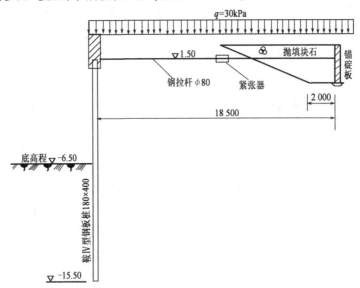

图4-7 单锚板桩码头(尺寸单位:mm,标高单位:m)

(2) 双锚板桩。当码头水深较大时,为减小板桩弯矩,也可以采用双锚板桩岸壁的结构,如图4-8所示。这种结构形式的下拉杆高程较低,施工较困难;上下两根拉杆的位移也很难保证比较理想地协调工作,故常会使其中一根拉杆严重超载,计算结果与实际受力往往差别较大。所以一般情况下采用双拉杆板桩结构较少。

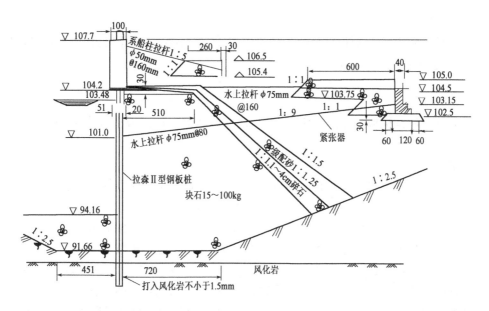

图 4-8 双锚板桩码头（尺寸单位：cm，标高单位：m）

(3) 斜拉板桩。斜拉板桩是由单锚板桩演化而来的，以斜拉桩代替拉杆锚碇结构，如图 4-9 所示。其施工工序较少，便于施工机械化施工，特别适用于施工场地狭小，不便埋设拉杆和锚碇结构的场合。由于板桩与斜拉桩在施工时连成整体，因此在回填之前即可承受一定的波浪力，但这种结构的大部分水平力传给了斜桩，而斜桩承受水平力的能力有限，一般这类结构也多用于中小型码头。

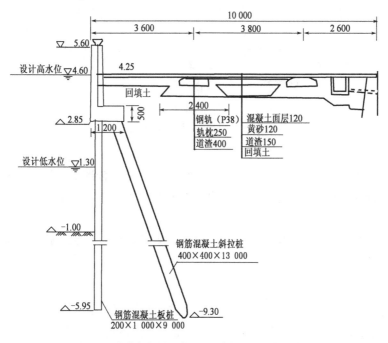

图 4-9 斜拉桩板桩码头（尺寸单位：mm，标高单位：m）

3. 按板桩结构分

可分为普通板桩墙、长短板桩结合、主桩板桩结合、主桩挡板(或套板)和地下墙式等形式。

(二)板桩码头的一般构造

1. 板桩

板桩墙的作用是构成直立的码头岸壁,并挡住墙后的土体。板桩墙常采用钢筋混凝土板桩和钢板桩。

1)钢筋混凝土板桩

钢筋混凝土板桩应尽量采用预应力钢筋混凝土,以提高抗裂能力和耐久性,并有利于打桩时桩不被打坏,桩头和桩尖在打桩时受力较大,所以在桩顶应配置3层钢筋网,桩头段和桩尖段的箍筋也适当加密,其间距一般为10cm。有时需打入硬土,则往往采用钢靴加固桩尖。

钢筋混凝土板桩常采用矩形断面,如图4-10所示。在地基条件和打桩设备允许的情况下,尽可能加大板桩宽度,一般可采用500~600mm。厚度由计算确定,可采用200~500mm。为了使板桩整齐地打入地基并使各板桩紧密结合,在板桩两侧作凹凸榫,凸榫一般从桩尖开始做至设计泥面以下1.0m左右,在此侧的其余范围和另一侧全长范围做凹榫,凹榫的深度不宜小于50mm。凹榫和凸榫的槽壁中应配上钢筋,以避免打桩过程中裂损。凸榫尺寸应比凹榫小0.5cm,凹榫之间形成的空腔用细石混凝土或水泥砂浆填实以防泥土流失。板桩的底端在厚度方向上做成楔形以使板桩易于打入,而在底端凹榫侧削成斜角使板桩施打中产生一个挤推力使桩靠得紧密。此外板桩断面也有采用T形断面、圆管或组合形断面。

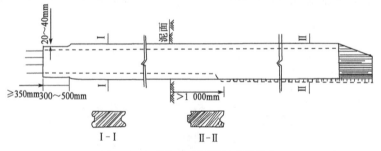

图4-10 矩形截面钢筋混凝土板桩构造

2)钢板桩

钢板桩常用断面形式主要有U形、Z形、圆管形、H形和组合形等,其中圆管形、H形和组合形钢板桩的截面模量较大,可适用于较大的深水码头,如图4-11所示。

3)地下连续墙

地下连续墙可采用现浇或预制的钢筋混凝土结构。现浇地下连续墙的截面有矩形、T形和钻孔桩排等形式。

2. 锚碇结构

为了减小板桩的入土深度和桩顶位移,改善板桩的受力状况,常在板桩墙后设置锚碇结构,并通过拉杆与板桩墙相连。在板桩码头中常用的锚碇结构有锚碇墙(板)、锚碇桩、锚碇板桩和锚碇叉桩等形式,如图4-12所示。

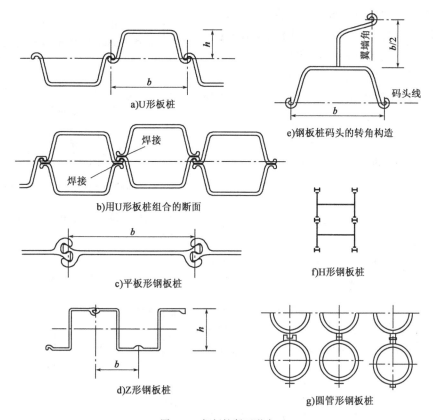

图 4-11 钢板桩断面形式

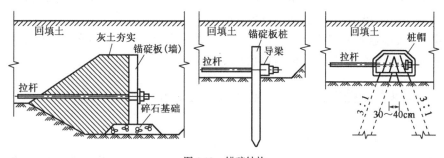

图 4-12 锚碇结构

3. 拉杆

拉杆是板桩墙和锚碇结构之间的传力构件，因此拉杆是板桩码头的重要构件之一，如图 4-13 和图 4-14 所示。如果拉杆出现问题就会导致工程事故，应妥善采取措施，确保拉杆正常工作是十分必要的。

4. 导梁、帽梁及胸墙

为了使板桩能共同工作和码头前沿线整齐，

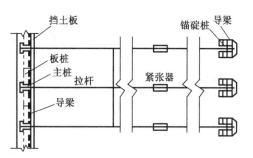

图 4-13 拉杆布置平面图

通常在板桩顶端用现浇混凝土作成帽梁。为使每根板桩都能被拉杆拉住,在拉杆和板桩墙的连接处设置导梁。无锚板桩墙只设帽梁。

钢筋混凝土板桩码头,一般采用钢筋混凝土导梁,导梁可以预制安装也可以现浇。采用预制导梁时,一般每隔4~6根桩打一根带有牛腿的板桩,用以支承导梁。由于打桩时桩顶高程不易控制因此安装较为困难。往往造成支腿高程参差不齐,导梁和板桩中的预留孔也不易对齐,采用现浇导梁可以克服上述问题,技术上也不存在什么困难,但立模和混凝土浇筑稍麻烦。帽梁一般采用现浇钢筋混凝土梁。当水位差不大、拉杆距码头面距离较小时,一般将导梁和帽梁合二为一设计成胸墙,胸墙的断面形式可采用图4-15所示的四种形式。帽梁或胸墙的两侧应宽出板桩150mm以上。为了保证桩与胸墙连接可靠,钢筋混凝土板桩应伸入胸墙50~70mm,钢板桩埋入深度可取200mm。

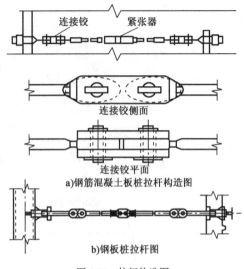

图4-14 拉杆构造图

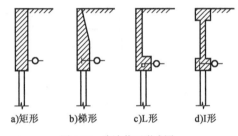

图4-15 胸墙截面形式图

5. 排水设施

板桩码头是实体结构,为了减小或消除作用在板桩墙上的剩余水压力,板桩墙应在设计低水位附近预留排水孔。排水孔的间距和孔径根据墙前后水位差、板桩墙透水情况确定,一般3~5m设置一个直径5~8cm的排水孔,并设在低水位以下。排水孔应设置倒滤棱体,以防墙后填土流失。

三、高桩码头和板桩码头分部工程、分项工程划分

(一) 高桩码头分部工程、分项工程

高桩码头工程的分部工程、分项工程可按表4-1的规定划分。当工程内容与表列项目不一致时,可根据结构特点进行调整。

高桩码头分部工程、分项工程划分　　　　表4-1

序 号	分部工程名称	分项工程名称
1	基槽与岸坡开挖	基槽与岸坡开挖
2	桩基	预制桩(混凝土方桩、管桩、钢管桩),预制桩沉桩,灌注桩等
3	上部结构	现浇混凝土结构(桩帽,梁、梁格,板),预制安装结构(预制梁、板、靠船构件,梁、板、靠船构件安装,钢梁、钢桥制作,钢梁、钢桥安装,构件接缝),变形缝,混凝土面层等

续上表

序 号	分部工程名称	分项工程名称
4	接岸结构与回填	地基处理(砂垫层、塑料排水板、砂桩、碎石桩、搅拌桩、抛石基床)、挡土墙(现浇挡土墙、浆砌石挡土墙)、倒滤层、土石方回填、岸坡(抛石护面、块体护面)、抛石护底等
5	轨道	起重装卸机械、火车轨道安装、车挡与地锚等
6	停靠船与防护设施	系船柱、护舷、系船环与系网环、护轮坎、铁梯、栏杆等

注:当接岸结构为板桩式结构时,序号4的分项工程应增加板桩、斜顶桩沉桩等。

(二)板桩码头分部工程、分项工程

板桩码头工程的分部工程、分项工程可按表4-2的规定划分。当工程内容与表列项目不一致时,可根据结构特点进行调整。

板桩码头分部工程、分项工程划分　　　　　　　　　　　　　　表4-2

序 号	分部工程名称	分项工程名称
1	基槽与岸坡开挖	基槽与岸坡开挖
2	前墙与上部结构	预制构件(混凝土板桩、钢板桩加工)、板桩沉桩、地下连续墙、排桩式地下墙、现浇胸墙、帽梁、导梁(现浇导梁、钢导梁)等
3	锚碇结构与拉杆	预制构件(锚碇板、锚碇桩)、锚碇板安装、锚碇桩沉桩、锚碇板桩、锚碇叉桩、地下连续墙、现浇锚碇墙、现浇锚碇梁、钢拉杆制作与安装等
4	回填与面层	墙后棱体、倒滤层、土石方回填、垫层与基层、面层(混凝土面层、沥青面层、铺砌面层)等
5	轨道梁与轨道安装	轨道梁基础(预制混凝土方桩、管桩、预制桩沉桩、灌注桩)、现浇轨道梁、轨道安装、车挡与地锚等
6	停靠船与防护设施	系船柱、护舷、系船环与系网环、护轮坎、铁梯、栏杆等

四、高桩码头和板桩码头总体

(一)高桩码头和板桩码头工程整体尺寸

高桩码头和板桩码头工程整体尺寸的允许偏差应符合表4-3的规定。

高桩、板桩码头整体尺度允许偏差　　　　　　　　　　　　　　表4-3

序号	项 目	允许偏差(mm)			检验数量	单元测点	检 验 方 法
		高桩码头	板桩码头	引桥栈桥			
1	总长度	±100	+b −0.5b	—	逐座检查	1～2	用GPS或全站仪、经纬仪、钢尺测量前沿
2	总宽度	±15	—	±1.5B/1 000		3	用钢尺测量两端和中部
3	前沿线位置	±50	±50	—	每10m一处	1	用全站仪或经纬仪检查
4	前沿顶面标高	±15	±15	—		1	
5	前沿水底标高	0 −500	0 −500	—	每5～10m 一个断面 每2m一个点	10	用水准仪检查

注:B为码头设计宽度,b为板桩宽度,单位为mm。

(二) 高桩码头和板桩码头观感质量

高桩码头和板桩码头工程的观感质量见第三章第一节"四(三)"。

第二节 桩制作和梁板预制质量控制

一、预制钢筋混凝土方桩

钢筋混凝土和预应力钢筋混凝土方桩具有制作方便、造价较为便宜等优点,并且由于桩长和断面尺寸可根据实际需要来确定,因此在我国高桩码头中应用极为普遍,如图4-16所示。

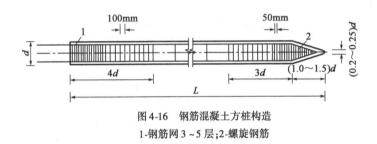

图4-16 钢筋混凝土方桩构造
1-钢筋网3~5层;2-螺旋钢筋

(一)预制施工质量控制要点

(1)模板工程、钢筋工程、混凝土工程质量控制见第二章第一~四节。

(2)施工准备期、施工期、交工验收及保修期质量控制的一般要求见第一章第五节。

(3)根据钢筋混凝土和预应力混凝土方桩预制施工的特点,还有以下质量控制要点。

①在露天台座制作预应力混凝土桩,应采取措施保证预加应力值,并减少钢筋张拉与混凝土浇筑两工序间温度差的影响,避免在浇筑混凝土时,由于气温升高而增加预应力损失,或由于气温降低使钢筋发生冷断事故。

②浇筑桩身混凝土必须连续进行,不得留有施工缝。

③利用充气胶囊制桩,在使用前应对胶囊进行检查,漏气或质量不合格者不得使用,并应采取有效措施,控制胶囊上浮及偏心。

④如采用拼接的预制桩时,上下两节宜同槽拼制。拼接处的预埋铁件的加工制作应符合设计要求,接头应平整密贴,上下节桩拼制时纵轴线弯曲矢高满足规定。

⑤在预制桩桩顶附近应标明工程名称、类型、尺寸、混凝土浇筑日期及编号,以便对号吊运及接桩。

(二)质量检验标准

(1)桩身表面由干缩产生细微裂缝,其裂缝宽度不得超过0.2mm;深度不得超过20mm,裂缝长度不得超过1/2桩宽。

(2)桩身缺陷的允许值符合下列要求。

①在桩表面上的蜂窝、麻面和气孔的深度不超过5mm,且在每个面上所占面积的总和不

超过该面面积的 0.5%。

②沿边缘棱角破损的深度不超过 5mm,且每 10m 长的边棱角上只有一处破损,在一根桩上边棱破损总长度不超 500mm。

③预制方桩的允许偏差、检验数量和方法应符合表 4-4 的规定。

预制方桩允许偏差、检验数量和方法 表 4-4

序号	项 目	允许偏差（mm）	检 验 数 量	单元测点	检 验 方 法
1	长度	±50	逐件检查	1	用钢尺测量
2	横截面边长	±5		6	用钢尺测量两端和中部
3	抹面平整度	8		3	用 2m 靠尺和塞尺测量两端和中部
4	桩尖对桩纵轴线偏斜	15		1	用直角尺和钢尺测量垂直两方向,取最大值
5	桩顶面倾斜	$b/100$		1	

注：①b 为桩的边长,单位为 mm;
②有接桩要求时,接桩面的倾斜和配件的质量应按设计要求检查;
③空心桩空心对中心线的偏位允许值为 20mm;
④抹面应平顺并应二次压光。

二、预制钢筋混凝土板桩

钢筋混凝土板桩可采用矩形或 T 形截面,近年来也有采用工字形及圆形断面的。在有条件时尽可能采用预应力钢筋混凝土结构,防止沉桩时桩身开裂,提高板桩的耐久性。

矩形截面的钢筋混凝土板桩,如图 4-10 所示,当施工条件允许时,宜增大板桩宽度,减少板桩和接缝的数量,板桩宽度增加时,需加强施工夹桩导梁的刚度,以防施打时发生扭转。

(一)预制施工质量控制要点

(1)模板工程、钢筋工程、混凝土工程质量控制见第二章第一~四节。

(2)施工准备期、施工期、交工验收及保修期质量控制的一般要求见第一章第五节。

(3)根据预制钢筋混凝土板桩的施工特点,还有以下质量控制要点。

①板桩凸榫和桩尖斜角方向应考虑板桩墙起始沉桩的位置及方向。桩身抹面侧应朝向迎水面。

②桩身混凝土应连续浇筑,不得留有施工缝。

③桩身抹面应平整、密实和光滑。

④板桩的榫槽应完整、平顺,不得有明显破损。

⑤起吊时板桩的混凝土强度应满足设计要求。当设计无要求时,应大于设计强度的 70%。

⑥吊点位置的偏差不宜超过 200mm。吊索与桩身的夹角不得小于 45°。

⑦钢筋混凝土板桩的堆存应符合下列规定。

a. 堆存场地应平整、坚实。垛位布置应便于桩的起吊和运输。

b. 堆垛时每层板桩应用垫木支垫,同层垫木的高度应相同,垫木的间距宜为 3~4m。堆垛的层数不宜超过 3 层,上下层的支垫应在同一垂线上。

(二)预制板桩的允许偏差、检验数量和方法

预制板桩的允许偏差、检验数量和方法应符合表 4-5 的规定。

预制板桩允许偏差、检验数量和方法　　　　表 4-5

序号	项目	允许偏差(mm)	检验数量	单元测点	检验方法
1	长度	±50	逐件检查	1	用钢尺测量
2	宽度、厚度	+10 −5	逐件检查	各3	用钢尺测量两端和中部
3	榫槽中心对桩轴线偏移	7	逐件检查	4	用钢尺测量三分点处榫槽上下壁厚,取其差的1/2
4	榫槽表面错台	3	逐件检查	2	用钢尺测量,每侧取大值
5	抹面平整度	10	逐件检查	2	用2m靠尺和塞尺测量三分点处
6	桩身侧向弯曲矢高	$L/1000$ 且不大于20	逐件检查	1	拉线测量
7	桩顶面倾斜	5	逐件检查	1	用直角尺和钢尺测量垂直两方向,取最大值
8	桩尖对桩纵轴线偏斜	10	逐件检查	1	用直角尺和钢尺测量

注:①L 为板桩的长度,单位为 mm;
　　②抹面应平顺并二次压光。

三、预应力混凝土大直径管桩

预应力混凝土大直径管桩,如图 4-17 所示,其管节采用坍落度为零的混凝土并经离心、振动、碾压复合工艺制作而成,管节长度一般为4m,采用后张法预应力混凝土拼接成要求的桩长。预应力混凝土大直径管桩在工程运用中具有强度高、混凝土密度好、耐腐蚀能力强等优点。

图 4-17　预应力混凝土大直径管桩

(一)预制施工质量控制要点

(1)模板工程、钢筋工程、混凝土工程质量控制主要要求见第二章第一~四节。
(2)施工准备期、施工期、交工验收及保修期质量控制的一般要求见第一章第五节。

(3)根据预应力混凝土大直径管桩的施工特点,还有以下质量控制要点。

①后张法预应力混凝土大直径管桩混凝土浇筑必须连续进行,在管节中不得留施工缝。

②后张法预应力混凝土大直径管桩的管节质量应符合下列要求。

a. 管节的外壁面不应产生裂缝,内壁面由干缩产生的细微裂缝,其缝宽不得超过0.2mm,深度不宜大于10mm,长度不得超过0.5倍桩径。

b. 管节混凝土表面应密实,不得出现露筋、空洞和缝隙夹碴等缺陷。

③后张法预应力混凝土大直径管桩拼接所采用的材料应符合现行行业标准《水运工程混凝土施工规范》(JTS 202)外,并应满足下列要求。

a. 钢绞线的种类、钢号和直径应符合设计规定,机械性能应符合国家有关标准。运输堆放和保存应符合现行国家标准《预应力混凝土用钢绞线》(GB/T 5224)的有关规定。

b. 钢绞线下料应采用高速砂轮片切割,不应采用氧气切割下料,严禁使用扭曲、损伤或腐蚀的钢绞线,并不得与油脂等有害杂质接触;锚具放松切割可用气割法,但其切割点应距锚具50mm以上,并应采取措施防止锚具产生退火或回火现象。

c. 管桩拼接接头的黏接剂强度必须符合设计要求。

d. 灌浆用水泥应采用与管节所用水泥同强度等级。

④后张法预应力混凝土大直径管桩的管节在拼接时,应符合下列规定。

a. 管节混凝土强度应达到设计强度,且混凝土龄期不应少于14d。

b. 管节端面的浮浆应清除并磨平,表面缺陷应采用环氧砂浆修补,预留孔孔内的污物杂质,应冲洗干净,孔内积水应予排除。

⑤后张法预应力混凝土大直径管桩的管节拼接时钢绞线张拉应按以下要求进行。

a. 张拉时,对称的两束钢绞线应同时张拉,并应分组同步进行,桩长超过40m应两端同时张拉。

b. 锚具应按现行国家标准《混凝土结构工程施工及验收规范》(GB 50204)及《预应力筋锚具、夹具和连接器》(GB/T 14370)规定的标准验收,其锚固力低于钢绞线破坏强度90%时严禁使用。

c. 张拉过程中应按要求记录,张拉预应力的实测值与设计规定值的偏差不应超过±5%。

⑥后张法预应力混凝土大直径管桩的浆体应满足灌浆工艺的要求并符合下列规定。

a. 当温度在10~30℃时,30min时间内的流动度应保持在16~20s。

b. 浆体无约束膨胀应控制在5%~10%。

c. 浆体的水胶比不应大于0.35,且28d强度应大于40MPa。

d. 气温低于5℃时不宜进行灌浆。

⑦后张法预应力混凝土大直径管桩预留孔灌浆后孔内必须密实,浆体强度达到设计强度的70%,且浆体和钢绞线的黏结力大于0.2MPa时,方可切割钢绞线移动和吊运管桩。浆体强度达到100%设计强度时,管桩才能出厂。管桩出厂前必须进行验收。

⑧预应力混凝土管桩应进行受弯试验,测出抗裂弯矩,对桩身质量进行检验。每1000根管桩或每年随机抽样试验桩数量为1根。对重要工程,试验桩数量应按设计要求确定。

⑨管节表面的蜂窝、麻面、砂线等缺陷应符合表4-6的规定。

管节表面缺陷限值 表4-6

限值 缺陷 \ 工程部位	大气区、浪溅区、水位变动区及陆上结构的外露部位	水下区及泥面以下部位
蜂窝面积	小于所在面积的2‰,且一处面积不大于0.4m²	小于所在面积的2‰,且一处面积不大于0.4m²
麻面砂斑面积	小于所在面积的5‰	小于所在面积的10‰
砂线长度	每10m²累积长度不大于0.3m	—

(二) 允许偏差、检验数量和方法

预应力混凝土管桩的允许偏差、检验数量和方法应符合表4-7和表4-8的规定。

管节的允许偏差、检验数量和方法 表4-7

序号	项目		允许偏差(mm)	检验数量	单元测点	检 验 方 法
1	长度		±3	逐件检查	2	用钢尺测量
2	外周长		±10		2	
3	壁厚		+10 0		2	
4	端面倾斜	管壁	D/1 000		2	用直角尺测量
5		管节	δ/100		2	
6	预留孔直径		±3		2	用内卡尺测量,取最大值

注:①D为管节外径,δ为壁厚,单位为mm;
②管节外壁不得有裂缝。

预应力混凝土管桩成品的允许偏差、检验数量和方法 表4-8

序号	项目		允许偏差(mm)	检验数量	单元测点	检 验 方 法
1	管桩长度		±100	逐件检查	2	用钢尺测量
2	外周长		±10		2	
3	壁厚		+10 0		2	
4	桩顶倾斜		D/1 000且不大于8		2	用直角尺测量垂直两方向
5	桩纵轴线弯曲矢高		L/1 000且不大于30		1	拉线测量
6	桩尖对桩纵轴线偏斜		10		1	
7	管节拼装	错台	δ/10且不大于6	抽查50%	1	用钢尺测量取大值
8		拼缝弯曲矢高	8		1	拉线测量取大值

注:①D为管节外径,δ为壁厚,单位为mm;
②管节外壁不得有裂缝;
③管桩拼接焊缝的质量应按设计要求检查。

四、钢管桩制作

钢管桩按加工工艺有螺旋缝钢管桩和直缝钢管桩两种,工程中运用较多的是螺旋缝钢管桩。钢管桩具有重量轻,刚性好,搬运、堆放方便,不易受损;桩长易于调节,与上部承台易于连接,如图4-18所示;管材强度高,贯穿性好,能有效地打入坚硬土层以获得较大的承载力;沉桩效率高,质量可靠。钢管桩也存在钢材用量大、造价高,在海水中易于腐蚀等缺点。但随着钢管桩防腐技术的提高,目前钢管桩普遍运用于大中型高桩码头的施工过程中。

(一)制作施工质量控制要点

(1)施工准备期、施工期、交工验收及保修期质量控制的一般要求见第一章第五节。

(2)钢管桩制作施工质量控制的一般要求见第二章第五节的相关规定。

(3)根据钢管桩制作的施工特点,还有以下质量控制要点。

①钢板放样下料时,应根据工艺要求预放切割、磨削刨边和焊接收缩等的加工余量。钢板卷制前,应清除坡口处有碍焊接的毛刺和氧化物。

②螺旋焊缝钢管所需钢带宽度,可按所制钢管的直径和螺旋成形的角度确定。钢带对接焊缝与管端的距离不得小于100mm。

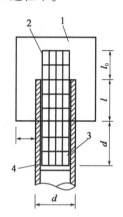

图4-18 管桩与桩帽的连接
1-桩帽(横梁);2-桩芯钢筋笼;3-桩芯混凝土;4-管桩

③钢管桩宜在工厂整根制作或工厂分段制作后在现场陆上拼接。钢管桩分段长度可按最大运输能力考虑,以减少现场拼接数量。

④管节拼装定位,应在专门台架上进行。台架应平整、稳定。管节对口应保持在同一轴线上进行,多管节拼接应减少累积误差。

⑤钢管桩成品外观表面不得有明显缺陷,当缺陷深度超过公称壁厚1/8时,应予修补。

⑥焊接材料的型号和质量应符合设计要求,并附有出厂合格证明书。必要时应按有关规定进行检验。

⑦焊条、焊丝和焊剂应存放在干燥处。焊前应按产品说明书要求进行烘焙,并在规定时间内使用。

⑧焊接前应将焊接坡口及其附近20~30mm的铁锈、油污、水汽和杂物清除干净。

⑨焊接应按焊接工艺所规定的方法、程序、参数和技术措施进行,以减少焊接变形和内应力,保证质量。

⑩超声波和射线照相探伤的结果应符合现行国家标准《钢结构工程施工及验收规范》(GB 20205)及《钢熔化焊对接接头射线照相和质量分级》(GB 3323)的等级标准。

⑪对钢管桩的焊缝应进行焊接接头的机械性能试验,试件可在钢管上取样,也可采用试板进行。在钢管上取样时,试样应垂直于焊缝截取。采用试板时,试板的焊接材料和焊接工艺应与正式焊接时相同。

⑫钢管桩防护层所用涂料的品种和质量均应符合设计要求。涂层施工应在陆上进行,涂

⑬管节对口拼装时,相邻管节的焊缝必须错开 1/8 周长以上。相邻管节的管径差应符合表 4-9 的规定。

相邻管节的管径差　　　　　　表 4-9

管径(mm)	相邻管节的管径差(mm)	说　明
≤700	≤2	用两管节外周长之差表示,此差应≤2π(mm)
>700	≤3	用两管节外周长之差表示,此差应≤3π(mm)

(二) 允许偏差、检验数量和方法

钢管桩制作的允许偏差、检验数量和方法应符合表 4-10 的规定。

钢管桩制作的允许偏差、检验数量和方法　　　　　　表 4-10

序号	项　目	允许偏差(mm)	检验数量	单元测点	检验方法
1	外周长	±5S/1 000 且不大于 10	逐件检查	2	用钢卷尺测量两端
2	管端椭圆度	5D/1 000 且不大于 5		2	用钢尺测量两端,取垂直两直径差
3	管端平整度	2		1	用 1/4 周长弧形靠尺或用 V 形尺测量,取大值
4	桩顶倾斜	5D/1 000 且不大于 5		2	用大直角尺和楔形尺测量垂直两方向
5	桩长度	+300 0		1	用钢卷尺测量
6	桩轴线弯曲矢高	L/1 000 且不大于 30		1	拉线用钢尺测量
7	桩尖对桩纵轴线偏斜	10		1	用直角尺或拉线用钢尺测量
8	管节对接错台	δ/10 且不大于 3		1	用焊口检测器测量,取大值

注:①S 为钢管外周长,D 为钢管外径,L 为钢管长度,$δ$ 为钢板厚度,单位为 mm;
　②工厂分段制作在现场拼接时,其管节端头坡口角度的允许偏差为 ±2.5°,钝边的允许偏差为 ±1mm;
　③圆锥形半封闭桩尖圆管直径的允许偏差为 1%,锥体母线长度的允许偏差为 5mm。

五、钢板桩

常用的钢板桩断面形式有 U 形、Z 形、H 形、平板形及圆形,我国生产的鞍Ⅳ型和包Ⅳ型均为 U 形,如图 4-19 所示。

图 4-19　U 形钢板桩

(一) 制作施工质量控制要点

(1) 施工准备期、施工期、交工验收及保修期质量控制的一般要求见第一章第五节。
(2) 钢板桩制作施工质量控制的一般要求见第二章第五节的相关规定。
(3) 根据钢板桩制作特点,还有以下质量控制要点。

①钢板桩进场应具有产品出厂质量证明文件,钢板桩的品种、规格和材质应按批次进行验收,其结果应满足设计要求,并符合现行国家产品标准或合同的规定。进口钢板桩尚应检查商检报告。

②钢板桩接长、组合钢板桩和异形钢板桩的加工制作除应满足设计要求、国家现行标准《钢结构工程施工质量验收规范》(GB 50205)、《建筑钢结构焊接技术规程》(JGJ 81)的有关规定外,尚应符合下列规定。

a. 沿钢板桩墙轴线方向相邻板桩接长焊缝的位置应交错配置,错开的距离不宜小于5 000mm,且每根钢板桩只允许有1个接头。

b. 钢板桩接长焊接应采用对接焊缝,焊缝宜采用"K"形或"V"形开口形式。

c. 钢板桩焊接接长时,在钢板桩的腹板内侧和翼缘外侧应设焊接加强板。

d. 楔形钢板桩的斜度不宜大于3%。当采用中间夹入梯形钢板制作楔形钢板桩时,梯形钢板的材料强度等级不应低于钢板桩母材的强度等级。

e. 加工后钢板桩的锁口应保持平直、通顺。使用前应用短节钢板桩或专用检查器做套锁通过检查。

③钢板桩涂层防腐的涂料品种和质量应满足设计要求,并应符合国家现行产品标准的规定。

(二) 允许偏差、检验数量和方法

钢板桩接长和异型钢板桩制作的允许偏差、检验数量和方法应符合表4-11的规定。

钢板桩接长和异型钢板桩制作的允许偏差、检验数量和方法 表4-11

序号	项目		允许偏差(mm)	检验数量	单元测点	检验方法
1	长度		±100	逐件检查	1	用钢卷尺测量
2	异型钢板桩宽度		±10		3	用钢尺测量两端及中部
3	弯曲矢高	正向	$3L/1\,000$		1	拉线测量
		侧向	$2L/1\,000$		2	
4	接头错台		$\delta/10$		1	用钢尺测量

注:L 为板桩长度,δ 为板厚度,单位为 mm。

六、预制构件

梁板一般包含横梁、纵梁、轨道梁、前边梁、后边梁、联系梁、水平撑、预应力箱梁、靠船构件、面板等。

码头工程的构件预制,具有单件重量大,构件规格品种多,外观质量要求较高等特点,一般均在固定预制场进行预制加工。因此对于监理工程师而言,在预制过程中,全方位作好施工方案的审查、原材料的质量监控、隐蔽工程验收、混凝土浇筑过程的旁站监理等是必不可少的质量控制手段。

(一)预制施工质量控制要点

(1)模板工程、钢筋工程、混凝土工程质量控制见第二章第一~四节。

(2)施工准备期、施工期、交工验收及保修期质量控制的一般要求见第一章第五节。

(3)根据预制梁板的施工特点,还有以下质量控制要点。

①预制构件上应注明工程名称、构件型号、混凝土浇筑日期和施工编号。

②预制构件吊运时的混凝土强度应符合设计要求。如需提前吊运,应经验算。

③预制构件采用绳扣吊运时,其吊点位置相对设计规定位置偏差不应超过±200mm。采用钢丝绳捆绑时,应采取避免钢丝绳损坏构件棱角的有效措施。

④预制构件吊运时应使各吊点同时受力,并防止构件产生扭曲。吊绳与构件水平面成夹角不应小于45°。

⑤预制构件存放场地宜平整,不同规格的预制构件宜分别存放。

⑥按照两点吊设计的预制构件,可用两点支垫存放,但应避免较长时间用两点堆置。按照三点吊以上设计的预制构件,宜采用多点支垫存放。垫木应均匀铺设,注意场地不均匀沉降对构件的影响。

(7)多层堆放顶制构件时,其堆放层数应根据构件强度、地基承载力、垫木强度和存放稳定性确定。各层垫木应位于同一垂直面上,其位置偏差不应超过±200mm。

(二)允许偏差、检验数量和方法

(1)预制矩形梁和"T"形梁的允许偏差、检验数量和方法应符合表4-12的规定。

预制矩形梁和"T"形梁允许偏差、检验数量和方法　　　表4-12

序号	项目		允许偏差(mm)	检验数量	单元测点	检验方法
1	长度	$L \leq 10m$	±10	逐件检查	2	用钢尺测量梁顶和底部
		$L > 10m$	±15			
2	宽度	$H \leq 1.5m$	±5		5	用钢尺测量两端及中部、梁顶三点,梁底二点
		$H > 1.5m$	±10			
3	高度	$H \leq 1.5m$	±8		2	用钢尺测量两端
		$H > 1.5m$	±10			
4	侧面弯曲矢高	$L \leq 10m$	8		1	拉线测量
		$L > 10m$	13			
5	侧面竖向倾斜		$5H/1\,000$		1	吊线测量
6	端头倾斜		$H/100$ 且不大于15		2	用直角尺或吊线测量
7	顶部搁置面平整度		5		2	用2m靠尺和塞尺测量

注:L为梁长度,H为梁高度,单位为mm。

(2) 预制面板、叠合板、锚碇板等构件的允许偏差、检验数量和方法应符合表4-13的规定。

预制面板、叠合板、锚碇板等构件的允许偏差、检验数量和方法 表4-13

序号	项 目		允许偏差(mm)	检验数量	单元测点	检 验 方 法
1	长度	端头凿毛	±15	逐件检查	2	用钢尺测量
		端头无凿毛	±10			
2	宽度	侧面凿毛	+10 −15		3	用钢尺测量两端及中部
		侧面无凿毛	±10			
3	厚度	光面	±5		4	用钢尺测量四角
		粗面、凹凸面	±10			
4	板面平整度	光面	5		2	用2m靠尺和塞尺测量中部两对角线方向
		粗面	10			
5	板面对角线差	短边长度≤3m	20		1	用钢尺测量
		短边长度>3m	30			
6	侧面弯曲矢高	边板外沿	5		2	拉线测量
		其他	8			

注:①面板外伸钢筋应整齐、平顺,环形钢筋的倾斜不应大于钢筋直径的2倍;
②光面面板抹面应平顺并二次压光;
③凹凸板凹槽深度应均匀并满足设计要求;
④预制锚碇板只检查序号为1、2、5、6的项目。

第三节 桩基工程施工质量控制

一、方桩和管桩沉桩

(一)沉桩施工质量控制要点

1. 沉桩工艺选择

沉桩工艺应根据地质条件、单桩极限承载力和桩身强度确定。沉桩工艺分为锤击沉桩和水冲锤击沉桩,黏性土地基宜用锤击沉桩,砂性土地基当沉桩有困难时,宜用内冲内排法水冲锤击沉桩,对于岩基覆盖层较薄不足以嵌固管桩时,可采用嵌岩桩的施工工艺。下面重点介绍锤击沉桩。

对于远离岸边的水上沉桩作业,一般情况下采用打桩船打桩,如图4-20所示。若海上施工地点风大浪高,打桩船有效作业时间很少,有条件时可以考虑采用海上自升式施工平台进行打桩,这样能避免风浪的不利影响。

对于临近岸边的桩,在水深足够时可用打桩船打桩。若水深不够,则分几种情况:若浅水区桩位在打桩船吊龙口的伸距范围内,则打桩船吊龙口打桩;若涨潮时能满足打桩船吃水要求,则可趁潮施打;当浅水区桩位超出吊龙口的伸距范围,趁潮也无法施打时,则要先进行挖泥,以便打桩船靠近岸边进行沉桩作业,但也可以搭栈桥,由陆上打桩架打桩,不过这样要增加临时费用,要有相当的准备时间,并要起重船配合,其好处是沉桩时可以少受气候、潮水、风浪的影响。

图 4-20　打桩船打桩

2. 主要施工设备选择

1) 打桩船的选择

施工单位选用打桩船进行沉桩施工,监理工程师除了要按常规审核打桩船船机设备的性能指标外,还应结合工程地点的特点和条件以及有关设计文件考虑以下因素:

(1) 打桩船的桩架高度是否足够,是否满足工程桩基的仰俯要求和工程桩的吊重要求。

(2) 打桩船应适应施工水域自然条件的影响,满足作业时的稳定性,尤其对于外海工程,要重点注意船舶抗御风浪和急流的能力。

(3) 在近岸滩地泥面较高处进行沉桩,要按照打桩船的吃水深度采取乘潮作业或选用具有吊龙口的打桩船。

(4) 选用打桩船的船型尺寸、船舶移位、转向及抛锚系统要满足施工现场条件以及桩位平面布置要求。

2) 锤型选择

锤击沉桩应根据地质条件和单桩极限承载力等情况,选择合适的锤型,使沉桩既能满足设计要求的承载力,且锤击过程中桩身产生的锤击拉、压应力又不超出桩体的控制值。施工用锤有自落锤、蒸汽锤、柴油锤和液压锤,实际工程运用中普遍采用柴油锤。

3) 替打、桩垫和锤垫

(1) 替打应按使用要求设计,为满足反复锤击的要求,替打应具有一定的刚度。替打长度应满足:沉斜桩时,替打出龙口的长度不宜超过其本身长度的 1/2;沉直桩时,不宜超过本身长度的 2/3。当替打兼作送桩时,替打留在龙口内的长度可适当减小。

(2) 替打制作应保证加工质量,用钢板焊接加工的替打应作回火处理。为减少打桩拉压应力宜采用碟簧桩帽,碟簧桩帽应与沉桩锤型相适应。

(3) 为减少锤击应力和保护桩顶,在桩顶和替打之间应设置有适当弹性的桩垫。桩垫要求厚薄均匀,混凝土桩桩垫尺寸宜与桩顶截面相同。桩垫宜采用棕绳或麻绳盘根垫,或其他经试验后确认为合适的桩垫。

(4)锤垫宜采用具有一定弹性及刚度的材料,如竖纹硬木垫、石棉板垫和钢丝绳垫等。

3．沉桩顺序的确定

1)要考虑到所有的桩位都能施打

由于不同码头桩基布置情况不同,特别是高桩墩式码头的桩基布置比较密集和复杂,受到水位、地形、打桩船性能的约束,如打桩顺序考虑不周,就可能使打桩出现困难,甚至不能施打,造成必须改变桩基布置和结构设计的后果。在确定打桩顺序时,为操作简便,又能保证使每根桩都能施打,常在桩位图上用同一比例尺的打桩船纸模尝试能否施打,定出打桩的顺序或可编制相应的计算机程序进行桩基工程仿真模拟分析。

2)要考虑到水位、水深和风、浪、流的影响

打桩船有一定的吃水和抛锚定位的方法,在拟定打桩顺序时应考虑到打桩水位、水深和风、浪、流的影响。

3)要考虑到工程的分段

为了有利于后续工程的施工,整个码头工程要分成几段按流水作业的方式组织施工,打桩顺序应满足分段的要求。在拟定分段长度时要考虑沉桩的方便,也要考虑各个工序在一个施工段里时间安排的均衡性,还要考虑施工的安全性,实际工程程中一般以结构段来分段。

4)要考虑到土壤变形的影响

对于群桩(桩距小于3倍桩径或方桩的边长)沉桩,由于土壤受到压缩变形及孔隙水压力的复杂作用。各桩相互之间有一定影响,先打的桩的位置和高程可能受到后打的桩的挤动,由于土壤已被先打下的桩挤实,后打入的桩可能遭遇沉桩困难,也可能使建筑物产生不均匀沉降。为了使先打的桩不影响后面桩的施打,码头沉桩通常采用阶梯形推进。

5)尽量减少沉桩对岸坡稳定的影响

由于打桩要引起强烈震动,要在正常固结的土中沉入许多根桩,要排出相当体积的土和孔隙水,所以必然使土体结构遭到破坏。孔隙水压力的消散,不同的土壤所需时间差别很大。沉桩引起的超静孔隙水压力使土体颗粒脱离接触,岸坡抗滑稳定性大大减小。为了使超静孔隙水压力减少积聚,最好采用顺岸打桩的顺序,由岸边向外逐排打设(但要考虑抛锚、移船等作业的方便)。如用一艘打桩船打桩时,最好采用顺排间隔沉桩法;采用多艘打桩船同时打桩时,应在打桩船之间保持相当距离,使同一断面里相邻桩的下沉有一定的时间间隔,让土壤中因沉桩引起的超静孔隙水压力得以消散。

6)尽量减少打桩船移架、改架、移锚的次数

打桩船打桩时移架、改架、移锚均需占用相当的工作时间,次数越多效率越低。因此,为了使所拟定的打桩顺序移架、移锚次数最少,必须对桩位布置、沉桩顺序,特别是桩的平面扭角等要认真分析,事先做好沉桩设计。

7)考虑施工水域船舶锚缆的布置

施工水域船舶锚缆的布置对顺利地沉桩十分重要。布置时要了解工作船的尺度,研究老锚船及运桩方驳的停泊位置,使打桩船取桩方便,从取桩到打桩,打桩船的缆绳不要在已打好的桩中间穿来穿去,使打桩船无法移动,或缆绳受力后造成已沉好的桩受到侧向力而移位,甚至被折断。进行锚缆布置时,还应使各种工作船之间相互协调,避免干扰,如图4-21所示。

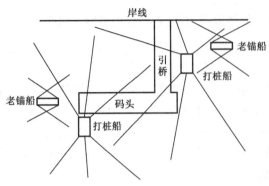

图 4-21 沉桩时施工水域船舶锚缆布置的实例

4. 试桩

(1)当地质情况复杂且缺乏沉桩经验时,可在施工前选择有代表性的区域进行试沉桩。试沉桩不宜少于 2 根,且附近应有钻孔资料。

(2)在确定锤击沉桩控制贯入度时,应考虑桩的承载力、持力层变化情况、锤的性能和桩身结构强度等因素。地质情况复杂的工程,沉桩控制贯入度宜由静载荷试验、高应变动力试桩法或试沉桩等方法确定。小型工程可根据类似工程经验确定。

(3)试沉桩的规格应与工程桩一致,所用船机应与正式施工时相同。打桩及高应变动测试验可利用工程桩,但对需要进行复打的动测桩,必须考虑间歇期及复打的可能性。

5. 测量定位

沉桩测量定位的基本要求见第十二章第二节"四(五)"。

6. 沉桩质量控制要点

1)偏位控制

沉桩时发生偏位是难以避免的。但为了保证上部结构的位置及受力条件改变不超出允许范围,桩位偏差必须控制。造成沉桩偏位的原因很多,主要有桩本身的质量,风、浪、流等施工环境的影响,地形地质条件,沉桩操作不当,测量有误等。因此为保证沉桩偏位控制常采取以下的措施。

(1)检查复核施工基线,沉桩过程中应经常用经纬仪检查桩位及轴线倾斜情况。

(2)沉桩要安排在风、浪、流都较小的时候进行。

(3)要及时开动平衡装置和松紧锚缆,防止船位走动,维持打桩架规定的倾斜度。

(4)掌握在岸坡上打桩的规律,特别是打斜桩的规律,下桩时向岸边偏移一定的距离,以保证沉桩完毕后的最终位置恰好符合设计要求。

(5)对已沉好的桩应及时夹桩和设法整体固定,对它们的位置要定期观测,如发现有走动,应首先暂停沉桩,然后研究对策。

2)桩的极限承载能力(贯入度和标高)控制

桩基应满足桩的设计承载能力要求,因此,必须在控制沉桩桩尖标高的同时,控制打桩的最后贯入度(最后贯入度是指最后贯入的 100mm 或最后锤击的 10 击,其平均每击的下沉量),即"双控"。

当然,对于不同桩(摩擦桩和端承桩)和不同地基条件,"双控"的重点是不一样的。设计桩端土层为一般黏性土、硬塑状的黏性土或粉细砂时,应以标高控制为主,贯入度校核;设计桩端土层为砾石、密实砂土或风化岩时,应以贯入度控制为主,标高控制校核。

当桩基不能满足"双控"要求时,其处理原则见后面的"沉桩控制标准及检测"内容。

3)桩的裂损控制

锤击沉桩时,由于应力波的传递和反射,在桩身各部位会产生压应力或拉应力。影响锤击应力的主要因素是锤、垫、桩和土质。就锤而言,锤速增加比锤重增加对锤击应力的影响更明显。软而厚的桩垫可增大应力波的波长,减小桩身应力及锤击拉应力的大小,在很大程度上取决于桩长与波长的比值,桩长小于应力波长时,拉应力小。当桩尖由硬土层进入软土层时,锤击贯入度增加,桩身拉应力也增大。桩尖由软土层进入硬土层时,桩身亦有可能产生较大或最大的拉应力值。在沉桩前要查看桩位处的地质情况,要检查所用的桩是否符合规定的质量标准。在沉桩过程中要随时检查桩锤、替打和桩身三者的轴线是否在同一直线上,注意贯入度有没有异常变化,检查桩顶破碎的程度等。正常情况下预应力钢筋混凝土桩应不出现裂缝;非预应力钢筋混凝土桩应尽量避免产生裂缝。

4)岸坡的稳定控制

在渗透性较差的饱和土内打桩,由于打桩置换挤土产生的超静水压力难以消散,土体抗剪强度降低,另外,打桩时锤击振动也能降低周围土体的抗剪强度。故一般要根据试验或经验确定打桩速率,以利于岸坡的稳定和消除对临近建筑物的影响。采取措施包括限制沉桩速度、间隔跳打、停停打打、重锤低击、涨潮施打、削坡减载、抛石压脚等。

5)桩的临时固定

沉桩完毕,必须及时夹桩、方木顶撑和拉条固定,以防止在风、浪、流和土坡滑移及斜桩自重挠曲作用下基桩倾倒或折裂,严禁在已沉入的桩上系缆靠船等。

在沉桩作业期间,为保护已沉好的桩不被碰倒撞断,必须在适当的位置竖立警告牌,设置警示装置,晚上需设置红灯,特别是引桥较长、涨潮时桩顶可能被淹没的码头工地,最好能用岸电设置成串的红灯,在船舶上行、下行两个方向施放浮筒,防止无关船只闯入施工区。

(二)沉桩控制标准及质量检验

(1)沉桩前应对桩进行逐根检查,核实管桩出厂合格证与施工用桩是否相符,检查管桩外观质量及运输中有否损伤。

(2)拼接桩的接头接点处理应满足设计要求。

(3)沉桩贯入度或桩尖标高应满足设计要求,并应符合下列规定。

①设计桩端土层为一般黏性土时,应以标高控制。桩沉放后,桩顶标高允许偏差为+100mm和0.0mm。

②设计桩端土层为砾石、密实砂土或风化岩时,应以贯入度控制。当沉桩贯入度已达到控制贯入度,而桩端未达到设计标高时,应继续锤击贯入100mm或锤击30~50击。其平均贯入度不应大于控制贯入度,且桩端距设计标高不宜超过1~3m(硬土层顶面标高相差不大时取小值)。超过上述规定由有关单位研究解决。

③设计桩端土层为硬塑状的黏性土或粉细砂时,应以标高控制为主,当桩端达不到设计高程但相差不大时,可以贯入度作为停锤控制标准。当桩端已达到设计标高而贯入度仍较大时,应继续锤击使其贯入度接近控制贯入度,但继续下沉的深度应考虑施工水位的影响,必要时由设计单位核算后确定是否停锤。当桩端距离设计标高尚较大,而贯入度小于控制贯入度时,可按2)执行。

(4)混凝土桩的桩身完整性检测的数量和结果应满足设计要求,并符合行业现行有关标准的规定。

a. 当桩端标高不符合规定,影响桩的垂直承载力时,宜采用高应变动力试验法对单桩垂直承载力进行检测。

b. 对预制混凝土桩,应采用低应变动力试验法对桩身质量进行抽样检测,检测桩数量不得少于总桩数的10%,并不得少于10根;沉桩中发生贯入度过大或存在其他影响桩身结构可靠性的异常情况时,应逐根进行检测。

c. 采用动力试验法对桩进行检测时,应符合国家现行标准规定。

(5)钢筋混凝土方桩水上沉桩的允许偏差、检验数量和方法应符合表4-14的规定。

钢筋混凝土方桩水上沉桩的允许偏差、检验数量和方法　　　　表4-14

序号	项目		允许偏差(mm)		检验数量	单元测点	检验方法
			直桩	斜桩			
1	设计标高处桩顶平面位置	内河和有掩护近岸水域沉桩	100	150	逐件检查	1	用经纬仪和钢尺测量两方向,取大值
		无掩护近岸水域沉桩	150	200			
		无掩护离岸水域沉桩	200	250			
		滑道桩(包括送入水下10m以内)	100	100			
2	桩身垂直度(每米)		10	—	抽查10%且不少于10根	1	吊线测量或用测斜仪测量
3	滑道水下送桩桩顶标高		0 −100	—	逐件检查	1	用水准仪测量

注:①序号1、2项偏差按夹桩铺底后所测的数值为准,但禁止拉桩纠偏;
②长江、闽江和掩护条件较差的河口港沉桩,桩顶偏位按"无掩护近岸水域沉桩"的标准执行;
③沉桩区有柴排、木笼、抛石棱体等障碍物和浅层风化岩,以及采用水冲桩或长替打送桩,其允许偏差应会同设计单位研究确定;
④墩台中间桩平面位置的允许偏差应按上表放宽50mm。

(6)钢管桩和预应力混凝土管桩水上沉桩的允许偏差、检验数量和方法应符合表4-15的规定。

钢管桩和预应力混凝土管桩水上沉桩的允许偏差、检验数量和方法　　　表4-15

序号	项目		允许偏差(mm)		检验数量	单元测点	检验方法
			直桩	斜桩			
1	设计标高处桩顶平面位置	内河和有掩护近岸水域沉桩	100	150	逐件检查	1	用经纬仪和钢尺测量两方向,取大值
		无掩护近岸水域沉桩	150	200			
		无掩护离岸水域沉桩	250	300			
2	桩身垂直度(每米)		10	—	抽查10%且不少于10根	1	吊线测量或用测斜仪测量

注:①序号1、2项偏差按夹桩铺底后所测的数值为准,但禁止拉桩纠偏;
②长江、闽江和掩护条件较差的河口港沉桩,桩顶偏位按"无掩护近岸水域沉桩"的标准执行;
③沉桩区有柴排、木笼、抛石棱体等障碍物和浅层风化岩,以及采用水冲桩或长替打送桩,其允许偏差会同设计单位研究确定;
④墩台中间桩平面位置的允许偏差应按上表放宽50mm。

(7)陆地沉桩的允许偏差、检验数量和方法应符合表4-16的规定。

陆地沉桩允许偏差、检验数量和方法　　　　表4-16

序号	项　　目			允许偏差（mm）	检验数量	单元测点	检验方法
1	设计标高处桩顶平面位置	滑道梁、轨道梁基桩		100	逐件检查	1	用经纬仪和钢尺测量两方向，取大值
		板基础桩	边桩	100			
			中间桩	D/2			
2	桩身垂直度（每米）			10	抽查10%且不少于10根	1	吊线测量或用测斜仪测量

注：D为桩径或短边边长，单位为mm。

二、板桩沉桩

(一)板桩沉桩质量控制要点

板桩沉桩质量控制除满足与方桩(管桩)沉桩质量控制基本要求外，还应注意以下问题。

(1)板桩沉桩宜采用锤击沉桩、振动沉桩或压入沉桩等，沉桩方法应根据土质条件、板桩品种、板桩断面和沉入深度等确定，并应选择适宜的桩锤和设备。在密实的土层中沉桩有困难时，可采取钻孔松土或水冲等辅助沉桩措施。

(2)板桩沉桩应采用导桩、导梁和导架等定位导向装置，定位导向装置应具有足够的强度和刚度。

(3)混凝土板桩宜采用单根依次插入的方法，钢板桩宜采用拼组插入、阶梯式沉桩或间隔沉桩的方法。钢板桩拼组的根数，U形钢板桩宜为奇数，Z形钢板桩宜为偶数。

(4)组合式钢板桩沉桩应采用先沉主桩、后沉辅桩的间隔沉桩方法。

(5)板桩墙轴线不得出现明显弯折。当板桩偏离轴线产生平面扭转时，应在后沉板桩中逐根纠正。

(6)当板桩沿墙轴线方向产生过大扇形倾斜时，宜采用沉设楔形板桩的方法进行调整。

(7)板桩沉桩应以桩尖设计高程作为主要控制标准。对有垂直承载力要求的板桩，其沉桩控制标准应符合方桩(管桩)沉桩的有关规定。

(8)水上施工板桩墙时，应按相关规定设置标志和警示灯。在风浪较大区域或台风季节施工，应按防台预案对板桩墙进行加固。

(9)对混凝土板桩的榫槽竖向空腔应按设计要求进行处理。当设计无要求时，应采用模袋混凝土或模袋砂浆填塞，混凝土和砂浆的强度不宜低于20MPa。填塞前，应清除空腔中的泥土和杂物。

(二)质量检验标准

(1)板桩的规格、质量和钢板桩防腐应满足设计要求，混凝土板桩表面不应有裂缝。

(2)沉桩后，钢筋混凝土板桩不得出现脱榫现象，钢板桩不得出现不联锁现象。

(3)板桩的桩尖标高及入土深度应满足设计要求。

(4)混凝土板桩间槽孔的清孔深度、填充材料和填充质量应满足设计要求。有防渗要求的钢板桩墙锁口内的填充材料和填充质量应满足设计要求。

(5)板桩沉桩的允许偏差、检验数量和方法应符合表4-17的规定。

板桩沉桩的允许偏差、检验数量和方法　　　　表4-17

序号	项目		允许偏差(mm)		检验数量	单元测点	检验方法
			陆上	水上			
1	设计标高处平面位置	垂直于墙轴线方向	±50	±100	逐件检查	1	用经纬仪和钢尺测量,取大值
		主桩间距	±20				
2	垂直度(每米)	垂直墙轴线方向	10		每隔10根查1根	1	吊线测量或用测斜仪检查
		沿墙轴线方向 一般板桩	15			1	
		主桩	8				

注:①序1项偏差应按板桩墙调整前所测数值为准;
②板桩沿墙纵轴线方向的垂直度应控制在每米15mm以内,超出时应用楔形桩调整,楔形桩的斜度宜为1%~2%。

(6)格形钢板桩沉桩允许偏差、检验数量和方法应符合表4-18的规定。

格形钢板桩沉桩允许偏差、检验数量和方法　　　　表4-18

序号	项目		允许偏差(mm)	检验数量	单元测点	检验方法
1	设计标高处平面位置	切向	200	逐格检查	10	用经纬仪测量格体纵横轴线位置
		径向	+200 0			
2	桩顶标高	浅基	±50	抽查10%	10	用水准仪测量
		桩顶	+100 0			
3	垂直度(每米)		10		1	吊线测量

三、灌注桩

(一)灌注桩施工质量控制要点

灌注桩主要包括成孔和制桩两个施工过程。水运工程灌注桩按成孔方法可分为钻孔灌注桩和挖孔灌注桩。灌注桩宜采用直桩,有条件时也可采用斜桩。

1.钻孔成孔

(1)钻孔成孔施工应设置护筒。护筒宜采用钢板焊接,钢护筒应具有一定的强度和刚度,壁厚应综合考虑下沉深度、护筒长度、直径、地质条件和下沉工艺等因素,并不宜小于5mm。当需要穿过硬土层时,应在端部加强。护筒内径应根据护筒长度、埋设的垂直度和钻机的性能等因素确定,并不宜大于设计桩径300mm。

(2)成孔设备可根据地质条件、设计孔径、孔深、水深和钻机距孔内泥浆面的高度等因素选取。

(3)终孔后,应立即进行清孔。清孔方法可根据土层性质、沉渣厚度要求和机具设备条件分别选用掏渣筒清孔、换浆清孔、抽浆清孔或喷射清孔等方法。

2.挖孔成孔

(1)当具备下列条件时,可采用挖孔成孔。

①土质为较密实的土或岩层。

②土层中无地下水或无较大渗透水。

(2)除在硬黏土或完整岩层中成孔外,应对孔壁进行支护。支护可采用砖砌、分节组合钢护筒、现浇钢筋混凝土孔圈或喷射混凝土孔壁等形式。

(3)挖孔施工应符合下列规定。

①逐段开挖,逐段支护。

②采用排水设备及时排出渗透水。

③出土堆于井孔2.0m以外。

④对渗水量较大的潜水层承压水采取有效的止水措施。

(4)当群桩净距小于2倍桩径且小于2.5m时,应采用间隔开挖。排架桩的最小施工净距不得小于4.5m。

3.钢筋笼制作安装质量控制

要求见第二章第二节。

4.混凝土质量控制

主要要求见第二章第三节,同时应满足下列要求。

(1)钻孔灌注桩混凝土应采用导管法施工,挖孔灌注桩混凝土可采用干法施工或导管法施工。

(2)单根灌注桩的混凝土应连续浇筑。当发生浇筑中断时,接桩处理方案应征得设计单位同意。

(3)浇筑斜桩水下混凝土时,应采取措施,防止导管接头与钢筋笼相挂。

(4)干法施工挖孔灌注桩混凝土应满足下列要求。

①浇筑混凝土前,应排干孔底积水;浇筑混凝土过程中,当可能产生地下水向孔内渗透时,应采取降低地下水措施。

②混凝土宜振捣密实。对距桩顶10m以内的混凝土必须振捣密实。

(5)采用导管法施工钻孔灌注桩混凝土时,应符合下列规定。

①导管应用刚性导管,并宜采用快速套接接头。

②导管使用前,应按实际使用节数和长度进行试拼,并进行压水试验,试验压力不应小于工作压力的1.5倍。

③首批混凝土的埋管深度不得小于1.0m。混凝土浇筑过程中,埋管深度宜为2.0~6.0m。

④在浇筑混凝土过程中,应保持孔内液面高程。

⑤孔内混凝土面的高度应及时测量,混凝土终灌标高的确定应能保证桩顶凿除后的混凝土质量。

(二)质量检验标准

(1)桩孔的直径、深度和嵌岩的深度应满足设计要求。成孔后的孔深,以摩擦力为主的桩应达到设计标高;以端承力为主的桩,应比设计深度超深50mm,当发现持力层与设计条件不符时,应由设计单位重新确定终孔标高。

(2)孔底的沉渣应清理、清孔后的沉渣厚度应满足设计要求。以摩擦力为主的桩不得大于100mm。以端承力为主的桩不得大于50mm。

(3)灌注桩用的混凝土原材料、混凝土配合比、拌和物质量、混凝土强度和耐久性指标应符合第二章的有关规定。用于灌注桩混凝土强度评定的标准试件,每根桩至少应留置2组,当桩长大于50m时,应增加一组。

(4)灌注桩钢筋笼所用钢筋的品种、规格及质量,主筋的数量及长度和成型质量应满足设计要求,并应符合第二章第二节的有关规定。

(5)混凝土灌注应连续。每孔实际灌注混凝土的数量不得小于计算体积。

(6)灌注桩桩身完整性检测的数量和结果应满足设计要求,并应符合国家现行有关标准的规定。

①桩身混凝土完整性检测数量应为100%桩数,检测方法可采用低应变动力检测法或超声波检测法。

②当桩身混凝土达到设计强度后,应按桩的总数抽取1%~3%进行钻芯取样检测。检测应首先抽取混凝土浇筑异常和完整性检测异常的桩。

(7)桩顶部的浮浆和松散混凝土应凿除,桩顶标高应满足设计要求。经凿除后的桩顶混凝土应有完整的桩形,不得有浮浆、裂缝或夹渣。

(8)灌注桩的允许偏差、检验数量和方法应符合表4-19的规定。

灌注桩的允许偏差、检验数量和方法 表4-19

序号	项 目			允许偏差(mm)	检验数量	单元测点	检验方法
1	钢筋笼顶标高			±50	逐件检查	1	用钢尺或水准仪测量
2	桩位置	陆上	单排桩、边桩	50	逐件检查	1	用经纬仪或拉线用钢尺测量两方向,取大值
			群桩的中间桩	100			
		水上 内河和有掩护海域	单排桩、边桩	100			
			群桩的中间桩	150			
		水上 无掩护河口和海域	单排桩、边桩	200			
			群桩的中间桩	300			
3	垂直度(每米)			10	抽查10%且不少于3根	1	吊线测量

注:挖孔桩和灌注型嵌岩桩的允许偏差可按本表规定进行检查。

四、嵌岩桩

嵌岩桩分为灌注型嵌岩桩、预制型嵌岩桩及两者的混合型嵌岩桩等,同时又有嵌岩直桩和嵌岩斜桩。

灌注型嵌岩桩(图4-22)又分为"桩"嵌岩和"锚杆"嵌岩等形式;预制型嵌岩桩又有植入型嵌岩桩、芯柱型嵌岩桩、芯柱锚杆嵌岩桩等形式,如图4-23~图4-25所示。

灌注型嵌岩桩施工质量控制的主要要求与前面灌注桩质量控制要求基本相同,下面简介预制型嵌岩桩施工质量控制要求。

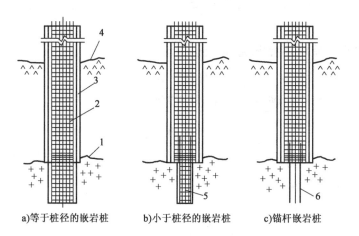
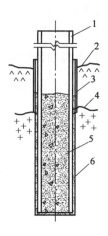

图 4-22 灌注型嵌岩桩形式示意图
1-岩层面;2-钢筋笼;3-钢护筒;4-覆盖层顶面;5-嵌岩钢筋笼;6-锚杆

图 4-23 预制型植入嵌岩桩示意图
1-预制桩;2-覆盖层顶面;3-钢护筒;4-岩层面;5-桩内水下混凝土;6-桩外侧与孔壁间水下混凝土

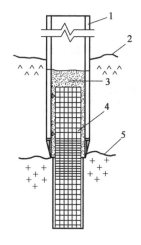
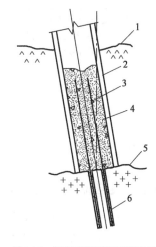

图 4-24 预制型芯柱嵌岩桩示意图
1-预制桩;2-覆盖层或混凝土套箱砂层顶面;3-桩芯柱混凝土;4-钢筋笼;5-岩层面

图 4-25 预制型锚杆嵌岩桩示意图
1-覆盖层顶面;2-预制桩;3-锚杆;4-桩芯混凝土;5-岩层面;6-锚固水泥浆

(一)预制型嵌岩桩施工质量控制要点

(1)钢管桩和混凝土大直径管桩的规格应满足设计要求,质量应符合第二章和本章第二节的有关规定。施工单位、监理单位按进场批次全部检查。

(2)预制桩沉桩的桩尖标高和贯入度应满足设计要求和试沉桩所确定的停锤标准。植入嵌岩桩预制桩复打入岩的深度应满足设计要求。

(3)嵌岩孔、锚孔的直径和深度必须满足设计要求,清孔后孔底的沉渣厚度应小于50mm。

(4)桩身完整性和锚杆抗拔力的检测数量和结果应满足设计要求,并应符合现行行业标准《港口工程桩基规范》(JTS 167—4)的有关规定。

(5)桩芯和锚杆所用钢筋、混凝土、灌浆材料的质量和混凝土、水泥浆的强度应满足设计要求,并应符合第二章的有关规定。

(二)水上预制型嵌岩桩施工的允许偏差、检验数量和方法

水上预制型嵌岩桩施工的允许偏差、检验数量和方法应符合表 4-20 的规定。

水上预制型嵌岩桩施工的允许偏差、检验数量和方法　　表 4-20

序号	项　　目		允许偏差(mm)		检验数量	单元测点	检验方法
			直桩	斜桩			
1	设计标高处桩顶平面位置	内河和有掩护近岸水域沉桩			逐件检查	1	用经纬仪和钢尺测量两方向,取大值
		$D \leqslant 1\,500$	150	200			
		$D > 1\,500$	200	—			
		无掩护近岸水域沉桩					
		$D \leqslant 1\,500$	200	250			
		$D > 1\,500$	300	—			
		无掩护离岸水域沉桩					
		$D \leqslant 1\,500$	250	300			
		$D > 1\,500$	$D/4$ 且不大于 500	—			
2	桩身垂直度(每米)		10	—	抽查 10% 且不少于 10 件	1	吊线测量或用测斜仪测量

注:①表中 D 为桩的直径,单位为 mm;
②序号 1、2 项偏差按夹桩铺底后所测数值为准,但禁止拉桩纠偏;
③长江、闽江和掩护条件较差的河口港沉桩,桩顶偏位按"无掩护近岸水域沉桩"的标准执行。

第四节　梁板安装质量控制

一、预制梁板安装

(一)安装质量控制要点(图 4-26)

(1)测设预制构件的安装位置线和高程控制。
(2)搁置面应平整,预制构件与搁置面间接触紧密。

图 4-26　预制板安装

(3)逐层控制高程。

(4)不割除影响安装的露出钢筋,并及时与设计单位研究解决。

(5)用水泥砂浆找平预制构件搁置面应符合下列规定。

①构件不得在砂浆硬化后安装。

②水泥砂浆找平厚度取10~20mm,超过20mm应采取措施。

③坐浆应饱满,应以安装后略有余浆挤出缝口为准,缝口处不得有空隙,并在接缝处采用砂浆嵌塞密实和勾缝。

(二)质量检验标准

(1)构件的型号应满足设计要求,质量应符合第本章第二节的有关规定。

(2)安装时,构件和下层支承结构的混凝土强度及支点构造应满足设计要求。

(3)构件钢筋伸入支座的锚固长度和固定构件的方式应满足设计要求。

(4)构件与支承面应接触严密,铺垫砂浆应饱满并及时勾缝。

(5)变形缝的设置应满足设计要求,并应上下贯通、顺直。

(6)梁板构件安装的允许偏差、检验数量和方法应符合表4-21和表4-22的规定。

梁类构件安装允许偏差、检验数量和方法　　表4-21

序号	项目		允许偏差(mm)			检验数量	单元测点	检验方法
			简支梁	连续梁	桁架			
1	轴线位置		10	10	20	逐件检查	2	用经纬仪和钢尺测量两端
2	搁置长度	$L \leq 200mm$	±15	±15	—		2	用钢尺测量两端
		$L > 200mm$	±L/10	—	—			
3	竖向倾斜	$H \leq 1000mm$	5	5	10		1	吊线测量
		$H > 1000mm$	H/100且不大于15					
4	顶面标高		±15				2	用水准仪测量支承面
5	结构前沿线位置		10				1	用经纬仪、拉线和钢尺测量
6	支座	中心偏位	10				2	用经纬仪和钢尺测量
		标高	±5				1	用水准仪测量

注:L为梁设计搁置长度,H为梁高度,单位为mm。

板类构件安装允许偏差、检验数量和方法　　表4-22

序号	项目		允许偏差(mm)			检验数量	单元测点	检验方法
			简支板	连续板	管沟盖板			
1	搁置长度	$L \leq 200mm$	±15	±15	±15	逐件检查	4	用钢尺测量四角
		$L > 200mm$	±L/10	—	—			
2	顶面标高	一层安装	±15		±10		4	用水准仪测量四角,盖板每5m检查一处
		二层安装	±20					
3	外边沿线平直		10	15	10		2	用经纬仪或拉线用钢尺测量两端
4	相邻板顶面高差		—		5	抽查50%	1	用钢尺测量,取大值
5	相邻板缝宽		—		5		1	用钢尺测量

注:L为板设计搁置长度,单位为mm。

二、现浇梁板

(一)现浇梁板质量控制要点

现浇梁板质量控制要求见第二章模板、钢筋、混凝土工程质量控制。

(二)质量检验标准

(1)安装搁置面应压抹平顺。叠合部位的凿毛和钢筋的数量及外伸长度应满足设计要求。

(2)现浇梁板允许偏差、检验数量和方法应符合表 4-23 的规定。

现浇梁板允许偏差、检验数量和方法　　　　表 4-23

序号	项 目		允许偏差(mm)	检验数量	单元测点	检验方法
1	轴线位置		15	逐件检查	2	用经纬仪和钢尺测量两端
2	长度		±10		1	用钢尺测量
3	宽度		±10		3	用钢尺测量两端和中部
4	高度		±10		3	用钢尺测量两端和中部
5	支承面标高		±10		4	用水准仪测量两端,每边一处
6	侧面竖向倾斜		5H/1 000		2	吊线测量两端及侧面,取大值
7	预留孔位置		20	抽查50%且不少于3个	1	用钢尺测量,取大值
8	预埋铁件	位置	20		1	
		与混凝土面错台	5		1	用钢尺测量

注:①H 为梁高度,单位为 mm;
②梁长度大于 10m 且高度大于 1.5m 时,长度的允许偏差为 ±15mm,高度的允许偏差为 ±15mm。

三、现浇混凝土面层

(一)现浇混凝土面层质量控制要点

现浇混凝土面层质量控制要求见第二章模板、钢筋、混凝土工程质量控制。

(二)质量检验标准

(1)基层面的处理应按满足设计要求。浇水湿润不应有积水。

(2)混凝土面层应压抹平整,拉毛或刻纹应满足设计要求并应均匀一致。不得有空鼓、脱皮、石子外露、缺边掉角和飞边等缺陷。

(3)胀缝和缩缝的设置应满足设计要求,并应线条整齐、边缘完整。有填缝要求的,填缝应饱满、密实。

(4)混凝土面层允许偏差、检验数量和方法应符合表 4-24 的规定。

混凝土面层允许偏差、检验数量和方法　　　　表 4-24

序号	项　目		允许偏差（mm）	检验数量	单元测点	检验方法
1	顶面标高	高桩、板桩码头	±15	每 10m 一个断面	单坡 3 双坡 5	用水准仪测量坡肩、中部和坡脚
		重力式码头	±20			
2	平整度		6		单坡 2 双坡 4	用 2m 靠尺测量中部垂直两方向
3	相邻板块顶面高差	纵缝	5	每 20m 一处	1	用钢板尺和塞尺测量，取大值
		横缝	5		1	
4	板块分割线顺直	纵缝	10		1	拉 20m 线用钢尺测量，取大值
		横缝	15		1	

第五节　板桩码头锚碇结构质量控制

一、现浇混凝土锚碇帽梁与导梁

(一) 施工质量控制要点

(1)模板工程、钢筋工程、混凝土工程质量控制见第二章。
(2)施工准备期、施工期、交工验收及保修期质量控制的一般要求见第一章第五节。
(3)锚碇帽梁与导梁现浇施工质量检验要求见下面"(二)质量检验标准"。
(4)根据锚碇帽梁与导梁现浇施工特点，还有以下质量控制要点。

①板桩墙嵌入胸墙或帽梁的深度和钢筋伸入长度应满足设计要求。对混凝土板桩和地下连续墙，应对其嵌入部分的表面进行处理。

②胸墙和帽梁的分段长度应满足设计要求。分缝的位置不宜留置在板桩锁口处。

③在受潮水影响条件下施工时，混凝土应趁潮浇筑，并应始终保持混凝土的浇筑面在混凝土初凝前不被潮水淹没。

④对必须在水下浇筑的导梁和胸墙下部，应根据结构特点、水位变化和施工条件等采取相应措施。胸墙下部宜采用水密模板，且应在抽干水后浇筑混凝土。导梁宜使用水下不分散混凝土进行浇筑。

⑤当陆上浇筑混凝土胸墙、帽梁和导梁的施工基槽深度较深时，应采取保证边坡稳定的措施。当地下水位较高时，应采取必要的降排水措施。

(二) 质量检验标准

(1)帽梁与导梁应与板桩墙或地连墙等严密嵌接。
(2)现浇帽梁与导梁的允许偏差、检验数量和方法应符合表 4-25 的规定。

现浇帽梁与导梁的允许偏差、检验数量和方法　　　　表4-25

序号	项目		允许偏差（mm）	检验数量	单元测点	检验方法
1	前沿线位置		20	逐段检查	2	用经纬仪和钢尺测量两端
2	顶面标高		±15		3	用水准仪测量两端和中部
3	顶面宽度		±10		3	用钢尺测量两端和中部
4	相邻段临水面错台		10		1	用钢尺测量，取大值
5	迎水面全高竖向倾斜		5H/1 000		1	吊线测量
6	迎水面平整度		10		1	用2m靠尺测量，取大值
7	顶面平整度		6		1	
8	预留拉杆孔位置		20		1	用钢尺测量，取大值
9	预埋连接铰	位置	20		1	
		O型铰竖向倾斜	5		1	吊线测量

注：H为现浇帽梁与导梁的高度，单位为mm。

二、钢导梁制作与安装

(一) 施工质量控制要点

(1) 施工准备期、施工期、交工验收及保修期质量控制的一般要求见第一章第五节。

(2) 钢导梁制作与安装施工质量检验要求见下面"(二)质量检验标准"。

(3) 根据钢导梁制作与安装施工特点，还有以下质量控制要点。

①钢导梁所用型钢的种类、规格和材质应满足设计要求；并符合现行国家产品标准的规定。

②钢板桩沉桩后应及时安装钢导梁。钢导梁应与钢板桩的凸面贴合，对间隙大于10mm的部位，应夹垫钢垫板。

(二) 质量检验标准

(1) 钢导梁制作与防腐的质量应满足设计要求和第二章第五节的有关规定。

(2) 导梁与钢板桩应紧密贴合，间隙夹垫的垫圈应固定牢固。

(3) 固定导梁的连接螺栓应拧紧，外露丝扣应不少于2~3扣。

(4) 钢导梁安装的允许偏差应符合表4-26的规定。

钢导梁安装的允许偏差　　　　表4-26

序号	项目	允许偏差(mm)	检验数量	单元测点	检验方法
1	顶面标高	±20	逐段检查	2	用水准仪测量查两端
2	相邻段错台	10		1	用钢尺测量，取大值
3	顶面平整度	10		1	用2m靠尺测量，取大值

三、预制锚碇板安装

(一) 施工质量控制要点

(1) 锚碇板预制施工的模板工程、钢筋工程、混凝土工程质量控制见第二章。
(2) 施工准备期、施工期、交工验收及保修期质量控制的一般要求见第一章第五节。
(3) 锚碇帽梁与导梁现浇施工质量检验要求见下面"(二)质量检验标准"。

(二) 质量检验标准

(1) 锚碇板的型号和质量应满足设计要求和第二章和本章的有关规定。
(2) 锚碇棱体的材料、断面和密实度应满足设计要求。
(3) 锚碇板的基础应按设计要求进行密实和整平,其允许偏差、检验数量和方法应符合表 4-27 的规定。

锚碇墙和锚碇板基础允许偏差　　　　　　表 4-27

序号	项目	允许偏差(mm) 灰土基础	允许偏差(mm) 抛石基础	检验数量	单元测点	检验方法
1	标高	±20	±50	每10m一处	1	用水准仪测量
2	高差	15	30		1	

(4) 锚碇板安装的允许偏差、检验数量和方法应符合表 4-28 的规定。

锚碇板安装的允许偏差、检验数量和方法　　　　表 4-28

序号	项目		允许偏差(mm)	检验数量	单元测点	检验方法
1	平面位置	沿轴线方向	100	逐件检查	2	用经纬仪和钢尺测量两端
		垂直轴线方向	50		2	
2	顶面标高		±50		2	用水准仪测量两端
3	竖向倾斜		$1.5H/100$		1	吊线测量

注:H 为锚碇板高度,单位为 mm。

四、现浇混凝土锚碇墙

(一) 施工质量控制要点

(1) 模板工程、钢筋工程、混凝土工程质量控制见第二章。
(2) 施工准备期、施工期、交工验收及保修期质量控制的一般要求见第一章第五节。

(二) 现浇锚碇墙的允许偏差、检验数量和方法

现浇锚碇墙的允许偏差、检验数量和方法应符合表 4-29 的规定。

现浇锚碇墙允许偏差、检验数量和方法　　　　表4-29

序号	项　目	允许偏差（mm）	检验数量	单元测点	检　验　方　法
1	轴线位置	20	逐件检查	3	用经纬仪和钢尺测量两端和中部
2	宽度	±10		3	用钢尺测量两端和中部
3	顶面标高	±20		3	用水准仪测量两端和中部
4	相邻段表面错台	10		1	用钢尺测量，取大值
5	预埋件、预留孔位置	20	抽查30%	1	用钢尺测量纵横两方向，取大值

五、锚碇拉杆制作与安装

(一) 施工质量控制要点

(1) 施工准备期、施工期、交工验收及保修期质量控制的一般要求见第一章第五节。

(2) 锚碇拉杆制作与安装施工质量检验要求见下面"(二)质量检验标准"。

(3) 根据锚碇拉杆制作与安装施工特点，还有以下质量控制要点。

①制作钢拉杆的钢材与焊接材料的品种、规格和材质应满足设计要求，并应符合现行国家产品标准的规定。

②同一批钢拉杆的同类组件应使用同一牌号的钢材制造。

③钢拉杆表面应光滑，不得有裂缝、折叠、分层、结疤和锈蚀等缺陷。

④钢拉杆出厂前应进行成品拉力试验。拉力试验应按现行国家标准《钢拉杆》(GB/T20934)的有关规定进行。

⑤钢拉杆安装应符合下列规定。

a. 钢拉杆应在前墙后的回填施工前进行安装。

b. 钢拉杆安装应顺直。陆地安装时，钢拉杆宜采用垫块支垫，垫块间距宜为3~5m。水上或陆上架空安装时，应按设计要求支垫。

c. 张紧拉杆应在锚碇板或锚碇墙前的回填完成，且前墙、胸墙、导梁和锚碇结构的混凝土强度达到设计要求后进行。

d. 拉杆宜采用旋紧螺母或张紧器初步调整拉杆长度后，再用扭力扳手施加设计预拉力，使全部拉杆逐步拉紧。

e. 当前墙后的回填高程接近拉杆设计高程时，应采用扭力扳手再次对拉杆的拉力进行调整，使各拉杆受力均匀并满足设计要求的预拉力。

f. 拉杆螺母最终紧固后，拉杆的螺纹应至少外露2~3个丝扣。

⑥拉杆的防腐包括安装前完成拉杆(螺杆部分除外)的除锈、防腐和紧张器、螺母、垫板等铁件的底漆处理；安装后再对紧张器、螺母、拉杆未防腐部分和损坏部分进行防腐。

(二) 质量检验标准

(1) 拉杆和张紧器的规格、型号应满足设计要求，制作质量应符合第二章第五节的有关规定。

(2) 拉杆安装应平顺，张力应均匀，螺母和紧张器应拧紧。检查拉杆应力测试记录，并拧试检查。

(3)拉杆的防腐应满足设计要求。包裹层不得出现空鼓和防腐油未浸透现象。

(4)钢拉杆制作安装的允许偏差、检验数量和方法应符合表4-30和表4-31的规定。

钢拉杆制作的允许偏差、检验数量和方法　　　　　　　　　　　表4-30

序号	项目		允许偏差(mm)	检验数量	单元测点	检验方法
1	单节杆体长度	≤5m	±5.0	抽查10%且不少于3根	1	用钢尺测量
		5~10m	±10.0			
		>10m	±15.0			
2	杆体直径	30~50mm	±0.6		3	用卡尺测量
		51~80mm	±0.8			
		81~110mm	±1.1			
3	杆体弯曲(每米)		2		1	拉线测量
4	接头处拉杆轴线偏移		5d/100且不大于3			用焊口量测器测量

注:①d为拉杆直径,单位为mm;
②成品钢拉杆出厂前应进行加载试验,加载试验应符合现行国家标准《钢拉杆》(GB/T 20934)的有关规定。

拉杆安装的允许偏差、检验数量和方法　　　　　　　　　　　表4-31

序号	项目	允许偏差(mm)	检验数量	单元测点	检验方法
1	拉杆间距	±100	逐件检查	2	用钢尺测量两端
2	拉杆标高	±50		3	用水准仪测量两端和中部

思 考 题

1. 板桩码头的结构形式及其特点。
2. 板桩码头各组成部分、作用、构造要求。
3. 单锚板桩码头的施工程序。
4. 钢筋混凝土板桩预制和钢板桩的质量控制要点及质量检验方法。
5. 板桩沉桩质量控制要点及质量检验方法。
6. 板桩码头拉杆和锚碇装置制作、安装的质量控制要点及质量检验方法。
7. 高桩码头的结构形式及其特点。
8. 高桩板梁式码头的组成部分、作用、构造要求。
9. 高桩板梁式码头各个构件之间力的传递。
10. 叠合板(梁)的受力计算特点。
11. 高桩码头的施工程序。
12. 方桩、钢管桩、预应力混凝土大直径管桩预制(制作)质量控制要点。
13. 基桩沉桩的质量控制和混凝土灌注桩的施工质量控制。
14. 预制构件安装的受力特点,梁、板安装的质量要求。
15. 从4M1E的五个方面,熟练分析高桩码头和板桩码头各施工环节质量控制的重点。

第五章 斜坡码头和浮码头质量控制

第一节 概　　述

一、斜坡码头

(一)斜坡码头的形式及特点

斜坡码头结构由坡道、趸船、移动引桥和坡顶挡土墙等组成,如图5-1所示。其中斜坡道为斜坡码头的基本结构,其他结构可根据具体需要设置。

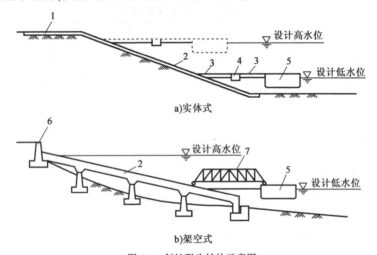

图 5-1　斜坡码头结构示意图
1-坡道(平坡道);2-坡道(斜坡道);3-跳板;4-跳趸;5-趸船;6-挡土墙;7-移动钢引桥

1. 斜坡码头形式

1)按照坡道结构形式分

斜坡码头的坡道结构形式可采用实体式、架空式或部分实体与部分架空的混合式。在流冰严重的地区,若码头结构未采取防冰措施时,不宜采用架空坡道。

2)按上下坡运输作业的方式分

斜坡码头按上下坡运输作业的方式,有缆车码头、皮带机码头和汽车下河码头等。

(1)缆车码头。有趸船外,主要还有用以装载货物(或旅客乘坐)的缆车、牵引缆车沿斜坡上下行驶的绞车系统和缆车行走的轨道。

(2)皮带机码头。有趸船外,主要还有运输货物的皮带机和放置皮带机的斜坡道,也有采用皮带车的。它适用于散货或大宗小件货物(如袋装粮食、化肥、水泥等)。

(3)汽车下河码头。主要部分是从岸上通到趸船的斜坡道,汽车直接沿斜坡道驶到趸船前或开到趸船甲板上进行货物装卸。

在各种斜坡码头中,应用最多而且具有代表性的是缆车码头。

2.斜坡码头的特点

(1)斜坡码头是以岸坡上建造的固定斜坡道结构作为载体,供货物装卸运输、旅客或车辆上下的码头。

(2)斜坡码头适宜在内河、水库、湖泊和掩护条件较好的海域建造。

(3)在不同水位时,斜坡码头船泊停靠装卸的平面位置随着水位的变化而相应移动,这显示了它固有的特点之一。

(4)斜坡码头的结构适用于缆车、带式运输机、液体输送管道、浮式起重机、重件拖拉、车辆和流动机械等相应的装卸工艺,以及旅客上下,这构成了不同的装卸工艺有不同的结构形式。

(二)斜坡码头的一般构造

1.斜坡道

1)实体斜坡道

实体斜坡道由坡身、坡脚和坡顶三部分组成。

(1)坡身

坡身是实体斜坡道的主体部分,除了能经受得住水流、波浪的冲刷和作用外,还需承受各种运输车辆的荷载,便于车辆行驶。它由回填料、护面和倒滤层组成。当坡道高出天然岸坡,其两侧还应做护坡和护脚。

坡身以施工水位为界分为水上和水下两部分。水上部分坡身回填料应尽量选用透水性好的无黏性材料,如碎石、砂卵石和矿渣等。水下部分坡身一般采用砂石料抛填,面层采用抛理块石,在面层与回填料之间宜采用天然级配较好的混合倒滤层,其厚度不宜小于60cm,倒滤层也可采用土工织物。

斜坡码头斜坡道的坡度和宽度要求如表5-1所示。

斜坡码头斜坡道的坡度和宽度 表5-1

斜坡道名称		坡 度	宽度(m)
缆车道		陡于1:8	据工艺要求确定
普通带式输送机道		不陡于1:4	据工艺要求确定
重件拖拉道		不陡于1:8	据工艺要求确定
管线道		据自然条件及据工艺要求确定	据工艺要求确定
汽车道		不陡于1:10	单车道≥5.0;双车道≥7.0
人行道	货码头	坡道不陡于1:6 踏步陡于1:6	≥0.8
	客码头	坡道不陡于1:7 踏步1:7~1:2	≥3.5

注:①汽车道纵坡在困难条件下不应陡于1:9;
②汽车渡口码头的坡道宽度应根据汽渡船靠泊需要、汽车调头要求和陆上连接公路的宽度等因素综合考虑确定。

(2)坡脚

坡脚处于水下或水位经常变化的部位,它主要承受水流、波浪的动水压力作用,它的功用是支持堤身和防止水流对地基的淘刷。抛石棱体坡脚是广泛采用的一种结构形式,分埋入式和突出式两种,如图5-2所示。当岸坡较陡时宜采用突出式,其顶宽宜大于1.5m,外坡不宜陡于1:1.5。埋入式适用于岸坡地形平缓的情况,其基槽深度一般不小于1.0m,底宽不小于2m。抛石重量应根据流速、波浪大小和水深由经验确定,一般采用10~100kg。

(3)坡顶

坡顶是斜坡道与岸衔接部分。对于缆车码头,坡顶一般采用混凝土或砌石挡土墙,并在墙上埋有固定缆绳用的耳环,如图5-3所示。

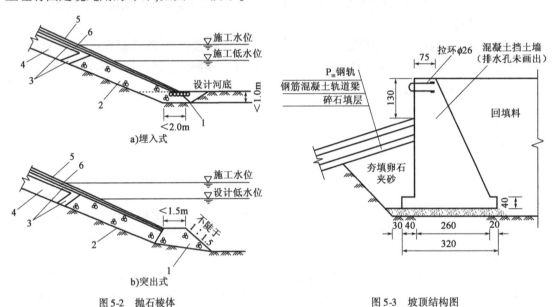

图5-2 抛石棱体

图5-3 坡顶结构图

1-抛石棱体;2-抛石基床;3-倒滤层;4-陆上回填料;5-钢轨;6-轨枕

2)架空斜坡道

架空斜坡道由墩台和上部结构组成。

(1)墩台

墩台的结构形式主要有重力式(图5-4)和桩柱式(图5-5)两种。

重力式墩台一般适用于岩基或其他较好的土基,有浆砌块石(或条石)和混凝土墩台两种。桩柱式墩台一般在软弱地基采用,通常为钢筋混凝土结构,桩柱式墩台有单桩柱式和双桩柱式两种。当缆车码头的桥面较宽时,宜采用双柱排架墩台,其形式有直桩式、斜桩式、框架式、桁架式等,如图5-5所示。

(2)上部结构

架空斜坡道的上部结构一般采用钢筋混凝土梁板结构或钢桁架结构。

2.轨道结构

轨道结构包括钢轨、轨道基础等。

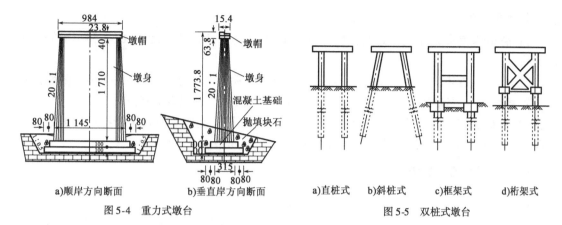

图 5-4 重力式墩台 a)顺岸方向断面 b)垂直岸方向断面

图 5-5 双桩式墩台 a)直桩式 b)斜桩式 c)框架式 d)桁架式

1）钢轨

钢轨直接承受缆车的轮压力，其型号根据轮压力的大小按规范选用。

2）轨道基础

轨道基础一般有轨枕道碴基础、钢筋混凝土轨道梁和架空结构三种。

3.缆车系统

缆车是缆车码头货物或旅客上下坡的运输工具，一般为钢结构，主要由钢面板、车架、轮轴、联结器等组成，如图5-6所示。

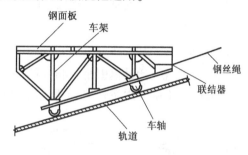

图 5-6 缆车结构组成图

二、浮码头

浮码头是以趸船或浮式起重机与引桥为载体，供货物装卸运输、旅客和车辆上下的码头。不同水位时，靠泊于码头的船舶平面位置基本不变，仅随水位变化作垂直升降。

（一）浮码头的形式及特点

1.浮码头的形式

浮码头结构由趸船及其系留设施、活动钢引桥、升降架、固定引桥和作业平台等组成，如图5-7所示。浮码头根据水位变化、水深和引桥允许坡度可采用单跨活动引桥或多跨活动引桥等形式。

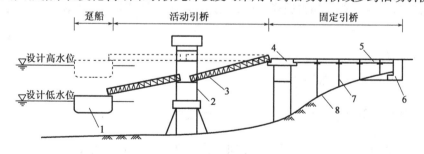

图 5-7 浮码头结构示意图
1-趸船；2-升降架；3-活动钢引桥；4-钢引桥支承墩；5-引桥梁板；6-桥台；7-引桥墩；8-原地面线

2. 浮码头的特点

(1)浮码头是以趸船或浮式起重机与引桥作为载体,供货物装卸运输、旅客和车辆等上下的码头。

(2)浮码头在不同水位时,由于趸船随水位变化作垂直升降,所以停泊码头装卸的船泊平面位置基本不变,趸船甲板面与水面的高差也基本不变,这是它固有的特点。

(3)浮码头多用于水位变幅较大的河港,可作客货码头、渔码头以及用管道运输的液体货物码头。同时也适用于水库、湖泊以及掩护较好的海域建造。

(二)浮码头的一般构造

1. 趸船

一般顺岸布置,可单设为独立的浮码头,同时也可以用连桥连接两个以上相邻的连片式浮码头。趸船、锚系和撑杆与引桥在使用过程中是活动的,因此允许引桥有较大的坡度,必要时还可以加设固定引桥,使趸船获得较大的水深,能停泊较大的船泊,以上这些与固定式码头有着显著不同的特点。

2. 钢引桥和升降架

有固定钢引桥、活动钢引桥,同时可以采用部分固定部分活动的钢引桥。固定钢引桥下端与支承墩连接,上端与岸桥台连接,固定引桥的墩台及基础和独立柱或排架柱等一般为钢筋混凝土结构。活动与固定部分之间,一般设有升降架、支承墩结构,下与趸船连接,上与固定钢引桥连接。

钢引桥主要由桥面系、主梁、支座、联结系组成。钢引桥宜采用平行弦桁架或空腹桁架结构,也可采用实腹板梁式结构。

活动钢引桥升降架由基础结构、升降架结构和提升设施三部分组成。升降架基础有重力式和桩式两种,工程中一般采用桩式结构,如图 5-8 所示。

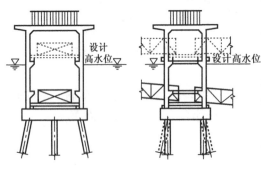

图 5-8　升降架结构示意图

3. 护岸

护岸有直立式、半直立式和斜坡式护岸,一般常采用斜坡式护岸,其结构常采用倒滤层和护面石组成。

4. 趸船的系留

趸船的系留方式见本章第四节。

三、斜坡码头和浮码头分部工程、分项工程划分

斜坡码头和浮码头工程的分部工程、分项工程可按表 5-2 的规定划分。当工程内容与表列项目不一致时,可根据结构特点进行调整。

斜坡码头和浮码头分部工程、分项工程划分　　　　表 5-2

序号	分部工程名称	分项工程名称
1	基槽及岸坡开挖	基槽及岸坡开挖
2	基础	抛石基础(基床抛石,基床夯实,基床整平,倒滤层),重力墩(预制沉箱、方块等,沉箱、方块安装等),桩基(预制桩沉桩,灌注桩,现浇桩帽),现浇墩台,砌石墩台等
3	斜坡道或引桥	预制梁、板构件,梁、板构件安装,现浇梁、板构件,混凝土面层,砌石面层,砌石踏步,轨道安装,块石护坡等
4	趸船与钢引桥	预制锚块,锚块安装,钢引桥制作,钢引桥安装,混凝土系船块体,钢撑杆制作与安装,趸船安装等
5	挡土墙及面层	现浇混凝土挡土墙,砌石挡土墙,土石方回填,抛石棱体,倒滤层,垫层,面层等
6	停靠船与防护设施	系船柱,护舷,系船环与系网环,护轮坎,铁梯,栏杆等

四、斜坡码头和浮码头总体

(一)斜坡码头和浮码头工程整体尺寸

斜坡码头和浮码头工程整体尺寸的允许偏差应符合表 5-3 的规定。

斜坡码头和浮码头整体尺度允许偏差　　　　表 5-3

序号	项目		允许偏差(mm)		检验数量	单元测点	检验方法
			无轨道	有轨道			
1	纵轴线位置		20	20	每10m一处	1	用 GPS、或全站仪、或经纬仪、钢尺测量
2	码头总长度		±50	±50	逐座检查	1	
3	码头总宽度		±50	±50		3	用钢卷尺测量两端和中部
4	坡线位置	坡顶	50	150	每10m一处	1	用 GPS、或全站仪、或经纬仪、钢尺测量
		坡脚	500	150		1	
5	坡面标高	坡顶	±10	±30		1	用全站仪或水准仪检查
		坡脚	±15	±200		1	

(二)斜坡码头和浮码头观感质量

斜坡码头和浮码头工程的观感质量见第三章第一节"四(三)"。

第二节　斜坡码头施工的质量控制

一、实体斜坡道施工质量控制要点

(1)施工准备期、施工期、交工验收及保修期质量控制的一般要求见第一章第五节。
(2)水下开挖。见第三章第二节"一"。

(3)回填和抛石。见第三章第二节"三"。
(4)水下基床整平。见第三章第二节"四"。
(5)倒滤层和面层的施工。
①倒滤层施工质量控制要点见第二章第七节"三"。
②砌石应从坡脚或哉道处开始,自下而上进行。当分段砌筑时,应相互照应,留好倒滤层的接茬,使砌石面层不致出现通缝并使面层相邻砌石高差符合允许偏差。
③砌石面层应错缝铺砌并相互挤紧,不得松动、叠砌和浮塞。砌石面层允许偏差应符合设计要求,当设计无要求时应符合表5-4的规定。

砌石面层允许偏差 表5-4

序 号	项 目	允许偏差(mm)	
		干砌	浆砌
1	砌缝最大宽度	30	40
2	三角缝最大宽度	70	80
3	通缝长度	1 000	1 000
4	坡面平整度	40	
5	相邻块石顶面高差	30	

④砌石面层的坡脚、坡肩、坡顶,应采用较大的块石或条石砌筑。块石材质、大小及面层厚度应符合设计要求,不得采用强度低、已风化、易风化或遇水软化的块石砌筑。
⑤干砌块石面层应符合下列规定。
a. 所用块石各边的最小厚度不应小于设计坡面厚度的2/3。
b. 铺砌有轨道的坡面时,砌石、水下抛石或模袋混凝土顶面,均不得超过该处的钢轨底面。
⑥浆砌块石坡面灰缝应符合设计要求,且应做到砂浆饱满,强度合格,勾缝牢固美观、整洁。
⑦混凝土面层施工应按现行行业标准《港口道路、堆场铺面设计与施工规范》的有关规定执行。

二、钢筋混凝土构件制作质量控制要点

(1)模板工程、钢筋工程、混凝土工程质量控制见第二章。
(2)施工准备期、施工期、交工验收及保修期质量控制的一般要求见第一章第五节。
(3)预制纵轨枕、轨道梁的外形尺寸允许偏差,应符合表5-5的规定。

预制纵轨枕、轨道梁的外形尺寸允许偏差 表5-5

序 号	项 目	允许偏差(mm)
1	长度	±10
2	高度	±5
3	侧向弯曲	10
4	顶表面局部凹凸	±5

续上表

序 号	项 目	允许偏差(mm)
5	纵轨枕底表面局部凹凸	±10
6	两纵轨枕、轨道梁连成整体时	
	每端的两个支承面高低	±5
	两对角线长度	±15
	轨道中心线间距	±5

(4)在斜坡道上现浇钢筋混凝土纵轨枕或轨道梁时,应严格控制中心线位置及顶面高程。混凝土应自下而上浇筑。设计坡度陡于1:2或使用泵送混凝土时,宜加设顶模板。

(5)轨枕、轨道梁预埋螺栓的允许偏差及预留螺栓孔允许偏差,应符合表5-6的规定。

轨枕、轨道梁预埋螺栓及预留孔允许偏差 表5-6

序 号	项 目		允许偏差(mm)
1	预埋螺栓	位置 垂直轴线方向	5
		位置 顺轴线方向	10
		外伸长度	+10 / −5
2	预留螺栓孔	中心位置	10
		深度	±10

(6)水下浇筑混凝土,应符合现行行业标准《水运工程混凝土施工规范》(JTS 202)的有关规定。模板安装允许偏差,顺码头中心线方向为±50mm,垂直于码头中心线方向为±30mm。

(7)陆上施工的墩台,允许偏位为20mm,支座面标高允许偏差±5mm。

三、构件安装质量控制要点

(1)构件安装前应复检构件型号、尺寸、变形和裂缝情况,符合要求方可安装。构件吊运、安装时的强度、吊点的位置及吊装方法等应符合设计要求。

(2)安装水下构件时,定位测量可用引线法或倒锤法,并应采取措施防止因水深、流速、波浪等的影响而发生偏位。

(3)起吊构件或由多根横轨枕组装的横轨枕体系时,各吊点应均衡受力。横轨枕体系吊装,应加设临时支撑,安装后拆除临时支撑。

(4)水上安装应满足下列要求。

①构件安装前,应复核定位标记,确认无误后方可进行安装。

②因风浪影响船舶颠簸不稳,无法准确安装时,不宜进行安装。

③安装前发现基床淤积,安装过程中基床受破坏,应进行及时清理和修复。

④构件安装时,不得局部加填垫块。

⑤构件安装就位后,应及时固定,防止发生变化。

⑥水上安装混凝土方块墩座的允许偏位,顺码头中心线方向为50mm,垂直码头中心线方向为30mm。

(5)斜坡码头轨道安装的允许偏差、检验数量和方法应符合表 5-7 的规定。

斜坡码头轨道安装允许偏差、检验数量和方法　　　表 5-7

序号	项目		允许偏差(mm)		检验数量	单元测点	检验方法
			陆上	水上			
1	横轨枕间距		±30	—	抽查 10%	2	用钢尺测量
2	轨道中心线		5	10	每 10m 一处	1	用经纬仪和钢尺测量
3	每组轨道轨距		+5 0	+10 0		1	用钢尺或轨距尺测量
4	轨顶标高	同一条轨	±5	±10		1	用水准仪测量
		同截面两轨最大高差	5	10		1	
5	轨道接头错台		1	2	抽查 10%	1	用钢板尺和塞尺测量
6	伸缩缝间隙		±1	±1		1	

第三节　钢引桥及钢撑杆制作安装质量控制

一、施工质量控制要点

(1)施工准备期、施工期、交工验收及保修期质量控制的一般要求见第一章第五节。

(2)钢引桥及钢撑杆施工质量控制的要求见第二章第五节。

(3)根据钢引桥及钢撑杆制作安装施工特点,还有以下质量控制要点。

①钢引桥和钢撑杆(图 5-9)宜在专业金属结构厂制作,有条件时也可现场制作。

②钢引桥和钢撑杆的吊点应合理布置,并应防止构件变形。钢引桥和钢撑杆宜选择适当水位吊装。

③构件安装就位后,应及时固定。

④钢引桥和钢撑杆的装运,应符合下列要求。

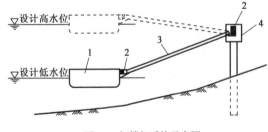

图 5-9　钢撑杆系统示意图
1-趸船;2-消能设施;3-撑杆;4-撑杆墩

a.合理布置支点铺设垫木,垫木顶面应尽量保持在同一平面上,并用木楔调整垫实,垫木应固定。长途运输时,应采取加撑、加焊、系绑等措施。

b.驳船装运时应根据支点布置验算甲板的强度和船体的稳定性,必要时应采取加固措施。

二、允许偏差、检验数量和方法

(1) 钢引桥制作的允许偏差、检验数量和方法应符合表5-8的规定。

钢引桥制作允许偏差、检验数量和方法　　　　　表5-8

序号	项 目		允许偏差（mm）	检验数量	单元测点	检 验 方 法
1	桥长	跨度<40m	±10	逐件检查	2	用钢尺测量两边
		跨度≥40m	±20			
2	桥宽		±5		3	用钢尺测量两端和中部
3	桥高		±5		3	
4	两主梁对角线差		5		2	用钢尺测量
5	立杆间距		±10		2	每边抽一跨用钢尺测量
6	主梁侧向弯曲矢高		L/1 000且不大于20		2	拉线用钢尺或用经纬仪测量
7	起拱度		L/2 000且不大于15,不允许下挠		1	拉线用钢尺或用水准仪测量

注：L为桥长度，单位为mm。

(2) 钢撑杆制作允许偏差、检验数量和方法应符合表5-9的规定。

钢撑杆制作允许偏差、检验数量和方法　　　　　表5-9

序号	项 目	允许偏差（mm）	检验数量	单元测点	检 验 方 法
1	长度	±20	逐件检查	2	用钢尺测量上下两边
2	截面尺寸	±5		6	用钢尺测量两端及中部
3	弯曲矢高	2L/1 000且不大于20		1	拉线测量

注：L为钢撑杆长度，单位为mm。

(3) 钢引桥安装的允许偏差、检验数量和方法应符合表5-10的规定。

钢引桥安装允许偏差、检验数量和方法　　　　　表5-10

序号	项 目		允许偏差（mm）	检验数量	单元测点	检 验 方 法
1	支座安装	平面中心线位置	10	逐件检查	2	用经纬仪和钢尺测量纵横两方向
2		标高　与设计偏差	±10		4	用水准仪测量
3		标高　同端相对偏差	15			
4	引桥安装	主梁中心线对设计中心线	10		2	用经纬仪测量
5		搁置长度	±20			用经纬仪和钢尺测量

(4) 钢撑杆安装的允许偏差、检验数量和方法应符合表5-11的规定。

钢撑杆安装允许偏差、检验数量和方法　　　　　表5-11

序号	项　目	允许偏差（mm）	检验数量	单元测点	检　验　方　法
1	间距	±100	逐件检查	2	用钢尺测量两端
2	标高	±20		2	用水准仪测量两端

第四节　趸船定位的质量控制

一、趸船的系留方式

趸船的系留方式主要有锚系留、撑杆系统系留和定位墩（桩）系留三种。应根据当地的自然条件和地区经验选择，如图5-10所示。

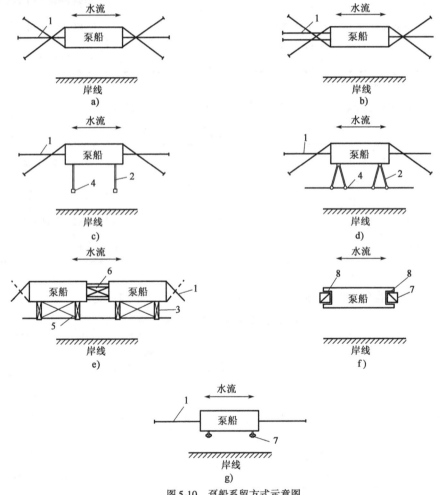

图5-10　趸船系留方式示意图
1-锚链；2-撑杆；3-钢引桥兼撑杆；4-撑杆墩；5-十字链；6-联桥；7-定位墩；8-消能设施

趸船距岸较远或水位变幅较大时,考虑水位变化过程中移泊的要求,一般采用锚系留,如图 5-10a)和图 5-10b)所示;当靠泊船舶较大且工艺使用上不允许趸船有较大位移,或者在不允许抛锚的水域,可以采用撑杆系统系留趸船,也可以采用撑杆和锚链组合的方式,如图 5-10c)～图 5-10e)所示;近年来有较多工程采用定位墩(桩)系留趸船,如图 5-10f)和图5-10g)所示,是一种新的系留方式。

二、撑杆、撑墩和定位墩

趸船的撑杆系统包括撑杆和撑杆墩。当系靠 5 000 吨级以上的船舶,或虽为 5 000 吨级以下船舶,但水流气象条件比较恶劣或工艺设计有特殊要求时,可设专门的消能设施。消能设施可采用弹性橡胶吸能、悬重块体能量转换及柔性撑杆墩吸能等形式。

撑杆宜采用两个方向刚度相等的方形或圆形截面钢结构(格构型结构或箱形结构)。撑杆墩可根据地形、地质及水流条件采用重力式墩结构或桩式墩结构。定位墩宜采用直钢管桩导桩式结构,并考虑船舶撞击力由一个定位墩承受。

三、趸船定位的质量控制要点

(一)施工质量控制要点

(1)施工准备期、施工期、交工验收及保修期质量控制的一般要求见第一章第五节。
(2)根据趸船定位施工特点,还有以下质量控制要点。
①趸船的定位应根据水深、流速、流向、水域和水底土质等情况,按设计系留方式定位,确定锚位及抛锚顺序,并应按设计要求吊装撑杆体系。趸船定位应准确、稳固。
②趸船定位后,锚链应绞紧。

(二)质量检验标准

(1)钢质趸船的规格和性能应满足设计要求,并应取得船舶检验证书。
(2)趸船与钢撑杆、钢撑杆与撑墩或系船块体的连接应满足设计要求。
(3)趸船的平面位置和扭角应满足设计要求,系锚应牢固。
(4)锚块和锚链的规格、尺寸和加工质量,锚块与锚链的连接方式应满足设计要求。
(5)锚块安装的允许偏差、检查数量和方法应符合表 5-12 的规定。

锚块安装允许偏差、检查数量和方法　　　　表 5-12

项　目		允许偏差(mm)	检验数量	单元测点	检验方法
位置	陆上	100	逐件检查	2	用经纬仪和钢尺测量纵横两方向
	水上	1 000		2	

思 考 题

1. 斜坡码头和浮码头的形式、特点及其构造。
2. 缆车码头的组成部分及其作用。
3. 缆车系统及轨道结构。
4. 实体、架空斜坡道的施工质量控制要点。
5. 钢引桥及钢撑杆的制作和安装质量控制要点。
6. 趸船的系留方式及趸船定位的质量控制要点。
7. 从4M1E的五个方面,熟练分析斜坡码头和浮码头各施工环节质量控制的重点。

第六章 港区道路堆场质量控制

第一节 概 述

港区道路供各类车辆进出港口使用,其结构特点和普通道路基本相同。堆场供货物进出、转运时存储,一般由装卸机、运输车辆的走行道路与货物堆场组成。

一、道路堆场的分部、分项工程划分

道路堆场工程的分部、分项工程可按表6-1的规定划分。当工程内容与表列项目不一致时,可根据设计内容和结构特点进行调整。

道路与堆场工程分部、分项工程划分表　　　　　表6-1

序号	分部工程	分项工程
1	基层与垫层	基底层碾压、稳定土类基层与垫层、级配碎石基层与垫层、块石基层等
2	面层	水泥混凝土面层(包括钢筋混凝土板)、沥青混凝土面层、预制混凝土板块铺砌面层(包括联锁块、方块、六角块等)、料石铺砌面层、泥结碎石面层、侧缘石安砌等
3	地下管井与管沟	基槽开挖、垫层、管沟、排水边沟、检查井与雨水井、盖板安装等
4	构筑物	集装箱跨运车跑道梁、集装箱箱角梁与箱脚块、现浇(浆砌)垛脚墙、现浇混凝土轨道梁、设备基础等

二、道路堆场总体

(一)道路与堆场的总体尺度

道路与堆场的总体尺度应分别符合表6-2的规定。

道路与堆场总体尺度允许偏差　　　　　表6-2

序号	项目	允许偏差(mm) 道路	允许偏差(mm) 堆场	检验数量	单元测点	检验方法
1	中线位置	20	40	道路每50m一处,堆场每100m²一处	1	用经纬仪测量
2	顶面标高	±20	±50		1	用水准仪测量
3	宽度	±20	±40		1	用测距仪或钢卷尺测量

(二)道路堆场观感质量

道路与堆场工程的观感质量应按表6-3的规定进行检查评价,其综合得分率不应低

于 80%。

道路、堆场观感质量评价项目和质量要求 表 6-3

序号	评价项目		质量要求	标准分	评价等级		
					一级 95%	二级 85%	三级 70%
1	混凝土面层		表面平整,坡向符合要求	10			
			拉毛均衡,线条宽窄,深浅一致	10			
			涨缩缝顺直,宽窄一致,灌缝饱满,周边无污染	5			
			表面无起砂、露石等缺陷;无明显龟裂与裂缝	5			
			无建筑污染	5			
2	铺砌面层		表面平整,坡向符合要求	10			
			与构筑物接茬紧密、平顺,铺砌线条顺直,砌缝宽度一致,灌缝密实	10			
			砌块表面完整,无破损	10			
			无建筑污染	5			
3	沥青混凝土面层		表面平整,坡向符合要求	10			
			颜色一致,颗粒均匀,无推挤、烂边和裂缝	10			
			无建筑污染	5			
4	侧缘石		砌缝及勾缝宽度一致	5			
			直线段顺直,曲线段圆滑,无折角	10			
			块体完整,无残缺、崩角等现象	5			
5	管沟、井及盖板		位置正确,与面层接茬平顺、紧密	10			
			铁件防腐,油漆色泽一致	5			
			盖板安装边线及吊孔排列顺直	10			
6	集装箱堆场	跨运车道	抹压密实、拉毛均衡,无碰损和裂缝	10			
			涨缩缝顺直,宽窄一致,灌缝饱满,周边无污染	5			
		箱角基础	边线与端线线条顺直	10			
			无碰损、明显龟裂与裂缝等表面缺陷	10			

第二节 港区道路堆场质量控制

堆场基层与垫层分项工程的检验批宜按结构单元划分,道路基层与垫层分项工程的检验批宜按施工段划分。道路与堆场的基层与垫层应逐层控制标高,并应有相应的测量检测记录。

一、路基工程质量控制

路基应具有足够的强度、水稳性、冰冻稳定性,边坡应具有足够的稳定性。

(一) 施工准备期质量控制要点

(1) 审查施工单位的质量自检体系,重点审查施工单位自检人员配置的数量素质、试验室功能以及试验设施的配置、各类自检计量系统的可靠性以及认证情况等。

(2) 施工测量。

①导线复测

施工单位必须根据设计文件的要求选用符合精度要求的仪器进行的导线测量,结果报监理工程师进行复测,监理工程师进行导线复测时,必须和相邻施工段或构筑物的导线闭合。当原有导线不满足施工要求时,要求施工单位进行加密,保证施工全过程导线点间的相互通视。

②中线复测和固定

路基施工前,施工单位应进行道路的中线测设并固定路线的主要控制桩,并及时报监理工程师进行复测。

③水准点的复测、增设和路线高程复测

施工单位在复测路线水准点,应与业主提供的高程控制点或临近国家级水准点闭合,如果复测结果超出允许误差范围,及时报监理复测和处理。

(3) 施工机械的审查与审批。

路基开工前,施工单位对已进场的路基工程施工机械的品种、规格、型号、配置数量以及运行质量等进行详细检查后,填报施工设备进场报验单向监理报验。

监理工程师对施工单位所报验的设备及施工机械进行逐一审批后,方可在工程中使用。

(4) 进场材料的抽检与审批。

施工单位必须按监理工程师规定的材料检查程序进行检查,严格控制进场的各种原材料质量,对不按规定程序进场或质量不合格的进场材料以及不符合要求的原材料储存的条件、方式,监理工程师将发出材料停止使用通知。

(二) 施工期质量控制要点

1. 严格控制松铺厚度

监理工程师现场应检查每一松铺土层的厚度,松铺土层的厚度应满足设计要求。若设计未进行松铺厚度的确定,可根据压路机吨位情况、地基条件、土质、土层干密度情况进行现场试验确定。

每一层填土铺松土后,监理工程师应检查土层的含水率,若含水率超过最佳含水率过多责令施工单位进行翻松、晾晒。

2. 碾压、检查压实厚度及压实度

路基必须在整个宽度范围内水平分层填筑,在最佳含水率条件下分层碾压。压实遍数根据地基强度、土质、压实机具类型而定。碾压结束后施工单位应检查压实度并检测压实厚度,如表6-4所示,并将结果向监理工程师报验,经监理工程师抽检合格后方可进行下一层填土。

路基施工质量控制现场检测项目　　表6-4

检查项目	检查数量	检测方法	质量标准 允许误差(mm)	质量标准 质量要求
压实度(%)	每一层,每100m检查2个断面,每个断面3点	环刀法或核密度仪法	—	不小于规定值
松铺土原始含水率(%)	每一个施工作业段,每一层检查3个断面9点	烘干法、酒精法或核密度法	—	接近最佳含水率,方可碾压
松铺土厚度(cm)	每一个施工作业段,每一层检查3个断面9点	用尺、钢杆丈量	±30	—
分层压实厚度(cm)	每一个施工作业段,每一层检查3个断面9点	水准仪抄平	≤20	—

(三) 质量检验标准

(1) 基底整平与碾压的范围应满足设计要求。当需回填时,回填材料的种类和质量应满足设计要求。

(2) 基底层碾压后的压实度应满足设计要求,施工单位按施工段抽样检验,监理单位见证取样并按规定抽样平行检验。

(3) 碾压后表面应平整、密实、接茬平顺,并应无弹簧土、松散和龟裂。

(4) 坡向和坡度应满足设计要求。

(5) 基底层碾压允许偏差、检验数量和方法应符合表6-5的规定。

基底层碾压允许偏差、检验数量和方法　　表6-5

序号	项目		允许偏差(mm)	检验数量	单元测点	检验方法
1	平整度		20	道路每50m一处,堆场每100m²一处	1	用2m靠尺和塞尺测量
2	标高	堆场	+5 −15		1	用水准仪10m方格网测量
		道路			3	用水准仪测量两边线及中线

二、基层施工质量控制

基层的强度与稳定性,对道路堆场的整体强度,特别是沥青面层的强度、质量和使用寿命都有重要的影响。

基层要具有足够的强度和刚度;具有足够的水稳性和冰冻稳定性;具有足够的抗冲刷(抗腐蚀)能力;收缩性要小;具有足够的平整度;与面层结合良好。

基层所用的原材料包括土、石灰、水泥、粉煤灰、煤渣或矿渣、碎石、砾石、石屑等。根据所用原材料的不同,基层分为稳定类和级配碎(砾)石两类。

稳定类基层主要有水泥稳定土、水泥稳定沙砾、石灰土、石灰土沙砾、二灰土、二灰集料、石灰煤渣土、三渣等。

各类基层混合料的配合比设计必须依据设计要求进行配合比试验,制作标准试件,在规定的标准养生条件下养护,并进行饱水抗压强度试验。施工单位根据试验结果提出基层混合料施工用配合比,并报监理审批。

为保证面层结构层具有足够的力学强度,从而保证面层的整体强度、质量与使用寿命,基层压实标准如表6-6所示。

基层压实标准　　表6-6

混合料名称	材料名称	要求达到的压实度(%)	
		二级和二级以下道路	一级道路
水泥稳定土	水泥稳定中粒土和粗粒土	97	98
	水泥稳定细粒土	93	—
石灰稳定土	石灰稳定中粒土和粗粒土	97	—
	石灰稳定细粒土	93	—
石灰工业废渣稳定土	石灰工业废渣稳定中粒土和粗粒土	97	98
	石灰工业废渣稳定细粒土	93	—
级配碎(砾)石	级配碎石	98	98
	级配砾石	98	—

(一)施工准备期质量控制要点

1.原材料试验与审批

开工前,要求施工单位在所选定的料场,取代表性样品进行各项试验,并将试验结果报监理工程师审批。经监理工程师审查质量合格的原材料方可批准使用。

2.混合料配合比的审查

施工单位在开工前,应根据经监理工程师批准使用的原材料进行混合料的配合比试验,确定满足强度要求的施工配合比。监理工程师对施工单位报检的混合料配合比经审核计算进行批复,必要时应通过试验予以验证。

3.审查施工单位主要机械设备的配置

开工前,施工单位应自行检查为本工程施工所配置的机械设备的品种、数量及运行质量。并将检查、调试结果报监理工程师审查。

4.施工技术方案的审批或试验段的方案审查

开工前,施工单位应将施工技术方案报监理工程师审批,必要时拟定试验段进行典型施工。

5.施工放样的数据审查与核实

开工前,施工单位应将恢复中线后测设的基层宽度、基层的顶面高程、路肩宽度等施工放样数据报监理工程师审查。经监理工程师审查批复后方可开工。

(二)施工期质量控制要点

1.基本要求

(1)监理工程师应督促施工单位严格按照施工配合比配料,随时检查混合料的各种集料级配以及配料比例。级配碎(砾)石基层,碎(砾)石的颗粒组成应符合规定的级配要求。

(2)基层施工正式开工前应铺筑试验段。

(3)混合料的组成、分层厚度、拌和均匀性、含水量等应在施工中按规定及时检查,并做好详细记录。

(4)混合料摊铺,应避免粗、细料离析。在施工作业段内,摊铺机摊铺混合料不宜中途中断,如因故中断应要求施工单位设置施工缝。

(5)用平地机将混合料按松铺厚度整平达到要求的平整度,应按要求保持路拱、横坡,监理工程师检查松铺厚度。

(6)混合料整平后达到最佳含水率时,方可进行碾压,碾压完成后监理工程师应按设计要求检查压实情况。

2. 稳定类基层

(1)水泥稳定土用作基层时,集料的最大粒径不应超过40mm。

(2)水泥稳定土所用的土,宜选用均匀系数大于10,塑性指数小于12的土;石灰稳定土所用的土,宜选用塑性指数为10~20的黏性土。土的有机质含量不宜超过2%。

(3)土的硫酸盐含量,用作水泥稳定土时,不应超过0.25%;用作石灰稳定土时,不应超过0.8%。

(4)水泥稳定土宜采用强度等级较低(如32.5)、终凝时间在6h以上的水泥。

(5)稳定类集料的松铺系数,应通过试验确定。

(6)水泥稳定土从拌和到碾压的延续时间应控制在水泥的终凝时间内。

(7)基层的每层压实厚度宜为20cm,最大不超过30cm。

(8)养护期不宜少于7天。

(9)稳定土类不宜冬季施工。

3. 级配碎(砾)石基层

(1)级配碎(砾)石用作基层时,最大粒径不应超过40mm(指方孔筛,如为圆孔筛可达50mm)。碎(砾)石中的扁平和长条颗粒的总含量不应超过20%。级配碎(砾)石所用石料的集料压碎值应不大于30%。

(2)集料的松铺系数应通过试验确定。平地机摊铺时可用1.25~1.35;人工摊铺时可用1.40~1.50。

(3)级配碎(砾)石应用12t以上三轮压路机碾压,每层压实厚度不应超过15~18cm;用重型轮胎压路机或振动压路机碾压时,每层压实厚度可为20cm。

(三)质量检验标准

1. 稳定土类基层与垫层

(1)稳定土所用材料的品种及质量应满足设计要求。石灰应充分消解,矿渣应经崩解稳定,土块应经粉碎。施工单位对主要材料按进场批次抽样检验,监理单位见证取样并按规定抽样平行检验。

(2)胶凝材料的用量、粒料的粒径、级配和配合比应符合配合比设计报告的要求。

(3)基层与垫层的压实度或强度应满足设计要求。施工单位按施工段抽样检验,监理单位见证取样并按规定抽样平行检验。

(4) 混合料应拌和均匀,颜色一致,摊铺时不应有离析现象。

(5) 混合料摊铺时的含水量应满足最佳含水率要求;从加水拌和到碾压终了的时间不得超过胶凝材料的硬化时间。

(6) 碾压应平整密实,接茬平顺,表面应无明显轮迹、坑洼和离析。

(7) 碾压后的养生方法和养生龄期应符合现行行业标准《港口道路、堆场铺面设计与施工规范》(JTJ 296)的有关规定。

(8) 稳定土类基层和垫层允许偏差、检验数量和方法应符合表6-7的规定。

稳定土类基层和垫层允许偏差、检验数量和方法　　　表6-7

序号	项　目		允许偏差(mm)	检 验 数 量	单元测点	检 验 方 法
1	平整度		20	道路每50m一处,堆场每100m²一处	1	用2m靠尺和塞尺测量
2	厚度		±10		1	用钢尺测量,必要时挖验
3	标高	堆场	+5 -15		1	用水准仪按10m方格网测量
		道路			3	用水准仪测量两边线及中线

2. 级配碎石基层与垫层

(1) 碎石的规格、级配和质量应满足设计要求,且不得含有杂质。施工单位对主要材料按进场批次抽样检验,监理单位见证取样。

(2) 基层与垫层的分层厚度和压实度应满足设计要求。施工单位按施工段抽样检验,监理单位见证取样并按规定抽样平行检验。

(3) 级配碎石和填隙碎石的混合料应拌和均匀、无粗细颗粒离析现象。

(4) 碾压后表面应平整密实,坡向应满足设计要求,嵌缝料不得浮在表面或聚集成堆,边线应整齐、无松散现象,中型压路机驶过应无明显轮迹。

(5) 级配碎石基层与垫层的允许偏差、检验数量和方法应符合表6-8的规定。

级配碎石基层和垫层允许偏差、检验数量和方法　　　表6-8

序号	项　目		允许偏差(mm)	检 验 数 量	单元测点	检 验 方 法
1	平整度		20	道路每50m一处,堆场每100m²一处	1	用2m靠尺和塞尺测量
2	厚度		±15		1	用钢尺测量,必要时挖验
3	标高	堆场	+5 -15		1	用水准仪按10m方格网测量
		道路			3	用水准仪测量两边线及中线

3. 块石基层

(1) 块石的规格应满足设计要求,块石表面应无风化和裂纹。

(2) 块石排砌应嵌紧,嵌缝料应均匀。压实后,表面应平整、密实,中型压路机驶过应无明显轮迹。

(3) 块石基层允许偏差、检验数量和方法应符合表6-9的规定。

块石基层允许偏差、检验数量和方法　　　　　　　表6-9

序号	项 目		允许偏差（mm）	检验数量	单元测点	检验方法
1	厚度		±1.5h/10	每1 000m²一处	1	用钢尺测量，必要时挖验
2	平整度		20		1	用2m靠尺和塞尺测量
3	标高	堆场	±20	道路每50m一处，堆场每100m²一处	1	用水准仪按10m方格网测量
		道路			3	用水准仪测量两边线及中线

注：h为基层厚度，单位为mm。

三、面层工程质量控制

(一) 水泥混凝土面层

1. 水泥混凝土面层施工质量控制要点

港区道路堆场水泥混凝土面层的质量控制，同码头面层混凝土的质量控制要求基本相同，在此不作详细介绍，可参考本书第二章第一、二、三节和第四章第四节"三"的相关内容。

2. 质量检验标准

(1) 混凝土应振捣密实，压抹平顺。拉毛或压纹应满足设计要求并均匀一致，不得有空鼓、脱皮、石子外露和缺棱掉角等缺陷。

(2) 雨水井或排水口的设置应满足设计要求，与面层相接应平顺。

(3) 胀缝填缝材料应满足设计要求，填塞应饱满，不污染面层混凝土。

(4) 混凝土面层的允许偏差、检验数量和方法应符合表6-10和表6-11的规定。

道路混凝土面层的允许偏差、检验数量和方法　　　　　表6-10

序号	项 目		允许偏差（mm）	检验数量	单元测点	检验方法
1	厚度		+20 −5	每伸缩缝一处	1	用钢尺测量
2	宽度		±20		1	
3	标高		±10	每20m一处	1	用水准仪测量边线和中线
4	平整度		5		1	用2m靠尺和塞尺测量中部垂直方向
5	相邻板块高差	纵向	3	每20m一处	1	
		横向	3	每伸缩缝一处	1	
6	分割线顺直	纵向	15	每20m一处	1	拉20m线用钢尺测量，取大值
		横向	10	每伸缩缝一处	1	
7	传力杆	位置	20	每伸缩缝一处	1	用钢尺测量，取大值
		外露长度	+20 −10		1	

堆场混凝土面层的允许偏差、检验数量和方法　　　表 6-11

序号	项目		允许偏差(mm)	检验数量	单元测点	检验方法
1	厚度		+20 -5	每伸缩缝一处	1	用钢尺测量
2	顶面标高		±20	每100m²一处	1	用水准仪测量边线和中线
3	平整度		6		1	用2m靠尺和塞尺测量中部垂直方向
4	相邻板块高差		3		1	
5	分割线顺直	纵向	15	抽查50%	1	拉20m线用钢尺测量，取大值
		横向	10		1	
6	传力杆	位置	20	每伸缩缝一处	1	用钢尺测量，取大值

(二)沥青混凝土面层

1. 沥青混凝土面层施工质量控制

港口道路中，常用的沥青路面主要有沥青混凝土路面、沥青碎石路面和改性沥青混凝土路面。

沥青路面应具有足够的路面抗力(路面承载力)、良好的抗疲劳特性、高温稳定性、良好的低温抗裂性、良好的抗滑性能等。

1)施工准备期质量控制要点

(1)原材料试验与审批

开工前，要求施工单位对沥青路面所选用的原材料，如沥青和各种规格矿料的物理性质、级配等，进行试验后报监理审核。只有经过监理工程师审核、确定质量合格的原材料，才能在工程中使用。

(2)沥青混合料配合比审批

沥青路面开工前，要求施工单位应对沥青混合料配合比进行试验，报监理审批。监理审批通过后方可进行施工拌和。

(3)施工机械、设备检查

开工前，施工单位应自行检查为本工程施工所配置的机械设备的品种、数量及运行质量。并将检查、调试结果报监理工程师审查。

(4)施工放样及下承层检查

施工放样包括标高测量及平面控制两项内容。开工前，监理工程师应对施工单位的施工放样自检报告进行复核、审批。

下承层检查包括：表面应清洁、干燥、坚实，无任何松散的石料、尘土与杂质，不允许有油污；下承层表面应平整；当下承层为基层时，应喷洒透层沥青。

(5)试验段施工

审查试验段试验方案内容是否全面，目标是否明确。通过该方案试验能否为大面积连续施工提供各种数据，如工艺模式、机械选型和性能搭配、人员组织、材料选择等。

督促、检查施工单位检测、评定和总结试验段的情况，并确定合适的施工工艺，施工机械，施工材料和人员组织;合适的混合物配合比;合适的虚铺厚度(虚铺系数);摊铺的最小面积;合适的拌和温度、运输温度、摊铺温度和碾压温度;合适的拌和时间;碾压工序中初压、复压、终压合适的碾压速度与合适的碾压遍数,复压中振动碾压激振力的大小等。

2)施工期质量控制要点

(1)正常施工中要经常检查施工单位对原材料的检验是否符合规范要求,配合比是否准确,拌和物的拌和温度、运输温度、摊铺温度和碾压温度及遍数是否符合规范要求,摊铺厚度、路拱、平整度是否符合要求,终压路面高程、平整度、路拱、路宽及密实度是否符合设计要求。

(2)检查施工单位在施工过程中的防雨、防潮、防风、保温措施是否符合规范规定。

(3)当沥青面层分上层下层时,要检查上、下层的混合物的集料规格、级配是否符合设计及规范要求,上、下层的铺设是否在同一天完成,上、下层错缝形式及距离是否符合规范规定。

(4)沥青混合料碾压成型后,应按照规定的检查项目和检查频率要求施工单位检查沥青面层的压实度和压实厚度。

2. 质量检验标准

(1)沥青混凝土混合料的各项指标应满足设计要求。施工单位对主要材料按进场批次抽样检验,监理单位见证取样并按规定抽样平行检验。

(2)沥青混凝土的压实度应满足设计要求。施工单位按施工段抽样检验,监理单位见证取样并按规定抽样平行检验。

(3)混合料的拌和应均匀,应无花白、粗细料分离和结团块等现象。

(4)摊铺温度和厚度应满足施工方案要求。摊铺应平整,不得有离析。

(5)压实后的表面应平整、密实,接茬应平顺,不应有泛油、松散、裂缝、堆挤、烂边和粗细料集中等现象。

(6)面层与其他构筑物相接应紧密平顺,不应有积水现象。

(7)沥青混凝土面层允许偏差、检验数量和方法应符合表6-12的规定。

沥青混凝土面层允许偏差、检验数量和方法 表6-12

序号	项目	允许偏差(mm)	检验数量	单元测点	检验方法
1	标高	±10	道路每20m一处,堆场每100m²一处	3或1	用水准仪测量,道路测中线和边线,堆场按10m方格网测量
2	平整度	5		2	用2m靠尺和塞尺测量中部垂直方向
3	厚度	+10 -5		1	分层核验标高,必要时取芯检测

(三)预制混凝土板块铺砌面层

预制混凝土板块铺砌面层主要有方砖、六角块、连锁块等。混凝土连锁块是一种强度高,铺砌后咬合好的面层块体,其外形较为复杂,一般用专用成型设备在厂内生产。

1. 混凝土板块预制质量控制要点

(1)混凝土工程质量控制的主要要求见第二章。

(2)混凝土板块预制的其他要求。

①预制四边形、六边形铺砌块和侧缘石的允许偏差、检验数量和方法应符合表 6-13 的规定。施工单位按进场批次抽样检验,监理单位见证取样并按规定抽样平行检验。

预制四边形、六边形铺砌块和侧缘石允许偏差、检验数量和方法　　表 6-13

序号	项　目		允许偏差(mm)		检验数量	单元测点	检验方法
			路面块	坡面块			
1	长度		±2	±5	抽查 1%,且不少于 10 块	1	用钢尺测量,取大值
2	宽度		±2	±5		1	
3	厚度		±5	+10 -3		1	
4	平面对角线差	四边形	3	5		1	用钢尺测量
		六边形	7	8			用钢尺测量,取大值
5	外露面平整度		3	3		2	用钢直尺和塞尺测量两对角线方向

注:①外露面应抹平、压实,拉毛应均匀一致,不得有裂缝和飞边;
　②立浇铺砌块的外露面不得有露石和连续性气泡;
　③外露面棱角残缺长度应不大于 20mm 且不多于一处。

②混凝土联锁块(图 6-1)的质量应符合表 6-14 的规定。施工单位按进场验收批次抽样检验,监理单位见证取样并按规定抽样平行检验。

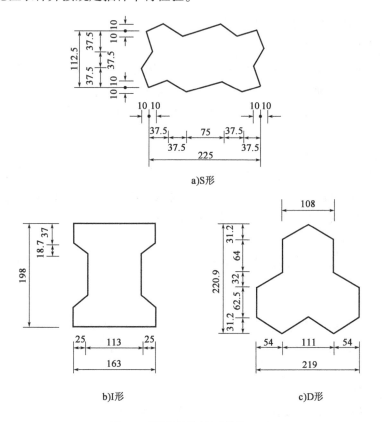

图 6-1　联锁块结构(尺寸单位:mm)

混凝土联锁块的质量要求 表 6-14

序号	项目		质量要求	
			C50	C60
1	抗压强度(MPa)	平均值	不小于 50	不小于 60
		单块最小值	不小于 42	不小于 50
2	吸水率(%)		不大于 7	
3	抗冻性		经 25 次冻融循环试验后,强度损失不大于 25%	
4	尺寸允许偏差(mm)	厚度	±3	
5		边长	±3	
6		侧面倾斜	2	
7	裂纹		不允许	
8	分层			
9	表面粘皮			
10	掉角尺寸(mm)		两边破坏尺寸不得同时大于 5	

注:①对无抗冻要求的工程,序号 3 项目可不检验;
②对设计有抗折强度要求的,联锁块的抗折强度尚应满足设计要求。

2. 预制混凝土板块铺砌质量控制要点

1)审查施工工艺

监理工程师应对混凝土板块(主要是联锁块)铺设施工工艺、流水作业组织等进行认真审查和全过程监理。现场铺设前,施工单位必须向监理工程师提交详细的《施工组织设计》,监理工程师将重点审查控制点设置和标高放样、砂垫层虚铺和混凝土板块铺设试验、铺设顺序和流水作业组织等。

2)混凝土板块、砂进场检查

施工单位必须按监理工程师规定的材料检查程序进行检查,严格控制进场的混凝土板块质量,对质量不合格的禁止使用。施工单位必须提交砂质试验报告、混凝土板块质量测试报告。监理工程师将按规定的频率随机抽样进行独立试验。

3)批准开工报告

施工单位各项准备工作完成,已具备开工条件,向监理工程师提出《开工申请报告》。监理工程师批准后方可开工。

4)检查标高控制点布设

监理工程师将旁站检查标高控制点布设,并独立进行主要控制点的复测。确保路、场地面的设计排水坡度。只有经监理工程师检查同意后才能进行铺设施工。

5)铺设施工

(1)混凝土板块的铺设形式要符合设计要求。

(2)应进行混凝土板块试铺试验,通过试铺施工,确定砂垫层的密实处理方式。砂垫层的密实处理方式主要有两种,一是采用松砂铺设(虚铺厚度),然后铺设混凝土板块,密实后达到设计标高;二是先对砂垫进行密实(水密实),再铺设混凝土板块。采用第一种虚铺厚度时,砂垫层相对容易施工。

(3)混凝土板块铺设时,需做好分区控制、分区调整,不得累积轴线偏移。

6)质量检验标准

(1)找平砂垫层的厚度应均匀。

(2)砌块铺砌应紧密、稳固,砌缝应均匀、灌缝应饱满。

(3)铺砌面层应平整,格缝应清晰,表面应无砂浆和沥青等污染。

(4)与侧缘石和其他构筑物的交接应平顺、挤紧。

(5)混凝土块体铺砌面层的允许偏差、检验数量和方法应符合表6-15的规定。

混凝土块体铺砌面层的允许偏差、检验数量和方法 表6-15

序号	项目	允许偏差(mm)		检验数量	单元测点	检验方法
		一般铺面块	联锁块			
1	标高	±20	±20	道路每20m一处,堆场每100m²一处	3或1	用水准仪测量道路中线和边线,堆场测10m方格网中部
2	平整度	10	5		2	用2m靠尺和塞尺测量垂直两方向
3	相邻块顶面高差	5	3		1	用钢尺测量,取大值
4	砌缝顺直	10	10		2	拉20m线用钢尺测量,取大值

注:矩形铺面块和方砖砌缝的最大宽度不大于10mm,六角形铺面块砌缝的最大宽度不大于15mm,联锁块砌缝的最大宽度不大于5mm。

(四)料石铺砌面层

(1)料石的材质和规格应满足设计要求,加工的质量应符合表6-16的规定。施工单位每批抽查10%,且不少于10块。

料石加工质量要求 表6-16

序号	项目		粗料石	细料石
1	尺寸允许偏差(mm)	长度	±7	±5
2		宽度	±5	±3
3		弯曲矢高	5	3
4		平整度	20	2
5	外露面棱角残缺长度(mm)		不大于25且不多于一处	不大于20且不多于一处

(2)组砌形式应满足设计要求。铺砌应稳固,挤紧。

(3)铺砌表面不应有明显坑洼,砌缝应均匀,填缝应饱满一致。

(4)料石铺砌面层的允许偏差、检验数量和方法应符合表6-17的规定。

料石铺砌面层的允许偏差、检验数量和方法　　　　表 6-17

序号	项目	允许偏差(mm)		检验数量	单元测点	检验方法
		粗料石	细料石			
1	标高	±25	±20	道路每20m一处,堆场每100m²一处	3或1	用水准仪检查道路测边线和中线堆场测量10m方格中部
2	平整度	20	8		2	用2m靠尺和楔形塞尺测量中部垂直两方向
3	相邻块顶面高差	10	5		1	用钢板和楔形塞尺测量,取大值
4	砌缝平直	—	10		1	拉10m线用钢尺测量,取大值

注:砌缝最大宽度,粗料石不大于15mm,细料石不大于10mm。

(五)泥结碎石面层

(1)碎石的级配和质量应满足设计要求。施工单位按进场批次抽样检验,监理单位见证取样。

(2)配合比应满足合设计要求。配料应准确,集料不得含有泥团。

(3)压实度应满足设计要求。施工单位按施工段抽样检验,监理单位见证取样并按规定抽样平行检验。

(4)拌和法施工,碎石和土应拌和均匀,土块的最大粒径不得超过20mm;灌浆法施工,泥浆的重力密度应在 11~12kN/m³,灌浆应均匀饱满。

(5)碾压后表面应平整坚实,中型压路机驶过后应无明显轮迹。

(6)泥结碎石面层允许偏差、检验数量和方法应符合表6-18的规定。

泥结碎石面层允许偏差、检验数量和方法　　　　表 6-18

序号	项目	允许偏差(mm)	检验数量	单元测点	检验方法
1	标高	±20	道路每20m一处,堆场每100m²一处	3或1	用水准仪测量,道路测中线和边线,堆场按10m方格网测量
2	平整度	10		2	用2m靠尺和塞尺测量中部垂直两方向
3	厚度	±15		1	分层核验标高,必要时挖验

思 考 题

1. 稳定类、级配碎(砾)石类基层质量控制要点。

2. 沥青、混凝土面层施工质量控制要点及质量检验方法。

3. 联锁块铺面质量控制要点。

4. 从4M1E的五个方面,熟练分析港区道路堆场各施工环节质量控制的重点。

第七章 航道整治建筑物质量控制

第一节 概 述

一、河道演变的基本规律

(一)影响浅滩演变的主要因素

水文条件和河床边界条件是影响河道和浅滩演变的两大主要因素。此外,河床质及其分布情况也对浅滩演变有不可忽视的影响。

1. 水文条件对浅滩演变的影响

浅滩形成以后,上游的来水量和来沙量的大小及其过程,对浅滩的冲淤演变有着直接的影响。如来水量相近的年份,来沙量大的年份一般产生较大的淤积;如果来沙量相近,则来水量大的年份,可能少淤、不淤甚至冲刷;如果来水量来沙量相近,洪峰和沙峰先后不同,也会造成不同的河床变形:洪峰先于沙峰,淤积较多;沙峰先于洪峰,少淤或不淤。其他条件相同,各级水位持续时间不同,也会影响浅滩的冲淤变化。冲刷水位持续时间长的,浅滩不仅不淤,反而会出现冲刷;淤积水位持续时间长,则出现淤积较多。

从以上可以看出:河流的来水、来沙条件及其变化过程对浅滩冲淤的影响是很明显的,水文条件的变化是引起浅滩变化的直接条件。

2. 河床边界条件对浅滩演变的影响

1)河床平面形态的影响

河道顺直、放宽、束窄、分汊、弯道过渡段长短等河床平面形态,直接影响到河道的水流流速分布、环流结构等,也影响到浅滩的演变。

2)竖向形态的影响

位于浅滩上、下游的边滩对浅滩冲淤有很大的影响,一般情况下,边滩高大,水流归槽早,冲刷历时长,浅滩冲刷多。相反,边滩较低,水流归槽晚,冲刷历时短,浅滩冲刷少。如果边滩特别低,河床滩槽不明显,则水流无控制,其结果不但浅滩的水深小,而且变动大,航槽不稳定。

3)上、下游河势的影响

浅滩除受本河段河床形态影响外,还受上下游河势的影响。上游河段的影响主要表现在进入浅滩段的水流动力轴线。水流动力轴线是水流中能量最大的一股水流,它的位置代表着水流主流流路。水流动力轴线的摆动和变化对河床的冲淤部位起着很大作用,它直接影响着边滩和浅滩位置的变化。影响水流动力轴线变化的因素很多,例如:水流动力因素的变化,边滩、心滩的冲淤和运动,以及沿岸突出的突嘴、矶头等的挑流作用。其中主要的是水流动力因素的变化和河床形态特征。

水流动力轴线的摆动强度和幅度对浅滩位置的稳定和冲淤起着重大的作用。水流动力轴线长期比较稳定、摆动幅度小则浅滩脊、鞍凹和边滩的位置较稳定,有利于浅滩水深的增加和边滩的淤高。要稳定进入浅滩河段的水流动力轴线,就要控制住上游的河床边界条件(包括主导河岸、边滩、心滩和深槽等)。

(二)浅滩演变的基本规律

河流河床演变,是含沙水流和可动河床之间相互作用的产物。冲积性浅滩作为冲积性河流的组成部分,其河床演变当然也是如此。

1. 绝对变化性

资料表明,浅滩总是在不停地发生着冲淤变化,这是水流与泥沙相互作用的持续性所决定的。例如,一个航期之内浅滩脊向下游移动一定距离,到第二个航期又出现在原位或原位附近。这种变动的大小和速度每年也都不相同,所以说浅滩的变化是绝对的。

2. 相对稳定性

从地貌的角度来看,浅滩又有着相对的稳定性。有浅滩的河段,一般都长期存在着浅滩,很少发现浅滩自动消失而变成深槽河段的。例如,湘江的三汊矶浅滩,1950年代就是严重碍航的浅滩,现在仍然是浅滩,只是具体位置和碍航的程度有了一些变化。因此,只要河床形态、地貌及水文条件不发生根本变化,浅滩不会消失,必然存在,但如果采取了堵汊或塞支强干等措施,原汊道内的浅滩便可能消失。例如汊道上的浅滩,只要沙洲没有冲失,汊道没有合并或出现易位等,浅滩还会存在;放宽段的浅滩,只要河床没有缩窄,浅滩也不会消失。只有河床外形、地貌或水文条件发生了根本性的变化以后,浅滩才会发生根本性的变化,这也是水流与河床相互作用的结果。

3. 年内周期性

天然河流的径流量无论主要来自降雨、融雪或者两者兼而有之,都存在洪、中、枯季之分,汛期的水量、沙量总是占了全年的大部分或绝大部分,因此造床作用比较强烈,然而,浅滩在当年是否碍航还要观察和分析汛后的河床变化,亦即应当注意浅滩年内变化的全过程。

前面已经分析,水流条件的变化,是引起浅滩演变的直接原因。而水流条件受水文条件影响有年内周期的变化,浅滩也有年内周期的变化。一般来说,浅滩有洪淤枯冲的规律。浅滩顶面的高度和位置大体上围绕着某一平均范围在变化。有的浅滩由于某些原因,洪季多淤了一些,枯季不能冲刷到所要求的深度,但相差不多,往往靠疏浚可以达到要求。也有一种洪季淤积量很大,而枯季冲刷量也大的浅滩,经过一个年周期的冲淤变化也基本上可以达到平衡,但往往由于落水过快,水位已下降,浅滩还未开始冲刷,致使浅滩水深不能满足要求,而形成碍航浅滩,可见通航条件的好坏与水位变化的速度有关。还有一种处于特殊边界条件的河段,可能形成洪季冲刷,而在水位下降时回淤,即"洪冲枯淤",也往往不能达到要求的水深而碍航。

4. 年际周期性

从统计的角度看,浅滩演变也呈现多年周期性,这是以水文、气象的多年周期性为基础的。某一频率的大洪水发生以后,河床将发生剧烈的变化,形成一定形式的边滩和浅滩,以后若干年内,边滩及浅滩不发生根本性的变化,而保持着这一基本形态,呈现略淤或略冲周期性的少量变化。经过若干年后,又发生某一频率的大洪水,已有的边滩和浅滩等地貌的位置、高程和形式被改变,它与改变前的形态有着本质的不同。经验表明,后一次形成的边滩、浅滩虽然与上一年度不同,但与上一个多年周期开始时形成的地形基本上相似,而后又在这一新的地形的基础上开始重复上一周期内的变化。这两次地形发生的根本性的重复变化,称之为浅滩演变的多年周期性。

在冲积性河流上,浅滩的年内变化总是客观存在,但年际变化是否明显则不尽相同。多数山区河流和一些少沙的平原河流,年内河床冲淤往往是平衡的,在年际间浅滩河床地形表现不出有明显变化,但是对于输沙量较多的平原河流,浅滩的年际变化则是始终不能忽视的,应当给予认真研究。

二、航道整治的主要设计参数

航道整治设计参数包括设计水位、整治水位和整治线宽度等。这些基本参数都是整治工程实施的重要依据。取值是否合理,将直接影响到整治工程的成败和工程量的大小,因而必须慎重。

(一)设计水位

规定河流中可以正常通航的最低水位,即航道标准尺度的起算水位,称为设计最低通航水位,常简称设计水位,有的河流又称航行基准面或航行零水位。规定可以正常通航的最高水位,控制桥、闸等跨河建筑物净高的水位,称为设计最高通航水位。

(二)整治水位

在整治沙、卵石浅滩时,多采用整治建筑物束窄河床,当水位降至与整治建筑物头部高程附近时,将水流束至整治宽度范围内,加大束水冲沙的效果,使水流加速冲刷浅滩脊,达到增深航道的目的。整治水位一般是指与整治建筑物头部齐平的水位。

(三)整治线宽度

整治线的宽度是指整治水位时河面宽度。整治线宽度的取值,关系到束水作用的强弱及航道内流速和流态的好坏,因此,正确确定整治线宽度是设计中的一个重要问题。图7-1所示为湘江某浅滩,其整治线宽度 B_2 约300m,它与航槽宽度不同,航槽宽度是根据航道等级确定的 $b=60$m。

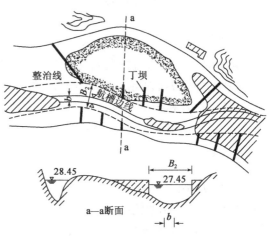

图7-1 航道整治工程布置图

(四) 航道和整治线最小弯曲半径

航道弯曲半径是指弯曲航道中心线的曲率半径,弯曲半径越大航行越便利。但是受自然河道地形及两岸地物限制,船舶往往不得不在半径较小的弯曲河道中行驶。因此,就规定一个弯曲半径的最小限值,作为航行保障的一个条件。我国《内河通航标准》中规定航道最小弯曲半径为顶推船队长度的3倍、拖带船队最大单船长度的4倍。

整治线的弯段可以由一个或几个圆弧段组成,整治线的最小曲率半径一般为(4~6)倍整治线宽度。

三、常用整治建筑物结构形式、特点及作用

整治建筑物主要包括丁坝、顺坝、锁坝、护岸、护底、导流屏、潜坝、鱼嘴和岛尾工程等。

(一) 丁坝

丁坝是最常用的整治建筑物,如图7-2所示。丁坝是坝根与河岸连接,坝头伸向河心,坝轴线与水流方向正交或斜交,在平面上与河岸构成丁字形,横向阻水的整治建筑物。它的主要作用:未淹没时束窄河槽,提高流速冲刷浅滩;淹没后造成环流,横向导沙,增加航道水深;调整分汊河道的分流比,控制分流;淤高河滩,保护河岸或海塘;挑出主流以防顶冲河岸和堤防等,如图7-3所示。

图7-2 丁坝(束水攻沙)

图7-3 短丁坝护岸

(二) 顺坝

顺坝是坝轴线沿水流方向或与水流交角很小的建筑物,起引导水流,束狭河床的作用,故又称导流坝,如图7-4所示。顺坝的整治效果取决于顺坝的位置、坝高、轴线形态及其与水流的交角,其中位置和线型尤为关键,顺坝一般沿整治线布置,施工后若需调整整治线宽度就很难更改,所以确定位置时应特别慎重。

(三) 锁坝

锁坝是从一岸到另一岸横跨河槽及串沟的建筑物,又名堵坝,如图7-5所示。在分汊河道上为了集中水流冲刷通航汊道,或在有串沟的河汊上不使串沟发展,可在非通航汊道上或串沟上修建锁坝,这种措施又称"塞支强干"。

图7-4 顺坝

图7-5 锁坝

(四)潜坝

潜坝是指在最枯水位时均潜没在水下而不碍航的建筑物,有潜丁坝、潜锁坝等,它的主要作用是壅高上游水位,调整比降,增加水深;也可以促淤赶沙,减少过水断面和消除不良流态等。

(五)护岸

平原冲积性河流上,河道的变迁主要是通过河岸侵蚀来表现的,所以在大江大河中对护岸工程都十分重视,我国长江下游、钱塘江等每年都投入大量资金进行护岸。

1. 护岸工程的作用

(1)控制河势,稳定水流动力轴线,不使河床边界任意变化,使河势稳定在最满意的状态。

(2)抑制崩岸,防止水流淘刷和波浪冲蚀等,这样也可防止泥沙大量坍落于河中,抬高河床,淤塞航道。

(3)防止主流顶冲,保护堤防,尤其洪水主流顶冲之处,称险工地段,需建护岸工程,同时配合丁坝,矶头挑流更能有效地保护堤防安全。

2. 护岸的类型

护岸结构形式应根据自然条件、材料来源、使用要求和施工条件等因素,经技术经济比较确定。护岸结构可分为斜坡式、直立式或斜坡式与直立式组合的结构形式。

(1)斜坡式护岸。对岸坡较缓、水深较浅、地基较差、用地不紧张的地段和就地修坡的岸坡,宜采用斜坡式护岸,如图7-6所示。

图7-6 斜坡式护岸

斜坡式护岸可分为堤式护岸(图7-7)和坡式护岸(图7-8)两类。堤式护岸是在水上先筑成岸堤,然后回填形成陆域,并对岸堤进行防护,一般由堤身、护肩、护脚和护底结构组成。坡式护岸是对陆域已有的自然岸坡或陆域向水侧回填形成的自然岸坡进行防护,一般由岸坡、护肩、护面、护脚和护底结构组成。

(2)直立式护岸。对岸坡较陡、水深较深、地基较好、岸线纵深较小和用地紧张的地段,宜采用直立式护岸。

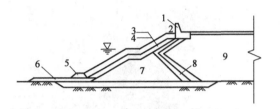

图7-7 堤式护岸

1-胸墙;2-护肩;3-护面层;4-垫层;5-护脚;6-护底;7-堤身;8-倒滤层;9-回填料

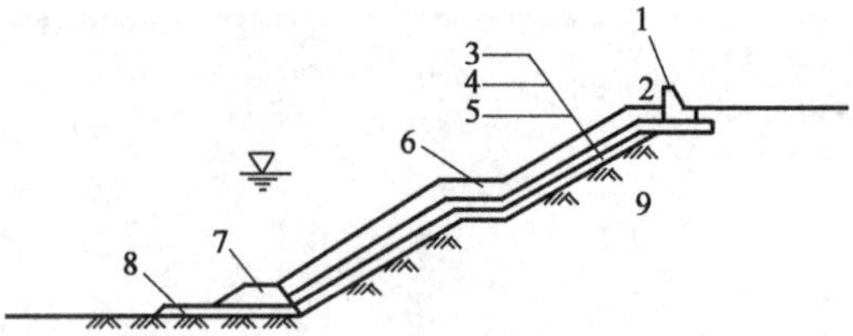

图7-8 坡式护岸

1-胸墙;2-护肩;3-护面层;4-垫层;5-倒滤层;6-肩台;7-护脚;8-护底;9-岸坡

根据我国已建的直立式护岸工程,墙体结构以现浇混凝土、浆砌块石、混凝土方块、板桩、扶壁和沉箱结构最为常见,如图7-9所示。近年来,我国部分内河护岸采用了加筋土岸壁,如图7-10所示,其结构简单、工程造价低、施工速度快,对地基承载力的要求也不高。

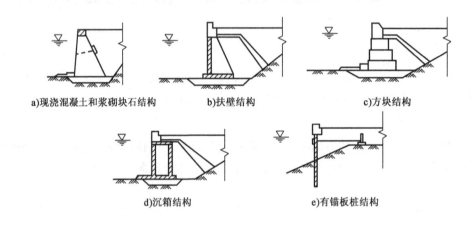

a)现浇混凝土和浆砌块石结构　　b)扶壁结构　　c)方块结构

d)沉箱结构　　e)有锚板桩结构

图7-9 直立式护岸墙体结构断面示意图

(六)鱼嘴和岛尾工程

鱼嘴工程:为稳定洲头,控制分流分沙比,可在江心洲头建分水堤,分水堤前端伸入水下,顶部高程向后逐渐升高,与江心洲首部连在一起,形同鱼嘴,如图7-11所示。

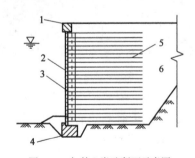

图7-10 加筋土岸壁断面示意图

1-胸墙或帽梁;2-墙面板;3-倒滤层;4-基础;5-加筋体;6-回填料

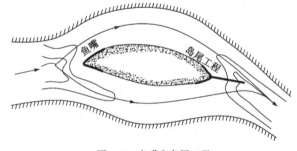

图7-11 鱼嘴和岛尾工程

岛尾工程与鱼嘴位置相反,建于江心洲尾,有时接一导流顺坝,使洲尾水流更加平顺交汇,减小互相顶托,对冲等不良影响,保证交汇处航道稳定。

四、航道整治工程的分部工程、分项工程划分

航道整治工程的单位工程、分部工程和分项工程的划分应符合表 7-1 和表 7-2 的规定,当工程内容与表列项目不一致时,可根据工程内容进行调整。

航道整治单位工程和分部工程划分　　　　表 7-1

序 号	单 位 工 程	分 部 工 程
1	堤坝	基础、护底、堤体或坝体、坝面、护坡、附属工程
2	护岸	基础、护底、护脚、护坡、岸壁、附属工程
3	固滩	护底、护滩、护坡、附属工程
4	炸礁	爆破及清渣、弃渣

航道整治分部工程和分项工程划分　　　　表 7-2

序 号	分 部 工 程	分 项 工 程
1	基础	基槽开挖、抛石挤淤、填砂挤淤、现浇混凝土基础、浆砌石基础、砂石垫层、土工织物垫层、换砂基础、抛石基础、袋装砂井、塑料排水板、水下基床抛石、水下基床整平等
2	护底	基槽开挖、散抛石压载软体排护底、系结压载软体排护底、散抛物护底、砂石垫层、土工织物垫层等
3	坝体	混凝土预制构件制作、混凝土预制构件安装、充填袋坝体、块石抛筑坝体、石笼抛筑坝体等
4	坝面	土工织物垫层、抛石护面、铺石护面、砌石护面、干砌条石护面、预制混凝土铺砌块铺砌、现浇混凝土护面、模袋混凝土护面、钢丝网格护面、混凝土预制块体制作、混凝土块体安装、预制混凝土铺砌块制作、铰链排制作与铺设等
5	护脚	水下抛充填袋护脚、水下抛石护脚、水下抛石笼护脚、抛石面层等
6	护坡	岸坡开挖、土石方回填、削坡及整平、基槽开挖、砂石垫层、土工织物垫层、砂石倒滤层、土工织物倒滤层、盲沟、明沟、抛石护面、铺石护面、砌石护面、干砌条石护面、模袋混凝土护面、现浇混凝土护面、预制混凝土铺砌块预制、预制混凝土铺砌块铺砌、预制混凝土块体制作、混凝土块体护面、钢丝网格护面、砌石拱圈、砌石齿墙等
7	岸壁	岸坡开挖、基槽开挖、砂石垫层、土工织物垫层、砂石倒滤层、土工织物倒滤层、土石方回填、现浇混凝土挡墙、加筋土挡墙、砌石挡墙等
8	护滩	铺石压载软体排护滩、系结压载软体排护滩、铰链排制作与铺设等
9	爆破及清渣	陆上爆破及开挖、水下爆破、清渣等
10	弃渣	弃渣
11	附属工程	基槽开挖、现浇混凝土基础、浆砌石基础、灯柱制作与安装、标志牌制作与安装、栏杆制作与安装、踏步等

五、航道整治工程总体

(一) 观测和实船试验

航道整治工程项目完工后,建设单位应组织观测整治河段的水流流态和航道尺度等参数,并提交观测报告。同时应根据设计要求组织实船适航试验并提交实船试验报告。

(二) 航道整治工程整体尺度

航道整治建筑物完工后应进行竣工测量,其整体尺度的允许偏差、检验数量和方法应符合表7-3的规定。

航道整治建筑物整体尺度允许偏差、检验数量和方法　　表7-3

序号	项目		允许偏差	检验数量	单元测点	检验方法
1	丁坝	坝头位置	1 000mm	每座	1	用经纬仪或GPS等仪器测量
		轴线位置	1 000mm	每座不少于两处		
		总长度	±1 000mm	每座		用测距仪或GPS等仪器测量
		顶面高程	+200mm −100mm			用水准仪等仪器测量
2	锁坝	轴线位置	1 000mm	每50m一处	1	用经纬仪或GPS等仪器测量
		顶面高程	+300mm −100mm			用水准仪等仪器测量
3	顺坝	轴线位置	1 000mm		1	用经纬仪或GPS等仪器测量
		总长度	±1 000mm	每座		用测距仪GPS等仪器测量
		顶面高程	+200mm −100mm	每50m一处		用水准仪等仪器测量
4	潜坝	轴线位置	2 000mm		1	用测深仪、经纬仪或GPS等仪器测量
		总长度	±2 000mm	每座		
		顶面高程 砂袋坝	+500mm −200mm	每20m一断面		
		顶面高程 抛石坝	±300mm			
5	护岸和护洲鱼嘴	坡顶线位置	±100mm	每100m一处	1	用经纬仪或GPS等仪器测量
		总长度	+5 000mm −1 000mm	每座		用测距仪或GPS等仪器测量
		高程	±50mm	每100m一处		用水准仪等仪器测量
		坡度	±10%		2	用经纬仪或全站仪测量
6	人工鱼嘴	总长度	±1 000mm	每座	1	用测距仪或GPS等仪器测量
		高程	±50mm	每100m一处		用水准仪等仪器测量
		坡度	±10%		2	用经纬仪或全站仪测量

(三) 航道整治工程建筑物观感质量

航道整治工程建筑物的观感质量应按表7-4的规定进行检查,综合得分率不应低于80%。

航道整治工程建筑物观感质量评价项目和质量要求　　　　表 7-4

序号	评价项目		质 量 要 求	标准分	评 价 等 级		
					一级 95%	二级 85%	三级 70%
1	面层	混凝土	表面平整,坡向正确	10			
			分格缝顺直,灌缝饱满,周边无污染	8			
			无明显严重龟裂和裂缝	8			
			无起砂、起壳和露石等现象	7			
			无建筑污染	7			
		铺砌	表面平整,坡向符合要求	10			
			铺砌线条顺直,宽度一致,灌缝密实	8			
			与构筑物接茬紧密、平顺	8			
			砌块表面完整,无破损	7			
			无建筑污染	7			
2	建筑物细部		边沿线顺直	10			
			接缝平直无明显色差	8			
			构件无明显碰损	8			
			构件表面无明显缺陷	7			
			接缝处无明显错台和水泥浆流坠	7			
3	其他		钢结构防腐,油漆涂刷均匀、无漏涂,漆膜完整无流挂、皱皮、脱皮	5			
			栏杆安装顺直、无折线	5			
			泄水孔标高、方向控制和顺直	5			
			预埋件周围接茬平顺	5			

第二节　护底、护滩与护脚工程质量控制

一、主要原材料及加工质量

(一)原材料质量控制要点

(1)原材料、外加剂,成品及半成品必须先抽检再使用。

(2)土工织物的品种、规格和质量应满足设计要求,并应符合现行行业标准《水运工程土工合成材料应用技术规范》(JTJ 239)的有关规定,其外观应无破损和污染。

(3)整治建筑物所用石材的规格和质量必须满足设计要求。在设计未提出石质风化控制要求时,不得劣于弱风化。块石要石质坚硬,遇水不易破碎或水解,湿抗压强度大于 50MPa,软化系数大于 0.7,密度不小于 $2.65t/m^3$。不允许使用薄片、条状尖角等形状的块石。风化石、泥岩等亦不得用作抛填石料。抛筑石料要有一定的粒径级配,一般采用粒径 0.25~0.5m,单块

重量不得小于30kg。

(4)土工织物和以土工织物为主的成品和半成品在运输、保存和施工过程中应按现行行业标准《水运工程土工合成材料应用技术规范》(JTJ 239)的有关规定采取防老化措施。

(二)软体排制作质量控制要点

(1)检查用于制作软体排的聚丙烯编织布规格是否符合设计要求。

(2)随机抽查加工制作的软体排排布的几何尺寸。

(3)随机抽查加工制作的护滩系混凝土块软体排排布有无破损。

(4)随机抽查加工制作的软体排布缝制质量,有无"漏缝"、"跳针"现象。

(5)加筋条、系结条的质量规格是否符合设计要求。

(6)加筋条的缝制位置、间隔距离及数量是否正确和足够(排体有一边不用加筋,剩余排布作为横向搭接预留)。

(三)土工织物充填袋制作质量

(1)检查用于制作沙枕的聚丙烯编织布规格是否符合设计要求。

(2)沙枕的几何尺寸(长度、直径)是否符合设计要求。

(3)纵向加筋条数量、纵筋间距是否符合设计要求。

(4)横向箍筋数量、间距是否符合设计要求。

(5)充灌袖口个数、袖口间距、直径及袖筒长度是否符合设计要求。

(6)枕袋的缝制方法为丁缝或包缝法,如图7-12所示,筋条之间错开连接,缝制强度不低于原强度的80%。

二、施工工艺的一般要求

(1)护底和护滩的施工应根据设计的护底和护滩结构形式,采取相应的施工工艺,如图7-13所示。

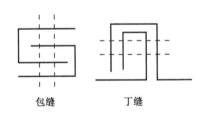

图7-12 丁缝和包缝

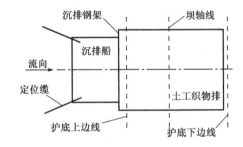

图7-13 顺水流方向沉排船沉排示意图

(2)土工织物软体排的加工和沉放,应防止土工织物长时间暴露于日光下,避免土工织物因日照而降低强度。

(3)护底和护滩区域在铺设和沉放排体前应施测沉排区域的河床地形。对重点部位应进行扫床和探摸,对木桩、沉船、铁锚和块石堆等凸出的尖锐物应予以清除或处理。

(4)排头沟的位置宜选择在土质良好处,放入沟内的排体应有富余,沟内回填块石或土袋应安放牢固。

(5)在水深小于1.0m的床面或低潮位出露的滩面沉排时,软体排可采用人力直接铺放。水深大于1.0m的河段,可根据水深、流速和风浪等工况条件,采用沉排船沉放软体排,如图7-14所示。

图7-14 沉排船沉放软体排

(6)陆上护滩施工时,排体宜由人力铺放,排上铺石时应防止损坏排体。

(7)沉放排体的全过程,应按设计要求定位,确保排体位置和搭接量满足设计要求。排体应保持平顺,松紧适度。对地基条件差和变形较大的床面应留有一定富余量。

(8)排体沉放应同步观测沉排全过程轨迹,排体沉入河底后应及时检测,重要部位应进行水下探摸检查。

(9)沉排船应具有满足工艺设计要求的设施和足够的作业平台,排体作业面应光滑,船舶锚固和卡排系统应灵活稳定。水深和流速较大地区的沉排,应设沉排牵引导钩或沉排滑板。

(10)散抛石压载软体排的沉放施工应符合下列规定。

①排体布设和沉排船移动方向应符合设计要求,如图7-15所示。

②迎流排头应使其紧密着床,保证足够的压载,防止被水流掀起。

③排体压载块石应采用网格控制,均匀抛放,质量应满足设计要求,确保排体完全覆盖。滩坡排上铺石或抛石应防止损坏排体。

(11)系结压载软体排的沉放施工应符合下列规定。

①排体布设和沉排船移动方向应符合设计要求,如图7-16所示。

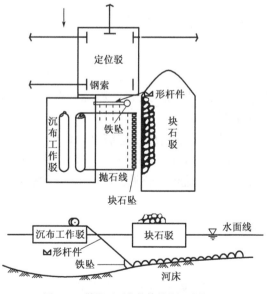

图7-15 散抛石压载软体排的沉放施工

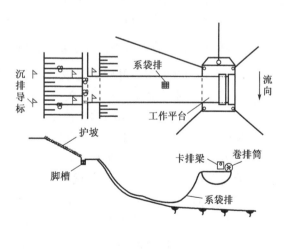

图7-16 系小沙袋压载沉排作业示意图

②迎流排头应使其紧密着床,保证足够的压载,防止被水流掀起。

③软体排的排体宜加工成小单元体,运至沉放工地进行现场拼接与排体安装,拼接安装时应保证单元排体结合强度不低于设计要求。混凝土联锁块宜根据起吊能力制成单元体吊装运输。

④软体排宜垂直坝轴线方向沉放,单向流河段排体搭接方向宜由下游向上游方向逐块沉放搭接。

⑤充填袋和沙肋软体排的压载袋体应充填适当,袋口应牢固扎紧。系结带和系结圈应连接牢固,使压载物与排体成一整体。

⑥混凝土联锁块软体排的沉放应放置均匀,与排体连接牢固。

(12)沙被软体排的沉放施工,排布宜按要求直接铺放在床面,并宜采用水下泥沙泵现场充灌装沙。

(13)护底施工应与导堤和坝体施工相协调,防止滩地冲刷。

三、质量检验标准

(一) 一般规定

(1)护底、护滩与护脚工程中各分项工程的检验批宜按施工段划分,每段的长度宜为 200~500m。

(2)水下基础施工前应进行水下地形测量,并应探明河床底质情况。

(3)沉排前应进行排体、GPS 定位状态、测量定位等检查。沉排过程中应检查放排位置、排头处理、排体压载块数量位置、砂肋充盈度、充砂的含泥量及粒径、沉排轨迹、排体间搭接、压排石规格和质量、排体防老化措施等。

(二) 散抛物护底质量检验标准

(1)充填袋、块石和石笼等散抛物的种类、规格和质量应满足设计要求。

(2)散抛范围、数量和密度应满足设计要求。

(三) 散抛石压载软体排护底质量检验标准

(1)石料的规格和质量应满足设计要求。施工单位对岩石强度,每一料源检验不少于 1 次;对石料规格抽样检验不少于 3 次;监理单位见证取样检验。

(2)软体排所用土工织物的品种、规格、质量、拼接形式及缝合强度应满足设计要求,并应符合现行行业标准《水运工程土工合成材料应用技术规范》(JTJ 239)的有关规定。施工单位按每 10 000 m^2 抽检 1 次,每批次不足 10 000 m^2 的抽验 1 次;监理单位见证取样并平行检验,平行检验的次数为施工单位抽检次数的 10%,且不少于 1 次。

(3)软体排的铺设方向和范围应满足设计要求。

(4)缝制软体排用的土工织物不得破损。

(5)复合土工织物的无纺布与基布应复合良好。

(6)软体排铺设前应清除铺设范围内的障碍物。施工单位、监理单位全部检查(检查扫床资料并观察检查)。

(7)软体排铺设过程中不得产生皱折和漂移。

(8)压载抛石范围和厚度应满足设计要求,排体不得外露。

(9)散抛石压载软体排缝制的允许偏差应符合表 7-5 的规定。

散抛石压载软体排缝制允许偏差　　　　表 7-5

序号	项目	允许偏差(mm)
1	幅长	±L/300
2	幅宽	±B/200
3	加筋带间距	±50

注:①L 为软体排幅长,单位为 mm;
　　②B 为软体排幅宽,单位为 mm。

(10)散抛石压载软体排铺设的允许偏差、检验数量和方法应符合表 7-6 的规定。

散抛石压载软体排铺设允许偏差、检验数量和方法　　　　表 7-6

序号	项目	允许偏差(mm)	检验数量	单元测点	检验方法
1	轴线位置	1 000	逐件检查	2	用全站仪、GPS 等测量
2	铺设长度	+2 000 -1 000			
3	搭接宽度	B;-0.5B	每 10m 一处	1	用全站仪、GPS 等测量或潜水探摸

注:①B 为设计搭接宽度,单位为 mm;
　　②搭接宽度不得小于 1 000mm。

(四)系结压载软体排护底质量检验标准

(1)软体排所用土工织物的品种、规格、质量、拼接形式、缝合强度和切割方式应满足设计要求,如图 7-17 所示,并应符合现行行业标准《水运工程土工合成材料应用技术规范》(JTJ 239)的有关规定。施工单位按每 10 000m² 抽检 1 次,每批次不足 10 000m² 的抽验 1 次;监理单位见证取样并平行检验,平行检验的次数为施工单位抽检次数的 10%,且不少于 1 次。

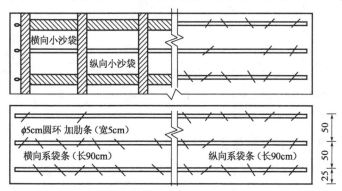

图 7-17　系袋压载软体排示意图

(2)加筋条和系结条的布置数量和质量应满足设计要求。

(3)砂肋软体排的灌装砂质量应满足设计要求。施工单位按每 1 000~5 000m³ 进行 1 组抽样检查;监理单位见证取样并平行检验,平行检验的次数为施工单位抽检次数的 10%,且不少于1次。

(4)软体排铺设方向和范围应满足设计要求。

(5)软体排铺设前应清除铺设范围内的障碍物。施工单位、监理单位全部检查(检查扫床资料并观察检查)。

(6)系结压载物布置应满足设计要求,并应与软体排绑系牢固。

(7)软体排铺设过程中不得产生皱折和漂移。

(8)砂肋的饱满度宜控制在75%~85%。施工单位应抽查5%;监理单位旁站见证并平行检验,平行检验的次数为施工单位抽检次数的10%,且不少于3次。

(9)系结压载软体排缝制的允许偏差应符合表7-7的规定。

系结压载软体排缝制允许偏差　　　　表7-7

序号	项目	允许偏差(mm)
1	幅长	$\pm L_1/300$
2	幅宽	$\pm B/200$
3	充填袋或砂肋长度	$\pm L_2/50$
4	充填袋或砂肋周长	± 30
5	加筋带间距	± 50
6	系结条间距	± 20
7	砂肋套环间距和周长	± 50
8	混凝土连锁块绑扎间距	± 50

注:L_1为软体排幅长,B为软体排幅宽,L_2为充填袋或砂肋长度,单位为mm。

(10)系结压载软体排铺设的允许偏差、检验数量和方法应符合表7-8的规定。

系结压载软体排铺设允许偏差、检验数量和方法　　　　表7-8

序号	项目	允许偏差	检验数量	单元测点	检验方法
1	轴线位置	1 000mm	每幅	2	用全站仪、GPS等测量
2	铺设长度	+2 000mm -1 000mm	每幅	1	用全站仪、GPS等测量
3	搭接宽度	B $0.5B$	每10m一处	1	用全站仪、GPS等仪器或潜水探摸
4	压载物脱落	2个	每幅排二处,每处100m²	1	检查施工记录并观察检查
5	单片连锁块间距	纵横向边长的10%	抽查10%连锁块相邻边	2	用尺测量

注:B为设计搭接宽度,单位为mm。

(五)铺石压载软体排护滩质量检验标准

(1)软体排所用土工织物的品种、规格、质量、拼接形式及缝合强度应满足设计要求,并应符合现行行业标准《水运工程土工合成材料应用技术规范》(JTJ 239)的有关规定。施工单位按每10 000m²抽检1次,每批次不足10 000m²的抽验1次;监理单位见证取样并平行检验,平行检验的次数为施工单位抽检次数的10%,且不少于1次。

(2)石料的规格和质量应满足设计要求。施工单位对岩石强度,每一料源检验不少于1次;对石料规格抽样检验不少于3次。监理单位见证取样检验。

(3)软体排铺设方向、范围和搭接方式应满足设计要求。
(4)铺石压载软体排铺设前应清除铺设范围内的障碍物。
(5)铺石范围应满足设计要求。
(6)软体排铺设的允许偏差、检验数量和方法应符合表7-9的规定。

软体排铺设允许偏差、检验数量和方法   表7-9

序号	项目	允许偏差(mm)	检验数量	单元测点	检验方法
1	排体轴线位置	200	逐件检查	2	用经纬仪等测量
2	排体铺设长度	±500		1	
3	搭接宽度	±0.2B	每10m一处	1	用尺测量

注:B为设计搭接宽度,单位为mm。

(六)系结压载软体排护滩

(1)软体排所用土工织物的品种、规格、质量、拼接形式、缝合强度和切割方式应满足设计要求,并应符合现行行业标准《水运工程土工合成材料应用技术规范》(JTJ 239)的有关规定。施工单位按每10 000 m²抽检1次,每批次不足10 000 m²的抽验1次;监理单位见证取样并平行检验,平行检验的次数为施工单位抽检次数的10%,且不少于1次。

(2)混凝土系结压载块的制作、强度、尺寸和数量应满足设计要求。

(3)软体排的铺设方向和范围应满足设计要求。

(4)系结压载软体排铺设前应清除铺设范围内的障碍物。

(5)系结压载软体排的铺设应满足设计要求,并应符合现行行业标准《航道整治工程技术规范》(JTJ 312)的有关规定。

(6)混凝土系结压载块的布置应满足设计要求并应与软体排绑系牢固。

(7)软体排缝制的允许偏差、检验数量和方法如表7-7所示。

(8)系结压载软体排铺设的允许偏差、检验数量和方法如表7-9所示。

(七)水下抛充填袋护脚质量控制标准

(1)充填袋的质量和规格应满足设计要求。

(2)不同尺寸充填袋的比例应满足设计要求。

(3)充填袋应分层填筑,层与层之间和充填袋之间应交错嵌紧,不得形成垂直的通缝和贯通的空隙。

(4)水下抛充填袋护脚平均断面尺寸不得小于设计值。

(5)水下抛充填袋护脚的允许偏差、检验数量和方法应符合表7-10的规定。

水下抛充填袋护脚允许偏差、检验数量和方法   表7-10

序号	项目	允许偏差	检测数量	单元测点	检验方法
1	护脚边坡	+20% −10%		1	用经纬仪和测深仪等测量
2	平台宽	+100mm −150mm	每20m一个断面	1	用尺测量
3	平台高程	+100mm −50mm		1	用水准仪等测量

(八)水下抛石护脚质量检验标准

(1)石料的规格和质量应满足设计要求。施工单位对岩石强度,每一料源检验不少于1次;对石料规格抽样检验不少于3次。监理单位见证取样检验。

(2)边坡应满足设计要求,平均断面尺寸不得小于设计值。

(3)水下抛石护脚的表面应平整,不得有松动。

(4)水下抛石护脚的允许偏差、检验数量和方法应符合表7-11的规定。

水下抛石护脚允许偏差、检验数量和方法 表7-11

序号	项目	允许偏差	检测数量	单元测点	检验方法
1	护脚边坡	+15% -10%	每20m一个断面	1	用经纬仪和测深仪等测量
2	平台宽	±100mm		1	用尺测量
3	平台高程	+300mm -100mm		1	用水准仪等测量

(九)水下抛石笼护脚质量检验标准

(1)石笼及石料的质量和规格应满足设计要求。

(2)石笼护脚平均断面尺寸不得小于设计值。

(3)石笼应排列整齐、密实。

(4)水下抛石笼护脚的允许偏差、检验数量和方法应符合表7-12的规定。

水下抛石笼护脚允许偏差、检验数量和方法 表7-12

序号	项目	允许偏差	检测数量	单元测点	检验方法
1	护脚边坡	+15% -10%	每20m一个断面	1	用经纬仪和测深仪等测量
2	平台宽	±150mm		1	用尺测量
3	平台高程	+100mm -50mm		1	用水准仪等测量

(十)铰链排制作与铺设质量检验标准

(1)混凝土铰链块制作质量应符合第二章的有关规定。

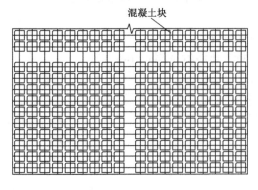

图7-18 混凝土联锁块软体排示意图

(2)铰链块之间的联结方式、联结材料、联结力及防腐处理工艺应满足设计要求,如图7-18所示。施工单位、监理单位全部检查,并抽查0.1%做试件拉力检测。检验方法:检查施工记录和测试报告并观察检查。

(3)铰链排的排头固定方式及铺设的范围应满足设计要求。

(4)钢筋预埋件制作及埋设位置应满足设计要求。

(5)铰链块安装后不得有严重掉角。

(6)铰链块应表面平整,连接件应联结牢固,不得有脱钩。

(7)铰链排铺设的允许偏差、检验数量和方法应符合表7-13的规定。

铰链排铺设允许偏差、检验数量和方法　　　　表7-13

项　　目	允许偏差(mm)	检测数量	单元测点	检验方法
铺设搭接宽度	±500	每10m一处	1	用GPS或经纬仪等测量沉放轨迹线

第三节　坝体填筑工程质量控制

一、原材料质量控制要点

(1)石料或块体的规格和质量应满足设计要求。

(2)充填袋所用土工织物的品种、规格、质量、拼接缝形式和缝合强度应满足设计要求,并应符合现行行业标准《水运工程土工合成材料应用技术规范》(JTJ 239)的有关规定。施工单位按每10 000m² 抽检1次,每批次不足10 000m² 的抽验1次;监理单位见证取样并平行检验,平行检验的次数为施工单位抽检次数的10%,且不少于1次。

(3)充填料的土质、级配及含泥量应满足设计要求。施工单位按每1 000~5 000m³ 进行1组抽样检验;监理单位见证取样并平行检验,平行检验的次数为施工单位抽检次数的10%,且不少于1次。

(4)石笼采用的材料规格和质量及石笼的制作应满足设计要求。施工单位按进场批次抽样检验。监理单位见证取样检验或平行检验,抽检次数为施工单位抽检批次的10%,且不少于1次。

二、施工工艺控制要点

(一)抛石坝体

抛石坝体横断面多呈梯形。如图7-19所示丁坝,坝顶宽一般采用1.0~2.0m,川江上宽达4.0m左右。施工机具是确定顶宽的重要因素,如在密西西比河上用驳船抛筑石料时,坝顶宽仅1.5~2.0m。当用翻斗车抛筑时,为行车需要,顶宽达4.0~6.0m。为使抛石丁坝的坝身稳定,总是将上下游面做成一定边坡,一般上游坡面为1∶1~1∶1.5,下游坡面为1∶1.5~1∶2.5。

为了防止丁坝全部长度骤然同时过水,而引起河床的急剧变化,应将丁坝设计成斜向河心的纵坡。试验证明,有纵坡的丁坝较平顶的丁坝可以减轻坝根附近的冲刷。纵坡的大小,决定于坝长和与丁坝相接的河岸高度,一般为1∶1~1∶300。如长江的护岸丁坝纵坡一般为1∶30~1∶50,日本的护岸丁坝纵坡1∶10~1∶50,美国采用1∶50。为使丁坝在较大范围的水位下起作用,也可以设计成两个以上的纵坡,坝头部分较缓,坝身中段次之,近岸部分较陡。

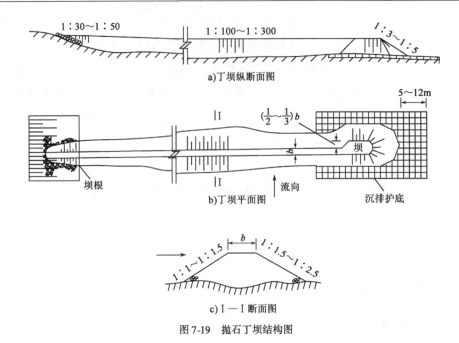

图 7-19 抛石丁坝结构图

(1)抛填块石筑坝施工应根据设计要求、施工能力、水位、水深、水流和波浪等因素,确定分层和分段的施工程序。

(2)坝体抛石应符合下列规定。

①块石的粒径、级配和质量应满足设计要求。

②施工时坝轴线位置、坝顶宽度、坝体长度和坝体断面的精度控制,应满足设计要求。

③坝面应采用粒径较大的块石,并应安砌稳定平整,大块石之间的缝隙应用小块石嵌紧。抛石坝体抛筑完毕后应及时整理坝面。浆砌块石或浆砌条石的坝面宜在坝体沉实稳定后进行整理。

(3)丁坝、顺坝和导堤抛石施工应符合下列规定。

①当坝根处岸坡抗冲能力较弱时,宜处理坝根并进行上下游护坡。

②在不设护底的砂卵石河床上,筑坝时宜沿坝底先平抛一层块石,防止河床冲刷。

③坝身宜由坝根向坝头抛筑,坝身较长时也可分段同时抛筑。

④在抛石筑坝过程中,应随时检查坝位、坝身和边坡等易冲刷的河段,尚应观察沿堤流的冲刷情况。

(4)锁坝抛石施工应符合下列规定。

①应按坝根处理和护底、护坡、抛筑坝身的程序进行施工。

②坝身施工宜采用分层平抛法,在抛筑施工中应随时检查坝位和高度。河床抗冲性较强时,也可采用端进法抛筑,合龙口位置宜选择在靠近岸坡稳定的一侧。

(5)潜坝分层抛筑时,应随时检测坝位、坝顶高程和护底情况,防止位移、超高和河底冲刷。

(6)在季节性封冻河流上筑坝,可将块石按设计坝位和断面要求堆放于冰面上,破冰落位,形成坝体轮廓,再进行坝面整理。

(7)软土地基上抛石施工应符合下列规定。

①堤侧有块石压载层的导堤施工,应先抛压载层,后抛堤身。
②有挤淤要求时,应从断面中间逐渐向两侧抛填。
③有控制抛石加荷速率要求时,应按设计要求设置沉降观测点,控制加荷间歇时间。
④采用陆上端进法抛填堤心石时,堤根的浅水区可一次抛到设计高程,堤身和堤头可根据水深、地基承载力、水流和波浪情况一次或多次抛填至设计高程。
⑤采用铺设软体排作加筋垫层时,应先铺排再抛砂石垫层,最后抛筑堤身。土工织物软体排加筋垫层应符合现行行业标准《土工织物应用技术规程》(JTJ 239)的有关规定。

(二)土工织物充填袋筑坝

土工织物充填袋建筑物是利用水力机械将泥沙充填在土工织物编织袋内,待灌满泥沙扎紧袋口后抛入河中形成坝体填心部分,然后进行抛石护面的整治建筑物,如图 7-20 和图 7-21 所示。当袋布和充填料粒径选择适当时,可以防止袋内泥沙流失,用于填筑坝心,在石料短缺地区可大大降低工程造价。如我国在汉江襄樊至皇庄河段整治、长江界牌河段整治和长江口深水航道整治等重大工程实践中,均得到了不同程度的应用。

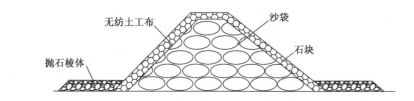

图 7-20 充填袋填心坝断面图

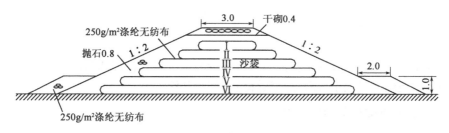

图 7-21 水下充填袋断面图

(1)土工织物充填袋筑坝施工应根据土工织物袋体的尺寸和设计要求,采取不同的施工方法。

(2)土工织物充填袋筑坝应符合现行行业标准《土工织物应用技术规程》(JTJ 239)的有关规定。土工织物袋体的尺寸、质量、抗拉强度、孔径透水性和保土性能等指标应满足设计要求。

(3)充填袋内的充填料应采用砂性土或粉细砂类土,其粘粒含量不宜超过 10%,砂性土中粒径大于 0.05mm 的砂粒含量宜大于 50%。充填料宜就地取材或通过采砂船运至充填区,在附近滩地取土时,取土区不应对建筑物及周围造成不良影响。

(4)充填袋体的充填应符合下列规定。
①充填泥浆泵的选型应根据土工织物充填袋体大小、充灌速度和输送距离确定。
②充填水力造浆的泥浆浓度宜为 20%～45%,袋体内充填饱满度宜为 85%,抛筑施工时

充填袋充填后应静置排水密实。

③土工织物充灌口应布置在袋体表面,充灌口数量宜根据袋体尺寸、填料粒径和充填能力确定。

(5)施工中应考虑施工顺序和施工荷载对坝整体和局部稳定的影响,并应考虑因地基沉降和充填袋内沙体的密实而引起的顶部高程降低。

(6)施工期间对土工织物充填袋露出水面的部分应及时覆盖,坝心填筑完后应直接在坝体外铺设无纺布和反滤层并砌筑护面层。

(7)充填袋抛筑施工应符合下列规定。

①采用水上抛袋法施工时,应在施工区域布设纵横导标或采用 GPS 实时定位的方法,控制抛袋船位置,并应随时检验沉放位置。

②充填袋应按上下游边线导标层层平抛,抛填宽度应按坝体断面沿高度逐渐缩窄。

(8)充填袋铺筑施工应符合下列规定。

①铺放前应对坝基进行扫床和探摸,对凸出的尖锐物应予以清除。

②袋体的大小宜根据坝体横断面尺寸确定,袋体的布设,横向宜为整体,上下袋体应错缝铺设,厚度宜控制在 400～600mm 范围内。

③在充填过程中,应根据充填物的固结时间和填料的级配变化,适时调整充填工艺。

④充填坝的外形尺寸和平整度应满足设计要求,在充填过程中应及时检查。

⑤土工织物充填坝坝心外露部分不得长时间暴露,应按设计要求及时覆盖保护。受风浪和水流冲击的河口地区,应在施工期做好临时防护工作。

三、质量检验标准

(一)一般规定

(1)坝体填筑工程中各分项工程的检验批宜按施工段划分,每段的长度宜为 200～500m。

(2)坝体填筑施工过程中应对堤身沉降位移进行观测。

(二)块石抛筑坝体质量检验标准

(1)抛石坝体平均断面尺寸不得小于设计值,平均坡度不得陡于设计坡度。

(2)水上抛石坝面块石应紧密,整体外观平整。

(3)块石抛筑坝体的允许偏差、检验数量和方法应符合表 7-14 的规定。

(三)充填袋坝体质量检验标准

(1)充填袋的规格应满足设计要求。

(2)充填袋的饱满度应控制在 75%～85%。施工单位抽查 5%;监理单位应旁站见证并平行检验,平行检验的次数为施工单位抽检次数的 10%,且不少于 3 次。

(3)充填袋应分层填筑,层与层之间和充填袋之间应交错嵌紧,不得形成垂直的通缝和贯通堤身的空隙,充填袋应沿垂直坝轴线方向布设。

(4)充填袋坝体断面尺寸应满足设计要求。

(5)充填袋坝体的允许偏差、检验数量和方法应符合表 7-15 的规定。

块石抛筑坝体允许偏差、检验数量和方法　　表 7-14

序号	项　目		允许偏差		检验数量	单元测点	检验方法
			水上	水下			
1	轴线位置		1 000mm	1 500mm	每 20m 一个断面且不少于三个断面	1	用 GPS 或经纬仪等测量
2	坝顶高程	抛石坝面	±100mm	+300mm −200mm		2	用水准仪或测深仪等测量
		抛石坝心	0 −200mm			2	
3	坝顶宽度	抛石坝面	+0.10B 且不大于+300mm；−0.05B 且不小于−150mm	—		1	用尺测量
		抛石坝心	0；−0.15B 且不小于−400mm			1	
4	坡度		±15%	—	每 2m 一个点	1	用经纬仪、测杆或水砣测量

注：①B 为坝面设计宽度，单位为 mm；
②坝面采用理坡时，可不进行坝心的检测。

充填袋坝体允许偏差、检验数量和方法　　表 7-15

序号	项　目		允许偏差		检验数量	单元测点	检验方法
			水下抛筑	陆上砌筑			
1	坝顶高程		±150mm	±100mm	沿坝轴线方向每 20m 一个断面	1	用测深仪、水准仪或经纬仪等测量
2	坝顶宽度		+120mm −250mm	+100mm −120mm		1	用尺测量
3	坡度		±10%			1	用测深仪、经纬仪或 GPS 等测量
4	轴线位置		1 500mm	500mm		1	用经纬仪或 GPS 等测量
5	充填袋尺寸	长度	+50mm −30mm		每 100 个充填袋抽 2 个	2	用尺测量
		宽度	+30mm −10mm			2	

(四) 石笼抛筑坝体质量检验标准

(1) 水上石笼坝面应紧密稳定，坡度不得陡于设计坡度。水下石笼坝体平均断面尺寸不应小于设计值。

(2) 每个石笼的总重及直径不得小于设计值。

(3) 石笼坝体的充填度不得小于 80%。

(4) 石笼抛筑坝体的允许偏差、检验数量和方法应符合表 7-16 的规定。

石笼抛筑坝体允许偏差、检验数量和方法   表 7-16

序号	项目	允许偏差(mm) 水上	允许偏差(mm) 水下	检验数量	单元测点	检验方法
1	轴线位置	1 000	1500	每10m一个断面且不少于三个断面	1	用GPS或经纬仪等测量
2	坝面高程	±150	±200		2	用水准仪或测深仪等测量
3	坝面宽度	±300	—		1	用尺测量

第四节　护岸工程质量控制

一、斜坡式护岸工程质量控制要点

(一)岸坡开挖及削坡

斜坡式护岸工程(图7-22)岸坡的开挖、削坡质量控制要点见第二章第七节"一(二)"。

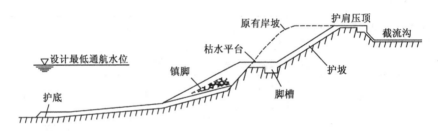

图7-22　斜坡式护岸工程

(二)砂垫层和土工织物垫层

1. 砂垫层铺设

(1)砂的规格及质量应满足设计要求。当设计无要求时宜采用中粗砂,含泥量不宜大于5%。

(2)抛砂时应考虑水深、水流及波浪等对砂粒产生漂流的影响。宜通过试抛确定抛砂船的驻位。当水深较深、流速较大时,应采取相应措施。

(3)抛砂应分段施工和验收,分段长度应根据自然条件和施工工艺确定。抛砂验收后,应及时进行上部覆盖施工。

(4)砂垫层的厚度和顶宽不得小于设计要求。顶标高允许偏差,陆上为+30mm和-20mm;水下为+300mm和-200mm。

2. 土工织物垫层

(1)土工织物的品种、规格及技术性能应满足设计要求。

(2)土工织物铺设前,应对砂垫层进行整平,局部高差,水下不大于200mm,陆上不大于100mm。

(3) 土工织物铺设块的宽度,应根据施工方法和能力确定。土工织物拼幅宜采用"包缝"或"丁缝"(图7-12)。

(4) 土工织物应拉紧、铺平、不起皱褶。

3. 碎石倒滤层

见第二章第七节"三"。

4. 土工织物滤层

见第二章第七节"三"。

(三) 干砌与浆砌块石护坡

(1) 平顺护岸施工应按先护底,后护脚,再护坡的程序进行。

(2) 浆砌块石护面应坐浆铺砌,块石间不应直接接触,砌缝砂浆饱满并勾缝。

(四) 模袋混凝土护面

模袋混凝土护面情况如图3-27所示。

(1) 模袋种类及性能应满足设计要求。

(2) 模袋铺设前应对其基层表面进行处理。其表面平整度允许偏差,陆上不应大于100mm,水下不应大于150mm;抛石坡面的表面平整度:陆上不应大于100mm,水下不应大于150mm。

(3) 模袋应自上而下垂直坡向铺设,随铺随压砂袋或碎石袋,并应及时充灌混凝土或砂浆。

(4) 模袋混凝土的充灌应采用泵灌,充灌速度宜为 $10 \sim 15 m^3/h$,充灌压力宜为 $0.2 \sim 0.3 MPa$,充灌量的偏差应控制在设计值的5%以内。

(五) 质量检验标准

1. 干砌与浆砌块石护坡

(1) 石料的质量与规格应满足设计要求。施工单位按进场批次抽样检验,监理单位见证取样。

(2) 砌石护坡的组砌形式应满足设计要求。干砌块石应相互错缝、坐实挤紧,不得有松动、叠砌和浮塞。浆砌块石应相互错缝,灰缝应饱满、均匀。

(3) 砌筑砂浆试块抗压强度的平均值不得低于设计强度等级,其中最低一组试块的抗压强度不得低于设计强度的75%。施工单位按$250m^3$砌体留置一组试块,不足$250m^3$的也留置一组。监理单位见证取样。

(4) 砌石护坡的厚度和坡度应满足设计要求。

(5) 干砌护坡砌缝最大宽度不宜大于30mm,三角缝最大宽度不宜大于70mm,通缝长度不宜大于1 000mm;浆砌护坡砌缝最大宽度不宜大于40mm,三角缝最大宽度不宜大于80mm,通缝长度不宜大于1 000mm。

(6) 沉降缝的位置、泄水孔的数量及坡向应满足设计要求。

(7) 块石护坡的允许偏差、检验数量和方法应符合表7-17的规定。

护坡砌石允许偏差、检验数量和方法　　　　　表 7-17

序号	项　目	允许偏差(mm)	检验数量	单元测点	检　验　方　法
1	表面平整度	40	每 10 延米一处	2	用 2m 靠尺和塞尺测量垂直两方向
2	相邻块顶面高差	30		1	用钢尺测量,取大值

2. 干砌条石护面

(1)条石的规格和质量应满足设计要求。条石的长度偏差不应超出 ±50mm,横断面尺寸的偏差不应超出 ±20mm。施工单位按进场批次每批抽样 1% 且不少于 5 件,监理单位见证抽样检验。

(2)坡底处条石与蹬脚棱体应接触抵实,不得用二片石填塞。

(3)砌筑形式和坡面的坡度应满足设计要求。条石应互相错缝,坐紧挤实,不得松动或浮塞。

(4)干砌条石护面允许偏差、检验数量和方法应符合表 7-18 的规定。

干砌条石护面允许偏差、检验数量和方法　　　　　表 7-18

序号	项　目	允许偏差(mm)	检验数量	单元测点	检　验　方　法
1	表面平整度	30	每 10 延米 1 处	2	用 2m 靠尺和塞尺测量垂直两方向
2	相邻块顶面高差	30		1	用钢尺测量
3	加糙护面条石外伸长度	±30	抽查 10% 且不少于 10 根	1	用钢尺测量

注:砌缝的最大宽度不宜大于 35mm;通缝长度不宜大于 1 000mm。

二、直立式护岸工程质量控制要点

(一)基础工程

直立式护岸工程有换砂基础、抛石基础、现浇混凝土基础、浆砌石基础等。

1)换砂基础的质量控制

质量控制要求见第三章第二节"二"。

2)抛石基础

(1)石料的规格和质量应满足设计要求。

(2)抛石前应复测基槽尺寸,复核河床底质,检查软体排。槽底标高和河床底质应满足设计要求,软体排排体不得有破损,回淤厚度不得大于 200mm。

(3)抛石基础的范围不得小于设计范围。

(4)抛石基础的允许偏差、检验数量和方法应符合表 7-19 的规定。

抛石基础允许偏差、检验数量和方法　　　　　　　表7-19

序号	项 目	允许偏差(mm)	检测数量	单元测点	检验方法
1	轴线位置	0.05B 且不大于1 000	每 5m 一个断面,且不少于三个断面	1	用经纬仪或 GPS 等测量
2	宽度	+500 0		1	用经纬仪或 GPS 等测量
3	顶面高程	0 -300		1	用水准仪、测深仪、经纬仪或 GPS 等测量

注:B 为基础宽度,单位为 mm。

3) 现浇混凝土基础

(1) 现浇混凝土基础的质量控制要求见第二章。

(2) 现浇混凝土基础的允许偏差、检验数量和方法应符合表 7-20 的规定。

现浇混凝土基础允许偏差、检验数量和方法　　　　　　　表7-20

序号	项 目	允许偏差(mm)	检测数量	单元测点	检验方法
1	顶面高程	0 -20	每 5m 一个断面,且不少于三个断面	2	用水准仪测量
2	轴线位置	50		2	用经纬仪或 GPS 等测量
3	宽度	+50 0		2	用钢尺测量

(二) 砌石挡墙

(1) 浆砌石挡墙的石料应符合下列规定。

①石料应质地坚实、无风化和裂纹。

②块石应呈块状,宽度和厚度不应小于 200mm,长度不宜大于厚度的 4 倍。

③石料各面的加工应满足设计要求。当设计无要求时,其外露面、叠砌面和接触面的表面凹入深度不应大于 25mm。

(2) 砌石所用石料应按设计要求选用。石料类别、名称及加工要求应符合表 7-21 的规定。

砌筑石料的分类及规格　　　　　　　表7-21

序号	类 别	形 状	加工方法	规格尺寸
1	填筑块石	形状不规则的块状石	用爆破或楔劈法直接开采	块石中部厚度不小于 15cm
2	二片石	形状不规则的块状石	用爆破或楔劈法直接开采	块石中部厚度小于 15cm
3	块石	外形大致方正	外露面或四周稍加修凿	大致方正,厚度不小于 20cm,宽度为厚度的 1.0~1.5 倍,长度为厚度的 1.5~4.0 倍
4	粗料石	形状规则的六面体	由岩体或大块石料开劈并经粗略修凿而成,或经粗加工	外形方正,表面不允许凸出,凹入深度不大于 2cm,厚度不小于 20cm,宽度不小于厚度,长度不小于厚度的 1.5 倍
5	半细料石	形状规则的六面体,或按设计要求	经细加工	表面不允许凸出,凹入深度不大于 1cm,厚度不小于 20cm,宽度不小于厚度,长度不小于厚度的 1.5 倍

续上表

序号	类别	形状	加工方法	规格尺寸
6	细料石	形状规则的六面体,或按设计要求	经细加工	表面不允许凸出,凹入深度不大于0.2cm,厚度不小于20cm,宽度不小于厚度,长度不小于厚度的1.5倍
7	锥形块石	具有平底,形似截头锥形	由块石进行加工而得的	底部平面面积不小于100cm²,顶部尺寸不限,但不可为尖形,高于底面积之比不得相差过大,同时不得呈斜锥形
8	条石	近似长方六面体	劈砍并经粗琢加工	表面平整,长度方向顺直,各面相互垂直,长度不小于宽度的3.0~5.0倍

(3)砂浆质量应符合现行行业标准《水运工程混凝土施工规范》(JTS 202)的有关规定。砂浆的稠度宜为30~50mm。

(4)浆砌石挡墙应分段、分层砌筑,但两工作段的砌筑高差不宜超过1 000mm。

(5)砌体的转角处和交接处应同时砌筑。当不能同时砌筑需留置间断时,其间断处应砌成斜茬。

(6)在岩石或混凝土基础上砌筑时,应先将基层清洗、湿润后再坐浆砌筑。

(7)块石砌筑应符合下列规定。

①块石应坐浆平砌,上下错缝,内外搭砌。上下层错缝的距离不宜小于30mm。

②砌体的灰缝宽度宜取20~30mm,砂浆应饱满,块石间较大的空隙应先填塞砂浆,再用石块嵌实,不得采用先摆石块后塞砂浆的方法。

③块石砌体的拉结石应均匀分布,相互错开。当墙厚小于400mm时,拉结石长度应等于墙厚;当墙厚大于400mm时,可用两块石内外搭接,搭接长度不应小于150mm。

(8)料石砌筑应符合下列规定。

①砌筑前应先计算层数,选好料石。砌筑时,应控制料石的砌筑高度和砌缝的横平竖直。

②宜采用丁顺相间的砌筑形式。当墙厚大于或等于两块料石宽度时,亦可采用顺砌,但每砌两层后,必须砌一个丁层。

③料石应坐浆平砌,砌缝砂浆应饱满,灰缝宽度不宜大于20mm。

④当墙厚较宽,中间部分用块石填砌时,丁砌料石伸入块石部分的长度不应小于200mm。

(9)浆砌体应在砂浆初凝后养护7~14d,养护期间应避免碰撞、振动或承重。

(10)浆砌挡墙勾缝应符合下列规定。

①砌体勾缝除设计有规定外,块石砌体宜为平缝,料石砌体宜为凹缝。

②勾缝砂浆的强度应比砌体砂浆强度高一级。

③勾缝深度宜取20~30mm。

(11)质量检验标准

①石料的质量与规格应满足设计要求。

②组砌形式应满足设计要求。砌筑砂浆应饱满。

③砌筑砂浆的强度应符合有关规定。

④勾缝应密实、牢固,线条应清晰。

⑤干砌石的组砌形式应满足设计要求。块石应相互错缝、坐实挤紧。
⑥沉降缝的位置、缝宽和填缝材料应满足设计要求。
⑦泄水孔的设置应满足设计要求。
⑧基础、挡墙、导航墙和靠船墩等砌石的允许偏差、检验数量和方法应符合表7-22的规定。

基础、挡墙、导航墙和靠船墩等砌石允许偏差、检验数量和方法　　表7-22

序号	项　目		允许偏差(mm)				检验数量	单位测点	检验方法
			浆砌块石		浆砌料石				
			墩类	墙类	墩类	墙类			
1	轴线、前沿线对施工准线偏移		—	30	—	30	逐件或逐段检查	2	用经纬仪和钢尺测量两端
2	外形尺寸		±30	±50	±20	±40		8	用钢尺测量两端
3	顶面标高		±25	±40	±15	±20		3	用水准仪测量两端和中部
4	竖向倾斜	前倾	—	0	—	0		1	吊线测量
		后倾	—	2H/1 000	—	2H/1 000			
5	正面平整度		—	40	—	20		2	用2m靠尺和塞尺测量竖向和水平向
6	正面相邻块石错台		—	—	—	10		1	用钢尺测量,取大值

注:H为墙全高,单位为mm。

(三)现浇混凝土挡墙

(1)现浇混凝土挡墙的主要质量控制要求见第二章。
(2)混凝土挡墙断面尺寸、伸缩缝位置和构造应满足设计要求。
(3)墙面应平整,棱角线应平直。分层施工接茬应平顺,无明显错台和流坠。
(4)现浇混凝土挡墙的允许偏差、检验数量和方法应符合表7-23的规定。

现浇混凝土挡墙允许偏差、检验数量和方法　　表7-23

序号	项　目		允许偏差(mm)	检验数量	单元测点	检验方法
1	墙顶轴线位置		20	逐段检查	3	用经纬仪等测量两端和中部
2	顶面高程		±20		3	用水准仪等测量两端和中部
3	顶面宽度		+20 −10		3	用尺测量两端和中部
4	相邻段错台		10		1	用钢尺测量迎水面和顶面,各取大值
5	平整度		10		2	用2m靠尺和塞尺测量中部垂直两方向
6	墙面倾斜	前倾	0		1	吊线测量
		后倾	H/200			

注:H为墙体设计高度,单位为mm。

(四)加筋土挡墙

1)加筋土挡墙墙面板的安砌应符合下列规定

(1)采用插锁连接方式的墙面板,一次安砌层数不宜超过两层;采用企口缝连接方式的墙面板,应一次安砌一层。

(2)墙面板的缝宽不宜大于10mm,除排水缝外,砌缝均应坐满砂浆,外侧作成平缝。

(3)墙面板安砌严禁外倾,内倾坡度宜为1/100。调整水平偏差时,不得采用碎石等支垫找平。

2)土工带铺设应符合下列规定

(1)土工带应垂直于岸壁前沿线并呈扇形均匀散开铺设,从墙面板起至带长的1/3处不宜重叠。

(2)土工带应平铺、拉直,不应有卷曲扭结。土工带拉紧定位后,应立即铺填料使之固定。

(3)结构内转角处的土工带需重叠交叉时,土工带之间应用填料隔开,其厚度不宜小于50mm。

3)土工带上的回填及压实应符合下列规定

(1)填料中不应含有尖锐棱角的材料,填料的最大粒径不应大于压实厚度的2/3,且不应大于150mm。

(2)填料应分层回填辗压,分层厚度宜为200~300mm。

(3)当采用机械回填时,土工带上覆盖的土层厚度不应小于200mm,严禁施工机械在未覆盖填料的土工带上行驶。

(4)辗压顺序应先从土工带中部压向尾部,再由中部压向面板,全面轻压后再进行重压。

(5)距墙面板800~1 000mm范围内及拐角压路机无法压实处的回填,应用人工摊平,宜采用蛙式夯、震动板等轻型机械压实。

4)墙面板后倒滤层和排水缝的施工应符合下列规定

(1)排水缝的土工织物在条形基础上应向墙内平铺,其长度不得小于500mm。土工织物在竖向应随墙面板的安砌自下而上卷铺,并及时用填料推靠墙面。

(2)墙面板后的碎石或砂砾排水层,应随后方回填逐步施工,并灌水、振捣密实。碎石或砂砾层级配应均匀,粒径宜为5~40mm,厚度应满足设计要求。

5)质量检验标准

(1)预制钢筋混凝土面板的规格和质量应符合第二章的有关规定。

(2)拉筋的品种、规格和技术性能应满足设计要求,并应符合现行行业标准《水运工程土工合成材料应用技术规范》(JTJ 239)的有关规定。施工单位按进场批次抽样检验。监理单位见证取样检验或平行检验,抽检次数为施工单位抽检批次的10%,且不少于1次。

(3)回填料的种类和密实度应满足设计要求。施工单位按每1 000~5 000m^3进行1组抽样检查;监理单位见证取样并平行检验,平行检验的次数为施工单位抽检次数的10%,且不少于1次。

(4)拉筋带的分层布设的间距、数量和长度应满足设计要求。拉筋带应理顺、拉直;拉筋带与面板、拉筋带间应牢固连接。

(5)使用钢拉筋时应进行防腐处理。

(6)加筋土挡墙的允许偏差、检验数量和方法应符合表 7-24 的规定。

加筋土挡墙允许偏差、检验数量和方法 表 7-24

序号	项 目		允许偏差(mm)	检 验 数 量	单元测点	检 验 方 法
1	墙顶轴线位置		+50 −100	每 10m 一处	1	用经纬仪或全站仪等测量
2	墙顶高程		±50		1	用水准仪或全站仪等测量
3	墙面倾斜	前倾	$H/200$ 且小于 50		1	吊线测量
		后倾	$H/100$ 且小于 100			
4	面板缝宽		10		2	用尺测量
5	墙面平整度		15		1	用 2m 靠尺和塞尺测量
6	拉筋长度		$+L/20$ −0	每层 10 延米一处	1	用尺测量

注:H 为设计墙高,L 为拉筋带设计长度,单位为 mm。

思 考 题

1. 整治工程的基本概念和天然河流的主要特性及河道演变的基本规律。
2. 整治工程设计基本原则,常用整治建筑物结构形式、特点及作用。
3. 整治建筑物的常规施工工艺和施工方法及质量控制要点。
4. 影响整治建筑物施工质量的主要因素。
5. 护滩与护脚工程质量控制要点。
6. 筑坝工程和护岸工程的质量检验标准及常用的检测手段和方法。
7. 从 4M1E 的五个方面,熟练分析航道整治工程各施工环节质量控制的重点。

第八章 疏浚与吹填工程质量控制

第一节 概 述

一、疏浚与吹填的概念

疏浚是指采用机械、水力及人力方法进行的水下土石方开挖作业方式,而将疏浚泥砂采用泥泵和排泥管线输送到指定地点的作业称为吹填。

疏浚可分为基建性疏浚、维护性疏浚和临时性疏浚。基建性疏浚是为新辟航道、港口等或为增加它们的尺度、改善航运条件,具有新建、改建、扩建性质的疏浚。维护性疏浚为维护或恢复某一指定水域原定的尺度而清除水底淤积物的疏浚。临时性的疏浚工程,是为了解决工程量小的疏浚任务,一般是在没有经常性挖泥船的疏浚力量不足的河段上,临时利用其他地区的疏浚力量来进行工作的。

二、航道挖槽设计的基本原则

冲积性河流中开挖航槽后,不可避免地要产生回淤。为了减少挖槽的回淤,必须正确地选择挖槽的位置,设计挖槽的走向、线型、断面形态和尺度,选择合理的抛泥区域,以便建成利于船舶通航而又稳定的挖槽。

挖槽设计应该最大限度地满足航行要求,能保证船舶安全顺利地通过;要尽可能地使挖槽回淤量较少,具有良好的稳定性;应该考虑技术上的可能性,经济上的合理性,使工程量最少,并易于施工。从上述要求出发,挖槽定线的原则可归纳为以下几点。

(一) 有利于船舶安全航行

设计挖槽的尺度和走向应满足船舶安全航行的要求。从航行要求来看,航道和水流方向一致对行船最为有利。

(1)挖槽中心线与主流向交角不应过大,在可能条件下不应超过15°,斜交的水流可能会引起船舶发生海损事故。

(2)挖槽本身不应弯曲,在必要的情况下允许有一个角度不大的转折,在转折处航道应当适当放宽,以便于船舶航行。

(3)挖槽与上、下游深槽必须平顺相接,在交接处可将挖槽逐渐放宽成喇叭口形。总之,挖槽与上、下游航道组成的轮廓应当是平顺微弯的,而不允许急弯或成急促的"S"形反向弯曲。这主要是为船舶安全航行考虑,并兼顾航标的设置工作。

(4) 挖槽必须有足够的宽度和深度，并符合该水域航道尺度的规定。

(5) 对于有冰冻的港口航槽选线时，应注意排冰条件和冰凌对船舶航行的影响。

(二) 经济合理

应使挖槽工程量(土方量)少或较少，因此，挖槽应布置在水深较大处；应进行方案比较，在满足其他要求的情况下，避免大量开挖岩石、暗礁等，优选工程投资较小的方案为推荐方案。

对内河浅滩和河口拦门沙处的挖槽设计应研究河床演变规律，使设计的挖槽较为稳定，在减少基建性挖槽投资的同时还应考虑维护工程的费用。

(三) 施工可行性

挖槽的设计要充分考虑到施工的可能性，使挖槽水域能正常从事疏浚施工，考虑施工船舶抛锚、转头、设标、提驳、靠驳、浮管布置、让船等情况。

(四) 水力最佳

水力最佳是指挖槽内水力条件较好，挖槽不易回淤或少回淤，使挖槽稳定。为此，在满足要求的航道尺度前提下，挖槽宜挖成窄深的断面，原则上应做到以下几点：

(1) 挖槽应尽量避开淤积严重，河床多变的地带，并与整治线相协调。

(2) 应使挖槽内的流速大于开挖前挖槽区的流速，即开挖后挖槽区的流速有所增加。

(3) 应使挖槽河段开挖后的断面平均流速不小于挖槽上游段的断面平均流速。

(4) 应使挖槽内的流速沿程相等或有所增加。

三、抛泥区选择的原则

挖槽的泥土处理必须与挖槽设计同时考虑，疏浚土的处理有两种方法：一种是卸泥于岸上，一般和陆上吹填相结合，即所谓陆上吹填工程，需要有被吹填的泥塘和吹泥机具；另一种是水下卸泥，即在河流、海湾等合适的水域直接进行水下抛泥。由于所抛泥土在水流的作用下仍具有一定的活动性，对抛泥区水域的自然条件，对周围环境会带来一定的影响，因此，在选择抛泥区时应尽量减少对周围环境的不利影响，尽量发挥其有利的一面，兼顾各方利益，统筹考虑。一般情况下，选择抛泥区时应坚持以下原则。

(一) 航行要求

抛泥区不能选择在妨碍航行的地方，如航道边缘，挖槽进出口附近，以及通向码头和船坞的水域。通常抛泥区选择在凸岸边滩下部等不影响航行的地方。

(二) 河床稳定要求

疏浚泥土抛置后，应不致再回淤至挖槽或附近的航道。抛泥区最好选择在下深槽沱口，以消除其有害作用。也可将挖出的泥土用以抬高边滩，以便在较高水位时引导水流冲刷航道，但要注意配合一定措施使抛泥能稳定下来。抛泥区也可选择在不通航的汊道，以增加通航汊道内的流量。抛泥区应与岸滩连接起来，不能抛成彼此不相联的沙滩，以免在岸滩和抛泥之间形成凹塘，并发展成副槽。抛泥区也不宜选在挖槽进口的上方，以免抛下的泥沙被水流重新带入挖槽。

(三)施工要求

取决于抛泥机具、抛泥方式、挖掘泥土的性质及抛泥区水深条件。只能在排泥管的长度范围内选择最合理的抛泥区;若用泥驳抛泥,抛泥区得有一定的水深要求,若水深太小,驳船就无法上去抛泥,同时要求抛泥区水域满足机动轮和泥驳的运转。

(四)环保要求

应避免在养殖场、取水口等工、农、渔生产地区选择泥区,防止对环境产生污染。

四、疏浚底质分类

底质是指设计底高程处的原状土质;标准贯入击数大于10、小于或等于30的砂性土或标准贯入击数大于6、小于或等于15的黏性土为中等底质;标准贯入击数小于或等于10的砂性土以及标准贯入击数小于或等于6的黏性土为软底质;风化岩、碎石、卵石、标准贯入击数大于30的砂性土或标准贯入击数大于15的黏性土为硬底质。

五、中部水域和边缘水域

设计通航水域或停泊水域的边缘部分水域为边缘水域。单向航道的边缘水域为两侧底边线内各1/6航道底宽的水域;双向航道的边缘水域为两侧底边线内各1/12航道底宽的水域;港池及其他设计通航水域的边缘水域为底边线以内各1/2设计船舶型宽的水域。设计通航水域或停泊水域扣除边缘水域后的水域为中部水域。

六、吹填围埝的主要形式及要求

(1)陆地围埝可采用泥土围埝、沙土围埝、土工织物袋装围埝和混合材料围埝等形式,应本着经济实用的原则就地取材建造,必要时应考虑地基处理。

(2)大型填海造陆工程和临水吹填区应修筑永久性围埝阻挡波浪、水流对吹填区的长期侵蚀,如修建重力式围埝、板桩式围埝、格型围埝及抛石围埝,永久性围埝应按水工建筑物有关规范进行设计。

(3)码头后方吹填、棱体吹砂等当水工建筑物兼有吹填围埝功能时,应单独进行设计和验算,以保证吹填的质量和安全。

(4)当吹填厚度较大需要分层吹填、分层处理时,为了节省围埝投资,在条件允许时宜采取分期、分层筑埝的方式,同时要采取措施,通过吹填提供比较合适的吹填土修筑围。分层吹填围埝如图8-1所示。

(5)对分期、分区竣工的吹填区,以及为了吹填土沉淀需要分隔的吹填区,应根据工程要求设计子围埝,如图8-2所示。

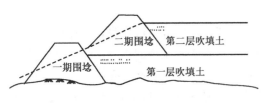

图8-1 分层吹填围埝示意图

七、常用挖泥船及其适用范围

(一) 绞吸式挖泥船

绞吸式挖泥船是利用转动着的绞刀绞松河底土壤,与水混合成泥浆,经吸泥管吸入泵体并经排泥管输送至排泥区。绞吸式挖泥船施工时,挖泥、输泥和卸泥都是由自身完成,生产效率较高。它适用于风浪小、流速低的内河

图8-2 吹填围埝及分区

湖区和沿海港口的疏浚,以开挖砂、砂壤土、淤泥等土质较适宜,采用有齿的绞刀后也可挖黏土,但工效较低。

(二) 耙吸式挖泥船

耙吸式挖泥船是一种装备有耙头挖掘机具和水力吸泥装置的大型自航、装舱式挖泥船。挖泥时,将耙吸管下放河底,利用泥泵的真空作用,通过耙头和吸泥管自河底吸取泥浆进入挖泥船的泥舱中,泥舱满载后,起耙航行至抛泥区开启泥门卸泥,或直接将挖起的泥土排出船外。有的挖泥船还可将装载于泥舱的泥土自行吸出进行吹填。它具有良好的航行性能,可以自航、自挖、自载、自卸,并且在作业中处于航行状态,不需要定位装置。它适用于无掩护、狭长的沿海进港航道的开挖和维护,以开挖淤泥时效率最高。

耙吸船宜选择在航道和水域广阔的地区施工,挖槽长度宜大于1 000m,调头宽度宜取1.5倍船长,当周围水深、潮位有利和挖泥船本身转头性能较好、装载较少时,可减少所需宽度。

(三) 链斗式挖泥船

链斗式挖泥船的工作原理是:将斗桥的下端放入水下一定深度,使之与疏浚土层相接触。然后,在上导轮驱动下使斗链连续运转,带动斗链上的泥斗,挖泥后装入,再随斗链的转动提升出水面,并传送至斗塔顶部,经过上导轮而改变方向后,斗内的泥沙在自身的重力作用下,倒入斗塔中的泥井。最后,泥沙经过两边的溜泥槽排出挖泥船的舷外。链斗挖泥船分为非自航和自航两种,由于其挖后平整度较其他类型挖泥船好,适用于开挖港池、锚地和建筑物基槽等。链斗挖泥船可以挖掘各种淤泥、软黏土、砂和砂质黏土等。但缺点是噪声大、振动大、部件磨损大且成本高。

(四) 抓斗式挖泥船

抓斗式挖泥船有自航式和非自航式两种。自航式一般自带泥舱,泥舱装满后自航至排泥区卸泥;非自航式则利用泥驳装泥和卸泥;挖泥时运用钢缆上的抓斗,依靠其重力作用,放入水中一定深度,通过插入泥层和闭合抓斗来挖掘和抓取泥沙,然后通过操纵船上的起重机械提升抓斗出水面,回旋到预定位置将泥沙卸入泥舱或泥驳中,如此反复进行。抓斗式挖泥船一般用于航道、港池及水下基础工程的挖泥工作。它适合于挖掘淤泥、砾石、卵石和黏性土等,但不适合挖掘细砂和粉砂土。若采用特制的抓斗,也可用于水下的清除碎石。

(五)铲斗式挖泥船

铲斗式挖泥船是一种非自航的单斗式挖泥船,其工作机构与反向铲、正向铲挖土机类似。挖起的泥土卸入停靠在船旁的泥驳,满载后运至卸泥区卸泥。通常备有轻重不同类型的铲斗,以挖掘不同性质的土壤。它适用于挖掘黏土、砾石、卵石、珊瑚礁和水下爆破的石块等,还可以清理围堰、打捞沉物和排除水下障碍物等。

第二节 疏浚工程施工质量控制

疏浚工程施工质量控制应从人、机、施工方法(工艺)、施工环境等方面进行控制。下面重点介绍施工方法(工艺)等方面的质量控制要点。

一、施工方法(工艺)控制要点

(一)绞吸式挖泥船

1. 横挖法施工

(1)装有钢桩的绞吸挖泥船在一般施工地区,应采用对称钢桩横挖法或钢桩台车横挖法进行施工。

(2)在风浪较大的地区,装有三缆定位设备的挖泥船,应采用三缆定位横挖法施工。

(3)在水流流速较大或风浪较大的地区,对装有锚缆横挖设备的绞吸挖泥船,应采用锚缆横挖法施工。

2. 分条开挖

当挖槽宽度大于绞吸挖泥船横移一次所能开挖的最大宽度时,应按下列情况将挖槽分成若干条进行开挖。

(1)采用钢桩横挖法施工时,分条的宽度宜等于钢桩中心到绞刀头水平投影的长度;分条的数量不宜太多,以免增加移锚、移船时间,降低挖泥船的工效;分条的最大宽度不得大于挖泥船一次开挖的最大宽度。绞吸挖泥船的最大挖宽一般不宜超过船长的1.1~1.2倍,视当地水流流速及横移锚缆抛放长度而定。当流速较大时,应减少开挖宽度;分条最小宽度应大于挖泥船的最小挖宽,最小挖宽按以下方法确定:当浚前水深小于挖泥船的吃水时,最小挖宽等于绞刀头挖到边线时,首船体两角不至于碰撞岸坡时的最小宽度;当浚前水深大于挖泥船的吃水时,最小挖宽采用等于挖泥船前移换桩时所需的摆动宽度。

(2)采用三缆横挖法施工时,分条宽度由船的长度和摆动角确定,摆动角宜选用70°~90°,最大宽度不宜大于船长的1.4倍。

(3)采用锚缆定位横挖法施工时,分条宽度应根据主锚缆抛放的长度决定。最大宽度宜100m左右。

3. 分段开挖

(1)挖槽长度大于挖泥船水上管线的有效伸展长度时,应根据挖泥船和水上管线所能开挖的长度分段施工。

(2)挖槽转向曲线段需分成若干直线段开挖时,可将曲线近似按直线分段施工。

(3)挖槽规格不一或工期要求不同,应按合同的要求进行分段施工。

(4)受航行或其他因素干扰,可按需要分段施工。

4. 分层施工

(1)当疏浚区泥层厚度很厚时,应按下列规定分层施工:分层挖泥的厚度应根据土质和挖泥船绞刀的性能确定,宜取绞刀直径的 0.5～2.5 倍,对坚硬土取较低值,对松软土取较高值;分层的上层宜较厚,以保证挖泥船的效能;最后一层应较薄,以保证工程质量;当浚前泥面在水面以上,或水深小于挖泥船的吃水时,最上层开挖深度应满足挖泥船吃水和最小挖深的要求。当泥层过厚时应在高潮挖上层,低潮挖下层,以减少坍方。

(2)当工程对边坡的质量要求较高,需要分层分阶梯开挖边坡时,应根据工程对边坡的要求、土质情况和挖掘设备尺度确定分层的厚度。

(3)当合同要求分期达到设计深度时,应进行分层施工。

(4)当挖泥船的最大挖深在高潮时达不到设计深度,或在低潮时疏浚区的水深小于挖泥船的吃水或最小挖深时,可利用潮水的涨落分层施工,高潮挖上层,低潮挖下层。

5. 顺流、逆流施工

(1)在内河施工,采用钢桩定位时,宜采用顺流施工;采用锚缆横挖法施工时,宜采用逆流施工;当流速较大情况下,可采用顺流施工,并下尾锚以策安全。

(2)在海上施工时,宜根据涨落潮流冲刷的作用大小,选择挖泥的方向。

6. 定位与抛锚

(1)采用定位钢桩施工时,挖泥船被拖至挖槽起点后,拖轮应减速、停车,待船速消除后再下定位钢桩,抛设横移锚。移船时严禁在挖泥船行进中下放钢桩。

(2)采用锚缆横挖法施工时,应根据风流情况先抛设尾锚,或将绞刀桥架下放至水底定位,再抛设其他锚缆。

(3)抛锚后,应重新定位、校核船位,确认绞刀处于挖槽起点位置。

7. 绞刀选择

(1)对淤泥、淤泥质土、泥炭、松散到中密的砂等松软土质,应选用前端直径较大的冠形平刃绞刀。

(2)对黏土、亚黏土宜选用方形齿的绞刀。

(3)对于坚硬土质,宜选用直径较小的尖齿绞刀。

(4)对岩石宜采用可换齿的岩石绞刀;对石灰岩等无渗透性的坚硬物质宜用凿形齿;对有渗透性的坚硬物质,宜用尖齿。

8. 操作参数确定

在新工地施工时,应通过试挖以获得最佳挖掘生产率的前移量、切泥厚度、绞刀转速和横移速度等操作参数。应根据不同的排距、排高、土质和泥泵、管路特性计算和确定合理的工况,以求达到最佳输送的生产率。

(二) 耙吸式挖泥船

1. 装舱法施工

(1) 疏浚区、调头区和通往抛泥区的航道必须有足够的水深和水域,能满足挖泥船装载时航行和转头的需要,并有适宜的抛泥区可供抛泥。

(2) 当挖泥船的泥舱设有几档舱容或舱容可连续调节时,应根据疏浚土质选择合理的舱容,以达到最佳的装舱量。

2. 旁通或边抛施工法

(1) 当地水流有足够的流速,可将旁通的泥砂携带至挖槽外,且疏浚增深的效果明显大于旁通泥沙对挖槽的回淤时。

(2) 施工区水深较浅,不能满足挖泥船装舱的吃水要求时,可先用旁通法施工,待挖到满足挖泥船装载吃水的水深之后再进行装舱施工。

(3) 在紧急情况下,需要突击疏浚航道浅段,迅速增加水深时。

(4) 环保部门许可,对附近水域的回淤没有明显不利影响时。

3. 分段施工

(1) 当挖槽长度大于挖泥船挖满一舱泥所需的长度时,应分段施工。分段长度可根据挖满一舱泥的时间和挖泥船的航速确定,挖泥时间取决于挖泥船的性能,开挖土质的难易,在泥舱中的沉淀情况和泥层厚度。

(2) 当挖泥船挖泥、航行、调头受水深限制时,可根据潮位情况进行分段施工,如高潮挖浅段,利用高潮航道边坡水深作为调头区进行分段等。

(3) 当施工存在与航行的干扰时,应根据商定的避让办法,分段进行施工。

(4) 挖槽尺度不一或工期要求不同时,可按平面形状及合同要求分段。

4. 分层施工

(1) 当施工区泥层厚度较厚时应分层施工。分层的厚度应根据耙头特性和土质确定。对松软土,宜 $1.0 \sim 1.5m$,对硬质土宜 $0.5 \sim 1.0m$。

(2) 当挖泥船最大挖深在高潮挖不到设计深度,或当地水深在低潮不足挖泥船装载吃水时,应利用潮水涨落进行分层施工,高潮挖上层,低潮挖下层。

(3) 当工程需要分期达到设计深度时,应按分期的深度要求进行分层。

5. 顺流、逆流施工

(1) 耙吸挖泥船宜采用逆流施工。在水流流速小于 $2kn$,水域宽阔的情况下采用顺流施工。当工程需要,采用横流或斜流施工时,应注意挖泥耙管和航行的安全。

(2) 当挖槽长度较短,不能满足挖泥船挖满一舱泥所需长度时,或只需要开挖局部浅段时,挖泥船应采用往返挖泥法施工。当挖槽终端水域受限制,挖泥船挖到终点后不能掉头时,应采用进退挖泥法施工。

6. 施工顺序

(1) 当施工区浚前水深不足,挖泥船施工受限制时,应先挖浅段,由浅及深,逐步拓宽加深。

(2)当施工区泥层厚度较厚、工程量较大、工期较长并有一定自然回淤时,应先挖浅段,逐次加深,待挖槽各段水深基本相近后再逐步加深,以使深段的回淤在施工后期一并挖除。

(3)当水流为单向水流时,应从上游开始挖泥,逐渐向下游延伸,利用水流的作用冲刷挖泥扰动的泥沙,增加疏浚的效果。在落潮流占优势的潮汐河口和感潮河段也可利用落潮流的作用由单向外开挖。

(4)当浚前断面的深度两侧较浅、中间较深时,应先开挖两侧;当一侧泥层较厚时,应先挖泥层较厚的一侧,在各侧深度基本相近后,再逐步加深,避免形成陡坡造成坍方。

(5)当浚前断面水深中间与两侧基本相近时,应先开挖中间,再逐步拓宽。

(6)当浚前水下地形平坦,土质为硬黏性土时,应全槽逐层往下均匀挖泥,避免形成垄沟,使施工后期扫浅困难。

7. 耙头选择

(1)挖淤泥、淤泥质土、软黏土宜选用"IHC"耙头。

(2)挖松散和中等密实的砂宜选用"加里福尼亚"耙头。

(3)挖密实的砂应在耙头上加高压冲水。

(4)挖较硬黏性土或土砂混合,宜在耙头上加切削齿或采用与推进功率相匹配的切削型耙头。

8. 施工定位

耙吸挖泥船宜采用微波定位系统或 DGPS 系统定位和电了图形显示器导航施工。在工程收尾扫浅阶段,应将测量出的浅点位置,标绘在定位图或电了图形显示器上,并按浅点位置设定扫浅的航线,利用电了定位系统定位,引导挖泥船按设定的航线施工。

9. 其他工艺要求

(1)挖泥船进点时,航行到接近挖槽起点后,应降低航速,在定位、控制好船位,对准设计的开挖航线后再下耙挖泥。

(2)应根据开挖的土质选择合理的航速,对淤泥、淤泥质土和松散的砂,对地航速宜采用 2~3kn;对黏土和中密以上的砂土,对地航速宜采用 3~4kn,也可通过试挖确定。

(3)应根据土质和挖深,调节波浪补偿器的压力,以保持耙头对地有合适的压力。对软土,耙头对地压力宜小一些,对密实的土宜大一些。

(4)采用 IHC 耙头挖泥时,应根据土质采用改变拖撬位置、调节耙头罩和泥面之间缝隙的方法提高吸泥浓度。挖软土吸缝宜较大,挖密实的砂吸缝宜较小。

(5)在有横流和边坡较陡的地区施工时,应注意观察耙头位置,防止耙头钻入船底而造成耙头或船体损坏。耙头下在水底时,挖泥船不得急转弯。

(三)链斗式挖泥船

1. 横挖法施工

(1)当施工区水域条件好,挖泥船不受挖槽宽度和边缘水深限制时,应采用斜向横挖法施工。

(2)挖槽狭窄、挖槽边缘水深小于挖泥船吃水时,宜采用扇形横挖法施工。

(3)挖槽边缘水深小于挖泥船吃水,挖槽宽度小于挖泥船长度时宜采用十字形横挖法。

(4)施工区水流流速较大时,可采用平行横挖法施工。

2. 分条、分段施工

(1)当挖槽宽度超过挖泥船的最大挖宽或挖槽内泥层厚度不均匀时,应采用分条挖泥。分条的宽度由主锚缆的抛设长度而定,对 500m³/h 链斗挖泥船挖宽宜为 60~100m,对 750m³/h 链斗船宜为 80~120m。在浅水区施工时,分条的最小宽度应满足挖泥船作业和泥驳绑靠的需要。

(2)当挖槽长度大于挖泥船一次抛设主锚所能开挖的长度时,应按其所能开挖的长度对挖槽分段进行施工。

(3)挖槽转向曲线段需分成若干直线段开挖时,可将曲线近似按直线分段施工。

(4)挖槽规格不一或工期要求不同,应按合同的要求进行分段施工。

(5)受航行或其他因素干扰,可按需要分段施工。

3. 分层施工

当疏浚区泥层过厚,对松软土泥层厚度超过泥斗斗高的 2~3 倍时,对细砂和坚硬的土质且泥层厚度超过斗高 1~2 倍时,应分层开挖。分层的厚度一般采用斗高的 1~2 倍,可视土质而定。

4. 顺流、逆流施工

链斗挖泥船宜采用逆流施工。只有在施工条件受限制或有涨落潮流的情况下,才采用顺流施工,顺流施工时应使用船尾主锚缆控制船的前移。

5. 锚的抛设

链斗船作业时,一般布设 6 个锚。进点时应根据风、流情况先抛尾锚或将斗桥下放至泥面定位,再抛设其余锚。锚的抛设应满足下列要求。

(1)主锚应抛设在挖槽中心线上。泥层不均匀或水流不正时,宜偏于泥层厚的一侧,或主流一侧,主锚抛设长度一般为 400~900m,并设拖缆小方驳。

(2)尾锚顺流施工时,应加强尾锚,并增加抛设长度。逆流施工时,尾锚可就近抛设或不抛设,其抛设长度宜为 100~200m。

(3)逆流施工时,前边锚宜超前 20°左右,后边锚可不超前,当不设尾锚时,后边锚可抛成八字形。顺流施工时,后边锚宜滞后 15°左右。

6. 操作参数确定

应根据开挖的土质、泥层厚度和斗架下放深度,通过试挖选择最佳的挖泥厚度、斗链运转速度、前移距和横移速度等参数,以保证泥斗的充泥量。应根据挖泥船的生产率和抛泥区的距离配备足够数量的拖轮和泥驳,在海上抛泥时宜配备自航开体泥驳,应采用双面靠驳,以减少换驳停歇时间。

(四)抓斗式挖泥船

1. 纵挖法施工

抓斗挖泥船宜采用纵挖法施工。作业时宜布设 5 个锚缆,主锚缆长度宜为 200～300m,尾锚长度宜为 200～300m,流速大、底质差时宜长一些。边锚缆宜抛设在外边线外 100m 左右。进点定位、抛锚程序与链斗船基本相同。

2. 分条、分段施工

(1)当挖槽宽度大于抓斗挖泥船的最大挖宽时,应分条进行施工。分条的宽度,应符合下列要求。

①分条最大宽度不得超过挖泥船抓斗吊机的有效工作半径。

②在浅水区施工时,分条最小宽度应满足挖泥船作业和泥驳绑靠所需的水域要求。

③在流速大的深水挖槽施工时,分条的挖宽不得大于挖泥船的船宽。

(2)当挖槽长度超过挖泥船一次抛设主锚或边锚所能开挖的长度时,应进行分段施工。分段的长度宜取 60～70m。

(3)当泥层厚度较薄,土质松软时可采用梅花挖泥法施工。

3. 分层施工

当疏浚区泥层厚度超过抓斗一次下斗所能开挖的最大厚度时,应分层施工。分层的厚度由抓斗一次开挖的厚度、斗重、张斗的宽度及土质等确定。

4. 顺流、逆流施工

抓斗挖泥船宜采用顺流施工。在流速不大或有往复潮流的地区,可采用逆流施工。

5. 抓斗选择

(1)挖淤泥,宜使用斗容较大的平口抓斗。

(2)中等密实的土,宜采用带齿的抓斗。

(3)硬质土,宜采用斗容较小、重量较大的全齿抓斗。

6. 操作参数确定

挖泥作业时,应根据土质和泥层厚度确定下斗的间距和前移距。土质稀软、泥层薄时,下斗间距宜大;土质坚硬,泥层厚时,斗距宜小。挖黏土和密实砂,当抓斗充泥量不足时,应减少抓斗的重叠量。当挖厚层软土时,若抓斗充泥量超过最大容量时,应增加抓斗重叠量。前移距宜取抓斗张开宽度的 0.6～0.7 倍。在流速较大的地区施工时,应注意泥斗漂移对下斗位置和挖深的影响,必要时应加大抓斗重量。

(五)铲斗式挖泥船

1. 纵挖法施工

铲斗挖泥船宜采用纵挖法施工。作业时利用定位钢桩(或锚缆)固定船体。进点定位时应先放一前钢桩大致定位,再用铲斗与前后钢桩调整船位,确认船位在挖槽起点后再进行挖泥。

铲斗挖泥船作业时,可采用推压和提升铲斗同步挖掘法及推压制动、提升铲斗挖掘法;对坚硬土质、风化岩应采取推压和提升铲斗同步挖掘法;对软质土及质量要求高的工程宜采用推压制动、提升铲斗挖掘法。

2. 分条施工

当挖槽宽度超过铲斗挖泥船一次所能开挖的宽度时应分条施工。一次所能开挖的宽度由铲斗的旋回半径和回转角确定。

3. 分层施工

当泥层厚度过厚时应分层进行开挖。分层的厚度由斗高和土质决定,不宜超过 1.8~2.0 斗高。

在挖掘坚硬的土质和风化岩时,为了避免强力挖掘的反作用力将铲斗及旋回机构推向已挖的一侧,影响施工安全,宜采用隔斗挖泥法,即在第一次挖掘时采用每隔一斗铲挖一斗,剩余部分第二次再挖掉。在挖掘较松软土质和淤泥时,宜采用梅花挖泥法,借助于水流力量将剩余土脊冲平,并有利于提高泥斗的充泥量。

4. 操作参数确定

应通过试挖确定不同土质挖掘时的抬船高度、回转角、铲斗回转角进量及铲斗前移距等施工参数,以保证铲斗的充泥量和施工质量。铲斗挖泥船挖泥操作时应尽可能减少每一个动作的时间,并使动作能交互进行,以缩短挖掘周期,提高挖泥生产率。

二、施工质量控制重点

(一)工程测量控制

测量监理工程师应根据《测量监理细则》,对工程的浚前测量、施工放样、检测测量、竣工验收测量等实施旁站监理。

目前疏浚工程测量一般采用 GPS 定位系统。在进行外业测量前,将 GPS 在陆上基准站进行差分倍前的检测、校核,使仪器达到国家规定的精度要求,测量监理旁站,对 GPS 率定表签认。

外业测量前,必须对测深仪与测深板进行不同水深的比对测试,修正测深仪误差,密切注意 DGPS 上显示的卫星接收数量。差分信号的变化要求达到规定要求,确保测量精度。测量船轨迹是否按照预先设定好的测量断面线进行水深测量,不允许漏断面,漏测点(除避让外)。并对测区进行检查线测量,最后对航次测量报告进行认真审核、签认。对内业资料整理,实施旁站监理。保证测图资料和测量数据的真实性。真实反映工程的浚前、浚后变化情况,认真审查测图成果,发现与实际不符或有出入的数据和水深点,要立即查询并协调督促测量单位按测量规范要求复检。

有关疏浚工程测量的主要技术要求和主要质量要求见第十二章第二节和第三节,详细要求见《水运工程测量规范》(JTS 131)。

(二)平面位置控制

(1)施工期间应定期对挖泥船定位用的标志进行校核,在大风之后应进行检查、校准。定位用的仪器必须符合规格书的精度要求,并按照规定定期进行校验和校准。

(2)挖泥船作业时,应经常用导标或定位仪器校正船位,以保证实际的开挖位置在设计开挖范围之内。绞吸挖泥船的定位钢桩应经常保持在开挖断面的中心线上,摆动控制用的陀螺罗经应定期校验,以保证挖宽的正确性。

(3)对施工精度要求较高的工程,绞吸挖泥船宜采用挖泥剖面仪,耙吸挖泥船宜用耙头电子图形显示装置控制开挖位置。

(4)对装配了GPS等高科技施工控制设备疏浚船舶,应对船载GPS定位系统进行率定,旁站监理,并对率定成果进行审核,在率定表上签认,要求GPS达到规定;同时,对船载DGPS(电子图)进行卫星信号个数,差分的精度进行校核,以正确指导施工。对船载电脑装载仪与船舶重轻载时外观吃水进行比对校核,根据船舶水力曲线和装载曲线校准装载吃水误差,有效控制船载土方量。

(5)抓斗挖泥船水下开挖的平面控制,除用各种定位仪器外,在施工中应注意收紧里档横缆,要求与挖槽基本平行,挖泥船一侧始终在分条交界处堑口的边线,因此,必须经常摸准堑口,以防漏挖。抓斗挖泥船的开挖非连续性,无固定的挖泥轨迹,质量控制比较困难,尤其在土质极软、泥层较薄或水深、流急、流向多变的情况下,抓斗的挖深和排斗位置更不容易掌握。为了提高挖泥船施工质量,必须强化施工的平面控制。

(6)采用分条、分段施工时,应注意条与条之间,段与段之间的衔接,后施工的地段宜适当与先施工的地区重叠一部分,以避免遗留浅埂。

(三)挖槽宽度控制

宽度控制传统方法有:视线标志法(图8-3和图8-4)、边线标志法、电线杆法及罗经控制法等。目前部分疏浚船已装配GPS定位和DGPS电子海图,通过DGPS可直接控制挖槽宽度,精度较高。但GPS和DGPS必须由航测部门和电脑软件设计部门共同调试率定,率定时监理必须旁站,做好旁站记录,使施工区坐标与设计坐标相吻合,监理签认。

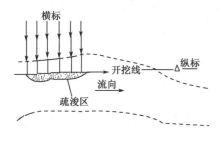

图8-3 纵横组合标

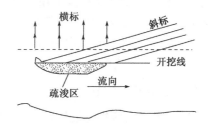

图8-4 横斜组合标

控制挖槽边线,使施工船舶控制在编制的电子海图边线内,按照一定的边坡尺度和允许超宽,控制挖槽宽度。

(四)挖槽深度控制

(1)施工期间应定期对施工用的水尺、验潮仪、自动报潮仪进行校核。

(2)挖泥船的挖深指示标尺和仪器,在施工前应进行校验,施工期间应根据船的吃水变化进行修正。

①绞吸式挖泥船由于开挖土质不同,吸口的吸距不同,挖泥船水尺的零点位置也不相同,施工中必须掌握挖泥船前后的吃水的变化,并进行试挖验测,决定水尺的修正值,以防止超深过多或发生浅点。根据土质控制横移速度,对于较松散土质,挖到设计深度时,横移速度过慢会造成超深过多,对于较硬、密实的土质,横移速度过快会造成设计深度以上泥层的吸不完而产生浅点,一般通过试挖掌握适当的横移速度。正确使用正、反挖泥,消除浅点。挖边线时应根据土质情况,掌握换边和横移速度,沙质土易塌方换边宜慢,挖淤泥换边宜快,防止吸土过多而超深。及时校核水深,用测深绳检测已挖槽内水深,控制超挖漏挖现象。

②耙吸挖泥船采用定深挖泥法以提高浓度质量控制。耙头下放深度是根据船型、耙头类型和土质而定的,下耙深度可由船载电脑耙头深度指示器直接操作控制,该指示器的准确性必须通过与外部耙头下放深度比对确认,即耙头下放深度率定,率定时监理必须旁站,并对率定成果校核签认。

③链斗挖泥船挖深指示标尺和仪器,应根据斗链的磨损情况加修正值。链斗式挖泥船在挖泥过程中为了达到设计深度,应根据水位的变化随时调整斗桥下放深度。斗桥下放的深浅是通过桥档深度标尺来掌握和控制,根据水位变化的频率和数值随时调整斗桥下放深度。

④抓斗挖泥船在流速很大的地区施工时,应根据抓斗漂移情况修正挖深值。

(3)挖泥船施工时应根据土质、泥层厚度、波浪和水流条件、挖泥产生的泄漏、施工期可能出现的回淤等增加施工超深。超深的大小可在施工初期通过试挖确定,并随时根据情况的变化和实测资料进行修正。

(4)挖泥船挖泥时,应根据水位的变化及时调整绞刀、耙头、泥斗的下放深度。水位观测和通报应及时、准确。

(5)绞吸挖泥船、链斗挖泥船开挖最下一层土时,厚度宜薄一些,并应适当放慢横移速度。耙吸挖泥船挖底层时,宜定深下耙,以免残留浅点。

(6)对工期较长的工程,如果施工期可能出现回淤,应采用先挖上层和回淤较小的地段,最后一层和回淤最严重地段留在接近完工时开挖。并根据开挖时到竣工时的时间长短不同,预留不同的回淤超深,以保证完工时挖槽符合设计的要求深度。

(7)在码头、护岸或其他水工建筑物前沿挖泥时,必须严格按设计的要求控制挖深和挖宽,以免危及建筑物的安全。

(五)挖槽边坡控制

(1)挖槽边坡应根据设计要求,计算放坡宽度,按矩形断面开挖,若泥层较厚应分层按阶梯形断面开挖,使挖槽自然坍塌后接近设计边坡,如图8-5所示。

(2)在泥层较薄作一层开挖时,边坡可取"一刀切"方法,即1/2坡距作为放坡距离,一次完成挖坡,然后让其坍塌自然坡度。

(3)在开挖码头基槽和岸坡时,应严格控制超挖,防止出现滑坡。边坡分层的台阶厚度不应超过1m。若绞吸挖泥船装有挖泥剖面仪应使用计算机的图形显示控制绞刀位置,直接按设计的边坡开挖。耙吸挖泥船开挖边坡时,应先挖边坡顶层的泥土,然后逐层下挖,防止只挖挖槽底部宽度,最后形成较陡的边坡,达不到设计的边坡坡度。

(4)对于链斗挖泥船和绞吸挖泥船应根据挖泥船斗桥或绞刀架性能适当放缓坡度来确定开挖起点位置。耙吸挖泥船施工的纵坡,软土质通常约为1:15;硬土质约为1:25。

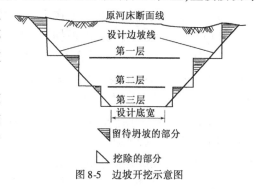

图8-5 边坡开挖示意图

三、疏浚工程质量检验标准

(一)疏浚工程质量检验的基本规定

(1)疏浚单位工程不划分分部工程及分项工程。

(2)基建性疏浚工程应按中部水域、边缘水域和边坡三部分进行质量检验。

(3)应定期对挖泥船的施工质量进行检测。斗式挖泥船、绞吸挖泥船每前进100m左右,耙吸挖泥船根据进度每隔3~10d应检测一次。对冲淤较大的地区,应增加测量次数。若停工时间超过10d,在停工时和复工前均应对挖槽进行水深测量。工程收尾扫浅阶段,特别是耙吸挖泥船施工地段,应加强检测,必要时每1~3d就应检测一次,并采用电子定位系统导航施工。

(4)施工期间应经常对管线、泥塘、围埝泄漏、泥舱漏泥、挖泥船溢流、抛泥进行监视,避免造成回淤。

(5)基建性疏浚工程质量检验的依据应包括工程设计图、竣工水深图和测量资料等。局部补挖后补绘的竣工水深图的补绘部分不应超过图幅中测区总面积的25%。补绘部分超过图幅中测区总面积的25%时,应对该图幅中的测区进行重测,并应重新绘图。

(6)基建性疏浚工程施工的最大超宽、最大超深不宜超过相应挖泥船施工平均超深、超宽控制值的2倍,各类挖泥船施工的平均超深、超宽控制值不应超过表8-1的规定。当最大超深值设计有要求时应满足设计要求。

各类挖泥船平均超深和平均超深控制值　　　　　表8-1

船型	耙吸(舱容 m³)		绞吸(总装机功率 kW)		链斗(斗容 m³)		抓斗(斗容 m³)		铲斗(斗容 m³)	
	≥4 000	<4 000	≥5 000	<5 000	≥0.5	<0.5	>8	4~8	≥4	<4
平均超深(m)	0.55	0.50	0.40	0.30	0.35	0.30	0.60	0.50	0.40	0.40	0.30
平均超宽(m)	6.5	5.0	4.0	3.0	4.0	3.0	4.0	4.0	3.0	3.0	2.0

(7)维护性疏浚工程质量检验的范围应为设计底边线以内的水域,边坡可不检验。当对边坡质量有特殊要求时,可根据设计要求进行检验。

(8)疏浚工程竣工断面图应根据设计断面、计算超深值、计算超宽值和竣工水深测量资料绘制,纵向比例宜采用1:100,不应小于1:200。

(9)弃土区的位置、范围和高程应满足设计和相关规定要求。

(10)疏浚土的运输或管道输送不得中途抛卸和漏泥。

(11)疏浚工程质量检验断面抽样比例应符合下列规定。

①基建性疏浚工程,采用单波束测深仪数字化测量的断面抽样比例不得少于25%,非数字化测量的断面抽样比例不得少于15%。多波束测深系统的断面抽样数量应按相应的测量比例尺的单波束测深仪数字化测量的抽样数量确定。

②维护性疏浚工程,采用单波束测深仪数字化测量的断面抽样比例不宜少于15%,非数字化测量的断面抽样比例不宜少于10%。多波束测深系统的断面抽样数量宜按相应的测量比例尺的单波束测深仪数字化测量的抽样数量确定。

(12)疏浚工程单位工程完工后,施工单位应按《水运工程质量检验标准》(JTS 257)的有关规定整理质量检验成果表及竣工水深图和地形图、竣工报告,送监理单位和建设单位审查。监理单位和建设单位应在收到资料后7个工作日内予以审核和确认。

(二)基建性疏浚工程质量检验标准

1. 泊位疏浚

(1)设计底边线以内水域的开挖范围应满足设计要求。开挖断面不应小于设计开挖断面。

(2)码头前沿安全地带以外的泊位水域严禁存在浅点。

(3)码头前沿安全地带以内及疏浚施工超挖可能对建筑物安全造成影响的区域,其超深、超宽值和边坡坡度应严格控制在确保建筑物安全稳定的设计允许范围内,允许存在浅点的数量、范围和浅值应根据工程的实际情况确定。

(4)泊位的两端和临近港池的边坡坡度不应大于设计边坡坡度。

(5)泊位加深扩建的疏浚工程,应严格按设计要求控制超挖,必要时应对邻近建筑物进行沉降位移观测。

2. 港池疏浚

(1)无备淤深度的港池疏浚工程设计底边线以内水域严禁存在浅点,设计底边线以内水域的开挖范围应满足设计要求,开挖断面不应小于设计开挖断面。

(2)有备淤深度的港池疏浚工程设计底边线以内的中部水域不得存在浅点;有备淤深度的港池疏浚工程边缘水域的底质为中、硬底质时,不得存在浅点;边缘水域的底质为软底质时,浅点不得在测图的同一断面或相邻断面的相同部位连续存在,浅点数不得超过该水域总测点的3%,浅点的浅值不得超过表8-2的规定。

允许浅值表　　　　　　　　　　　　　　　表8-2

设计水深 h(m)	$h<10.0$	$10.0 \leqslant h \leqslant 14.0$	$h>14.0$
允许浅值(m)	0.1	0.2	0.3

(3)边坡的开挖范围和坡度应满足设计要求。

3. 航道疏浚

(1)无备淤深度的航道疏浚工程设计底边线以内水域严禁存在浅点,设计底边线以内水域的开挖范围应满足设计要求,开挖断面不应小于设计开挖断面。

(2)有备淤深度的航道疏浚工程设计底边线以内的中部水域不得存在浅点;有备淤深度的航道疏浚工程边缘水域的底质为中、硬底质时,不得存在浅点;边缘水域的底质为软底质时,浅点不得在测图的同一断面或相邻断面的相同部位连续存在,浅点数不得超过该水域总测点的2%,浅点的浅值不得超过表8-2的规定。

(3)边坡的开挖范围和坡度应满足设计要求。

4. 锚地疏浚

锚地疏浚工程质量检验与上面的"航道疏浚"质量检验要求相同,只是边坡可不检验。

5. 挖岩与清渣

挖岩与清渣应满足设计要求,开挖区内不得存在浅点,平均超深不得大于1m,平均超宽不得大于4m,边坡不得陡于设计边坡。

(三)维护性疏浚工程质量检验标准

1. 一次性维护疏浚

(1)设计底边线以内水域的开挖范围和水深应满足设计要求。开挖断面不应小于设计开挖断面。

(2)中、硬底质的一次性维护疏浚工程,设计底边线以内水域不得存在浅点。

(3)软底质和有备淤深度的一次性维护疏浚工程,应对中部水域和边缘水域分别进行质量检验,中部水域不得存在浅点,边缘水域的浅点不得在测图的同一断面或相邻断面的相同部位连续存在,浅点数不得超过该水域总测点的3%,浅点的浅值不得超过表8-2的规定。

2. 常年维护性疏浚

(1)常年维护性疏浚工程应达到维护标准的水深。

(2)常年维护性疏浚工程的通航水深保证率或维护标准水深保证率应根据实际情况确定,计算方法应符合《水运工程质量检验标准》(JTS 257)的规定。

第三节 吹填及围埝工程施工质量控制

一、围埝及泄水口施工质量控制

(一)施工放样

围埝施工放样要求见第十二章第二节的相关规定。

(二)围埝基础处理

(1)埝基上的树根、杂草、淤泥及腐殖土应清除。

(2)埝基为坚硬土或旧埝基时,应将表面土翻松再填新土,使之密实。

(3)埝基为淤泥时,可用小型柴排或管排、土工织物垫底或用其他方法加固。

(4)埝基为沙质土时，可事先在埝的中间开槽，填以黏土防渗。

(三)围埝施工质量控制要点

1. 土围埝

(1)围埝放样宜沿堤中心线从起点至终点每隔25～50m设置木桩，标出地面高程与堤顶高程，并按设计断面用木桩或标杆放出堤顶宽度及坡脚线。

(2)应就近取土筑埝，并离开围埝坡脚一定距离从围埝内侧取土，以保证吹泥时围埝的稳定性。

(3)土围埝应分层修筑并层层夯实。宜每铺0.3～0.5m土厚为一层，夯实后再铺上一层，直到达到设计埝顶高程，如图8-1所示，围埝的顶部和边坡应整平、夯实。

(4)土围埝施工的允许偏差，埝顶高程为±0.1m，宽度为±0.1m。

2. 抛石围埝

抛石围埝施工质量控制要求与斜坡式防波堤堤身和围堰施工质量控制要求基本相同，见第三章第四节"一"和第九章第二节相关内容。

3. 土工织物充填袋围埝

(1)土工织物袋充填筑堤前，应对基层进行处理，直接铺设的土工织物袋，应将基层可能有损织物的凸出物、杂物清除；当堤底有加筋垫层时，应按相应规定执行。

(2)土工织物袋应用工业缝纫机缝制，缝制线应采用尼龙线，强度不得小于150N；土工织物缝合宜采用"包缝"或"丁缝"，如图7-12所示；土工织物袋充填口布置在袋体表面，充填口数量应视充填料粒径和充填能力确定，砂性土一般按每16～20m^2布置一个为宜。

(3)土工织物袋充填所用泥浆和高压水泵，应根据充灌速度、袋体大小、输送距离等要求进行选择。

(4)充填料宜采用就地取料或采用采砂船运至充填区，当在附近滩地取土时，取土坑应离围埝坡趾有足够距离。

(5)土工织物袋铺设应垂直于地轴线，上、下袋体应错缝，同层相邻袋体接缝处，应预留收缩量，确保充填时两袋相互挤紧。充填后的两袋间不得有贯通缝隙，如有应作相应处理。水下铺设宜设定位桩。

(6)土工织物袋充填应用高压水枪进行水力造浆，泥浆浓度宜为20%～45%。袋体充填饱满度宜为85%，厚度宜控制在400～500mm范围内，充填后的干土重度应达到14.5kN/m^3以上。充填应用泥浆泵进行，管路出口压力宜控制在0.2～0.3MPa。

(7)土工织物袋在铺设及充填过程中若出现袋体损伤，应及时修复。袋体充填后外露部分不得长时间暴露日照，应按设计要求及时做好覆盖保护。

(四)吹填区排水口质量控制要点

1. 排水口的布设

(1)排水口的位置应根据吹填区地形、几何形状、排泥管的布置、容泥量及排泥总流量等因素确定。

(2)排水口应设在有利于加长泥浆流程、有利于泥沙沉淀的位置上。一般多布设在吹填区的死角或远离排泥管线出口的地方。

(3)在潮汐港口地区,应考虑在涨潮延续时间内,潮汐水位对排水口泄水能力的影响。

(4)排水口应选在具有排水条件的地方,如临近江、河、湖、海等地方。

2. 常用的排水口结构

应根据工程规模、现场条件、设计要求等因素进行选择;排水口结构宜采用下列形式。

(1)溢流堰式排水口。其堰顶标高比围埝顶低,泄水直接漫溢到排水渠中。宜采用混凝土、石、砖石混合结构。溢流堰坚固耐用,投资较大,适于大、中型吹填工程。

吹填过程中宜人工控制堰顶水位。堰顶标高应随吹填厚度增高而增加,堰顶每次增加的高度,应根据吹填施工计划确定。加高的方法可用土工织物袋装砂,直接放于堰顶上。

(2)薄壁堰式排水闸。

(3)埋管式排水口。可分为闸箱式和埝内埋管式。

3. 泄水口的施工

(1)泄水口水门的基础应夯实。

(2)泄水口与围埝结合处应采取护坡措施,防止水流冲刷。

(3)泄水口出水处底面应用块石、土袋和软体排等护底,防止冲刷。

(4)采用埋设排泥管做泄水口时,排泥管应伸进泥塘内并超过埝身1m,管与管之间的泥土应夯实,泄水管与埝的结合应紧密。

二、排泥管线敷设质量控制要点

(一)陆上排泥管线敷设

(1)应优先选择平直最短的线路,沿公路两侧敷设,避免与公路、铁路、水渠和其他建筑物交叉。

(2)陆上管线的入口高程应设在平均大潮高潮位之上并便于与浮管连接。

(3)排泥钢管法兰之间应装设密封圈,必须紧固水密。管底的基础、衬垫物、支架必须牢固。

(4)使用过的排泥管应经过检查、测厚,并根据工程需要确定厚度要求。

(5)排泥管线穿越铁路时,宜在现有涵洞处通过。当埋设在铁路之下时,应将钢管管壁、法兰加厚,或在排泥管外加设钢筋混凝土套管承重。

(6)管线穿越公路时,可采用埋设在公路之下或架设管桥的方法,当车辆流量不大时,也可采用半埋或直接在路面上穿越。采用架空方法通过公路时,管桥的净空应符合我国公路的标准,并应在管线的最高处设置排气阀;采用半埋或直接从公路上铺设管线时,管道的顶部及两侧应用填土保护,两侧填土的坡度不宜大于1:10。

(7)管线穿越水渠、河沟时,宜架设在管架或浮筒之上。

(8)因吹填需要,需装设支管时,应在管线上装设三通、四通和闸阀。

(二)水上排泥管线布设

(1)水上管线应根据水流、风向布设成平滑的弧形,并抛锚固定。在水陆管线连接处和水下管线连接处应设双向管子锚和三向管子锚加以固定。

(2)在港口、航道施工时,水上管线夜晚应装灯显示,管子锚应设置锚漂显示。

(3)水上排泥管线不宜过长,在风浪、流速较大的地区,宜在 300~500m 之间。

(三)水下管线和潜管的敷设

(1)敷设前应对敷设水域进行水深测量,测图比例宜采用 1:1 000~1:2 000。

(2)水下管线宜采用胶管柔性连接,也可采用钢性连接。柔性连接时,管段在平坦地区一般由 4~5 节钢管(20~30m)和 1 节胶管组成,在地形变化比较大的地段,应增加 1~2 节胶管。潜管上升段和下降段的坡度不宜太陡,其两端应设端点站,并在管路上配备充、排气阀和水闸阀等设备。

(3)潜管组装应选择在靠近沉放区、波浪和潮流较小的水域进行,可在岸边、码头边或在驳船上用吊机将排泥管组装成所需的长度,管口两端用盲板密封,使之直接浮在水上。组装好的管线应小心拖运。

(4)潜管下沉应选择在风浪较小、憩流时进行。当管线较长时,应配备 2~3 条拖轮或锚艇进行拖带和协助管线定位。管线沉放宜采用一端灌水另一端放气的方法。在通航区域沉放时,应设立警戒船。

(5)沉放后,两端应下锚固定并设警戒标志。

(四)吹填区内管线布设和管理

(1)排泥管进入吹填区的入口应远离排水口,以延长泥浆流程。管线的布置应满足设计标高、吹填范围、吹填厚度的要求,并应考虑吹填区的地形、地貌、几何形状对管线布置的影响。

(2)排泥管线的间距应根据设计要求、泥泵功率、吹填土的特性、吹填土的流程和坡度等因素确定。

(3)应根据管口的位置和方向、排水口底部高程的变化及时延伸排泥管线。在吹填区内应设若干水尺,观测整个吹填区的填土标高的变化,指导排泥管线的调整和管理工作。

三、吹填施工质量控制重点

(一)高程控制

(1)控制吹填高程用的临时水准点和标尺应定期校核。

(2)在吹填过程中,应经常利用高程控制标尺观测吹填土的标高,并进行吹填区的高程测量。及时延长排泥管线、调整管线的间距、管口的位置和方向及泄水口的高度,以达到吹填高程和平整度的要求。

(3)对平整度要求较高的吹填砂工程,在吹填施工期间宜在排泥管出口配备推土机,粗平到吹填要求高度后,再延长排泥管线,以减少工程后期的整平工程量。

(4)吹填期间应按规定定期进行沉降观测,并根据观测的地基沉降量和固结量,及时调整吹填预留的厚度。

(二)对吹填土的粒径和级配控制

(1)应根据钻探和土质调查的资料,选择符合设计要求粒径的砂源进行吹填,对不适合要求的细颗粒土,应通过疏浚分离出去,排至其他场地。

(2)施工中应及时观察泥浆浓度的变化,并注意沉淀在吹填区内的土质是否符合设计要求,必要时取样检验。

(3)管线的布置应使从排泥管口排出的水流充分扩散,或在管口加消能装置降低出口流速,使细粒土能有沉淀机会,并可采用将吹填区划分成若干小区的方法使细粒土均布在小区内,避免淤泥集中。

(4)当在软基上进行吹填时,为了防止下层淤泥土被挤出、隆起,应采用分层吹填的方法。

(5)在整个施工过程中,应使施工船舶、排泥管、围埝、排水口协调地工作。建立有效的通信联系并实行巡逻值班,随时掌握吹填区填土进度、质量、泥砂流失、围埝和排水口的安全情况。

(三)吹填施工测量控制

吹填施工测量控制见第十二章第二节的相关规定。

四、吹填工程质量检验标准

(一)吹填工程质量检验的基本规定

(1)吹填围埝工程的分部工程、分项工程可按表8-3的规定划分,当工程内容与表列项目不一致时,可根据工程内容进行调整。

吹填围埝工程分部工程、分项工程划分　　　表8-3

序　号	分　部　工　程	分　项　工　程
1	基底	基床清淤等
2	埝身	抛石
3	倒滤层	倒滤层

(2)疏浚土的运输或管道输送不得中途抛卸和漏泥。

(3)吹填及围埝工程质量检验的依据应包括工程设计文件和竣工资料等。

(4)永久性围埝工程应单独进行质量检验;临时性围埝应满足稳定和安全等要求。

(二)围埝工程质量检验标准

(1)围埝的基底处理应满足设计要求。

(2)抛石围埝抛填程序和速率应满足设计要求。

(3)石料的规格和质量应满足设计要求。施工单位对每一料源检验不少于3次,监理单位见证抽样检验。

(4)倒滤层分段、分层施工的接茬处理应满足设计要求。

(5)抛石围埝的允许偏差、检查数量和方法应符合表8-4的规定。

(三)吹填工程质量检验标准

(1)吹填工程的分层厚度和吹填程序应满足设计要求。

(2)吹填区的高程应满足设计要求,吹填工程的允许偏差、检验数量和方法应符合表8-5的规定。

抛石围埝允许偏差、检验数量和方法　　　　　　　表 8-4

序号	项目	允许偏差(mm) 水上	允许偏差(mm) 水下	验数量	单元测点	检验方法
1	顶部宽度	±150	—	每 5~10m 一个断面	1 或 2	用经纬仪和钢尺或全站仪、RTK-DGPS 测量
2	顶部高程	+200 0	—		2m 一个点且不少于 3 点	用水准仪测量
3	坡面轮廓线	±200	±300			水上用水准仪测量,水下用测深水砣测量
4	倒滤层分层厚度	+50 0	+100 0		每 2m 1 个点	用水准仪、测深水砣测量和直尺量
5	混合倒滤层厚度	+100 0	+200 0			
6	围埝轴线	±200	—		每 15m 1 个点	用经纬仪和钢尺或全站仪、RTK-DGPS 测量

吹填工程允许偏差、检验数量和方法　　　　　　　表 8-5

序号	项目		允许偏差(m)	检验数量	单元测点	检验方法
1	吹填平均高程	完工后吹填平均高程不允许低于设计吹填高程时	+0.20 0	图上测点间距 10~15mm	1	用水准仪配合经纬仪、全站仪或 RTK-DGPS 测量,取平均值
		完工后吹填平均高程允许有正负误差时	±0.15			
2	吹填高程最大偏差	未经机械整平 淤泥	±0.60	图上测点间距 10~15mm	1	用水准仪配合经纬仪、全站仪或 RTK-DGPS 测量,取最大偏差值
		未经机械整平 细砂、砂质土	±0.70			
		未经机械整平 中、粗砂	±0.90			
		未经机械整平 中、硬质黏土	±1.00			
		未经机械整平 砾石	±1.10			
		经过机械整平	±0.30			

(3)吹填土质应满足设计要求。施工单位、监理单位全数检查,抽样数量应满足设计和合同要求。设计和合同无要求时,按每 10 000 m^2 取一个试样进行抽样检验,监理单位见证抽样检验。

思 考 题

1. 疏浚与吹填工程的基本概念。
2. 挖槽设计的基本要求和抛泥区选择的原则。
3. 土质分类及疏浚与吹填工程对土质的各自要求。
4. 常用挖泥船及其适用范围,常用挖泥船超深、超宽控制要求。
5. 吹填围埝的主要形式及布置原则。
6. 围埝工程质量控制要点。
7. 疏浚与吹填工程常规施工工艺、施工方法及质量控制要点。
8. 从4M1E的五个方面,熟练分析疏浚与吹填工程各施工环节质量控制的重点。

第九章 船闸和修造船水工建筑物质量控制

第一节 概　　述

一、通航建筑物

为帮助船舶(队)克服渠化工程上下游集中水位落差,顺利通过河道上的闸、坝,必须修建通航建筑物。通航建筑物主要有船闸和升船机两大类。船闸是利用水力将船舶(队)浮送过坝,能力大,应用最广;升船机是利用机械力将船舶升送过坝,耗水量少,一次提升高。

(一)船闸

1. 船闸的组成

船闸主要由闸首、闸室、输水系统、引航道、口门区、连接段、锚泊地、导航建筑物、靠船建筑物、闸阀门、启闭机械、电气控制设备和通信、助导航、运行管理等附属设施及生产、生活辅助建筑物等组成,有的船闸还应包括前港和远方调度站等。

但传统的说法是:船闸由闸室、闸首、引航道三个基本部分组成。

1)闸室

闸室是介于船闸上、下闸首及两侧边墙间供过坝(闸)船舶(队)临时停泊的场所。

闸室由闸墙及闸底板构成,并以闸首内的闸门与上、下游引航道隔开。闸墙和闸底板可以是浆砌石、混凝土或钢筋混凝土的,两者可以是连在一起的整体式结构,也可以是不连在一起的分离式结构。为了保证闸室充水或泄水时船舶(队)的稳定。在闸墙上设有系船柱和系船环。

2)闸首

闸首的作用是将闸室与上、下游引航道隔开,使闸室内维持上游或下游水位,以便船舶(队)通过。位于上游端的称为上闸首,位于下游端的称为下闸首。在闸首内设有工作闸门(用来封闭闸首口门,将闸室与上、下游引航道隔开)、检修闸门、输水系统(专供闸室灌、泄水用,如输水廊道等)、阀门及启闭机系统。此外,在闸首内还设有交通桥及其他辅助设备。闸首由钢筋混凝土、混凝土或浆砌石作成,边墩和底板通常作成整体式结构。

3)引航道

引航道是连接船闸闸首与主航道的一段航道,设有导航及靠船建筑。其作用是保证船舶(队)顺利地进、出船闸,并为等待过闸的船舶(队)提供临时的停泊场所。与上闸首相接的称为上游引航道,与下闸首相接的称为下游引航道。

2. 船舶过闸原理

船舶(队)过闸的原理,如图 9-1 所示。当上行船舶(队)要通过船闸时,首先由下游输水设备将闸室的水位泄放到与下游水位齐平,然后开启下闸首闸门,船舶(队)驶入闸室,随即关闭下闸首闸门,由上游输水设备向闸室充水,待水面与上游水位齐平后,开启上闸首闸门,船舶(队)驶离闸室。此时,若在上游有船舶(队)等待过闸,则待上行船舶(队)驶出闸室后,即可驶入闸室,然后关闭上闸首闸门,由下游输水设备向下游泄水,待闸室水位与下游水位齐平后,开启下闸首闸门,船舶(队)即可驶出闸室进入下游引航道。这就是船舶(队)过闸的全过程。

3. 船闸的类型

1) 按船闸的级数分类

(1) 单级船闸

只有一级闸室的船闸称为单级船闸。这种形式船闸的过闸时间短,船舶(队)周转快,通过能力较大,建筑物及设备集中,管理方便。当水头不超过 15~20m(在基岩上不超过 30m)时,宜采用这种形式。

(2) 多级船闸

当水头较高时,若仍采用单级船闸,不仅过闸用水量大,灌、泄水时进入闸室或引航道的水流流速较高,对船舶(队)停泊及输水系统的工作条件不利,而且还将使闸室及闸门的结构复杂化。为此,可沿船闸轴线将水头分为若干级,建造多级船闸。图 9-2 是我国三峡水利枢纽双线五级船闸总体布置示意图,上下游总水头高达 113m,是世界上规模最大和水头最高的船闸。

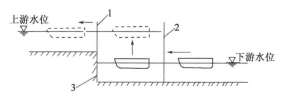

图 9-1 船舶过闸示意图
1-上闸门;2-下闸门;3-帷墙

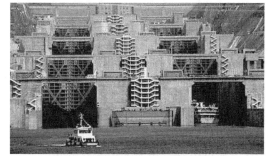

图 9-2 三峡工程双线五级船闸布置图

2) 按船闸的线数分类

(1) 单线船闸

在一个枢纽内只有一条通航线路的船闸称为单线船闸,实际工程中大多采用这种形式。

(2) 多线船闸

在一个枢纽内建有两条或两条以上通航线路的船闸称为多线船闸。船闸的线数取决于货运量和船闸的通过能力,当货运量较大而单线船闸的通过能力无法满足要求,或船闸所处河段的航运对国民经济具有特殊重要的意义,不允许因船闸检修而停航时,需要修建多线船闸。我国三峡和葛洲坝水利枢纽分别采用的是双线和三线船闸。

3) 按闸室的形式分类

(1) 广厢船闸

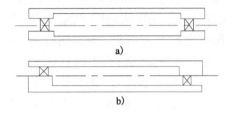

图9-3 广箱船闸平面示意图

通过以小型船舶(队)为主的小型船闸。可采用广厢船闸,如图9-3所示。其特点是:闸首口门的宽度小于闸室宽度,闸门尺寸缩窄,可降低造价;但船舶(队)进出闸室需要横向移动,使操作复杂化,延长过闸时间。

(2) 具有中间闸首的船闸

当过闸船舶(队)不均一,为了节省单船过闸时的用水量及过闸时间,有时在上、下闸首之间增设一个中间闸首,将闸室分为前后两部分。当通过单船时,只用前闸室(用上、中闸首),而将下闸首的闸门打开,这时后闸室就成为下游引航道的一部分;当通过船队时,不用中间闸首,将前后两个闸室作为一个闸室使用。这样既可节省过闸用水量,又可减少过闸时间,如图9-4所示。

(3) 井式船闸

当水头较高且地基良好时,为减小下游闸门的高度可选用井式船闸,如图9-5所示。在下闸首建胸墙,胸墙下留有过闸船舶(队)所必需的通航净空,采用平面提升式闸门。当前世界上水头最大的单级船闸——俄罗斯的乌斯季卡缅诺戈尔斯克船闸就是采用的井式船闸,水头达42m。

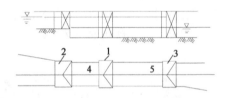

图9-4 具有中间闸首的船闸
1-中间闸首;2-上闸首;3-下闸首;4-前闸室;5-后闸室

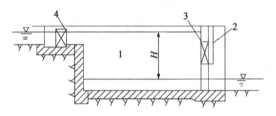

图9-5 井式船闸纵剖面示意图
1-闸室;2-下闸首;3-平面闸门;4-人字门

(二) 升船机

1. 组成

升船机由以下几个主要部分组成。

(1) 承船厢。用于装载船舶,其上、下游端部均设有厢门。

(2) 垂直支架或斜坡道。前者用于垂直升船机的支撑并起导向作用船机的运行轨道。

(3) 闸首。用于衔接承船厢与上、下游引航道,闸首内设有工作闸门和拉紧(将承船厢与闸首锁紧)、密封等装置。

(4) 机械传动机构。用于驱动承船厢升降和启闭承船厢的厢门。

(5) 事故装置。当发生事故时用于制动并固定承船厢。

(6) 电气控制系统。用于操纵升船机的运行。

2. 升船机工作原理

船舶通过升船机的程序与其通过船闸的程序基本相同。当船舶驶向上游时,先将承船厢停靠在厢内水位与下游水位齐平的位置上,操纵承船厢与闸首间的拉紧、密封装置和充灌缝隙水,开启下闸首的工作闸门及承船厢下游端的厢门,船舶驶入承船厢。然后将下闸首的工作闸门和承船厢下游端的厢门关闭,泄去缝隙水,松开拉紧和密封装置,将承船厢提升至厢内水位与上游水位齐平的位置,待完成承船厢与上闸首之间的拉紧、密封和充灌缝隙水等操作后,开启上闸首的工作闸门和承船厢上游端的厢门,船舶即可驶入上游。船舶自上游驶向下游,按上述程序反向进行,如图9-6所示。

3. 类型

按承船厢载运船舶的方式可分为湿运和干运。湿运是船舶浮在充水的承船厢内运送;干运是船舶搁置在无水的承船厢承台上。干运时船舶易受碰损,很少采用。

按承船厢的运行路线可分为垂直升船机和斜面升船机两大类。

1)垂直升船机

垂直升船机有提升式、平衡重式和浮筒式等。

(1)提升式升船机,如图9-7a)所示。类似于桥式起重机,船舶进入承船厢后,用起重机提升过坝。由于提升动力大,只适用于提升中、小型船舶。

(2)平衡重式升船机,如图9-7b)所示。利用平衡重来平衡承船厢的重量。运行原理与电梯相似。其优点是:过坝历时短,通过能力大,运行安全可靠,耗电量小。缺点是:工程技术复杂,钢材用量多。目前世界上最大的平衡重式升船机是在建的我国三峡工程升船机,最大垂直行程113m,承船厢尺寸为120m×18m×3.5m,可通过3 000t级的客货轮,通过时间约为40min,提升总重量为11 800t。

(3)浮筒式升船机,如图9-7c所示。将金属浮筒浸在充满水的竖井中,利用浮筒的浮力来平衡升船机活动部分的重量,电动机仅用来克服运动系统的阻力和惯性力。这种升船机工作可靠,支撑平衡系统简单,但提升高度不能太大,且浮筒井及一部分设备经常处于水下,不便于检修。目前世界上最大的浮筒式升船机是德国的新亨利兴堡升船机,提升高度14.5m,承船厢尺寸90m×12m,厢内水深3.0m,载船吨位1 350t。

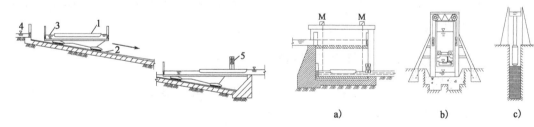

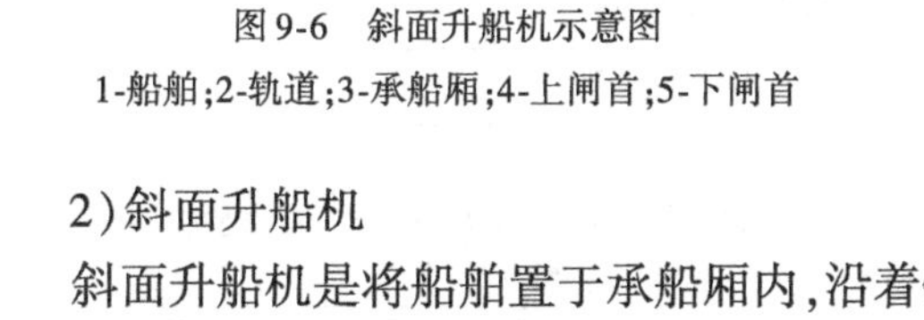

图9-6 斜面升船机示意图
1-船舶;2-轨道;3-承船厢;4-上闸首;5-下闸首

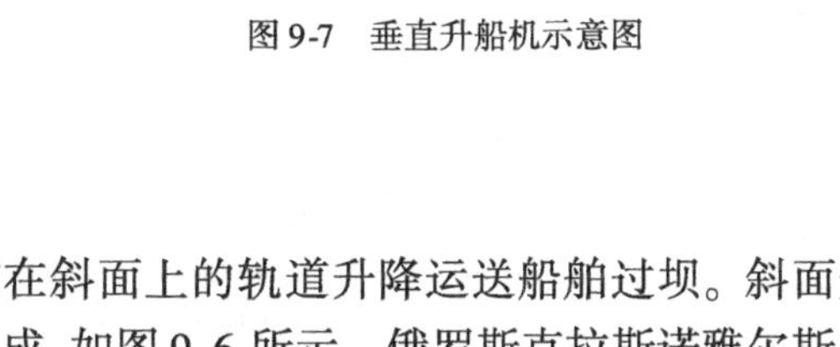

图9-7 垂直升船机示意图

2)斜面升船机

斜面升船机是将船舶置于承船厢内,沿着铺在斜面上的轨道升降运送船舶过坝。斜面升船机由承船厢、斜坡轨道及卷扬机设备等部分组成,如图9-6所示。俄罗斯克拉斯诺雅尔斯克斜面升船机是目前世界上运载量最大(2 000t)、提升高度最大(118m)的斜面升船机,我国已建成最大提升高度为80.0m的湖南柘溪水电站的斜面升船机。

二、船闸的常用结构形式

(一) 闸室结构

闸室结构一般采用直立式结构,两侧闸墙与闸底板刚性连接的为整体式结构,如图9-8所示,闸墙与闸底非刚性连接的为分离式结构,如图9-9所示。整体式结构主要有坞式结构和反拱底板结构,分离式结构主要有重力式、悬臂式、双铰式底板、扶壁式、衬砌式和混合式等结构。

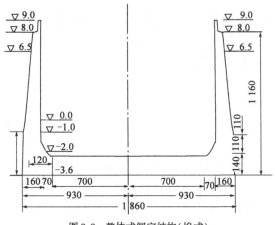

图9-8　整体式闸室结构(坞式)　　　　图9-9　分离式闸室结构

(二) 闸首结构

闸首结构按其受力状态分为整体式结构和分离式结构。在土基上为避免由于边墩不均匀沉降而影响闸门正常工作,一般采用整体式闸首结构;岩基上的闸首虽然可以采用分离式结构,但由于闸首结构受力大且非常复杂,所以也常常采用整体式结构,也有采用分离式结构的。

(三) 引航道导航和靠船建筑物常用形式

引航道的导航、靠船建筑物有重力式、墩式、框架式、桩墩式、浮式、空箱式、扶壁式和连拱式等结构;护坡和护底一般采用浆砌块石、干砌块石、混凝土块体等。

三、船闸工程的分部工程、分项工程划分

船闸工程的分部工程、分项工程可按表9-1和表9-2的规定划分。当工程内容与表列项目不一致时,可根据结构特点进行调整。

船闸主体工程分部工程、分项工程划分　　　　表9-1

序号	分部工程	分项工程
1	基坑开挖	水下基坑开挖、陆上基坑开挖等
2	地基与基础	地基换填、基床抛石、基床夯实、基床整平、预制桩沉桩、灌注桩、挤密砂桩、挤密碎石桩、水泥搅拌桩、旋喷桩、帷幕灌浆、岩石固结灌浆等
3	闸首	现浇底板、现浇消能设施、现浇门槛、现浇输水廊道、现浇闸首边墩、门库与门槽、变形缝及止水等
4	闸室	现浇底板与撑梁、现浇输水廊道、现浇消能设施、现浇闸墙、板桩闸墙、地连墙闸墙、衬砌闸墙与闸墙衬砌、浆砌石闸墙、挡板、变形缝及止水、砌石护底等

续上表

序号	分部工程	分项工程
5	墙后工程	倒滤层、墙后排水设施、观测井和水位计井管、土石方及混凝土回填、防渗盖面、铺砌面层等
6	附属设施	护舷、护角与护面、铁梯、钢栏杆、系船设施、电缆槽、拦污栅、水尺等

引航道、锚地及导航、靠船建筑物分部工程、分项工程划分　　表9-2

序号	分部工程	分项工程
1	航道与锚地	陆上开挖、水下开挖、岸坡削坡及整平、护底护坦、垫层、倒滤层等
2	基槽开挖	土方开挖、石方开挖等
3	地基与基础	地基换填、基床抛石、基床夯实、基床整平、挤密砂桩、挤密碎石桩、水泥搅拌桩、旋喷桩、预制桩沉桩、灌注桩、帷幕灌浆、岩石固结灌浆等
4	导航建筑物与靠船建筑物	现浇导航墙、现浇靠船墩、浆砌石导航墙、浆砌石靠船墩、沉井、现浇挡板、变形缝及止水等
5	护岸与护底	现浇底板、现浇挡墙、浆砌石挡墙、砌石护坡、模袋护坡、预制块铺砌护坡、砌石拱圈护坡、护底护坦、沉降伸缩缝等
6	墙后工程	倒滤层、排水设施、观测井管、土石方及混凝土回填、防渗盖面、铺砌面层等
7	附属设施	护舷、护角与护面、铁梯、钢栏杆、系船设施、电缆槽、拦污栅、水尺等

四、船闸工程总体

(一) 船闸工程竣工整体尺度

船闸工程竣工整体尺度允许偏差应符合表9-3和表9-4的规定。

船闸主体工程整体尺度允许偏差　　表9-3

序号	检验项目		允许偏差（mm）	检验数量	单元测点	检验方法
1	总长度		$L/1000$	逐座检查	2	用测距仪或钢尺等测量
2	前沿线位置偏移		20	每10~20m一个断面	2	用经纬仪或全站仪等测量
3	净宽	闸首	±20		2	用测距仪或钢尺等测量底部和顶部
4		闸室	±30		2	
5	标高	闸首边墩顶	±10	每5~10m一处	2	用水准仪等测量
6		门槛顶	0 -10		1	
7		闸首底板	+5 -20		1	
8		闸门顶	±20		1	
9		闸室墙及挡板顶	±20	每10~20m一个断面	2	用水准仪等测量闸墙前沿
10		闸室底板	+5 -20		1	用水准仪等测量中轴线
11		墙后地面	±20		2	用水准仪等测量墙后2~5m处
12	跨闸建筑物净空高度		+100 0	逐座检查	1	用水准仪等测量

注：L为船闸设计总长度，即上下游闸首距离，单位为mm。

引航道、锚地及导航、靠船建筑物工程整体尺度允许偏差　　　　　表 9-4

序号	检验项目		允许偏差	检验数量	单元测点	检验方法
1	导航段建筑物长度		±500mm	逐座检查	2	用测距仪或钢尺等测量
2	靠船段建筑物长度		±500mm		2	
3	导航、靠船建筑物前沿线位置		20mm	每10~20m一处	1	用经纬仪或全站仪等测量
4	弯曲段曲率半径		2R/1 000mm		1	
5	引航道底宽度		+100mm 0mm		1	用钢尺等测量上中下游三处
6	标高	导航、靠船建筑物顶部	±20mm	每10~20m一个断面	1	用水准仪等测量
		隔堤、岸坡坡顶			1	
		护坦顶	0mm -50mm		3	用水准仪等测量两边和中部
		引航道底	0mm -100mm		3	
7	岸坡坡度		±10%		1	断面测量
8	护坡长度		±1 000mm		1	用测距仪或GPS等仪器测量

注：R 为引航道弯曲段设计曲率半径，单位为 mm。

(二) 船闸工程单位或单项工程观感质量

船闸工程单位或单项工程观感质量应按表 9-5 和表 9-6 进行检查评价，其综合得分率不应低于 80%。

船闸主体工程观感质量评价项目和质量要求　　　　　表 9-5

序号	评价项目	质量要求	标准分	评价等级		
				一级95%	二级85%	三级70%
1	闸墩	迎水面平整、沿线顺直、棱角完整	20			
		表面无明显缺陷和裂缝	10			
		门槽顺直，无明显错台	10			
		施工螺栓切割和处理符合要求	10			
2	闸墙	前沿顺直、顶部平整	10			
		墙面平整，无明显缺陷、裂缝和错台	20			
		变形缝宽均匀、垂直贯通	15			
		施工螺栓切割和处理符合要求	10			
3	钢结构	构件完整、大面平直、无明显变形	10			
		漆膜均匀完整、无漏涂和泛锈	10			
		预埋件接茬平顺，防腐符合要求	10			
4	地面	表面平整、坡向正确	10			
		砌块缝宽均匀、线条清晰、无残缺崩角	15			
		盖板平整、与周边接茬平顺	10			
5	附属设施	系船柱和系船钩位置正确	10			
		灯杆垂直、排列整齐	10			
		爬梯平整、顺直、牢固	5			
		水尺顺直、醒目	5			

引航道及导航、靠船建筑物工程观感质量评价项目和质量要求　　　表9-6

序号	评价项目	质 量 要 求	标准分	评 价 等 级		
				一级95%	二级85%	三级70%
1	导航、靠船构筑物	墙面平整、相邻段无明显错台	10			
		混凝土表面无裂缝和明显缺陷	10			
		砌石结构砌缝平直,勾缝密实、美观	10			
		施工螺栓切割和处理符合要求	10			
		沉降伸缩缝顺直、上下贯通	5			
		排水孔通畅、排列整齐	5			
2	护坡	坡度正确、大面平整	10			
		砌石结构砌缝均匀,勾缝密实、美观	10			
		模袋结构缝宽均匀、接缝处理符合要求	10			
		沉降缝顺直、上下贯通	5			
		排水孔通畅、排列整齐	5			
3	铁件防腐	油漆喷涂均匀、颜色一致、无明显漏涂	5			
		漆膜完整无流挂、皱皮和脱皮	5			
4	铺砌面层	缝宽和灌缝符合要求	5			
		块体无明显残缺及崩角	5			
5	附属设施	灯杆垂直、排列整齐	5			
		爬梯平整、顺直、牢固	5			
		预埋件周围接茬平顺	5			

五、修造船水工建筑物

修造船水工建筑物主要包括船台滑道和船坞等,它是修造船厂的重要组成部分,直接为建造与修理船舶服务。

(一)船台滑道

1. 船台滑道分类

滑道是指在沿岸斜面上利用机械设备曳拉上岸或溜放下水或靠船舶自重沿斜面滑行下水的专用轨道;船台是指供船舶在岸上修造的场地。船台与滑道往往联合使用,共成一体。

1)纵向滑道

当船舶下水或上墩时,船舶纵轴和移动方向均与滑道中心线相一致时称为纵向滑道,如图9-10所示。

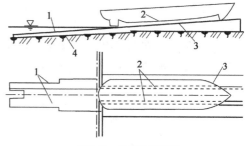

图9-10 纵向油脂滑道
1-下水滑道;2-滑板;3-船台;4-滑道基础

纵向滑道又可分为纵向木质滑道、纵向油脂滑道、纵向钢珠滑道、纵向机械化滑道等。

2)横向滑道

当船舶纵轴与滑道中心线相垂直,称为横向滑道。横向滑道又分高低轨滑道、高低腿滑道、梳式滑道等。

船台滑道结构形式一般根据厂区地形、水位变化以及施工条件等因素,在经过经济、技术的详细比较论证后选定。

2. 船台滑道结构组成

船台滑道的结构由基础和上部结构组成。

1)基础

随地质和使用条件的不同,有轨枕道渣基础、桩基以及抛石基床上安放方块、沉箱等,或上述几种的混合式基础。

2)船台滑道的上部结构

有钢筋混凝土轨枕、钢筋混凝土轨道梁或板以及钢筋混凝土井字梁等形式,若不用滑板(纵向木滑道)而用轨道,则必须采用重型钢轨。

(二)船坞

1. 船坞分类

船坞是供修造船用的建筑物,通常分为干船坞和浮船坞。

1)干船坞

干船坞是建在水域沿岸供修、造船用的水工建筑物,习惯上称为船坞。干船坞坞底低于水面,迎水面设有坞门,船进坞后将坞内水排出,给船舶的修造提供干施工环境,如图 9-11 所示。

图 9-11 我国某干船坞

2)浮船坞

浮船坞是系泊在船厂附近,一种两侧有墙、前后端开敞的槽形平底船,如图 9-12 所示。其设计和施工属船舶建造工程,因此本章不介绍浮船坞,只介绍干船坞工程质量控制。

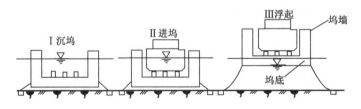

图 9-12 浮船坞

2.干船坞的组成及结构形式

1)组成

干船坞由坞室、坞口、灌排水系统、拖曳系缆设备、垫船设备、起重设备、动力及公用设施和其他设备等组成。

2)结构形式

坞室结构由底板和两侧坞墙组成。

(1)根据坞墙和底板的连接方式分

①整体式:坞墙和底板刚性连接的称为整体式,就是通常所说的坞式结构,与船闸的坞式结构相同(图9-8和图9-13)。

②分离式:坞墙和底板非刚性连接的称为分离式。分离式坞墙常用的结构形式有:重力式(包括实体式、悬臂式和扶壁式)适用于承载力较高的地基;桩基承台式和板桩式适用于承载力较低的地基;衬砌式适用于坞墙后全部或部分为岩体的情况。

(2)根据结构克服地下水扬压力的方式分

干船坞一般建在临水区,地下水位高,当干船坞排干水建造(维修)船舶时,承受巨大的地下水的扬压力(包括浮托力和渗透压力),为了保持在扬压力作用下的稳定可采用三种结构形式。

①重力式,如图9-13所示:以船坞结构的自重来保持结构的稳定性。重力式结构是干船坞的传统形式,它要求地基有足够的承载力,且地基土的透水性比较大,在设置排水减压设施有困难或不经济时,可考虑采用该形式。

②锚固式,如图9-14所示:锚碇于地基的拉杆或锚桩来保持结构的稳定性。这些锚固设施的主要作用是承受部分扬压力和减小底板的跨度,从而减小坞底板厚度,这样既可减少底板的混凝土用量,又可减少施工挖方量。

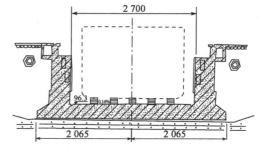

图9-13 重力式(单位:cm)

③排水减压式,如图9-15所示:排除渗入地基的地下水,消除或减少地下水的扬压力,从而保证结构稳定性。

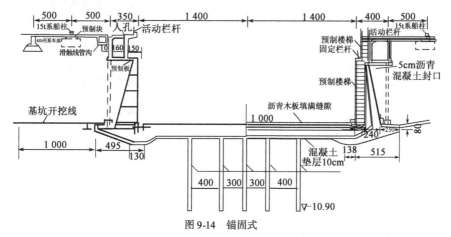

图9-14 锚固式

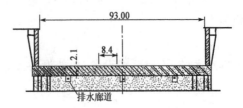

图 9-15 排水减压式(单位:m)

六、干船坞与船台滑道主体工程的分部工程、分项工程划分

干船坞与船台滑道主体工程的分部工程、分项工程可分别按表 9-7~表 9-9 的规定划分。当工程内容与表列项目不一致时,可根据设计内容和结构特点进行调整。

干船坞主体分部工程、分项工程划分　　　　　　表 9-7

序 号	分部工程		分项工程
1	基坑开挖		水下基坑开挖、陆上基坑开挖等
2	地基基础		地基换填、水泥搅拌桩、旋喷桩、岩石固结灌浆、帷幕灌浆、预制桩沉桩、灌注桩、基础抛石、基础夯实、基础整平、锚杆栽设、水下升浆块石混凝土等
3	减压排水		排水盲沟、排水盲管安设、排水垫层、单向阀安装等
4		底板	现浇混凝土底板、变形缝及止水、底板边沟等
5	船坞结构	坞墙	现浇混凝土坞墙、坞墙衬砌、板桩沉桩、地连墙、锚碇结构、拉杆安装、沉箱安装、扶壁安装、浮箱安装、沉箱接缝、扶壁接缝、浮箱接缝、现浇混凝土承台、现浇混凝土廊道、现浇混凝土管沟、现浇混凝土导梁与帽梁、现浇混凝土下坞通道涵洞与明洞、变形缝及止水等
		坞口	沉箱安装、方块安装、沉井下沉与封底、防渗墙、现浇混凝土坞门墩、现浇混凝土坞口底板与门槛、现浇混凝土排灌水明沟、现浇混凝土坞门坑、坞口止水等
6		泵房廊道	沉井下沉与封底、现浇混凝土泵房与灌排水廊道、现浇混凝土设备基础等
7	坞口翼墙		水下基坑开挖、陆上基坑开挖、预制桩沉桩、灌注桩、基础抛石、基础夯实、基础整平、板桩沉桩、地连墙、锚碇结构、拉杆安装、沉箱安装、扶壁安装、现浇混凝土翼墙、现浇混凝土胸墙、现浇混凝土导梁与帽梁等
8	墙后工程		土方回填、黏土铺盖层回填、排水盲管、倒滤层、稳定土类垫层、碎石类垫层、现浇混凝土面层、铺砌面层等
9	起重机轨道		预制桩沉桩、灌注桩、现浇混凝土基础、现浇混凝土立柱、现浇混凝土轨道梁等
10	附属设施		护舷安装、系船柱安装、牵引小车基础、绞车与绞盘基础、护角与护面制作安装、护轮坎、扶梯制作安装、栏杆制作安装、拦污栅制作安装等

注:坞口翼墙及护岸可划分为一个分部工程,其分项工程可按结构形式参照本标准类似分项工程的规定划分。

第九章 船闸和修造船水工建筑物质量控制

船台主体分部工程、分项工程划分　　　　表9-8

序号	分部工程	分项工程
1	地基与基础	基槽与基坑开挖、基础换填、水泥搅拌体、挤密砂桩、碎石桩、旋喷桩、岩石固结灌浆、帷幕灌浆、预制桩沉桩、灌注桩、基础抛石、基础夯实、基础整平、沉箱安装、方块安装、沉井下沉、现浇混凝土基础、现浇混凝土地梁、锚杆栽设等
2	主体结构	现浇桩帽、现浇立柱、现浇梁、现浇板、预制安装梁、预制安装板、预制安装井字梁、现浇接缝、现浇混凝土面层、现浇边沟、现浇混凝土滑道梁、预制安装滑道梁、变形缝及止水、止滑器坑等
3	挡土墙与翼墙	现浇混凝土挡墙、浆砌石挡墙、板桩沉桩、地连墙、锚碇结构、拉杆安装、现浇混凝土导梁和帽梁、沉箱安装、扶壁安装等
4	滑道	油脂滑道、滚珠滑道、辊轴滑道、钢轨滑道、滑道试验等
5	附属设施	护舷安装、系船柱安装、扶梯、栏杆、定位拉桩、定位标杆、中心线槽钢、焊接地线网、地牛、缆绳沟、拦污栅制作安装、长度标尺和水尺等

注：①其他形式挡土墙与翼墙的分项工程可按其结构形式参照本标准的有关规定划分；
②半坞式斜船台和有防水闸门斜船台的分部、分项工程可按其结构形式按表9-7的规定相应增加。

独立滑道分部工程、分项工程划分　　　　表9-9

序号	分部工程	分项工程
1	基础	基槽开挖、基础抛石、基础夯实、基础整平、预制桩沉桩、灌注桩、预制安装沉箱、预制安装方块等
2	挡土墙与翼墙	现浇混凝土挡墙、浆砌石挡墙等
3	滑道梁	现浇混凝土井字梁、现浇混凝土滑道梁、预制安装滑道梁、预制安装井字梁等
4	钢轨滑道	铺碴道床、轨枕安装、钢轨安装等
5	附属设施	地牛、缆绳沟等

注：其他形式挡土墙与翼墙的分项工程可按其结构形式参照本标准的有关规定划分。

七、干船坞与船台滑道总体

(一) 干船坞与船台滑道竣工整体尺度

(1) 干船坞竣工整体尺度允许偏差应符合表9-10的规定。

干船坞竣工整体尺度允许偏差　　　　表9-10

序号	项目		允许偏差（mm）	检验数量	单元测点	检验方法
1	中轴线位置		20	每20m一处	1	用经纬仪、钢尺测量
2	总长度		±L/1 000 且不大于500	逐座检验	3	用测距仪或钢尺测量中轴线及两侧边线
3	宽度	坞口	±20		3	用测距仪或钢尺测量
		坞室	±B/1 000 且不大于100		3	用测距仪或钢尺测量首、中、尾处
4	高程	坞墙顶	±10	每10~20m一处	1	用水准仪测量两坞墙前沿
		坞底板	±20		3	用水准仪测量中轴线
		坞门槛	±10		1	用水准仪测量
5	坞口前30m范围内水深		0 −500	每5~10m一个断面	1~2m一个点	用测深仪或水砣测量

注：L 为船坞设计总长度，B 为船坞设计总宽度，单位为mm。

（2）船台主体竣工整体尺度允许偏差应符合表9-11的规定。

船台主体竣工整体尺度允许偏差　　　　　　　　　　表9-11

序号	项目		允许偏差（mm）	检验数量	单元测点	检验方法
1	中轴线位置		200	每20m一处	1	用经纬仪、钢尺测量
2	总长度		±L/500且不大于500	逐座检验	1	用钢尺或测距仪测量中轴线
3	宽度	船台	±50		3	用钢尺测量首、中、尾三处
		防水闸门口	20		1	用钢尺测量
4	标高	船台面	±20	每20m一处	3	用水准仪测量两侧和中轴线
		防水闸门门槛	±10	每2m一处	1	用水准仪测量

注：① L为斜船台的设计有效长度，单位为mm；
　　② 半坞式船台坞体部分的总体尺度按干船坞的要求检验。

（3）滑道竣工整体尺度允许偏差，按滑道的不同类别，应分别符合表9-12和表9-13的规定。

油脂、滚珠和辊轴滑道竣工整体尺度允许偏差　　　　　表9-12

序号	项目			允许偏差（mm）	检验数量	单元测点	检验方法
1	中轴线位置			10	每20m一处	1	用经纬仪、钢尺测量
2	总长度			+300 −200	逐座检验	1	用钢尺或测距仪测量中轴线
3	宽度			±10	每20m一处	1	用钢尺测量
4	标高	油脂滑道	陆上	±3	每10m一处	1	用水准仪测量
			水下	±5			
		滚珠滑道	陆上	±2	每5m一处	1	用水准仪测量中轴线
			水下	±3			
		辊轴滑道	陆上	±2	每5m或20套滚轴一处	1	用水准仪测量中轴线
			水下	±3			

注：滚珠滑道中轴线位置为导轨时，标高测点移到滑道面上。

钢轨滑道竣工整体尺度允许偏差　　　　　　　　　　表9-13

序号	项目		允许偏差（mm）		检验数量	单元测点	检验方法
			倾斜滑道	横移道			
1	中轴线位置		20	20	每20m一处	1	用经纬仪、钢尺测量
2	总长度		±500	±50	逐座检验	1	用钢尺或测距仪测量中轴线
3	总宽度		±50	±50		3	用钢尺测量两端和中部
4	标高	陆上	±5	±5	每条钢轨每10m一处	1	用水准仪测量钢轨顶面
		水下	±15	—			

（二）干船坞与船台滑道工程观感质量

干船坞与船台滑道工程的观感质量，应分别按表9-14和表9-15的规定进行检查和评价。

其综合得分率不应低于80%。

干船坞主体工程观感质量评价项目和质量要求　　　　　　　　　表 9-14

序号	评价项目	质量要求	标准分	评价等级		
				一级95%	二级85%	三级70%
1	坞底板	纵、横坡坡向正确	10			
		表面平整、分格线顺直	10			
		面层无裂缝、起砂和剥皮等缺陷	10			
		无施工污染	5			
2	坞墙	前沿线顺直	5			
		墙面混凝土基本无缺陷	5			
		施工缝接茬顺直无明显错台	5			
		沉降伸缩缝顺直完整	5			
		施工螺栓孔处理符合要求	5			
		墙面无渗漏	10			
3	坞口	门墩混凝土表面基本无缺陷	10			
		门槛前后沿线顺直	5			
		门墩门槽顺直、平整	5			
		止水花岗石砌筑密实、线条顺直	10			
4	坞底沟槽与盖板	大明沟沿线与沟壁表面基本无缺陷	10			
		边沟线条顺直	10			
		明沟、边沟盖板顺直、线条美观	10			
5	承台与地面	承台前后沿线顺直	5			
		承台混凝土表面基本无缺陷	10			
		地面面层平整，无裂缝、起砂等缺陷	10			
		轨道梁及轨道槽线条顺直美观	5			
6	附属设施	护舷位置正确、安装牢固	5			
		系船柱安装正确、无毛刺、油漆均匀	5			
		护轮坎顺直、无明显缺陷	5			
		铁梯与栏杆整齐美观，油漆符合要求	10			
		预埋件和预留孔位置正确、防腐符合要求	5			

船台滑道工程观感质量评价项目和质量要求　　　　　　　　　表 9-15

序号	评价项目	质量要求	标准分	评价等级		
				一级95%	二级85%	三级70%
1	滑道	表面平整、边线顺直、接缝均匀	10			
		导向附件安装正确、表面顺直	10			
		紧固件位置正确、安装紧固	10			

续上表

序号	评价项目	质量要求	标准分	评价等级		
				一级95%	二级85%	三级70%
2	船台面	表面平整、分格线平顺	10			
		面层无裂缝、起砂和剥皮等缺陷	10			
		止滑器坑外形整齐	5			
		无施工污染情况	5			
3	架空段下部	结构线条整齐、顺直	10			
		构件接茬规矩、无明显漏浆、流坠	10			
		立柱混凝土无明显缺陷	10			
4	挡土墙	墙顶平整、前沿线顺直	10			
		墙面混凝土无明显表面缺陷	10			
		施工缝接茬顺直、平整、无明显色差	10			
		沉降、伸缩缝上下顺直、贯通	10			
		施工螺栓切割处理符合要求	10			
5	防水闸门口	门槛前沿线顺直	10			
		门墩混凝土表面无明显缺陷	10			
		镶面平整、格缝清晰	10			
6	沟槽与盖板	边线顺直、标高一致	10			
		盖板安装平整、棱角无缺损	10			
7	附属设施等	系船柱、护舷安装正确、紧固良好	10			
		护轮坎顺直、无缺损	5			
		扶梯、踏步、栏杆顺直	10			
		钢构件油漆防腐符合要求	10			
		预埋件周围接茬平顺	5			

注：半坞式斜船台和有防水闸门斜船台坞体部分的观感质量应按其结构形式按表9-14的规定相应增加。

(三) 其他要求

(1) 干船坞、半坞式和带防水闸门斜船台工程完工后，在围堰拆除前应按设计要求进行充水检查、坞门启闭和排灌水试运转试验。围堰内充水后应复核渗水量，坞室不应有明显渗漏。坞门启闭和排灌水试运转结果应满足设计要求。

(2) 滑道工程完工后应进行整体功能性试验，试验内容应包括下滑速度、滑行轨迹、滑道温升等，试验方法和结果应满足设计要求。

第二节 围堰工程施工质量控制

船闸工程施工阶段，一般要截断河道水流，采用围堰围护基坑，形成干地以便施工。干船坞施工也要进行围堰施工。

一、围堰的主要结构形式

在河道中进行围堰施工,一般是在河道一岸或两岸逐渐向河中抛土石筑堤,这种堤叫戗堤,筑戗堤的过程称为进占,进占到一定程度后的缺口叫龙口,封堵龙口的工作叫合龙。截流后,需对戗堤进行防渗处理,这叫闭气,再加高构成围堰,如图9-16所示。

围堰的形式很多,但它们的适用条件不同。选择围堰形式必须根据当地的自然条件、材料来源、枢纽布置、施工方法、设备条件及施工总体布置等因素综合分析研究,经过必要的工程及经济分析,在可行的方案中进行技术经济比较,才能选定合理的围堰形式,达到经济、适用的效果。

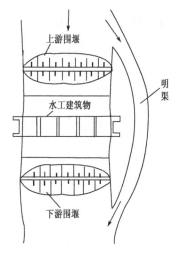

图9-16 施工围堰平面布置示意图

(一) 土围堰

土围堰是常用的不过水围堰形式,其特点是构造简单,可就地取材,施工方便,造价较低,适用于各种地基,条件允许时应尽可能利用弃土填筑堰体。但土围堰抗冲性能差,底宽大,一般仅适用于横向围堰,很少用于纵向围堰。一般认为当水头低于3m,流速小于0.7m/s时就有条件采用土围堰。

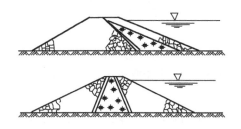

图9-17 土石混合围堰断面图

(二) 土石围堰

与土围堰比较,土石围堰(图9-17)抗冲能力较强,易于在流速较大的河流中进行水下填筑。但这种围堰修筑和拆除均较困难,在工地有大量清基石渣可以利用,采用土石围堰较为合理。

(三) 土工织物围堰

随着土工织物在工程中的广泛应用,土工织物围堰也得到了迅速的发展。土工织物具有很好的强度和倒滤作用,可用其作为围堰的材料。施工时先在要修建围堰的地方铺一层土工织物,再在其上铺一层土后,将土工织物两边向上卷起,然后又在上面铺一层土工织物,又在其上加土,如此重复直至设计高度(类似于加筋土)。这种围堰可用于软土地基或淤泥质地区。

(四) 板桩围堰

板桩的材料有木板、钢筋混凝土和型钢等,其结构形式有单排、双排和格形围堰等几种形式。双排钢板桩围堰挡水高度可达10~20m,堰顶加混凝土顶盖后可作为过水堰。格形钢板桩围堰有单圆柱形格形围堰、隔板形格形围堰和花瓣形格形围堰三种。钢板桩围堰具有坚固、抗冲、断面小、修建和拆除均比较方便的特点,且可重复使用,又可作为过水围堰用。

(五)钢筋混凝土围堰

钢筋混凝土围堰的形式有重力式、支墩式、拱式、框格式等。其优点是挡水水头高、底宽小、抗冲能力强、堰顶可以溢流等;其缺点是当遇到有在施工水位以下混凝土施工时还需另建临时施工围堰,以保证混凝土围堰的施工质量,同时围堰拆除也较困难。

二、堰体填筑施工质量控制

围堰堰体的不同部位一般由不同的材料构成,如图 9-18 所示,但围堰堰体填筑施工主要分水上和水下两个环节的填筑。

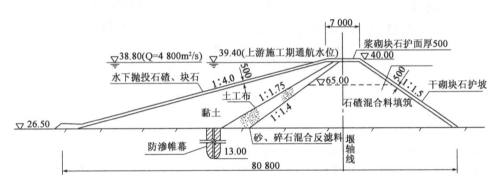

图 9-18 围堰断面示意图

(一)水下填、抛筑施工质量控制要点

1. 砂土料吹填围堰施工

对水下砂土料吹填施工的主要质量控制要求见第八章,同时应注意以下问题。

(1)督促施工单位注意清基,确保围堰填筑质量,围堰断面尺寸和取土坑边缘距堰脚不小于要求值,并及时对围堰表面进行防护。

(2)检查吹填土质、泥浆浓度和吹填有效土方利用率;检测吹填土性能,泥沙沿程沉积颗粒大小分布、干密度和吹填强度与固结时间的关系。

(3)控制排放尾水中未沉淀土颗粒的含量,防止河道和沟渠淤积。

(4)加强围堰施工现场巡查,掌握工作状态和吹填质量。

2. 抛石围堰施工

(1)检查施工单位采用的抛石料质量、重量和级配是否符合设计要求。

(2)督促施工单位按设计要求先在两侧围堰脚处施工抛石棱体,再以其为依托填筑堰身,抛石棱体达到预定断面,并沉降初步稳定后将棱体整理成型。

(3)抛石棱体与堰身接触面按设计要求铺设反滤层,要求施工单位使用的反滤层材料有足够的透水性,并能保证被保护土的稳定性,反滤层的每层厚度不小于要求值。

(4)用抛石法筑土石混合围堰时,应在堰身设置一定数量的沉降和位移观测标点。

(5)浅水区抛石采用端进法向前延伸立抛时,立抛可不分层也可分层呈阶梯式抛填;深水区抛石采用水上定位分层平抛时,每层厚度不大于规定值。

(二)水上填筑施工质量控制要点

当水下填、抛筑围堰露出水面后,或在河道一岸或两岸逐渐向河中抛土石筑堤时,进行水上填筑施工。

(1)检查施工单位所采用的填筑材料是否符合设计要求,堰体不同部位应采用不同材料,严禁混杂,如图8-18所示。

(2)黏土芯填的粘粒含量、塑性指数和最优含水率满足要求,严禁将砂料、砾料或其他透水料与黏性土料混杂。

(3)石渣及砂砾料在开采、装运、卸料及摊铺过程中,细料与粗料应均匀混合,应避免粒径分离造成局部级配不良。

(4)石渣护脚及砂砾石堰体随黏土芯填筑同步等高进行填筑。

(5)各种堰体材料分界应明显,各种材料填筑的断面尺寸及总断面尺寸应满足设计要求。

(6)督促施工单位施工前进行碾压试验,铺料厚度、碾压要求通过碾压试验确定,并验证碾压质量能否达到设计密度要求。

(7)施工单位采取水平分层填筑时,应由低处开始逐层填筑,作业面分层统一铺土,统一碾压,及时整平,严禁出现界沟。

(8)施工单位采取分段填筑时,各段应设立标志,防止漏压、欠压和过压,上下层的分段接缝位置错开;作业面的最小长度不小于要求值;相邻施工段的作业面均衡上升;段与段之间不可避免出现高差时应以斜坡面相接。

(9)施工单位采取分段和分片碾压时,相邻作业面的搭接宽度、机械碾压碾迹的搭压宽度均应符合要求;控制机械碾压的行驶速度不超过规定值;机械碾压不到的部位辅以夯具夯实时应采用连环套法,夯迹双向套压,夯迹搭压宽度不小于一定的夯径。

(10)堰体上下游应及时防护,防护应满足设计要求。

三、堰体防渗处理质量控制

(一)混凝土防渗板墙施工质量控制要点

(1)按设计要求控制防渗墙施工平台高程和导向槽口板高度。

(2)在防渗墙轴线上进行试验性施工,试验确定造孔、泥浆固壁、墙体浇筑等有关参数,报监理工程师批准后方可开展施工作业。

(3)防渗墙的固壁泥浆、墙体材料的技术性能、配合比、原材料选用及配制方法、拌制工艺流程、拌制方法与时间应进行现场施工试验,报监理工程师批准后实施。

①对固壁泥浆的原材料应进行物理、化学分析和矿物鉴定,施工过程中加强对泥浆性能、质量的检验和控制。

②墙体材料配制的原料应分批进行性能检测,施工过程中加强墙体材料指标的控制。

(4)施工单位应依据先导孔芯样和防渗主孔岩样,提出防渗墙先导孔、槽孔终孔深度,再由设计和监理工程师现场确定。

(5)检查防渗墙槽段的长度、成墙厚度和套接厚度、槽孔的深度、中心线位置和垂直度、清孔换浆和墙体浇筑质量是否符合设计要求。

(6)防渗墙造孔成槽过程中,遇孤石、块球体或弱风化岩层,在确保孔壁安全的前提下,采用综合处理措施;必须采用孔内钻爆作业时,应提出孔内钻爆措施报监理工程师批准,在监理工程师现场监控下实施。

(7)需要在防渗墙体进行钻孔作业时必须报监理工程师批准,钻孔、灌浆和质量检查孔施工,应在墙体达到70%以上设计强度后,并在防渗墙混凝土盖帽浇筑前进行。

(8)造孔过程中出现漏浆或塌孔现象,施工单位及时测试、记录浆液漏失量和塌孔等情况,同时通知监理工程师现场检查,迅速查明原因,采取处理措施,并将情况书面呈报监理工程师审核。

(9)防渗墙槽段各孔位、孔深、孔斜、槽孔宽度及清孔换浆等工序的检验,应在施工单位自检合格的基础上,报监理工程师检验认证,方可进行下道工序。

(二)高压喷射灌浆施工质量控制要点

(1)灌浆前对施工单位的准备工作和钻孔质量进行检查和验收:孔位、孔径、孔距、孔深、垂直度、钻孔终孔偏差等应满足设计要求,如图9-19所示;压水试验的有关技术要求和试验段长度,先导孔和岩芯取样率满足设计要求。

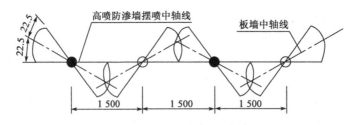

图9-19 高压喷射灌浆施工示意图(单位:mm)

(2)检查施工单位使用的水泥、外加剂和掺和料等喷灌浆材是否有出厂合格证和送检资料,必要时在现场对质量进行复检和化学分析;不同品种和不同强度等级的水泥不准混杂使用;特种水泥出厂后的允许保存时间满足其性能要求并报监理工程师批准。

(3)喷灌浆液配合比包括外加剂和掺和料的品种、掺量应通过试验确定;检查施工单位是否按配合比要求配置水泥浆液并搅拌均匀;浆液存放有效时间及温度控制是否符合要求,不符合的则按废浆液处理。

(4)高压喷射作业过程中,测试水泥浆液的进浆和回浆比重,当测试值与设计值误差超过10%时,立即停止喷灌,重新调理浆液的水胶比,并经监理工程师批准后实施。

(5)喷射灌浆过程中,检查和调整高压或低压泥浆泵的压力、浆液流量、空压机风压和风量、钻机旋转和提升速度及实际浆液耗用量;当冒浆量超过20%或完全不冒浆时,将处理措施报经监理工程师批准后及时处理。

(6)检查注浆管贯入标高是否符合设计要求;喷射注浆参数达到规定值后,提升注浆管,注意控制注浆管分段提升的搭接长度不得小于要求值。

(7)当施工中出现压力骤然下降、上升或大量冒浆及孔口回浆浓度或回浆量异常时,要求施工单位查明原因并及时采取措施。

(8)高压喷射接近顶部时,应从顶部以下1m开始,慢速提升至顶部喷射数秒后方可结束,结束后应有未受污染的浆液不间断地冒出地面并回灌到喷灌孔内,直至孔内的浆液面不再下沉为止。

(9)高压喷射灌浆完毕,监督施工单位拔出注浆管;拆卸注浆管节,当重新进行喷灌作业时搭接长度不小于规定值。

(10)检查孔施工应符合技术规范规定,压水24h前通知监理工程师到现场核查,达不到防渗标准的部位,查明原因,提出处理措施报监理工程师批准后实施。

(11)检查墙体的连续性、厚度、抗压强度和渗透系数等指标是否满足墙体质量的要求,对不合格墙体施工单位应及时补喷,补喷作业施工方案报监理工程师签审后实施,然后再进行质量检查。

第三节 基坑开挖施工质量控制

一、一般规定

(1)基坑开挖前必须对施工围堰进行专项检查验收。在施工过程中,应按照观测方案对围堰结构进行沉降、位移和变形进行监测和记录,发现异常情况应及时处理。

(2)船闸基坑开挖分项工程宜按设计结构单元划分。闸室、闸首和导航及靠船建筑物的基坑可各为一个分项工程,其检验批宜根据施工段划分。

(3)干船坞与船台滑道基坑开挖分项工程宜按设计结构单元划分。坞室、坞口和坞门墩基坑各为一个分项工程,其检验批宜按施工段划分。采用湿法施工工艺时,水下开挖部分宜单独作为一个分项工程。

二、基坑开挖施工质量控制要点

(1)督促施工单位根据船闸、船坞施工的顺序确定基坑开挖的顺序。

(2)开挖应自上而下进行,某些部位必须采用上、下层同时开挖作业时,应采取有效的安全和技术措施,并事先报监理工程师批准。

(3)监督施工单位做好边坡防护工作,以保证施工安全。当发生边坡滑塌或观测资料表明边坡处于危险状态时,施工单位应及时采取相应的防范措施,防止范围扩大;记录事态发生的过程和处理经过;监理工程师会同有关人员查明原因,及时提出处理措施报监理工程师审批后实施。

(4)基槽不得被水浸泡或受冻,并严禁扰动,否则要求施工单位将浸泡、受冻、扰动层清除,基础土层挖好后上部基础混凝土浇筑要相隔数天或遇阴雨天气,应预留一定的保护层,待浇筑前再挖至设计标高。

(5)基坑和边坡开挖中出现塌坡、涌水、涌沙及其他影响施工的不良地质现象时,施工单位必须进行监测和预报,并经监理工程师核查后采取预防措施。

(6)当采用爆破施工法开挖岩石基坑时,应符合第十章的相关规定。

(7)检查施工单位的基坑开挖断面形式、开挖线位置与尺寸、开挖高程和基坑的边坡是否符合设计要求,施工单位应准确控制开挖高程,个别超挖处应进行处理,取得监理和设计同意后,用砂、砾石或碎石填补并夯实,重要结构部位超挖处应砌石或低强度等级混凝土填补。

三、基坑开挖质量检验标准

水下、陆上基坑开挖的质量检验应符合第三章第二节的有关规定。

第四节　船闸与船坞主体工程质量控制

一、模板和钢筋工程质量控制

船闸与船坞主体工程的模板、钢筋工程质量控制要求见第二章第一、二节。

二、混凝土质量控制要点

(一)主要质量控制要求

船闸与船坞主体工程的混凝土工程质量控制的主要要求见第二章第三节,同时应注意以下问题。

1. 混凝土浇筑顺序

混凝土先浇筑基础深的部位后浇筑浅的部位;先浇筑下层结构混凝土后浇筑上层结构;先浇筑主要工程后浇筑次要工程。已浇好的混凝土,强度未达到要求值,不得进行上一层混凝土浇筑的准备。

2. 混凝土分块浇筑

船闸与船坞混凝土工程空间尺寸庞大,属于大体积混凝土,容易受基础、结构和环境温度等因素影响,产生不均匀沉降和裂缝,必须分块浇筑,如图9-20~图9-22所示,并采取一系列温控措施。在施工中要求施工单位采取有效的散热措施;闸墩等部位混凝土要采取防裂措施;冬季施工要采取防冻措施。

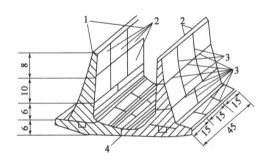

图9-20　闸室墙混凝土分块浇筑示意图(单位:m)
1、4-变形缝;2-分块;3-施工缝

图9-21　闸室墙混凝土分块浇筑

(二)外形尺寸质量检验标准

1. 船闸工程(图9-23)主要外形尺寸检验标准

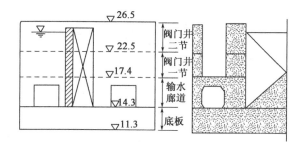

图9-22 闸首分块浇筑示意图(高程单位:m)

图9-23 船闸主体施工图

(1)现浇混凝土底板的允许偏差、检验数量和方法应符合表9-16的规定。

现浇混凝土底板允许偏差、检验数量和方法　　表9-16

序号	检验项目	允许偏差(mm)		检验数量	单元测点	检验方法
		闸首	闸室			
1	长度	±15	±30	逐段检查	3	用钢尺等测量两端和中部
2	宽度	±15	±20		3	
3	顶面标高	+5 −20			3~5	用水准仪等测量每个断面特征点
4	顶面平整度	10			1	用2m靠尺和塞尺等测量
5	相邻块高差	—	20		3	用钢尺等测量两端和中部

(2)现浇混凝土的护底撑梁允许偏差、检验数量和方法应符合表9-17的规定。

现浇混凝土护底撑梁允许偏差、检验数量和方法　　表9-17

序号	检验项目	允许偏差(mm)	检验数量	单元测点	检验方法
1	轴线位置	15	逐根检查	2	用经纬仪和钢尺等测量两端
2	长度	±10		1	用钢尺等测量
3	宽度	±10		3	用钢尺等测量两端和中部
4	高度	±10		3	
5	顶面标高	+5 −20		3	用水准仪等测量两端和中部
6	顶面平整度	10		2	用2m靠尺和塞尺等测量三分点处

(3) 现浇混凝土消能设施的允许偏差、检验数量和方法应符合表 9-18 的规定。

现浇混凝土消能设施允许偏差、检验数量和方法　　　　表 9-18

序号	项目	允许偏差(mm)		检验数量	单元测点	检验方法
		短廊道	长廊道			
1	出水孔位置	±20		逐处检查	2	用钢尺等测量纵横两方向
2	出水孔净空	±10	±20		2	用钢尺等测量纵横两方向
3	消力室底标高	±10	±20		5	用水准仪等测量四角和中点
4	消力隔墙位置	±20			2	用钢尺等测量纵横两方向
5	格栅孔间距	±10	±20	抽查30%	3	用钢尺等测量两端和中部
6	栅板顶面标高	±10	±20		3	用水准仪等测量两端和中部
7	栅板顶面平整度	±10			2	用2m靠尺和塞尺测量
8	栅板厚度	±10			3	用钢尺等测量两端和中部

注：曲面弧度应满足设计要求并应过渡平顺。

(4) 现浇混凝土门槛的允许偏差、检验数量和方法应符合表 9-19 的规定。

现浇混凝土门槛允许偏差、检验数量和方法　　　　表 9-19

序号	检验项目		允许偏差(mm)	检验数量	单元测点	检验方法
1	宽度		±10	逐个检查	3	用钢尺等测量两端和中部
2	前边线平整度	一期	10		1	用2m靠尺和塞尺等测量最大处
		二期	5		3	用2m靠尺和塞尺等测量两端和中部
3	顶面标高	一期	±10	每2m一处		用水准仪等测量
		二期	0 −5		1	

(5) 现浇混凝土输水廊道的允许偏差、检验数量和方法应符合表 9-20 的规定。

现浇混凝土输水廊道允许偏差、检验数量和方法　　　　表 9-20

序号	检验项目		允许偏差(mm)	检验数量	单元测点	检验方法
1	进、出口	底标高	±10	逐处检查	1	用水准仪等测量
2		中心距	±20		1	用钢尺等测量
3		高、宽度	±20		2	
4		两对角线差	±20		1	
5	廊道	高度、宽度	±20	每3~5m一处	2	用钢尺等测量
6		垂直度	2H/1000		2	吊线用钢尺等测量
7		平整度	10		3	用2m靠尺和塞尺测量底、顶和侧面

注：①H为廊道高度，单位为mm；
　　②曲线段弧度应满足设计要求并应过渡平顺。

(6)现浇混凝土闸首边墩的允许偏差、检验数量和方法应符合表 9-21 的规定。

现浇混凝土闸首边墩允许偏差、检验数量和方法 表 9-21

序号	检验项目			允许偏差（mm）	检验数量	单元测点	检验方法
1	边墩对船闸中轴线偏移			10	逐墩检查	2	用经纬仪等测量顺闸方向
2	上下游临水面位置			10		2	用经纬仪等测量墩顶迎水面两端
3	外形尺寸	长度		±10		3	用钢尺等测量顶两侧和中心线
		宽度		±10		3	用钢尺等测量顶两侧和中间
		边墩临水面倾斜	前倾	0		3	吊线用钢尺等测量两端和中部
			后倾	15			
		空箱壁厚		±10		2	用钢尺等测量
4	标高	边墩顶		±20	逐处检查	4	用水准仪等测量四角
		空箱底		±15		5	用水准仪等测量四角和中部
		阀门井顶检修平台		±15		5	
		启闭机座		0 −10		5	
5	平整度	边墩端外表面		10	每 50~100m² 一处	1	用 2m 靠尺和塞尺等测量
		边墩顶面		10		1	
6	门库	长度		±20	每 5m 一处	3	用钢尺等测量两端和中部
		宽度		10		3	
		侧立面平整度		10	每 20m² 一处	1	用 2m 靠尺和塞尺等测量
7	门槽	中心线		10	每 2m 一处	1	用钢尺等测量
		标高		0 −10		1	用水准仪等测量
8	轨槽	深度		5		1	用钢尺等测量
		宽度		5		1	用钢尺等测量
9	预埋铁件位置			10	逐处检查	1	用钢尺等测量纵横两方向，取大值

(7)现浇混凝土闸墙的允许偏差、检验数量和方法应符合表9-22的规定。

现浇混凝土闸墙允许偏差、检验数量和方法　　　　表9-22

序号	检验项目		允许偏差(mm)	检验数量	单元测点	检验方法
1	段长		±20	逐段检查	2	用钢尺等测量上、下部
2	墙顶前沿线位置		10		3	用经纬仪等测量两端和中部
3	墙顶标高		±20		3	用水准仪等测量两端和中部
4	墙厚		±20		3	用钢尺等测量上、中、下三处
5	平整度	墙临水面	10		2	用2m靠尺和塞尺测量三分点处
		顶面	6		2	
6	临水面倾斜	前倾	0		3	用经纬仪或吊线用钢尺测量两端和中部
		后倾	$H/1000$且不大于15			
7	相邻段墙错台		5		1	用直尺量和塞尺等测量最大处
8	浮式系船柱井	断面尺寸	10	逐个检查	1	用钢尺等测量
		竖向倾斜	20		1	吊线用钢尺等测量
9	电缆槽断面尺寸		±10	每5m一处	2	用钢尺等测量
10	预埋件	预埋螺栓中心位置	5	抽查20%	1	用钢尺等测量纵横两方向取大值
		预埋螺栓外伸长度	+5 0		1	用钢尺等测量
		预留孔、预埋件中心位置	20		1	用钢尺等测量纵横两方向取大值

注：H为闸室高度，单位为mm。

2. 船坞工程(图9-24)主要外形尺寸检验标准

图9-24　船坞主体施工图

(1)现浇船坞底板的允许偏差、检验数量和方法应符合表9-23的规定。

现浇船坞底板允许偏差、检验数量和方法 表9-23

序号	项目		允许偏差（mm）	检验数量	单元测点	检验方法
1	板块长度		±20	逐段检查	2	用钢尺测量
2	板块宽度				2	
3	顶面标高		±20		5	用水准仪测量四角和中部
4	相邻段顶面高差		5		2	用钢尺测量每边
5	顶面平整度		6		4	用2m靠尺测量三分点垂直两方向
6	板缝平直		15		1	拉10m线用钢尺测量
7	预埋件	位置	20	抽查10%且不少于3件	1	用钢尺测量纵横两方向，取大值
		与混凝土面错台	5		1	用钢尺测量

注：①底板垫层顶标高的允许偏差为±5mm；
②边沟沟底的坡向应正确，不应有明显积水。

（2）现浇坞墙、挡墙和衬砌坞墙的允许偏差、检验数量和方法应符合表9-24的规定。

现浇坞墙、挡墙和衬砌坞墙允许偏差、检验数量和方法 表9-24

序号	项目		允许偏差（mm）	检验数量	单元测点	检验方法
1	墙顶前沿线位置		10	逐段检查	3	用经纬仪测量两端及中部
2	墙顶前沿标高		±20		3	用水准仪测量两端及中部
3	段长		±20		2	用钢尺测量上、下部
4	墙、肋厚度		±10		6	用钢尺测量墙、肋各3处
5	竖向倾斜	墙面	2H/1000		3	用经纬仪或吊线测量
		端面			2	
6	表面平整度	顶面	6		2	用2m靠尺和塞尺测量三分点处
		墙面	10		2	
7	相邻段表面错台		10		2	用钢尺测量上、下两处
8	预留孔洞位置		20		2	用钢尺测量纵横两方向
9	预埋件	位置	20	抽查10%且不少于3件	2	
		与混凝土表面错台	5		1	用钢尺测量

注：①H为墙高，单位为mm；
②墙顶前沿线包括坞墙各台阶的外边线。

（3）现浇坞口结构的允许偏差、检验数量和方法应符合表9-25~表9-27的规定。

现浇门墩允许偏差、检验数量和方法　　　　　　　　　　　表9-25

序号	项目		允许偏差（mm）	检验数量	单元测点	检验方法
1	前沿线位置		10	逐件检查	4	用经纬仪和钢尺测量,每角一点
2	边长		±20		1	用钢尺测量各边
3	顶面标高		±20		4	用水准仪测量四角
4	表面平整度	顶面	6		4	用2m靠尺和楔形尺测量四边中部
		迎水面	10		2	用2m靠尺和楔形尺测量两面,取大值
5	迎水面竖向倾斜		2H/1 000		2	用经纬仪、吊线和钢尺测量两面的中部
6	与坞墙错台		10		1	用钢尺测量,取大值
7	预留孔洞位置		20		2	用钢尺测量纵横两方向
8	预埋件	位置	20	抽查10%且不少于3件	1	用钢尺测量纵横两方向,取大值
		与混凝土面错台	5		1	用钢尺测量

注:①H为门墩全高,单位为mm;
②门框和门槽二期混凝土的允许偏差应按坞口止水的要求进行检验。

现浇坞口底板及门槛允许偏差、检验数量和方法　　　　　　表9-26

序号	项目		允许偏差（mm）	检验数量	单元测点	检验方法
1	标高	坞口底板	±20	每2m一处	1	用水准仪测量
		门槛顶面	±10		1	
2	前沿线平直		5		1	用经纬仪或拉线用钢尺测量
3	门槛宽度		±10		2	用钢尺测量
4	坞门轴座预埋件	地脚螺栓平面位置	±3	逐件检查	1	用钢尺测量
		轴座顶垫板平面位置	±5		2	用经纬仪测量顶垫板中心十字线两端
		轴座顶垫板平整度	2		1	用2m靠尺配塞尺测量中部
		轴座顶垫板高程	±2		5	用水准仪测量四角及中部

注:坞门轴座预埋件的偏差,设计有特殊要求时,按设计要求检查。

现浇坞门坑允许偏差、检验数量和方法　　　　　　　　　　表9-27

序号	项目		允许偏差（mm）	检验数量	单元测点	检验方法
1	门坑	前沿线位置	10	逐座检查	3	用经纬仪和钢尺测量两端和中部
		长度和宽度	+100 0		4	用钢尺测量

续上表

序号	项目	允许偏差（mm）	检验数量	单元测点	检验方法
2	边墙	顶标高 0 -20	逐座检查	3	用水准仪测量墙段中部
		墙厚 ±10		3	用钢尺测量顶部两端和中部
		平整度 6		3	用2m靠尺配塞尺测量各墙中部
		墙面坚向倾斜 2H/1 000		3	吊线配钢尺测量两端和中部
		相邻段错台 10		2	用钢尺测量上、下两处
3	底板	顶标高 ±20		5	用水准仪测量四角和中部
		平整度 10		1	用2m靠尺和楔形尺测量,取大值
4	垫墩	平面位置 ±10	抽查50%	2	用经纬仪和钢尺测量
		横截面尺寸 +10 0		2	用钢尺测量
		顶面标高 ±5		1	用水准仪测量
		相临墩顶高差 2		1	

注：H 为边墙高度,单位为 mm。

三、墙后工程施工质量控制

船闸与船坞工程的墙后工程质量控制要求见第二章第七节。

四、停靠船与防护设施工程质量控制

船闸与船坞工程的墙后工程质量控制要求见第二章第八节。

第五节 船台滑道工程质量控制

一、模板、钢筋、混凝土质量控制

船台滑道工程的混凝土结构模板、钢筋、混凝土工程质量控制要求见第二章第一、二、三节。

二、主要构件质量控制

(一)滑道梁与井字梁安装

(1)构件的型号应满足设计要求。

(2)井字梁和滑道梁与基础之间以及井字梁和滑道梁不同分段之间的连接件及连接方式应满足设计要求。

(3)安装时下层支撑结构的混凝土强度与支点构造应满足设计要求。

(4)安装后构件与下层支撑结构应接触紧密。

(5)井字梁和滑道梁安装的允许偏差、检验数量和方法应符合表 9-28 和表 9-29 的规定。

井字梁安装允许偏差、检验数量和方法 表 9-28

序 号	项 目		允许偏差（mm）	检验数量	单元测点	检 验 方 法
1	轴线位置	陆上	5	逐件检查	2	用经纬仪和钢尺测量
		水下	10			
2	顶面标高	陆上	±5		4	用水准仪测量两端
		水下	±10			
3	相邻段顶面高差	陆上	2		2	用靠尺和塞尺测量
		水下	4			

注：预安滑道的井字梁，安装时除符合表列要求外，还应满足滑道安装的要求。

滑道梁安装允许偏差、检验数量和方法 表 9-29

序 号	项 目		允许偏差（mm）	检验数量	单元测点	检 验 方 法
1	梁位置	型钢梁	10	逐段检查	4	用经纬仪和钢尺测量梁两端顺轴线和垂直轴线两方向
		箱型钢梁	15		4	
		钢筋混凝土梁	15		4	
2	同一横断面两梁中心距		±10		1	用钢尺测量跨中
3	同一横断面不同滑道梁标高差		10		1	用水准仪测量中轴线
4	顶面标高		±10		2	用水准仪测量两端
5	相邻段表面错台	顶面	5		1	用钢板尺和塞尺测量，取大值
		侧面	10		1	
6	搁置长度	$L \leqslant 200\,mm$	±15		2	用钢尺测量两端
		$L > 200\,mm$	$\pm L/10$			
7	竖向倾斜	$H \leqslant 1\,000\,mm$	5		1	用吊线测量梁跨中
		$H > 1\,000\,mm$	$H/200$ 且不大于 10			

注：①L 为设计搁置长度，H 为梁的高度，单位为 mm；

②预安滑道的滑道梁安装，除应符合表列要求外，还应满足滑道安装的要求。

(二)现浇滑道梁

(1)滑道梁与基础或船台底板之间的连接方式应满足设计要求。

(2)现浇滑道梁的允许偏差、检验数量和方法应分别符合表 9-30 和表 9-31 的规定。

现浇油脂滑道、滚珠滑道和辊轴滑道滑道梁允许偏差、检验数量和方法　　表9-30

序号	项目		允许偏差（mm）	检验数量	单元测点	检验方法
1	轴线位置		10	逐段检查	2	用经纬仪和钢尺测量两端
2	分段长度		±15		1	用钢尺测量
3	宽度	$H \leq 1.5m$	±10		3	用钢尺测量两端和中部
		$H > 1.5m$	±15			
4	高度	$H \leq 1.5m$	±10		3	
		$H > 1.5m$	±15			
5	顶面标高		±5		4	用水准仪检查两端两边
6	顶面平整度		5		2	用2m靠尺和塞尺测量每段三分点处
7	同一横断面不同滑道梁标高差		10		1	用水准仪测量梁跨中
8	相邻段错台	顶面	5		1	用钢板尺和塞尺测量，取大值
		侧面	10		1	
9	预埋螺栓	位置 垂直轴线方向	5	抽查20%	1	拉线用钢尺测量
		位置 平行轴线方向	10		1	用钢尺测量
		外伸长度	+10 0		1	

注：H为梁的高度，单位为m。

现浇钢轨滑道滑道梁允许偏差、检验数量和方法　　表9-31

序号	项目		允许偏差（mm）	检验数量	单元测点	检验方法
1	轴线位置		10	逐段检查	2	用经纬仪和钢尺测量两端
2	分段长度		±15		1	用钢尺测量
3	宽度	$H \leq 1.5m$	±10		3	用钢尺测量两端和中部
		$H > 1.5m$	±15			
4	高度	$H \leq 1.5m$	±10		3	
		$H > 1.5m$	±15			
5	顶面标高		+5 −10		4	用水准仪检查两端两边
6	顶面平整度		10		2	用2m靠尺和塞尺测量三分点处
7	预埋螺栓	位置 垂直轴线方向	5	抽查20%	1	拉线用钢尺测量
		位置 平行轴线方向	10		1	用钢尺测量
		外伸长度	+10 −5		1	
8	预留螺栓孔	中心位置	10		1	用钢尺测量纵横两方向，取大值
		深度	±10		1	用钢尺测量

注：H为梁的高度，单位为m。

(三)油脂滑道的加工与安装

(1)滑道木的材质应满足设计要求,加工精度要求应符合表9-32的规定。

滑道木加工精度要求　　　　　　　　　　　表9-32

序　号	项　目	允许偏差(mm)
1	截面尺寸	±3
1	长度	±15
2	侧向弯曲	$L/200$
3	表面平整度	3

注:L为每件滑道木的长度,单位为mm。

(2)油脂滑道在滑道梁上的安装方式应满足设计要求。

(3)油脂滑道木、连接件及配件的型号和质量应满足设计要求,并应按设计要求进行防腐处理。

(4)油脂滑道在滑道木接缝处,沿滑道坡面相邻下轨面不应高于上轨面。

(5)滑道木顶面的螺栓应缩进滑道木内50mm,螺栓孔应按设计要求进行处理。

(6)油脂滑道木安装的允许偏差、检验数量和方法应符合表9-33的规定。

油脂滑道木安装允许偏差、检验数量和方法　　　　　　　　　　　表9-33

序　号	项　目		允许偏差(mm)	检验数量	单元测点	检验方法
1	中轴线位置		10	每10m一处	1	用经纬仪、钢尺测量
2	同一截面相邻滑道间距		±10		1	用钢尺测量
3	滑道面顶标高	陆上	±3		1	用水准仪测量
3	滑道面顶标高	水下	±5		1	用水准仪测量
4	同一截面两滑道标高差		5			用水准仪测量
5	伸缩缝间隙		±2	抽查50%	1	用钢板尺和塞尺测量
6	接头错台		2		1	

(四)滚珠滑道安装

(1)滚珠滑道在滑道梁上的安装方式、橡胶垫板和导轨方钢或圆钢与轨板的连接方式应满足设计要求。固定滑道的螺栓在轨板顶面以上的外露长度不应大于设计的预留长度。

(2)滑道连接件、橡胶垫板、轨板、导轨方钢或圆钢、钢珠回收箱及配件的型号、质量应满足设计要求。

(3)滚珠滑道在轨板接缝处,沿滑道坡面相邻下轨面不应高于上轨面。

(4)滚珠滑道安装的允许偏差、检验数量和方法,应分别符合表9-34~表9-37的规定。

橡胶垫板安装允许偏差、检验数量和方法　　　　　　　　　　　表9-34

序　号	项　目	允许偏差(mm)	检验数量	单元测点	检验方法
1	中轴线位置	15	每20m一处	1	用经纬仪、钢尺测量
2	伸缩缝间隙	±2	抽查20%	1	用钢板尺和塞尺测量
3	接头错台	2		1	

导轨安装允许偏差、检验数量和方法

表9-35

序 号	项 目		允许偏差(mm)	检验数量	单元测点	检 验 方 法
1	中轴线位置		5	每20m一处	1	用经纬仪、钢尺测量
2	导轨平直度		3		1	拉10m线用钢尺测量
3	伸缩缝间隙		±2	抽查20%	1	用钢板尺和塞尺测量
4	接头错台	侧面	1		1	
		顶面	3		1	

轨板安装允许偏差、检验数量和方法

表9-36

序 号	项 目		允许偏差(mm)	检验数量	单元测点	检 验 方 法
1	中轴线位置		10	每10m一处	1	用经纬仪、钢尺测量
2	滑道的间距		±10	每20m一处	1	用钢尺测量
3	同一横断面滑道标高差		2	每10m一处	1	用水准仪测量中轴线
4	滑道面顶标高	陆上	±2	每5m一处	3	用水准仪测量两侧和中轴线
		水下	±3			
5	伸缩缝间隙		±1	抽查50%	1	用钢板尺和塞尺测量
6	接头错台		1		1	

注：①序号1中，当中轴线位置为导轨方钢或圆钢时，标高测点可移到滑道面上；
②序号6中的标高差，当设计有特殊要求时，按设计要求检查。

钢珠回收箱安装允许偏差、检验数量和方法

表9-37

序 号	项 目			允许偏差(mm)	检验数量	单元测点	检 验 方 法
1	箱位置			50	逐件检查	4	用经纬仪和钢尺测量箱两端顺轴线和垂直轴线
2	顶面标高	导轨位置		0 −10		4	用水准仪测量两端两边
		其他位置		0 −30		4	
3	安装缝间隙			10		1	
4	表面错台	导轨位置	顶面	5		1	用钢板尺和塞尺测量，取大值
			侧面	3		1	
		其他位置	顶面	10		1	
			侧面	15		1	

(五)辊轴滑道安装

(1)辊轴、导向板在滑道梁上的安装方式应满足设计要求。

(2)滑道连接件、辊轴、导向板及配件的型号和质量应满足设计要求。

(3)辊轴轴线相对于船舶滑行方向的垂直度和辊轴的水平度,应满足设计要求。施工单位全数检查、监理单位抽查20%。

(4)辊轴、导向板和配件应按设计要求进行防腐、润滑和防水处理。

(5)辊轴滑道安装的允许偏差、检验数量和方法,应分别符合表9-38和表9-39的规定。

辊轴安装允许偏差、检验数量和方法　　　　　　　　　　　　表9-38

序号	项　目		容许偏差(mm)	检验数量	单元测点	检验方法
1	中轴线位置		10	每10m一处	1	用经纬仪、钢尺测量
2	同一横断面辊轴线间距		±5	每20m一处	1	用钢尺测量
3	滑道面顶标高	陆上	±3	每5m或20套滚轴一处	1	用水准仪测量中轴线
		水下	±5		1	
4	同一横断面辊轴线标高差		3	每10m一处	1	
5	底座钢板伸缩缝间隙		±2	抽查20%	1	用钢板尺和塞尺测量
6	底座钢板接头错台		2		1	

注:序号6中的标高差,当设计有特殊要求时,按设计要求检查。

导向板安装允许偏差、检验数量和方法　　　　　　　　　　　　表9-39

序号	项　目		允许偏差(mm)	检验数量	单元测点	检验方法
1	中轴线位置		10	每20m一处	1	用经纬仪、钢尺测量
2	平直度		5		1	拉10m线用钢尺测量
3	伸缩缝间隙		±2	抽查20%	1	用钢板尺和塞尺测量
4	接头错台	侧面	2	抽查20%	1	
		顶面	5		1	

(六)钢轨滑道安装

(1)轨道在轨枕或轨道梁上的安装方式,轨枕在铺碴道床中埋入的方式应满足设计要求。

(2)钢轨、轨枕、连接件的型号和质量应满足设计要求。

(3)采用灌浆填充方法固定螺栓时,灌浆填充料的强度及握裹力应满足设计要求。

(4)垫板应平正,与钢轨底面接触应紧密,局部间隙不应大于1mm。

(5)固定轨道垫板的螺栓应采取防震动松脱措施,螺母应满扣拧紧。

(6)轨道安装的允许偏差、检验数量和方法应符合表9-40的规定。

轨道安装允许偏差、检验数量和方法　　　　　　　　　表9-40

序号	项　目		允许偏差（mm）		检验数量	单元测点	检　验　方　法
			陆上	水下			
1	横轨枕间距		±30	—	抽查10%	2	用钢尺测量
2	轨道中心线		5	10	每10m一处	1	用经纬仪和钢尺测量
3	每组轨道轨距		+5 0	+10 0	每5m一处	1	用钢尺或轨距尺测量
4	轨顶 标高	同一条轨道	±5	±10		1	用水准仪测量
5		同截面多轨高差	5	10		1	
6	轨道接头错台		1	2	抽查10%	1	用水准仪测量
7	伸缩缝间隙		+1 0	+1 0		1	用钢板尺和塞尺测量

思 考 题

1. 通航建筑物（船闸、升船机）工作原理、组成及类型。
2. 船闸的常用结构形式及引航、导航和靠船建筑物常用形式。
3. 修造船建筑物的形式、组成、功用及构造要求。
4. 机械化滑道的结构形式及特点。
5. 干船坞的组成和主要结构形式。
6. 施工围堰的重要性和主要结构形式。
7. 船闸和船坞主体各部分的常规施工工艺、施工方法及质量控制要点。
8. 船闸工程质量检验的基本规定和总体质量要求。
9. 机械化滑道施工质量控制要点。
10. 从4M1E的五个方面，熟练分析船闸和修造船水工建筑物各施工环节质量控制的重点。

第十章　水运工程爆破施工质量控制

第一节　概　　述

一、爆破工程的分类

(一) 根据爆破施工条件分

爆破工程根据施工条件可分为水上爆破和水下爆破。

(二) 根据爆破方法分

爆破工程根据爆破方法可分为钻孔爆破、硐室爆破、裸露爆破等。

(三) 根据爆破施工内容分

爆破工程根据爆破施工内容可分为爆破排淤填石、水下爆破夯实、爆破开挖、炸礁、清障、预裂爆破、光面爆破、拆除爆破、破冰爆破等。

爆破方法应根据工程规模、工况条件、施工水位、施工期限、施工设备和环保、安全、技术、经济等综合因素选择。

二、爆破施工的基本要求

(1) 从事爆破工程施工的单位,必须具备相应的资质证书和爆破作业许可证;爆破作业人员必须具有相应的资格证书;爆破工程施工前,必须取得有关部门批准。

(2) 爆破工程施工前应编制爆破设计书或爆破说明书。预裂爆破、光面爆破、水下拆除爆破、爆破排淤填石、水下爆破夯实、一次起爆总装药量大于或等于 0.5t 的水下钻孔爆破、大型土石方爆破、重要设施附近及其他环境复杂、技术要求高的水运工程爆破应编制爆破设计书;其他爆破可编制爆破说明书。

(3) 爆破影响范围内有重要设施时应进行爆破试验和监测。

(4) 内河陆上爆破和水下爆破的分界线,应根据施工期间工程所在水域的水文资料、施工条件和周边环境等因素综合确定。

(5) 爆破前必须对爆区周围的自然条件和环境状况进行调查,了解危及安全的环境因素,并应采取必要的安全防范措施。

三、爆破安全

(一) 一般规定

(1) 爆破施工前的安全工作应包括下列内容。
① 检查爆破作业船和设备技术性能。
② 制定爆破危险区内船舶、设备、管线和建筑物的安全防护措施。
③ 设立爆破危险区边界警戒标志和禁航信号。
④ 调查爆破区附近建筑物、水生物、不良地质现象、水下遗留爆炸物、检测杂散电流等。

(2) 夜间不宜进行爆破,确需进行爆破时,必须有可靠的安全措施和足够的照明设备。

(3) 大雾时不得进行爆破,遇雷雨时应立即停止爆破作业,并应迅速将人员撤至安全地点。

(4) 从事爆破作业和进入爆破器材库房、加工房、堆场的人员不得穿戴化纤衣物、铁钉鞋及携带火种、通信设备。

(5) 内河水位暴涨、暴落,沿海或河港施工水域波高大于0.8m或风力超过6级时,不宜进行水下钻孔、装药作业。

(6) 冰坝的宽度大于10m或坝体上下游水位差大于2m时,不得采用常规爆破方法。

(7) 爆破作业前应发布爆破通告,其内容应包括爆破地点、每次爆破起爆时间、安全警戒范围、警戒标志和起爆信号。

(二) 作业安全

(1) 起爆体、雷管和炸药包加工应在专用的加工房内或专用船上进行,加工房或专用船距爆破地点和生活区应有足够的安全距离。

(2) 检查雷管的工作台四周应有凸缘,台面应铺不产生静电的软垫。每个工作台上的雷管不得超过100发,操作者必须逐个检查。

(3) 起爆体、雷管和炸药包的加工数量不得超过当天或当班爆破作业的需用量。

(4) 运送起爆药包的机动船须采取防电、防振和隔热措施;起爆药包应由爆破员搬运。

(5) 装药时应使用非金属炮棍。在雷管和起爆药包放入之前发生卡塞时,可用非金属长杆处理,装入起爆药包后,严禁用任何工具冲击和挤压。

(6) 爆破区的杂散电流值大于30mA或爆破区在高压线射频电源影响范围内时,不得使用普通电雷管起爆。

(7) 起爆站宜设在爆破危险区外,设在危险区内时,起爆站必须有牢固安全的掩体。起爆站设在船上时,防飞石和冲击波的措施必须安全可靠。

(8) 起爆主线引入起爆站后,起爆站必须有专人看守,并应由指定的爆破员进站检测和起爆。电力起爆开关箱或起爆器的钥匙必须由指定的爆破员保管。

(9) 起爆主线与外接电源线之间应设中间开关,起爆电源线应与其他电源线路分开敷设。电爆总网路的检测、导通及与起爆电源的连接,应在装药堵塞完毕和无关人员撤离危险区后进行;起爆网路检测中发现问题应及时处理。

(10)雷雨季节的爆破作业应采用非电起爆。

(11)投药船的工作舱内和船体外表面不得有明显或尖锐的突出物。电力起爆时,投药工作舱内不得存放任何有电源的物品。投药船离开投药地点时,应仔细检查船底和船舵,发现有爆破导线或炸药包时必须及时处理。

(12)投入水底的裸露药包不得拖曳,药包漂浮或有其他异常现象时,严禁起爆。

(13)由潜水员放置水下药包时,必须待潜水员离开水面并到达安全地点后才可起爆。

(14)进行破冰爆破和冰下炸礁时,开凿的爆破冰孔、爆破形成的冰穴或碎冰附近应设立标志。大雪天、风力大于4级的雪天或气温突然回升至10℃以上时,不得进行破冰爆破作业。

(15)爆后检查的等待时间,陆上爆破不应少于15min,水下爆破不应少于5min。

(16)爆破后应检查有无盲炮,陆上爆破尚应检查爆堆是否稳定,有无危石或危坡。

(17)发现盲炮及其他险情时,检查人员应立即报告并及时处理。处理前应在现场设立危险标志,并应采取相应的安全措施。

(18)盲炮处理应符合下列规定。

①电力起爆发生盲炮时,应立即切断电源及时将爆破网路短路。

②导爆索和导爆管网路发生盲炮时,应首先检查导爆索和导爆管是否有破损或断裂,有破损或断裂时应修复后重新起爆。

③炮孔中的起爆药包不得直接拉出或掏出。

④诱爆法处理盲炮应重新验算最小抵抗线和安全距离。

(19)处理水下裸露爆破和爆破夯实的盲炮,可在盲炮附近另投药包诱爆或提起药包检查和处理后重新投放起爆。

(20)破冰爆破的盲炮,可在盲炮处重新放置药包诱爆。

(21)遇以下恶劣天气、水文情况时,应停止爆破作业,所有人员应立即撤到安全地点。

①热带风暴或台风即将来临。

②雷电、暴雨雪来临。

③雾天能见度不超过100m。

④风力超过6级,浪高大于0.8m。

⑤水位暴涨暴落。

(三)安全距离

(1)爆炸源与人员和其他保护对象的安全允许距离,应根据地震波、冲击波和飞散物三种爆破效应分别计算并取其最大值。

(2)覆盖水深小于3倍药包半径时,水下爆破的空气冲击波对水面以上人员或其他保护对象的安全距离应按陆上爆破计算。

四、爆破材料质量控制要点

"爆破材料"是指炸药、雷管、导爆索和起爆器等。爆破材料的规格、品种和质量必须满足设计要求,并应符合现行行业标准《水运工程爆破技术规范》(JTS204)的有关规定。

1. 炸药质量控制

(1) 表面外观检查,炸药外壳剥开不应有炸药分解的象征。

(2) 进行殉爆距离的试验,测定两药卷的最大殉爆距离。

(3) 进行爆力及猛度试验。

(4) 进行化学安全性试验,化学安全性小于 10min 则不安定。

(5) 进行渗油、湿度试验,对于胶质炸药如发现渗油迹象,应立即销毁。对于硝铵炸药,在露天爆破允许湿度为 1.5% 以内。

2. 雷管质量控制

雷管分为火雷管和电雷管,现场监理应督促施工单位对雷管进行检验。

(1) 雷管外观检验,不允许有穿透的裂缝和破痕,防潮剂无裂缝,导线无破损,发现以上缺点的雷管应销毁,并另选 2% 的雷管作爆炸检验,不允许有拒爆雷管。

(2) 进行导电及电阻的稳定性试验,对不良的电雷管应予以销毁。

(3) 成组爆炸试验,如发现拒爆,则整批雷管不合格。

(4) 电雷管脚线牢固性试验,将雷管浸泡一定时间后,无脱离现象。

3. 导爆索质量控制

(1) 对导爆索进行外观检查,导线无外皮折坏、无裂缝、无端部松散、药芯露出、浸湿痕迹等,存在上述缺点应销毁。

(2) 燃速和燃烧均匀性试验,燃烧时间应符合产品质量标准,不合格的应作废。

(3) 进行耐水性试验,两头封以防水剂后放入水中 1h 后点燃无熄火现象,则可用于潮湿地带爆破。

4. 传爆线质量控制

(1) 对传爆线进行外观检查,应保证外壳完整,无端部松散,无药心漏出,无折伤,过细或过粗,如缺陷的数目超过总数 10%,则整批作废。

(2) 传爆线连接不拒爆试验,如有拒爆则应作废。

(3) 传爆线防水性试验,以确定传爆线使用场合。

(4) 用高温对传爆线作影响试验,以确定温度对传爆线的影响。

5. 爆破仪表质量检测

爆破仪表主要有电爆网路检测仪、安全专用仪表、起爆器、爆破器材性能测试仪等仪表。

(1) 电爆网路检测仪应能满足测量雷管和网路的电阻与铭牌电阻和计算电阻相符,检测网路内电流电压,使雷管和网路在规范的技术质量范围内,使爆破符合设计要求。

(2) 用安全专用仪表对散杂电流、静电的监测和测定雷管的最大安全电流和最小准爆电流,保证作业安全。

(3) 起爆器的转柄应灵活,转动手柄时能输出一定直流电,使电雷管起爆,严禁线头与机壳接触,以防止短路。

(4) 用爆破材料性能测试仪准确检查测量炸药、导爆索的爆炸速度,各种延期电雷管和继爆管的延时,塑料导爆管的爆速等,要求其性能达到技术质量规范。

第二节　陆上爆破及开挖质量控制

一、质量控制要点

(1) 各项爆破参数应满足设计要求,并应符合现行行业标准《水运工程爆破技术规范》(JTS 204) 的有关规定。各项爆破参数主要指爆破施工中的炮眼深度、位置、数量、堵塞长度、装药量和起爆网络及一次最大起爆量等。

(2) 进行陆上裸露爆破时,一次起爆的炸药量不得大于 20kg。

(3) 爆破开挖前应核对现场地质情况。

(4) 开挖施工程序应满足设计要求,严禁上下层同时垂直作业、弃渣堆集过高。

二、质量检验标准

(1) 爆破开挖后的边坡不得陡于设计边坡,且不得有松动和不稳定石。

(2) 陆上爆破及开挖的允许偏差、检验数量和方法应符合表 10-1 的规定。

陆上爆破及开挖允许偏差、检验数量和方法　　　　表 10-1

序号	项目		允许偏差(mm)	检验数量	单元测点	检验方法
1	开挖线		+300 0	每 4~10m 一处	1	拉线测量
2	高程	航行区域	0 -300	每 20m² 一处	1	用水准仪等测量突出高点
		非航行区域	+50 -400			

注:开挖线项目中"+"代表超挖。

第三节　水下爆破及清渣质量控制

一、水下爆破工程施工特点

水下爆破工程是指在水面以下进行的爆破,除具有同陆上爆破工程相同的共性外还有水下工程的特点,水下爆破按施工方法分可为水下钻孔爆破和水下裸露爆破,它们在水运工程建设中广泛采用。

(一) 水下钻孔爆破

水下钻孔爆破方法具有爆破效率高,定位易于控制,能适用于流速较大的地区,对环境影响小等特点,水下钻孔和装药,通常在水上专用作业的钻爆船(台)上进行,先钻孔,后装药,再实施爆破。当水下爆破具有水下钻孔作业条件时,应优先采用水下钻孔爆破方法,水下钻孔爆破可用于下列情况：

(1) 要求减少水下冲击波危害的。
(2) 炸区面积大，炸层较厚的。
(3) 要求岩石破碎均匀的。
(4) 水下基槽或沟槽开挖。
(5) 水下建筑物拆除。
(6) 对开挖断面形状有较高要求的。

(二) 水下裸露爆破

水下裸露爆破方法是将炸药包放在水下被炸物体的表面进行爆破。它具有施工简便，操作容易和机动灵活的特点，适用于水下孤礁或深槽岩基、碍航障碍物（如沉船、沙卵石、块石等）以及航道不足水深的浅点爆破清除。水下裸露爆破可用于下列情况：

(1) 受水流、地形和设备等影响，钻孔爆破困难的。
(2) 零星礁石、大块石和浅点爆破。
(3) 沙卵石浅滩松动爆破。
(4) 破冰及冰下爆破。
(5) 清除水下障碍物。
(6) 盲炮处理。

二、水下钻孔爆破的质量控制

(一) 水下钻孔爆破的基本规定

(1) 钻孔位置的偏差，内河不得大于200mm；沿海不得大于400mm。
(2) 钻孔爆破宜由深水到浅水顺序进行。
(3) 钻孔爆破不宜分层，宜一次钻到炮孔设计底高程。
(4) 钻孔船移位时船体不得越过已装药的炮孔。

(二) 质量控制要点

1. 钻孔船的定位控制

钻孔船定位前施工现场管理必须进行测量仪器、GPS定位仪的误差校核，使仪器误差达到测量规范要求精度，方可进行船舶定位工序。用测量仪器在岸上设置定位导标或用GPS定位仪，使钻孔船的位置必须按批准的爆破施工设计钻孔位置坐标定位，精度达到规范规定。定位后全部钢缆需紧固牢实，以防船舶钻孔时移位。要求定位钢缆收紧后，在水流作用下船舶位置摆动偏差值应小于10cm。

2. 下套管与钻孔的质量控制

下套管时套管上部夹板应固定对位，管下部保护绳要固定在系缆桩上，以防被水流冲击移动；按照水下钻孔规程，冲击器的钻具，钻杆按顺序连接，钻具长度由水深和施钻深度确定。钻孔的过程中需往返多次提升和下落钻杆，防止碎渣堵孔，必须保证孔洞完好。

监理质量控制重点：钻孔前监理应对套管连接方式、长度进行检查，要求按水深和设计文件设计的钻孔深度连接，套管的上部和下部必须按规定固定，确保套管的稳固以防滑动移位。钻孔的间距、排距要根据抵抗线和爆破要求确定，要避免爆出的石渣将设计的钻区的岩石覆盖，炮孔中不允许留残渣。

钻孔超深值要求在同一钻区一致，使一次爆破达到设计标高，不留残坎，一般超深1.0～1.5m较为适合，确保获得必要的爆破效果。

3.装药的质量控制

爆破装药包括药包加工、装药量、装药长度、堵眼等工序。具体质量控制措施如下：

(1)装药质量控制是工程质量的重要环节，检查是否按设计文件、爆破规范要求进行。

(2)药包加工是否按炸药性质和钻孔直径、长度加工而成，其尺寸、防水性能均应符合设计文件要求。

(3)水下钻孔爆破的装药量要满足设计要求，装药长度按设计文件根据钻孔深度确定，长度大于3/4孔深为宜。

(4)随着装药长度的增加，孔内炸药紧密程度逐步增加，装药时严禁用钢钎代替炮棍挤压药包。

4.起爆的质量控制

起爆是爆破工程的安全关键点，起爆必须由专人负责，在一切准备工作完成，所有工作人员必须撤离至安全距离以外后爆破。

三、水下裸露爆破质量控制

(一)水下裸露爆破的基本规定

(1)裸露药包投放方法可根据地形、水流条件选用投药船投放法、跨河缆吊放法或由潜水人员放置。

(2)水下裸露爆破应选用结构坚固、技术性能好的船舶作为投药船和定位船。定位船工作时应锚定稳固。

(3)水下裸露药包应尽量集中，急流乱水区药包的包装应加保护层，起爆线应绑扎在药包上。

(4)水下裸露药包可用土、砂包或石块作为加重物，流水中加重物的重量宜大于药包重量的2倍。水深小于1.5m时不宜用石块作加重物。在急流河段投入水底的裸露药包应在上游用绳缆牵引固定。

(5)水下裸露药包应紧贴被爆体，条件允许时可放置在岩石的自然洞穴或凹槽处。

(6)采用裸露爆破分层炸礁时，应在上一层石渣清除后进行下一层的爆破。

(二)质量控制要点

1.爆破点定位的质量控制

水下裸露爆破的定位是根据设计文件中施工图设计确定的水下被爆物的坐标，用测量定位仪器对被爆物进行定位，并设置定位船便于药包投放。船舶定位后对水深、流速的测量进行旁站,真实反映爆破前水深和药包投放条件。

2. 药包加工质量控制

药包加工根据被爆物的地形、地质条件、水深条件,选择适合的炸药(考虑爆速、猛度),根据不同的爆破物体进行药量计算,按一定的尺寸进行药包加工。药包必须做好防水、防摩擦的包装,并根据投药点流速捆扎,能使药包下沉至被爆体。

1) 炸药选择质量控制

选择炸药是否合适,对爆破效果有较大的影响。因此,在选择炸药时应根据岩石性质选择爆速、猛度性能适合的炸药。

2) 药量控制

药包重量的确定,由于爆破情况不同,地质条件不同,破碎深度和水深不同,其单位耗药量也不同,药包重量也不一样,一般依靠试验或经验确定。

炸大面积平坦礁石,其药包炸药量要满足爆后岩石层破碎,爆破后水深条件能使挖泥船至爆破点进行清渣。这种情况的爆破,其药包量与破碎深度的三次方成正比。

炸孤礁不需清渣,一般按礁石体积,计算总炸药量,均分成多个单药包。因此,除正确掌握岩石性质外,还必须根据工程地形图,准确测算孤礁体积用以计算总炸药量。

炸突嘴石梁,一般流速较大,采取抛掷爆破方法,将破碎岩石抛掷至深槽,不需挖泥船清渣。这种情况爆破,除正确掌握岩石性质外,还须考虑岩层顶部水深,确定水深影响附加药量和单位耗药量。

3. 药包投放质量控制

药包投放时,现场监理必须注意,投药船定位是否准确,对定位测量仪器或 GPS 定位进行校核,使仪器精度符合测量规范标准,方可进行定位工作。

水下裸露爆破采用船投法投放药包,应根据施工图制定的爆破点坐标方位,将船抵至爆破点准确位置,采用正确的投放方法,不允许药包和电爆线路损坏,如有损坏应立即通知爆破指挥,并换新药包或电爆线重新投放。

4. 接线检查及起爆质量控制

药包投好后,爆破安全员应仔细检查药包、电爆线缆是否完好,测定电爆网络是否通路,电阻值在正常范围内,现场监理督促检查其过程,待投药船驶离危险区后方可起爆。

四、水下清渣施工质量控制

(一) 水下清渣工程特点

水下清渣工程根据工程设计要求,选用适合工程特点的挖泥船,对水下爆破后的岩渣、碎块或碍航物进行清理,使施工区的尺度满足设计要求。对分层爆破的工程也要进行分层清渣,以提高二次钻孔、爆破的效果。

(二) 水下清渣工程质量控制

水下清渣工程是水下爆破工程项目的组成部分,其工程质量控制流程属爆破工程的系统流程。清渣工程的质量控制主要是施工期的质量控制,即清渣船驳选型、清渣的倾倒位置选点、设置清渣标志、清渣深度控制、清渣范围控制和测量验收。

水下清渣工程现场监理应对清渣深度、清渣范围及测量验收实施质量控制。核查清渣施工是否按设计要求,将松动岩石或障碍物清挖到设计深度,清渣范围是否达到设计要求。测量验收是否符合《疏浚与吹填工程施工规范》(JTS 207)和《水运工程测量规范》(JTS 131)的规定。

现场监理必须对清渣船进行检查,要求设备完好,对计量仪表进行复核,测定驳船舱容,倾倒清渣物的位置选择是否合理,是否设在不碍航,并有一定容量的深水区,倾倒区是否设置范围标志。

清渣后的水深应符合设计的要求,达到设计水深,分层爆破作业的清渣,清渣要求无浅点,清渣范围控制在设计要求内,以防超挖工程量和遗漏浅点。

竣工测量根据设计要求、工程特点选择不同的测量方法,必须符合《水运工程测量规范》(JTS 131)要求。采用测深仪测深时,其质量控制要求与疏浚工程测量的控制要求相同;如采用扫测,扫测前应对扫测设备进行检验,要求扫测船航速、发射脉冲宽度、走纸速度等均应满足设计要求。

五、质量检验标准

(一)水下爆破及清渣质量检验标准

(1)水下钻孔爆破的各项爆破参数应满足施工组织设计要求,并应符合现行行业标准《水运工程爆破技术规范》(JTS 204)的有关规定。各项爆破参数主要指爆破施工中的炮眼深度、位置、数量、装药量和起爆网络及一次最大起爆量等。

(2)爆破开挖前应核对现场地质情况。

(3)水下裸露爆破的布药方式、炸药品种和每次起爆用药量应满足设计要求,并应符合现行行业标准《水运工程爆破技术规范》(JTS 204)的有关规定。

(4)炸礁边坡不得陡于设计边坡。

(5)炸礁的平面位置和范围必须满足设计要求,航槽底部高程严禁高出设计高程。非航行区域的水下炸礁底高程应满足设计要求。检验方法:硬式扫床检查,当条件不具备时,采用水下测量检查,并在交工验收资料中注明。

(6)水下爆破及清渣的允许偏差、检验数量和方法应符合表10-2的规定。

水下爆破及清渣允许偏差、检验数量和方法　　　　表10-2

序号	项目		允许偏差(mm)	检验数量	单元测点	检验方法
1	开挖线	钻孔爆破	+1 000 0	每4~10m 一个断面	1	用测深仪和经纬仪等测量;并进行硬式扫床
		裸露爆破	+2 000 0			
2	高程	航行区域	0 -500		3	
		非航行区域	+50 -750			

注:①硬式扫床应提交扫床测量轨迹图,相邻扫床轨迹的重叠宽度不得小于1m,并提交报告;
②开挖线项目中"+"代表超挖;
③当硬式扫床确有困难时,可采用多波束扫测。

(二)弃渣质量检验标准

(1)弃渣堆填的位置、范围和高程应满足设计要求,不得影响航道尺度。
(2)弃渣的堆积坡度不得陡于水下自然边坡坡度。
(3)水下弃渣的允许偏差、检验数量和方法应符合表 10-3 的规定。

水下弃渣允许偏差、检验数量和方法　　　　表 10-3

序号	项目		允许偏差	检验数量	单元测点	检验方法
1	平面位置		±4 000mm	每 10m 一个断面	2	用测深仪和经纬仪等测量
2	高程	航行区域	不得高于设计标高		3	用测深仪和经纬仪等测量;并通过硬式扫床
		非航行区域	+1 000mm			用测深仪和经纬仪等测量

注:航行区域应采用硬式扫床,当硬式扫床确有困难时,可采用多波束扫测。非航行区域可采用多波束或不小于 1:500 图比进行测量。

第四节　水下爆炸挤淤抛石质量控制

水下爆炸挤淤抛石是在抛石体外缘一定距离和深度的淤泥质地基中埋放群药包,起爆瞬间在淤泥中形成空腔,抛石体随即坍塌充填空腔,经多次爆破推进,最终达到置换淤泥的方法。

一、质量控制要点

(1)爆破排淤填石可用于抛石置换水下淤泥质地基的工程,置换厚度宜取 4~25m;置换厚度小于 4m 或大于 25m 时,需经试验进行技术经济论证和确定施工工艺。
(2)爆破排淤填石可采用水上布药船或陆上布药机布药。
(3)爆破施工可根据需要配备拖船、运输船和警戒船等辅助作业船。
(4)爆破作业处于水位变动区时,药包埋深应采用实测水位控制。
(5)采用从套管内投放药包时,不得使药包在套管内自由坠落。
(6)装药器可选用压力式或振动式装药器,并应满足下列要求。
①装药深度要求。
②药包的体积要求。
③药包脱钩可靠。
④安全要求。

二、质量检验标准

(1)石料的规格和质量应满足设计要求。施工单位按进场批次抽样检验,监理单位见证检验。
(2)抛填及爆炸施工的程序和爆炸参数应满足设计要求和经试验段施工所确定的施工参数。

(3)堤身两侧淤泥包的清除应满足护坦或抛石棱体施工的要求。

(4)爆破挤淤置换淤泥质软基的平面位置及深度应满足设计要求。采用体积平衡法、钻孔探摸法、探地雷达法进行检验。

(5)爆破挤淤置换淤泥质软基的相邻两炮抛填进尺与设计进尺之差不应大于0.5m。

(6)药包制作及布放应符合表10-4的规定。

药包制作及布放质量要求 表10-4

序 号	项 目	允 许 偏 差
1	单药包药量	±5%
2	药包平面位置	300mm
3	药包埋深	±300mm

(7)爆炸挤淤抛石允许偏差、检验数量和方法应符合表10-5的规定。

爆炸挤淤抛石允许偏差、检验数量和方法 表10-5

序号	项 目		允许偏差(mm)	检 验 数 量	单元测点	检 验 方 法
1	抛石底面标高	仅有标高要求	0 -1 000	每500m一个断面且不少于3个断面	2~3	钻孔检测
		既有标高又有土层要求	±1 000			
2	泥面处堤身边线		+1 000 0	每10~20m一个断面	2	用水深测杆测量

第五节 爆破夯实质量控制

爆破夯实是在水下块石或砾石地基和基础表面布置裸露或悬浮药包,利用水下爆破产生的地基的基础振动使地基和基础得到密实的方法。

爆破夯实适用于地基的基础应为块石或砾石,且一次夯实厚度不大于12m。用于重力式码头、防波堤等基床的密实。

一、爆炸夯实质量控制要点

(1)采用爆破夯实,基床的分层厚度、药包悬吊高度及重量、布药方式、爆夯遍数、一次爆夯的总药量等参数应经设计和试验确定。

基床爆夯正式施工前应先进行爆夯试验,爆夯试验段选在具有代表性的部位进行。爆夯试验结束后,根据试验段爆夯后所检测的基床密实度、基床表面平整度、爆夯对未布药区基床及边坡的作用和爆夯对周围环境影响等实际情况,选取确定适当的爆夯参数、夯沉量、爆夯安全距离等爆夯技术指标。

(2)水下爆破夯实可用于水下地基或基础为块石或砾石的工程,为确保爆夯施工的质量,爆夯施工局部可采用分层夯实,线性布药,由最低标高位置向设计基床顶标高顺序作业的方法。分层夯实厚度不宜大于12m,起爆药包在水面下的深度大于8m时,分层夯实厚度可适当增加,但不得超过15m,每层爆夯3~4遍。

(3)水下爆破夯实可采用水上布药船布药。在低潮石面出露时也可采用人工陆上布药。布药方法可选用点布、线布或面布。

(4)有风影响时,水上布药应逆风向布药;有流影响时,水上布药应逆流向布药;风、流均有影响时,水上布药应逆流向布药。

(5)局部补抛石层平均厚度大于0.5m且范围大于一个布药网格时,应减半装药在原位补爆一次。

二、质量检验标准

(1)爆炸夯实后,抛石基床的平均夯沉率应满足设计要求。施工单位、监理单位全数检查,检查爆炸夯实前后的基床测量断面,计算夯沉量。

(2)基床抛石的厚度和爆炸参数应满足设计要求和试验段施工所确定的施工参数。

(3)爆炸夯实后,基床顶部补抛块石后的补爆或补夯应满足技术处理方案要求。

思 考 题

1. 爆破工程的分类及对爆破作业的基本要求。
2. 爆破工程质量控制及安全监理的要点与方法。
3. 陆上爆破及开挖质量控制要点。
4. 水下爆破及清渣质量控制要点。
5. 水下爆夯及爆炸挤淤抛石质量控制要点。
6. 从4M1E的五个方面,熟练分析水运工程爆破各施工环节质量控制的重点。

第十一章 航标工程质量控制

第一节 概　　述

一、航标的基本概念和作用

航标即助航标志,是船舶安全航行的重要助航设施。它的主要功能是标示航道的方向、界限与碍航物,揭示有关航道信息,为船舶指引安全、经济的航线。

二、航标的分类

(一)按航标的作用分

1. 视觉航标

是固定的或浮动的供直观的助航标志。它具有易辨认的形状与颜色,可安装灯器及其他附加设备。广泛设置于沿海及内河上,是一种最重要、最基本的助航标志。视觉航标常用标身的形状、颜色或顶标来区分或表示不同的航标功能,供驾驶人员在白天观察使用,而在夜间则以灯质即灯光颜色、灯光节奏、周期来区分识别。

2. 音响航标

音响航标是指能发出声音传送信息以引驾驶人员注意其概略方位的助航标志,一般与视觉航标共同设置,多用于沿海地区。音响航标,在能见度不良的天气里发出具有一定识别特征的音响信号,使驾驶人员知道船舶的概略方位,起警告船舶避免发生危险的作用。

3. 无线电助航设施

无线电助航设施是以无线电波传送信息供船舶接收以测定船位的助航标志。无线电助航设施能在大雾或恶劣的天气下远距离地保证船舶准确测定船位和航行安全。无线电助航设施包括:无线电指向标、无线电测向仪、雷达应答器、雷达反射器、雷达指向标、罗兰、台卡、奥米加和卫星导航等。

(二)按航标设置水域分

按照航标设置在不同的水域,可分为内河航标(包括湖泊、水库)和海区航标,当航标在不同地点如岸上或水中时,也可简单划分为岸标与浮标。

1. 内河航标

内河航标按功能分为航行标志、信号标志和专用标志。

(1)航行标志。航行标志包括过河标、沿岸标、导标、过渡导标、首尾导标、侧面标、左右通航标、示位标、泛滥标和桥涵标等。

(2)信号标志。信号标志包括通行信号标、鸣笛标、界限标、水深信号标、横流标和节制闸标等。

(3)专用标志。专用标志包括管线标和专用标。

2.海区航标

海区航标有灯塔、灯桩、灯船、大型助航浮标、灯浮标、立标和导标等标志。海区航标的浮标部分包括侧面标志、方位标志、孤立危险物标志、安全水域标志和专用标志。其中侧面标志包括左侧标、右侧标、推荐航道左侧标及推荐航道右侧标;方位标志又包括北方位标、东方位标、南方位标及西方位标。

(1)侧面标志。侧面标志是依航道走向配布的,用以标示航道两侧界限,或标示推荐航道;也可用以标示特定航道。侧面标包括航道左侧标、右侧标和推荐航道左侧标、右侧标。航道左侧标和右侧标分别设在航道的左侧和右侧,标示航道的左侧和右侧界线,顺航道走向行驶的船舶应将航道左侧标和右侧标置于该船的左舷和右舷通过,如图11-1所示。

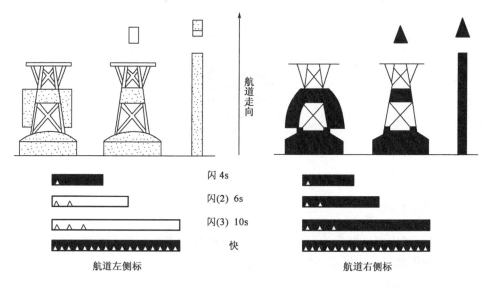

图11-1 航道左侧标和右侧标

(2)方位标志。方位标志设在以危险物或危险区为中心的北、东、南、西四个象限内,即真方位西北至东北、东北至东南、东南至西南、西南至西北,并对应所在象限命名为北方位标、东方位标、南方位标、西方位标,分别标示在该标的同名一侧为可航水域。北方位标设在危险物或危险区的北方,船舶应在本标的北方通过;东方位标设在危险物或危险区的东方,船舶应在本标的东方通过;南方位标设在危险物或危险区的南方,船舶应在本标的南方通过;西方位标设在危险物或危险区的西方,船舶应在本标的西方通过。方位标志如图11-2所示。

(3)孤立危险物标志。孤立危险物标设置或系泊在孤立危险物之上,或尽量靠近危险物的地方,标示孤立危险物所在。

(4)安全水域标志。安全水域标设在航道中央或航道的中线上,标示其周围均为可航行水域。

(5)专用标志。专用标是用于标示特定水域或水域特征的标志。

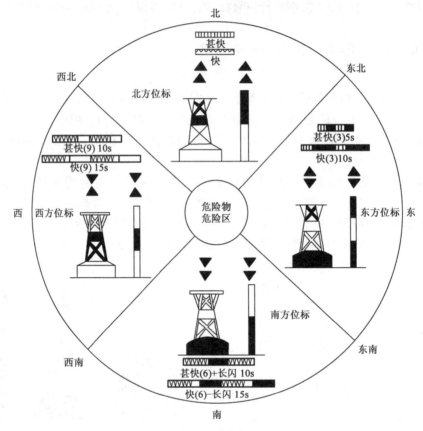

图11-2 方位标志

三、内河航标配布

根据国家标准《内河助航标志》的规定,内河航标配布类别应根据航道条件与运输需要,通过技术经济论证确定。内河航标配布可分为以下四类。

(一)一类航标配布

配布的航标夜间全部发光。白天,船舶能从一座标志看到次一座标志;夜间,船舶能从一盏标灯看到次一盏标灯。

(二)二类航标配布

发光航标和不发光航标分段配布。在昼夜通航的河段上配布发光航标,其标志配布与一类航标配布相同;在夜间不能通航的河段上配布不发光航标,其标志配布密度与三类航标配布相同。

(三)三类航标配布

航标配布的密度比较稀,不要求从一座标志看到次一座标志,对优良河段的沿岸航道,可沿岸形航行不再配布沿岸标,但每一座标志所表现的功能与次一座标的功能应互相边贯,指引船舶在白天安全航行。

(四) 重点航标配布

只在航行困难的河段和个别地点配布航标。优良河段一般仅标示出碍航物。根据需要与条件配布发光航标或不发光航标。船舶需借于驾驶人员的经验利用航标和其他物标航行。

四、内河助航标志及布设

平原河流浅滩航道多出现于枯水期或中枯水期,在分汊河段、汇流河口等处,从一岸到另一岸的过渡段尤易形成碍航浅滩,在沙质河床河段,由于冲淤活动频繁,浅滩航道位置、水深等经常处于变化之中,故航标配布应根据随时探测及测量结果予以调整,使航标能随时为船舶标示出或提供安全而经济的航行条件。

(一) 过河标

标志跨河航道的起点或终点,指示由对岸驶来的船舶在接近标志时沿着本岸航行,或指示沿本岸驶来的船舶在接近标志时驶往对岸,如图11-3和图11-4所示。其形状在标杆上端装正方形顶标两块,分别面向上、下方航道。如跨河航道距离过远以致目标不够显著时,可以在标杆前加装面向航道的梯形牌,梯形牌的颜色按背景的明暗来确定,背景深暗处为白色,背景明亮处为黑色。灯质左岸为白光,莫尔斯信号"A"(·—)或"M"(—),右岸为白光,莫尔斯信号"N"(—·)或"D"(—)。此处"·"表示闪光时间较短,"—"表示闪光时间较长。

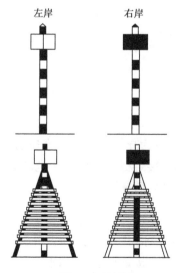

图11-3　过河标

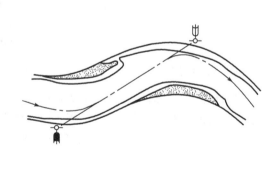

图11-4　过河标布置

(二) 沿岸标

标杆顶端装球形顶标一个,标示沿岸航道的方向,指示船舶继续沿着本岸行驶,如图11-5和图11-6所示。灯色左岸为白色或绿色单闪,右岸为红色单闪。

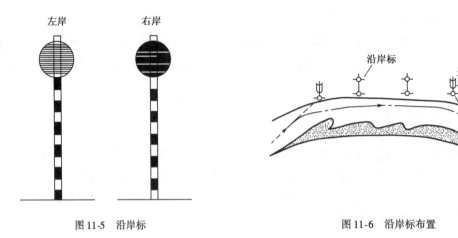

图 11-5　沿岸标　　　　　　　　图 11-6　沿岸标布置

(三) 导标

由高低不同的两座标志(前低后高)前后竖立组成。前后标所构成的导线标志狭窄航道方向,引导船舶沿该导线行驶,如图 11-7 所示。导标的每一座标志由标杆顶端加一块正方形板制成。如导线航道过长以致目标不够显著时,可以在标杆前加面向航道方向的梯形牌。导标灯质前、后标均为白色单面定光,如背景灯光复杂白色容易混淆时,可以改为红色单面定光。

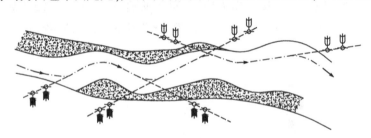

图 11-7　导标标志河心航道

(四) 过渡导标

由前标同过河标,后标同导标的两座标志组成,标示一方为导标指示的狭窄航道,另一方为较宽阔的沿岸航道或跨河航道,指示沿导线驶来的船舶在接近标志时驶入较宽阔的沿岸航道或跨河航道(或反之),如图 11-8 所示。灯质前标同过河标,后标同导标。

(五) 首尾导标

由三座标志前后鼎足组成,前一座同过河标,后两座与导标相同。三座标志组成两条导线分别标示上、下方狭窄航道的方向,指示循导线驶来的船舶在接近标志时转向另一条导线航道,如图 11-9 所示。灯质前一座同过河标,后两座同导标。

(六) 侧面标

设在浅滩、礁石、沉船或其他碍航物靠近航道一侧,标示航道的侧面界限;设在水网地区优良航道两岸时,标示岸形、突嘴或不通航的汊港。其形状浮标可采用柱形、锥形、罐形、杆形或灯船,灯桩可采用框架形,也可以固定设置在水中。灯质左岸为绿色或白色,右岸为红色,均为单,双闪光。

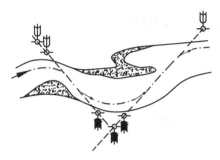

图 11-8　过渡导标布置

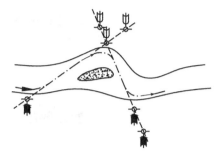

图 11-9　首尾导标布置

(七)左右通航标

设在航道中个别河心碍航物或航道分汊处,标示该标两侧都是通航航道。在同一标体中线两侧分别为红色和白色,灯质为绿色和白色,三闪光。

(八)示位标

设在湖泊、水库、水网地区或其他宽阔水域,标示河口、岛屿、浅滩、礁石等位置,供船舶确定航向,指示船舶循标志进入河口或警告船舶避离危险区。其形状可采用各种形状的塔形体。灯质为白光,绿光或红光莫尔斯信号,如图 11-10 所示。

(九)泛滥标

设在被洪水淹没的河岸或岛屿靠近航道一侧,标示岸线或岛屿的轮廓。其形状为标杆上端装截锥体顶标一个,也可以安装在具有浮力的底座上作为浮标设置,左岸为白色或黑色,右岸为红色。灯质左岸为绿光或白光,右岸为红光,都为定光,如图 11-11 所示。

图 11-10　示位标

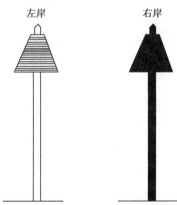

图 11-11　泛滥标

(十)桥涵标

在桥梁通航孔中央设置正方形红色或圆形白色标牌,分别指引大轮或小轮通过该桥孔。正方形标牌夜间为红色单面定光,圆形标牌为绿色单面定光,如图 11-12 所示。

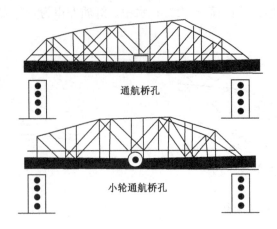

图 11-12 桥涵标

五、航标工程的分部工程、分项工程划分

航标工程的分部工程、分项工程的划分宜按表11-1 和表11-2 的规定划分。如工程内容与表列项目不一致,可根据工程特点进行调整。

航标工程单位工程、分部工程划分　　　　　　　表 11-1

序 号	单 位 工 程	分 部 工 程
1	灯塔	基础、塔体、装饰、灯笼、航标设备、附属设施
2	塔型岸标、灯桩和海区导标	基础、塔体、装饰、航标设备、附属设施
3	杆型岸标、内河导标和立标	每区段的杆型岸标和立标
4	浮标	每区段的浮标
5	标志牌、桥涵标和桥柱灯	每区段的标志牌、每座桥梁的桥涵标和桥柱灯
6	水尺	每组水尺

注:①杆型岸标和立标、浮标、标志牌等的区段为合同段或航道管理区段;
②当塔形岸标、灯桩和海区导标等数量较多且工程量较小时,可按合同段或航道管理区段归并成一个或几个单位工程。

航标工程分部工程、分项工程划分　　　　　　　表 11-2

序 号	分 部 工 程	分 项 工 程
1	基础	基坑开挖与回填、抛石基础、砌石基础、桩基础、现浇混凝土墩台、岩石基础、现浇混凝土基础等
2	塔体	混凝土塔体、砖砌塔体、钢结构塔体制作与安装、玻璃钢塔体制作与安装等
3	装饰	抹灰饰面、涂装和反光膜贴面、镶贴面层等
4	灯笼	灯笼制作及安装
5	每区段的杆型岸标和立标	基坑开挖与回填、混凝土基座、标杆制作与安装、顶标制作与安装、航标灯安装、电源安装、雷达反射器及应答器安装、航标遥测遥控终端安装、维护道路和登陆点等

续上表

序号	分部工程	分项工程
6	每区段的浮标	浮标制作与抛设、标体制作与安装、航标灯器安装、电源安装、雷达反射器安装、航标遥测监控终端安装等
7	每区段的标志牌、桥涵标、桥柱灯	基坑开挖及回填、砌石基础、混凝土基础、标志牌制作与安装、桥涵标和桥柱灯制作与安装等
8	每组水尺	基坑开挖及回填、砌石基础、混凝土基础、岩石基础、混凝土尺体、砖砌尺体、水尺面镶贴及高程刻划等
9	航标设备	航标灯器安装、电源安装、雷达应答器及反射器安装、信号标志揭示装置制作与安装、航标遥测监控终端安装等
10	附属设施	避雷设施制作与安装、水位遥测遥报装置安装、爬梯及维护平台制作与安装、维护道路和登陆点等

六、航标工程总体

(一) 基本要求

(1) 航标、标志牌设置的位置和方向应满足设计要求,并应通视良好,导标导线应满足设计要求。

(2) 航标工程项目完工后应按《水运工程质量检验标准》(JTS 257)的规定,对工程具有代表性的河段或航区进行助航效能测试,其效能应满足设计要求。

(二) 航标工程观感质量

航标工程主要单位工程的观感质量应按表 11-3 的规定检查评价,其综合实得分率不应低于 80%。

航标工程主要单位工程的观感质量评价项目和质量要求　　表 11-3

单位工程	序号	评价项目	质量要求	标准分	评价等级		
					一级 95%	二级 85%	三级 70%
灯塔塔型岸标	1	建筑主体	塔身垂直、无偏斜	10			
			外形规矩、线条流畅、平顺、无明显凹凸	20			
			门窗位置正确、线条平顺	5			
	2	外墙饰面	颜色正确、均匀、醒目	5			
			面砖线条平直、缝宽一致、无空鼓和脱落,混凝土面无裂缝	10			
	3	内墙表面	踏步、爬梯、护栏规矩、稳固	10			
			地面平整,无明显缺陷	5			
			粉刷、装饰符合要求	5			
			无建筑污染	5			
	4	灯质、电源	灯器、设备、线路布置正确、标志清楚	10			
			灯质正确	5			

续上表

单位工程	序号	评价项目	质量要求	标准分	评价等级		
					一级95%	二级85%	三级70%
杆型岸标	1		杆身垂直,无偏斜	10			
	2		基座、标杆和顶标连接牢固	10			
	3		杆件无变形,油漆均匀,无漏涂和泛锈,贴膜无起泡缺陷	10			
	4		稳绳布置正确、紧张适度,连接牢固	10			
	5		灯质、顶标正确	10			
浮标	1		位置正确、无漂移	10			
	2		顶标、浮体、系留设施连接牢固	10			
	3		油漆均匀、无泛锈	10			
	4		灯质、标体正确	20			
航行水尺	1		大面平顺、棱角完整、无表面缺陷	20			
	2		面砖砌缝均匀、缝宽一致、无空鼓	10			
	3		涂层、刻划清晰、识别性好	20			
标志牌	1		标识正确,容易识别	10			
	2		面板平整,棱角清晰,线条美观	10			
	3		位置正确、固定牢靠	10			
	4		贴膜平整、牢固、无起泡缺陷	20			

第二节 岸标和水尺质量控制

本节所称"岸标",包括灯塔、塔形岸标、灯桩、海区导标、杆形岸标、内河导标和立标等。所称"塔体"包括灯塔、塔形岸标、灯桩和海区导标等的主体建筑物。

灯塔、塔形岸标、灯桩和海区导标的分项工程检验批宜按结构段或施工段划分。

一、岩石基础(图11-13)

(一)质量控制要点

(1)开挖和整平的范围不得小于设计范围。

(2)岩石基础表面的松软覆盖层应清除干净。基岩的风化程度和对岩石表面及裂隙的处理应满足设计要求。

(3)岩石基础表面的封底应及时。封底混凝土的强度应满足设计要求,封底混凝土质量应符合第二章的有关规定。

图 11-13 岸标坐落于岩石基础

(二)岩石基础的允许偏差、检验数量和方法

岩石基础的允许偏差、检验数量和方法应符合表 11-4 的规定。

岩石基础允许偏差、检验数量和方法　　　　表 11-4

序号	项目		允许偏差(mm)	检验数量	单元测点	检验方法
1	中心位置		100	大型基础,逐个检查;小型基础抽查 10% 且不少于 1 个	1	用经纬仪、GPS 等测量
2	基底标高		0 −200		2	用钢尺测量
3	封顶找平层平整度		10			用水准仪测量
4	预埋件位置	预埋铁件	20	抽查 10% 且不少于 3 个	1	用钢尺测量
		螺栓	3			

二、杆形岸标混凝土基座(图 11-14)

(一)质量控制要点

(1)基座混凝土的强度和质量应满足设计要求,并应符合第二章的有关规定。

(2)基坑开挖尺寸不应小于设计要求。基坑底部的土质应满足设计要求。

(3)预制混凝土基座埋设的方式应满足设计要求。埋设应稳固,回填土应分层密实。

(4)预埋件的种类、数量、制作与埋设应满足设计要求。

图 11-14　混凝土基座

(二)混凝土基座的允许偏差、检验数量和方法

杆形岸标混凝土基座的允许偏差、检验数量和方法应符合表 11-5 的规定。

杆形岸标混凝土基座允许偏差、检验数量和方法　　　　表 11-5

序号	项目		允许偏差(mm)	检测数量	单元测点	检验方法
1	顶面高程		+20 −0	逐个检查	2	用水准仪、经纬仪、GPS 等仪器检查
2	中心位置		50		1	
3	预埋件位置	铁件	20		1	
		螺栓	3			

三、混凝土塔体

(一)质量控制要点

(1)塔体混凝土质量控制的主要要求见第二章。

(2)塔体混凝土应密实、平整,分层施工的接茬应平顺,墙面应无明显错台、流坠和破损。

(3)塔体与基础、塔体各段之间的连接及接缝质量应符合有关规定。

(4)塔体门、窗、预留孔和踏步等的位置、形式和尺寸应满足设计要求。

(二)浇混凝土塔体的允许偏差、检验数量和方法

(1)现浇混凝土塔体的允许偏差、检验数量和方法应符合表11-6的规定。

现浇混凝土塔体允许偏差、检验数量和方法   表11-6

序号	项 目		允许偏差(mm)	检测数量	单元测点	检 验 方 法
1	总垂直度	$H<20$m	$H/1\,000$	每座	1	用水准仪或GPS等测量
		$H\geqslant 20$m	$H/1\,000$,且不大于40			
2	基础顶面标高		±10		4	用水准仪测量
3	直径或边长	$D\leqslant 10$m	±25	每层	4	用钢尺测量
		$D>10$m	±2.5$D/1\,000$			
4	壁厚		+10 −5		8	
5	接茬错台		5		4	
6	门窗洞口高、宽		±5	抽查10%	4	
7	楼面	标高	10	每层	1	用水准仪测量
		平整度	5		1	用2m靠尺和塞尺测量
8	外壁沿母线方向平整度		6		4	用2m靠尺和塞尺或拉线测量
9	塔体全高	$H\leqslant 20$m	±30	每座	1	用经纬仪等仪器测量
		$H>20$m	±40			
10	预埋件位置	预埋铁件	20	抽查10%	1	用钢尺测量,取大值
		螺栓	3			

注:H为塔体高度,D为直径或边长,单位为mm。

(2)预制安装塔体的允许偏差、检验数量和方法应符合表11-7和表11-8的规定。

预制塔体构件的允许偏差、检验数量和方法   表 11-7

序 号	项 目		允许偏差（mm）	检验数量	单元测点	检 验 方 法
1	直径或边长	$D \leqslant 10\text{m}$	±25	逐件检查	2	用钢尺测量
		$D > 10\text{m}$	±2.5D/1 000			
2	高度		±10		4	
3	壁厚		+10 −5		4	
4	顶面平整度		10		4	用2m靠尺按"米"字形测量
5	外壁竖向倾斜		2H/1 000		2	用经纬仪或吊线测量
6	外壁母线平整度		10		4	用 2m 靠尺和弧形靠尺按"米"字形测量顺母线和垂直母线两方向
7	门窗洞口	位置	10		1	用钢尺测量
		高、宽度	±5		2	
8	预埋件位置	预埋铁件	20	抽查 10%	1	用钢尺测量,取大值
		螺栓	3			

注:D 为直径或边长,H 为构件高度,单位为 mm。

塔体构件安装的允许偏差、检验数量和方法   表 11-8

序 号	项 目		允许偏差（mm）	检测数量	单元测点	检 验 方 法
1	总垂直度	$H < 20\text{m}$	H/1 000	逐件检查	1	用水准仪或 GPS 测量
		$H \geqslant 20\text{m}$	H/1 000,且不大于40			
2	基础顶面标高		±20		4	用水准仪测量
3	上下节错台		10		2	用钢尺测量
4	相邻段错台		20		4	
5	安装缝缝宽		20		4	
6	塔体全高	$H < 20\text{m}$	±30		2	用经纬仪测量
7		$H \geqslant 20\text{m}$	±40			

注:H 为塔体高度,单位为 mm。

四、砌筑塔体

(一)质量控制要点

(1)砌筑所用砖和块石的种类、规格和质量应满足设计要求。
(2)砌筑砂浆的质量应符合《水运工程质量检验标准》(JTS 257)的有关规定。
(3)楼板、踏步等构件混凝土的强度应满足设计要求,构件质量应符合第二章的有关规定。

（4）砌体组砌形式满足设计要求,砌块应上下错缝,内外搭砌。砌缝砂浆应饱满,勾缝应均匀、密实。

（5）门、窗、预留孔和踏步等的位置、形式和尺寸等应满足设计要求。

（二）砌筑塔体的允许偏差、检验数量和方法

砌筑塔体的允许偏差、检验数量和方法应符合表11-9的规定。

砌筑塔体允许偏差、检验数量和方法　　　　　表11-9

序号	项　目		允许偏差（mm）	检测数量	单元测点	检验方法
1	塔体全高		±30	逐件检查	1	用水准仪或GPS等仪器测量
2	中心位置		100		1	用经纬仪或GPS等仪器测量
3	基础顶面标高		±20		4	用水准仪测量
4	直径或边长		±25		4	用钢尺测量
5	壁厚		±15		4	
6	门窗洞口高、宽		±5	抽查10%	4	
7	楼面	标高	±20	每层	1	用水准仪测量
		平整度	5		2	用2m靠尺和弧形样板尺测量母线和垂直母线两个方向
8	外壁平整度		6	每座	1	
9	总垂直度	$H \leqslant 10m$	10		1	用经纬仪等仪器测量
		$H > 10m$	20			
10	预埋件位置	预埋铁件	20	抽查10%	1	用钢尺测量,取大值
		螺栓	3			

注：H为塔体高度。

五、钢结构塔体制作与安装

（一）质量控制要点

（1）钢材的品种、规格和性能应满足设计要求,并应符合国家现行标准的有关规定。

（2）钢结构的连接方式应满足设计要求,连接质量应符合第二章第五节的有关规定。

（3）塔体与基础连接的地脚螺栓数量和紧固应满足设计要求,外露丝扣不应少于2扣。

（4）钢结构涂装的材料品种、涂装工艺应满足设计要求,涂装质量应符合第二章第五节的有关规定。

（5）塔体构件表面应完好。运输过程造成的变形和涂层损坏应进行矫正和修补。

（6）踏步或爬梯等的位置和形式应满足设计要求。

（二）制作与安装允许偏差、检验数量和方法

（1）钢质圆筒塔体制作与安装允许偏差、检验数量和方法应符合表11-10的规定。

钢质圆筒结构塔体制作与安装允许偏差、检验数量和方法　　表11-10

序号	项　目		允许偏差（mm）	检测数量	单元测点	检 验 方 法
1	制作	分段直径	±5	抽查20%	2	用钢尺测量
2		分段高度	+10 -5		2	
3		分段端面平整度	2		2	
4	安装	基础顶面标高	±20	每座	2	用水准仪或GPS等仪器测量
5		塔体全高	±20		1	用水准仪等仪器和钢尺测量
6		总体垂直度	$H/1\,500$，且不大于40		1	用经纬仪等仪器测量

注：H为塔体高度，单位为mm。

（2）钢质塔架制作与安装允许偏差、检验数量和方法应符合表11-11的规定。

钢质塔架结构塔体制作及安装允许偏差、检验数量和方法　　表11-11

序号	项　目		允许偏差（mm）	检测数量	单元测点	检 验 方 法
1	制作	分段外轮廓尺寸	±5	抽查20%	2	用钢尺测量
2		分段平面对角线	±5		2	
3		分段高度	+10 -5		2	
4	安装	基础顶面标高	±20	抽查20%	1	用水准仪或GPS等仪器测量
5		塔体全高	±20		2	用水准仪等仪器测量
6		总体垂直度	$H/1\,500$，且不大于40		1	用经纬仪等仪器测量

注：H为塔体高度，单位为mm。

六、玻璃钢结构塔体制作与安装

（一）质量控制要点

(1) 玻璃钢的规格和质量应满足设计要求。
(2) 塔体或各分段的形状、规格应满足设计要求，塔体的平面尺寸和壁厚不得小于设计尺寸。塔体不得老化或褪色。
(3) 塔体与基础以及塔体各分段之间的连接件及连接强度应满足设计要求。
(4) 预留孔洞和爬梯等的位置等应满足设计要求。

（二）玻璃钢结构塔体安装工程的允许偏差、检验数量和检验方法

玻璃钢结构塔体安装工程的允许偏差、检验数量和检验方法应符合表11-12的规定。

玻璃钢塔体安装允许偏差、检验数量和方法　　　　　　　表 11-12

序号	项目	允许偏差（mm）	检测单元和数量	单元测点	检验方法
1	塔高	±20	每座	1	用水准仪或 GPS 等测量
2	基础顶面标高	±20		2	
3	截面尺寸	±10		4	用钢尺测量
4	总体垂直度	$H/1\,000$，且不大于 20		1	用经纬仪等测量

七、杆形岸标标杆制作与安装

(一)质量控制要点

(1)钢材的品种、规格和性能应满足设计要求，并应符合国家现行有关标准的规定。

(2)杆形岸标、导标和立标钢结构的连接方式应满足设计要求。连接质量应符合第二章第五节的有关规定。

(3)钢结构涂装的材料品种、涂装工艺应满足设计要求，涂装质量应符合第二章第五节的有关规定。

(4)安装连接方式应满足设计要求。地脚螺栓连接应紧固，外露丝扣不应少于 2 扣；杆形岸标的稳绳应沿标杆四周大致均匀分布，并应与锚碇牢固连接，松紧适度。

(5)工作平台与标杆和导标应连接牢固，不得倾斜或松动。

(6)杆件、工作平台及爬梯等金属构件应完好。运输过程造成的变形和涂层损坏应进行矫正或修补。

(二)杆件制作的允许偏差、检验数量和检验方法

杆件制作的允许偏差、检验数量和检验方法应符合表 11-13 的规定。

杆件制作与安装工程的允许偏差、检验数量和检验方法　　　　表 11-13

序号	项目		允许偏差（mm）	检验数量	单元测点	检验方法
1	制作	长度(m) $L \leqslant 10$	±10	抽查 10%	1	用钢尺测量
		长度(m) $L > 10$	±20			
2		弯曲度	10		1	拉线,用钢尺测量最大处
3	安装	附属构件位置 灯架	±10	逐件检查	1	用钢尺测量
		附属构件位置 工作平台	±15		1	
		附属构件位置 爬梯爬杆	±5		5	
4		标杆总垂直度	$H/200$，且不大于 50		1	吊线测量

注：L 为构件长度，H 为标杆高度，单位为 mm。

八、混凝土水尺尺体

(一)质量控制要点

(1)水尺所用的材料的品种、规格和性能应满足设计要求,并应符合国家现行有关标准的规定。

(2)水尺尺体混凝土的强度应满足设计要求,混凝土质量应符合第二章的有关规定。

(3)水尺尺体的布置和结构形式应满足设计要求。水尺高程校准点的位置与标石的制作和埋设等应满足设计要求,并应符合现行行业标准《水运工程测量规范》(JTS 131)的有关规定。

(4)水尺的结构形式一般分成直立式、斜坡式以及混合式三种;其布置有连续布设、间断布设等方式。水尺高程校准点是水尺维护校准的重要设施,本条对此做出了规定。

(5)锚杆布设及与基础的连接方式应满足设计要求。尺体不得露筋、破损缺角。

(6)尺体混凝土应密实、平整,分层施工的接茬应平顺,表面应无明显错台、流坠和破损。

(二)现浇混凝土水尺尺体的允许偏差、检验数量和方法

现浇混凝土水尺尺体的允许偏差、检验数量和方法应符合表11-14的规定。

现浇混凝土水尺尺体允许偏差、检验数量和方法　　　　表11-14

序号	项目		允许偏差(mm)	检测数量	单元测点	检验方法
1	轴线位置		1 000	逐件检查	2	用经纬仪或GPS等测量
2	尺体尺度	宽度	+20 -10		6	用钢尺测量上、中、下部
		高度	+30 -10			
3	平整度		5		1	用2米靠尺和塞尺测量取最大值

九、抹灰饰面(图11-15)

(一)质量控制要点

(1)抹灰饰面所用水泥砂浆的强度、耐久性指标应满足设计要求,砂浆质量应符合《水运工程质量检验标准》(JTS 257)的有关规定。

(2)抹灰层与基底应黏结牢固,不应有脱层、空鼓和裂缝。

(3)表面应平顺、光滑,边角应方正、整齐,不应有缺损。

(二)抹灰饰面的允许偏差、检验数量和方法

抹灰饰面的允许偏差、检验数量和方法应符合表11-15的规定。

图11-15 抹灰饰面

抹灰饰面的允许偏差、检验数量和方法　　　　　　　　　表 11-15

序 号	项 目	允许偏差(mm)	检验数量	单元测点	检 验 方 法
1	表面平整	4	每20m²抽查一处	1	用靠尺和塞尺测量
2	边角方正	4	抽查10%	1	用直角尺测量

十、镶贴面层及水尺刻度

(一)质量控制要点

(1)镶贴面材料的品种、规格和颜色应满足设计要求。

(2)水尺的高程标识和刻画方式应满足设计要求,并应清晰易于辨识。

(3)镶贴应牢固,表面应平整,不得有空鼓、裂缝和棱边缺损等缺陷。

(二)面砖镶贴及水尺刻画的允许偏差、检验数量和方法

面砖镶贴及水尺刻画的允许偏差、检验数量和方法应符合表 11-16 的规定。

面砖镶贴及水尺刻画的允许偏差和检验方法　　　　　　　　　表 11-16

序号	项 目	允许偏差(mm)	检验数量	单元测点	检 验 方 法
1	平整度	2	每20m²一处;对水尺每延米不少于2处	2	用直尺和塞尺检查
2	相邻面砖高差	1		1	用直尺和塞尺检查
3	刻画标识高程	20	每2m一处	1	用水准仪或全站仪等测量

注:直接安装在其他建筑物上的水尺仅检查序号3的指标。

十一、反光膜贴面与标识涂装(图 11-16)

(1)涂料与反光膜的品种、规格和质量应满足设计要求。

(2)涂装或粘贴反光膜完成后的标志、标记应揭示正确,清晰完整。

(3)反光膜粘贴应完好、平整,无明显拼缝、气泡,不得起皱、不同颜色区域的接边应清晰整齐。

十二、顶标制作与安装

(一)质量控制要点

(1)顶标的形状、尺寸和颜色必须满足设计要求,并应符合现行国家标准《中国海区水上助航标志》(GB 4696)、《内河助航标志》(GB 5863)、《中国海区水上助航标志形状显示规定》(GB/T 16161)、《内河助航标志主要外形尺寸》(GB 5864)等的有关规定。

(2)顶标所用材料的品种、规格和质量应满足设计要求,

图 11-16　标识涂装

并应符合国家现行有关标准的规定。

(3)顶标安装的连接方式、连接螺栓的规格和数量应满足设计要求。螺栓连接应牢固、无松动,外露丝扣不应少于 2 扣。

(4)顶标面板应与骨架连接牢固。面板的间隙或孔隙应均匀,边线应整齐、无毛刺等缺陷。

(5)顶标面板应完好。运输过程造成的变形和涂层损坏应按原标准矫正或修补。

(二)标体制作与安装的允许偏差、检验数量和检验方法

标体制作与安装的允许偏差、检验数量和检验方法应满足表 11-17 的规定。

顶标(标体)制作安装的允许偏差、检验数量和检验方法　　　　表 11-17

序号	项 目				允许偏差(mm)	检验数量	单元测点	检 验 方 法
1	制作	外形尺寸	航行标志	锥形体 B	±5	抽查 20%	2	用钢尺测量
				锥形体 H	±10		1	
				罐形体 ϕ	±10		2	
				罐形体 H			1	
				球形体 ϕ	±20		2	
				四棱体 B	±10		6	
			信号标志	梯形牌 b_1	±8		2	
				梯形牌 b_2				
				圆形牌 ϕ			1	
				菱形牌 B			4	
				三角形与矩形组合牌 B			6	
				三角形与矩形组合牌 H				
2		标面板条宽度			±3		6	
3		标面板条间距			±3		6	
4	安装	连接螺孔的中心位置			3		2	用钢尺测量
5		安装垂直度			8		1	吊线尺测量
6		标体与标杆连接法兰盘边缘间隙			不大于 1	抽查 20%	2	用塞尺测量

注:ϕ 为直径,H 为顶标高,B 为边长,b_1 和 b_2 分别为梯形牌的上下边长,单位为 mm。

十三、桥涵标及桥柱灯制作与安装

(一)质量控制要点

(1)桥涵标牌和桥柱灯所用材料的品种、规格和质量应满足设计要求。

(2)桥涵标牌的外形尺寸、立柱和纵横梁的布设应满足设计要求。标牌及桥柱灯安装方式应满足设计要求。安装应牢固,且不得影响桥梁结构的安全性。

(3)标牌面板与纵横梁及支撑梁、立柱与横梁、立柱与基础和标牌与后支撑的连接方式、连接点密度以及预留孔的数量应满足设计要求和灯器安装要求。

（4）桥涵标、桥柱灯安装的位置和朝向应满足设计要求。

（5）灯器等发光体的规格和质量、安装位置、数量及照度应满足设计要求，显示信息应正确。

（6）标牌正面应平整，边缘应平顺无毛刺。面板与横梁之间应牢固连接，不得松动。

（7）标牌贴膜和涂装的材料品种、涂装工艺应满足设计要求，涂装质量应符合第二章第五节的有关规定。

（8）运输和安装过程中造成的涂层和贴膜损坏应修补完好。

（二）桥涵标、桥柱灯制作及安装的允许偏差、检验数量和方法

桥涵标、桥柱灯制作及安装的允许偏差、检验数量和方法应符合表 11-18 和表 11-19 的规定。

桥涵标牌制作的允许偏差、检验数量和方法　　　表 11-18

序号	项　目		允许偏差（mm）	检验数量	单元测点	检验方法
1	面板立面尺寸	长	±20	逐件检查	2	用钢尺测量
		宽				
		对角线差				
2	面板平整度		3	每20m² 一处，且不少于二处		用 2 米靠尺和钢尺测量
3	预留的安装孔位置偏移		2	抽查 10%		用钢尺测量
4	预留螺孔孔径		+0.2d 0		1	用卡尺测量

注：d 为设计螺栓直径，单位为 mm。

桥涵标、桥柱灯安装工程的允许偏差、检验数量和方法　　　表 11-19

序　号	项　目	允许偏差（mm）	检验数量	单元测点	检验方法
1	轴线位置	20	逐座检查	1	用尺测量
2	灯器位置	10	每个灯器	1	
3	面板竖向倾斜	5	逐座检查	2	吊线测量
4	面板拼缝宽度	3	逐处检查	2	用尺测量，取大值
5	面板平整度	3	每20m² 一处，且不少于一处	2	用2m靠尺及塞尺测量
6	面板对角线长度	30	逐座检查	2	用尺测量

十四、灯笼制作及安装

（一）质量控制要点

（1）制作灯笼所用材料的品种、规格、质量应满足设计要求。

（2）灯笼连接方式应满足设计要求。连接质量应符合第二章第五节的有关规定。

(3)灯笼的直径、高度和玻璃弧度等各主要参数应满足设计要求。

(4)灯笼装配、灯笼与塔体连接螺栓的规格、数量应满足设计要求,连接应牢固、无松动,外露丝扣不应少于2扣。

(5)避雷针引线应与塔体避雷接地线可靠连接。接地电阻应满足设计要求,设计无要求时,不应大于4Ω。

(6)灯笼应完整,表面应平顺,无明显凹坑和毛刺。

(7)灯笼的涂装颜色应满足设计文件和国家现行标准《视觉信号表面色》(GB 8416)的要求,涂装材料的品种、规格和质量应满足设计要求。设计无要求时,热喷锌涂层的厚度不应小于80μm。铜构件油漆涂装应在锌黄涂装合格后进行。涂装质量应符合第二章第五节的有关规定。

(8)灯笼的防水、防尘等密封性应满足设计要求。施工单位、监理单位全部检查,检验方法:检查出厂质量合格证明文件并进行现场测试,使用高压水枪喷淋或中雨以上雨天观察检查。

(9)灯笼玻璃应安装牢固,不得松动;密封材料应密实、均匀、平整。

(10)灯笼上下通风口的尺寸不应小于设计要求,通风口应开启方便。

(二)灯笼制作和安装的允许偏差、检验数量和方法

灯笼制作和安装的允许偏差、检验数量和方法应符合表11-20和表11-21的规定。

灯笼制作的允许偏差、检验数量和方法　　　　　表11-20

序 号	项 目	允许偏差(mm)	检验数量	单元测点	检验方法
1	直径	±10.0	逐件检查	2	用钢尺测量上部和下部
2	高度	±20.0		1	用钢尺测量
3	玻璃对角线	±1.5	抽查10%	2	

灯笼安装的允许偏差、检验数量和方法　　　　　表11-21

序 号	项 目	允许偏差(mm)	检验数量	单元测点	检验方法
1	灯笼的垂直度	$H/1000$	逐件检查	1	吊线测量立柱和灯笼中轴线
2	上中两槛与下槛平行度	±1.5		4	吊线测量垂直两方向
3	玻璃框立柱的等分尺寸	±2.0	抽查50%	1	用尺测量各相邻立

注:H为灯笼高度,单位为m。

第三节　浮标制作与抛设质量控制

浮标制作与抛设分项的检验批宜按交付批划分,且每批不大于100座,如图11-17所示,抛设及安装的检验批宜按施工段划分。

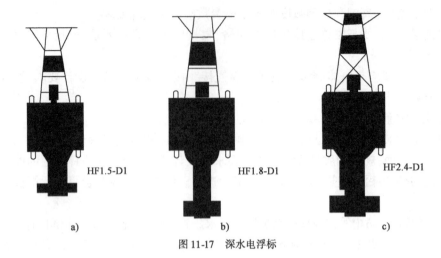

图 11-17 深水电浮标

一、浮标制作

(一) 质量控制要点

(1) 钢质浮标所用钢材品种、质量、型号、规格应满足设计要求,并应符合国家现行标准的有关规定。

(2) 浮标的外部形状、尺寸及线型应满足设计要求。

(3) 制作非金属材料浮标的材料品种、型号、规格、质量和理化指标应满足设计要求。

(4) 浮标制作的焊接和螺栓连接质量应满足设计要求,并应符合第二章第五节的有关规定。

(5) 钢板厚度大于 4mm 的钢质浮标的焊缝应进行无损探伤抽查,探伤结果应满足设计要求并应符合现行国家标准的有关规定。施工单位抽查检查不小于焊缝的长度的 5% 和焊缝易出现焊接缺陷处,监理单位见证抽查。检验方法:检查探伤报告。

(6) 浮标应通过密性试验。施工单位、监理单位全数检查,检验方法:灯船、大型助航浮标和船形浮标做气密性试验,内河小型浮标做煤油油密性或气密性试验。

(7) 钢质浮标涂装质量应符合第二章第五节的有关规定。

(8) 浮标的颜色应符合现行国家标准《视觉信号表面色》(GB 8416)、《中国海区水上助航标志》(GB 4696)和《内河助航标志》(GB 5863)的有关规定。

(二) 制作允许偏差、检验数量和方法

灯船、船形浮标、浮鼓制作允许偏差、检验数量和方法应符合表 11-22 和表 11-23 的规定。

灯船、船形浮标制作的允许偏差、检验数量和方法　　　　表 11-22

序号	项目		允许偏差(mm)	检验数量	单元测点	检验方法
1	外型尺寸	L	$\pm L/200$	逐件检查	2	用钢尺测量船体最长、最宽和最高处
		B	$B/200$		2	
		H	$H/200$		2	
2	壁体对接错位 d		$d/5$		6	用尺测量

注:L 为浮体型长,B 为浮体型宽,H 为浮体型高,d 为浮体钢板厚度,单位为 mm。

浮鼓制作的允许偏差、检验数量和检验方法   表 11-23

序号	项目		允许偏差（mm）	检验数量	单元测点	检验方法
1	浮体圈板	H	$H/200$	逐件检查	1	用钢尺测量
		D	$D/100$			
2	压载筒	H_2	$H_2/200$			
		D_2	$D_2/200$			
3	壁体对接错位 d		$d/5$		6	

注：H 为浮体圈板高，D 为浮体直径，H_2 为压载筒高，D_2 为压载筒直径，d 为钢板厚度，单位为 mm。

二、浮标抛设（图 11-18）质量控制要点

（1）浮标系留索及锚碇的品种、规格、质量应满足设计要求。混凝土沉石质量应符合第二章的有关规定。

（2）浮标与锚系之间的连接方式应满足设计要求，并应连接牢固。

（3）浮标的压载块重量和数量应满足设计要求。

（4）浮动标体与锚链、钢缆以及锚链、钢缆与沉石、锚之间的连接是否正确影响浮标自身安全、使用功能和行轮安全，故本条规定全部检查。

（5）钢质浮动标体的抛设位置是指系留浮标的沉石或锚在水中稳定后的位置。

（6）浮标的抛设位置及回旋半径应满足设计要求。

图 11-18 浮标抛设

第四节 标志牌及附属设施质量控制

标志牌制作与安装、爬梯和维护平台制作与安装及其他安装类分项工程、维护道路和登陆点的检验批宜按施工段划分。

一、标志牌制作与安装（图 11-19 和图 11-20）

（一）质量控制要点

（1）制作标志牌所用材料的品种、规格和质量应满足设计要求。

（2）标志牌的立柱、纵横梁、后支撑的布设方式应满足设计要求。

（3）标志牌的连接方式和连接点密度应满足设计要求。当少数连接点需点焊加固时，焊接应牢固。

（4）标志牌的颜色和标注的字体、图形、符号必须满足设计要求，并应符合现行国家标准《内河助航标志》（GB 5863）等的有关规定。

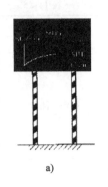
a)
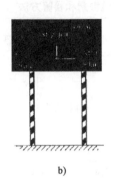
b)

图 11-19 标志牌

图 11-20 标志牌制作与安装

(5)标志牌正面应平整,不得有锈污,边缘应平顺无毛刺。

(6)标志牌及构件在运输过程中出现的变形和涂装损伤应修复。

(7)标志牌涂装、反光膜粘贴的材料品种、涂装及粘贴工艺应满足设计要求。涂装及粘贴质量应分别符合第二章第五节的有关规定。

(8)发光标志牌的灯器、电源和电缆的型号、规格和技术参数指标应满足设计要求。安装质量应符合《水运工程质量检验标准》(JTS 257)的有关规定。

(9)发光标志牌发光体显示信息正确,安装位置、数量及照度满足设计要求。

(二)标志牌制作与安装的允许偏差、检验数量和方法

标志牌制作与安装的允许偏差、检验数量和方法应符合表11-24 的规定。

标志牌制作与安装的允许偏差、检验数量和方法　　　　表 11-24

序号	项	目	允许偏差(mm)	检验数量	单元测点	检验方法
1	制作	面板 长宽度	±20	逐件检查	2	用钢尺量
		对角线长度差				
2		面板 平整度	3		1	用2m靠尺和塞尺测量
3		预留孔位置偏移	2	抽查20%	1	用钢尺测量
4		预留孔孔径	+1.2d / 0		1	用卡尺测量
5	安装	立柱的长度	5		1	用钢尺测量
6		面板 面板的垂直度	5		2	吊垂线,用尺测量
7		面板拼缝宽度	3		1	用尺测量
8		面板平整度	3	逐件检查	1	用2m靠尺和塞尺测量
9		面板对角线长度	30		2	用尺测量
10		立柱 立柱的垂直度	10		1	吊垂线,并用尺测量
11		相邻柱间距	20		1	用尺测量
12		总高度	±20		1	用尺测量

注:d 为预留孔孔径尺寸,单位为 mm。

二、避雷设施制作与安装

(1)避雷设施所用材料的品种、规格、质量应满足设计要求。施工单位各类抽检不少于一次,监理单位见证取样。

(2)避雷设施安装的位置应满足设计要求。

(3)接地处理及接地电阻值应满足设计要求,并符合现行国家标准《建筑物防雷设计规范》(GB 50057)的有关规定。设计无要求时,建筑物接地电阻不得大于4Ω。

(4)避雷系统的安装应连接牢固,引下线入地应有保护,埋置深度和接地极间距应满足设计要求,防腐良好,针体垂直度偏差不应大于针杆的直径。

(5)接地线的焊接、避雷设施安装应符合《水运工程质量检验标准》(JTS 257)的有关规定。

三、水位遥测遥报装置安装

(一)质量控制要点

(1)水位遥测遥报装置的型号、品种、规格和技术参数应满足设计要求。

(2)水位遥测遥报装置安装位置应满足设计要求。安装牢固、接线正确。

(3)水位遥测遥报的性能应满足设计要求。读数和记录应准确,反应应灵敏。

(二)水位遥测遥报装置安装的允许偏差、检验数量和方法

水位遥测遥报装置安装的允许偏差、检验数量和方法应符合表11-25的规定。

水位遥测遥报装置安装允许偏差、检验数量和方法　　　　表11-25

序号	项目		允许偏差(mm)	检验数量	单元测点	检验方法
1	传感器安装	位置	100	逐件检查	1	用钢尺量纵横两方向
		高程	±20		1	用水准仪测量
2	竖向倾斜度		10		1	吊线测量

四、航标维护平台及爬梯制作与安装工程

(一)质量控制要点

(1)爬梯、航标维护平台的材料品种、规格应满足设计要求,制作与安装质量应符合第二章第五节的有关规定。

(2)涂装的材料品种、涂装工艺应满足设计要求。涂装质量应符合第二章第五节的有关规定。

(二)航标维护平台的制作与安装的允许偏差

航标维护平台的制作与安装的允许偏差应符合第二章第五节的有关规定和表11-26的规定。

维护平台制作与安装的允许偏差　　　　　表 11-26

序 号	项 目	允许偏差（mm）	检验数量	单元测点	检验方法
1	平台平面对角线差	10	逐件检查	1	用钢尺测量
2	护栏高度	±10		3	
3	立柱的间距	±30		4	

五、维护道路和登陆点

(1)维护道路及登陆点设置的位置应满足设计要求。

(2)维护道路及登陆点的质量应满足设计要求。检验数量和方法:按设计文件要求检验。

思 考 题

1. 航标工程基本概念、主要使用范围和助航基本原理。
2. 航标主要布置原则、结构形式及类型。
3. 航标设置的基本要求。
4. 航标工程质量检验的基本规定和总体质量要求。
5. 各种类型航标的常规施工(建造)工艺、方法及质量控制要点。
6. 航标助航效能测试的基本要求和方法。
7. 从 4M1E 的五个方面,熟练分析航标工程各施工环节质量控制的重点。

第十二章 水运工程测量及质量控制

第一节 测量学基础知识

一、几个基本概念

(一) 大地地理坐标

大地地理坐标又称大地坐标,是表示地面点在参考椭球面上的位置,它的基准是法线和参考椭球面,它用大地经度和大地纬度表示。

我国以陕西省泾阳县永乐镇大地原点为起算点,由此建立的大地坐标系,称为"1980 西安坐标系",简称 80 系或西安系。

(二) 国家统一坐标(通用坐标)

我国位于北半球,在高斯平面直角坐标系内,纵坐标 X 均为正值,横坐标 Y 有正有负。为了避免横坐标出现负值,因此规定将坐标纵轴 X 西移 500km,并在横坐标 Y 前标注带号。

例图 12-1 中 p 点在 19 带的高斯平面直角坐标为:$X_p = 346\ 216.985\text{m}, Y_p = 286\ 755.433\text{m}$;那么 p 点的国家统一坐标为:$X_p = 346\ 216.985\text{m}, Y_p = 19\ 786\ 755.433\text{m}$(前面两位数 19 为带号)。

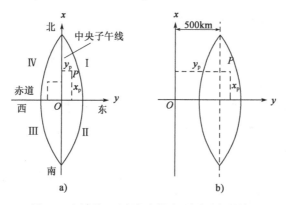

图 12-1 国家统一坐标与高斯平面直角坐标的关系

(三) 独立平面直角坐标

当测量区域较小时(如半径小于 10km 的范围),可以用测区中心点的切平面代替椭球面作为基准面。在切平面上建立独立平面直角坐标系,以南北方向为 X 轴,向北为正;以东西方

向为 Y 轴,向东为正。为避免坐标出现负值,因此通常将坐标原点选在测区的西南角。

(四) 国家高程基准

由于受潮汐、风浪等影响,海水面是一个动态的曲面。通常是在海边设立验潮站,进行长期观测,取海水的平均高度作为高程零点。我国的验潮站设立在青岛,并在观象山建立了水准原点。经过多年观测后,1956年得到从水准原点到验潮站的平均海水面高程为72.289m。这个高程系统称为"1956年黄海高程系统",20世纪80年代,我国根据验潮站多年的观测数据,又重新推算了新的平均海水面,由此测得水准原点的高程为72.260m,称为"1985年国家高程基准"。

(五) 控制测量

为了减少测量工作中的误差累计,测量工作应该遵循三个基本原则:"从整体到局部,由高级到低级,先控制后碎部"。这几个基本原则说明测量工作首先要建立控制网,即进行控制测量。然后在控制网的基础上再进行施工测量、碎部测量等工作。为建立控制网所进行的测量工作就称为控制测量,控制测量包括平面控制测量和高程控制测量。

1. 平面控制测量

平面控制网主要包括GPS控制网、三角网和导线网。GPS控制网是采用全球定位系统建立的;三角网是指地面上一系列的点构成连续的三角形,这些三角形所形成的网状结构就是三角网;将地面上一系列的控制点依次连接起来,所形成的折线就是导线,由导线所构成的控制网就是导线网。

2. 高程控制测量

高程控制网主要采用水准测量、三角高程测量的方法建立。用水准测量方法建立的高程控制网称为水准网;三角高程测量主要用于地形起伏较大、直接水准测量有困难的地区。

3. 国家基本控制网

在全国范围内建立的平面控制网和高程控制网,称为国家控制网。

我国的国家平面控制网是采用逐级控制、分级布设的原则,分一、二、三、四等方法建立起来的。主要由三角测量法布设,在西部困难地区采用精密导线测量法,目前我国正采用GPS控制测量逐步取代三角测量。

国家高程控制网由一系列按国家统一规范测定高程的水准点构成的网称为国家水准网。国家水准网按逐级控制、分级布设的原则分为一、二、三、四等。

4. 水运工程控制测量

水运工程平面控制网的建立主要采用导线测量和小三角测量,高程控制网的建立主要采用三、四等水准测量和三角高程测量。

水运工程平面控制网,应根据测区的大小分级建立测区首级控制网和图根控制网。直接为测图而建立的控制网称为图根控制网,其控制点称为图根点。图根点的密度应根据测图比例尺和地形条件而定。

水运工程高程控制网,也应根据测区的大小和工程要求采用分级建立。一般以国家或城市等级水准点为基础,在测区建立三、四等水准路线或水准网,再以三、四等水准点为基础,测定图根点高程。

(六) 地形测量

地球表面高低起伏的形态称为地貌,地面上天然和人工的各种固定物体称为地物,两者总称为地形。地形测绘是以一定的比例尺和投影方式,用规定符号表示地物和地貌,在相应的介质上,绘制表示地面点平面位置和高程的地形图或只表示地面点平面位置的平面图。由此可见,地形测量可分为控制测量和碎部测量两个主要部分。

(七) 施工测量

把设计图纸上工程建筑物的平面位置和高程正确地测设到地面上的测量工作称为施工测量。

(八) 直线定向

确定地面两点在平面上的位置,不仅需要测量两点间的距离,还要确定两点间直线的方向。

1. 真子午线方向

地表任一点 P 与地球旋转轴所组成的平面与地球表面的交线称为 P 点的真子午线,真子午线在 P 点的切线方向称为 P 点的真子午线方向。

2. 磁子午线方向

地表任一点 P 与地球磁场南北极连线所组成的平面与地球表面交线称为点的磁子午线,磁子午线在点 P 的切线方向称为点的磁子午线方向。

3. 坐标纵轴方向

过地表任一点且与其所在的高斯平面直角坐标系或者假定坐标系的坐标纵轴平行的直线称为点的坐标纵轴方向。

4. 方位角

测量中常用方位角来表示直线方向。由标准方向的北端起,顺时针方向到某直线的水平夹角,称为该直线的方位角。

1) 真方位角

若标准方向为真子午线方向,那么方位角就称为真方位角,用 A 表示。

2) 磁方位角

若标准方向为磁子午线方向,那么方位角就称为磁方位角,用 A_m 表示。

3) 坐标方位角

若标准方向为坐标纵轴方向,那么方位角就称为坐标方位角,用 α 表示。

4) 方位角的推算

在控制测量工作当中,我们通常要在地面上布设一些控制点,然后从某一点出发,沿着一定的方向前进,测量出每一个控制点的坐标。由控制点连接而成的折线称为导线,相邻的导线边之间的夹角称为转折角。转折角有左右之分,在前进方向的左侧称为左角,在前进方向右侧的称为右角。在测量工作中,应该统一测量左角或右角。

假设导线边 1-2 的方位角 α_{12} 是已知的,并且我们用经纬仪采用测回法测量出来每个转折角的大小。α_{23} 为导线边 2-3 的方位角,$\beta_左$ 为在 2 号点观测的左角,将导线边 1-2 延长,可得 $\alpha_{23} = \alpha_{12} + \beta_左 - 180°$;若在 2 号点观测到的为右角 $\beta_右$,则可得 $\alpha_{23} = \alpha_{12} - \beta_左 + 180°$。

推广到 n 条(未知方位角的导线)边的情况:$\alpha_n = \alpha_0 + \sum \beta_i + n \times 180°$($\beta_i$ 为转折角)(式中 n 为转折角的个数)。

(九)地形图比例尺

我国规定 1:5 千、1:1 万、1:2.5 万、1:5 万、1:10 万、1:25 万、1:50 万、1:100 万 8 种比例尺地形图为国家基本比例尺地形图。水运工程建设一般需要大比例尺地形图,如表 12-1 所示。地物地貌在图上表示的精确与详尽程度同比例尺有关,比例尺越大,越精确和详细。人眼的图上分辨率,通常为 0.1mm。不同比例尺图上 0.1mm 所代表的实地平距,称为地形图比例尺的精度。

水运工程测图比例尺 表 12-1

测 量 类 别		工程类别或阶段	测图比例尺
规划和设计测量		规划和可行性研究	1:2 000 ~ 1:20 000
		初步设计	1:1 000 ~ 1:5 000
		施工图设计	1:200 ~ 1:2 000
施工测量		水工建筑物及附属设施	1:200 ~ 1:2 000
		航道	1:1 000 ~ 1:5 000
		港池	1:1 000 ~ 1:2 000
		泊位	1:500 ~ 1:1 000
		吹填区	1:500 ~ 1:2 000
航道基本测量和航道检查测量	沿海	运营	1:2 000 ~ 1:50 000
	内河		1:1 000 ~ 1:25 000

注:①不分设计阶段的小型工程,其面积小于 0.3km² 时,比例尺可采用 1:500 ~ 1:1 000;
②疏浚抛泥区测图比例尺可按航道基本测量比例尺要求进行;
③竣工测量测图比例尺应按施工测量要求进行。

二、测量工作的基本内容

(一)距离测量

所谓距离是指地面上两点沿铅垂线方向在大地水准面上投影后所得到的两点间的弧长。由于大地水准面不规则,所以这个距离是难以测量的。由于在半径 10km 的范围之内,地球曲率对距离的影响很小,因此可以用水平面代替水准面。那么,地面上两点在水平面上投影后水平距离就称为距离。

距离测量的工作内容就是测量两点间的水平距离,方法有钢尺量距、视距测量、电磁波测距和 GPS 测量等。

钢尺量距是用钢卷尺沿地面直接丈量距离;视距测量是利用经纬仪或水准仪望远镜中的视距丝及视距标尺按几何光学原理进行测距;电磁波测距是用仪器发射并接收电磁波,通过测量电磁波在待测距离上往返传播的时间解算出距离;GPS 测量是利用两台 GPS 接收机接收空间轨道上 4 颗卫星发射的精密测距信号,通过距离空间交会的方法解算出两台 GPS 接收机之间的距离。

1. 钢尺量距

1)工具

钢尺量距,顾名思义,量距工具主要就是钢尺,其他辅助工具包括测钎、标杆、垂球和弹簧秤等。

2)方法

钢尺量距的一般方法是将地面上两点间的直线定出来后,就可以沿着这条直线丈量两点间水平距离。

3)钢尺量距的误差分析

钢尺量距的主要误差来源有下列几种:

(1)尺长误差:如果钢尺的名义长度和实际长度不符,则产生尺长误差。尺长误差是累积的,丈量的距离越长,误差越大。因此新购置的钢尺必须经过检定,测出其尺长改正值。

(2)温度误差:钢尺的长度随温度而变化,当丈量时的温度与钢尺检定时的标准温度不一致时,将产生温度误差。按照钢的膨胀系数计算,温度每变化 1℃,丈量距离为 30m 时对距离影响为 0.4mm。

(3)钢尺倾斜和垂曲误差:在高低不平的地面上采用钢尺水平法量距时,钢尺不水平或中间下垂而成曲线时,都会使量得的长度比实际要大。因此丈量时必须注意钢尺水平,整尺段悬空时,中间应打托桩托住钢尺,否则会产生不容忽视的垂曲误差。

(4)定线误差:丈量时钢尺没有准确地放在所量距离的直线方向上,使所量距离不是直线而是一组折线,造成丈量结果偏大,这种误差称为定线误差。丈量 30m 的距离,当直线定线偏差为 0.25m 时,量距偏大 1mm。

(5)拉力误差:钢尺在丈量时所受拉力应与检定时的拉力相同。若拉力变化 2.6kg,尺长将改变 1mm。

(6)丈量误差:丈量时在地面上标志尺端点位置处插测钎不准,前、后尺手配合不佳,余长读数不准等都会引起丈量误差,这种误差对丈量结果的影响可正可负,大小不定。在丈量中要尽力做到对点准确,配合协调。

2. 视距测量

视距测量是一种间接测距方法。它利用望远镜内的视距装置(例如十字丝分划板上的视距丝)和视距尺(例如水准尺)配合,根据几何光学原理测定距离和高差的方法。视距测量的精度约为 1/300,所以只能用于一些精度要求不高的场合,如地形测量的碎部测量中。

如图 12-2 所示,AB 为待测距离,在 A 点安置仪器,B 点竖立视距尺,设望远镜视线水平,瞄准 B 点的视距尺,此时视线与视距尺垂直。通过上下两个视距丝 m、n 可以读取视距尺上 M、N 两点读数,读数之间的差值 l 称为尺间隔(或视距间隔)。

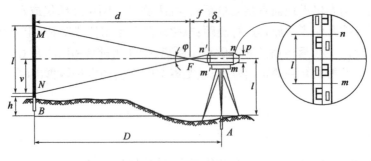

图 12-2 视距测量

3. 光电测距

电磁波测距仪按其所采用的载波可分为:①用微波段的无线电波作为载波的微波测距仪;②用激光作为载波的激光测距仪;③用红外光作为载波的红外测距仪。后两者又统称为光电测距仪(均采用光波作为载波)。

微波和激光测距仪多属于长程测距,测程可达 60km,一般用于大地测量;而红外测距仪属于中、短程测距仪(测程为 15km 以下),一般用于小地区控制测量、地形测量、地籍测量和工程测量等。

测距仪测距的过程中,由于受到仪器本身的系统误差以及外界环境影响,会造成测距精度不同,如图 12-3 所示。为了提高测距的精度,需要对测距的结果进行改正,可以分为三种类型的改正,即仪器常数的改正、气象改正和倾斜改正。

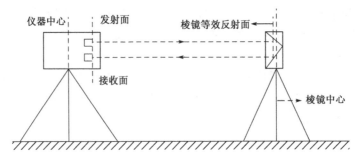

图 12-3 测距仪测距

1) 仪器常数改正

(1) 加常数改正:加常数 K 产生的原因是由于仪器的发射面和接收面与仪器中心不一致,反光棱镜的等效反射面与反光棱镜的中心不一致,使得测距仪测出的距离值与实际距离值不一致。因此,测距仪测出的距离还要加上一个加常数 K 进行改正。

(2) 乘常数改正:光尺长度经一段时间使用后,由于晶体老化,实际频率与设计频率有偏移,使测量成果存在着随距离变化的系统误差,其比例因子称乘常数 R。

对于加常数和乘常数,在测距前先进行检定。目前的测距仪都具有设置常数的功能,将加常数和乘常数预先设置在仪器中,然后在测距的时候仪器会自动改正。如果没有设置常数,那么可以先测出距离,然后按照下面公式进行改正:

$$\Delta D = K + RD$$

2)气象改正

测距仪的测尺长度是在一定的气象条件下推算出来的。但是仪器在野外测量时的气象条件与标准气象不一致,使测距值产生系统误差。所以在测距时应该同时测定环境温度和气压。然后利用厂家提供的气象改正公式计算改正值,或者根据厂家提供的对照表查找对应的改值。对于有的仪器,可以将气压和温度输入到仪器中,由仪器自动改正。

3)倾斜改正

由于测距仪测得的是斜距,应此将斜距换算成平距时还要进行倾斜改正。目前的测距仪一般都与经纬仪组合,测距的同时可以测出竖直角 α,然后按下式计算平距:

$$D = D'\cos\alpha$$

(二)水准测量

1. 水准测量的外业

1)水准选点埋石

为统一全国的高程系统和满足各种测量的需要,测绘部门在全国各地埋设并测定了很多高程点,这些点称为水准点(Bench Mark,BM)。水准点分为临时性水准点和永久性的水准点。永久性的国家等级水准点一般用钢筋混凝土制成,并深埋入地下。在建筑工地上的临时性水准点可用大木桩,在木桩的顶端再钉上一颗具有圆球形表面的钉子,木桩周围用水泥混凝土加固。

水准点埋设之后,为便于以后使用时寻找,应做点标记,即详细记载水准点所在的位置(如水准点距离某个房子多少米,周围有什么建筑物等)、水准点的编号和高程,测设日期等。

2)水准路线布置

所谓水准路线就是进行水准测量所经过的路线。常见的有附合水准路线、闭合水准路线、支水准路线等。

(1)附合水准路线(图12-4a):从一已知水准点 $BM1$ 出发,沿着各个待定高程的点逐站进行水准测量,最后附合到另一个已知水准点 $BM2$ 上。

(2)闭合水准路线(图12-4b):从已知水准点 $BM5$ 出发,沿环线对各个待定高程的点逐站进行水准测量,最后又回到出发点 $BM5$。

(3)支水准路线(图12-4c):从已知水准点 $BM8$ 出发,沿着各个待定高程的点逐站进行水准测量,然后又沿原路返回测到已知水准点 $BM8$。

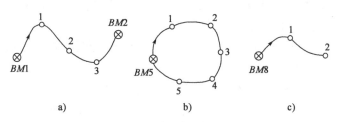

图12-4 水准路线布置

3)水准测量实施

利用水准仪等仪器进行各水准点观测,并按照要求进行记录。

2. 水准测量的内业

下面以附合水准路线为例来说明水准测量内业的主要工作。

1) 高差闭合差的计算与调整

根据附合水准路线的限制条件,应有 $\sum h = H_{终} - H_{始}$,但实际测量结果往往两者并不相等,例如: $\sum h = 4.330\text{m}, H_{终} - H_{始} = 4.293\text{m}$,高差闭合差为

$$f_h = \sum h - (H_{终} - H_{始}) = 37\text{mm}$$

根据《水运工程测量规范》(JTS 131),对于平原地区的四等水准测量的技术(见后表12-7)要求为

$$f_{h容} = \pm 20\sqrt{R} = \pm 54.4\text{mm}(R \text{ 为路线长,以 km 计})$$

则 $f_h < f_{h容}$,因此精度符合要求,但要将高差闭合差按照一定的规则分配到各个测站所测得的高差中。

(1) 分配的基本原则:将高差闭合差按与测站数(或路线长度)成正比原则反号分配到各段高差中去。

(2) 计算方法: $V_i = -\dfrac{R_i}{R} \times f_h$ 或 $V_i = -\dfrac{N_i}{N} \times f_h$, V_i 表示第 i 站的改正数; R_i 表示第 i 段的水准路线长度; R 表示总的路线长度; N_i 表示第 i 段的水准路线所包括的测站数; N 为总的测站数。

2) 计算改正后的各段高差

$$h'_i = h_i + V_i \quad (h'_i \text{ 为第 } i \text{ 段改正后的高差})$$

3) 推算各未知点的高程

$$H_1 = H_{始} + h'_1, \cdots, H_{终} = H_{n-1} + h'_n$$

3. 水准仪的检验与校正

1) 水准仪应满足的几何轴线关系

圆水准器轴平行于仪器竖轴;水准管轴应平行于视准轴;十字丝横丝应垂直于仪器竖轴。

2) 圆水准器轴平行于仪器竖轴的检校

(1) 检验:圆水准气泡居中,旋转180°是否还居中?

(2) 校正:转动脚螺旋使气泡移回偏离的一半,然后拨动校正螺丝,使气泡居中(或先用校正螺丝校正一半,再用脚螺旋整平)。此项工作要反复进行。

3) 十字丝横丝应垂直于仪器竖轴的检校

(1) 检验:安置仪器后,用十字丝横丝的一端对准一明显标志点 P,调微动螺旋,转动水准仪,如图 12-5 所示,看点 P 是否始终在横丝上移动?

(2) 校正:松开分划板座固定螺丝,转动分划板,使目标始终在横丝上移动。

4) 水准管轴应平行于视准轴的检校

水准管轴与视准轴不平行,存在一个角称 i 角,如图 12-6 所示。

(1) 检验:将仪器置于与 A、B 等距位置,测出 h_{AB}(i 角误差相抵消),然后将仪器置于与 B 点(或 A 点)很近的位置,测出 h'_{AB}(B 点 i 角误差忽略, A 点受 i 角误差影响读数产生偏差为 Δh)。

(2) 计算: $\Delta h = h'_{AB} - h_{AB}, i = (\Delta h / S_{AB}) \times \rho$(其中 $\rho = 206\,265''$)。若 i 角大于 20″,则需校正。

(3) 校正:调微倾螺旋,使水准仪横丝对准正确读数,调节水准管校正螺丝使水准管气泡

居中,然后将仪器搬于另一点进行检核。

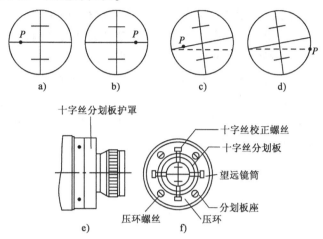

图 12-5　十字丝横丝垂直于仪器竖轴的检校

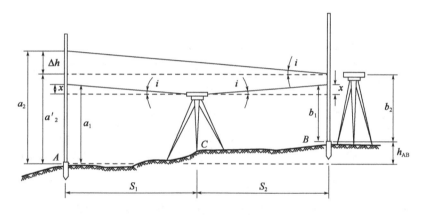

图 12-6　水准管轴平行于视准轴的检校

4.水准测量的误差分析

水准测量的误差包括仪器误差、观测误差和外界环境的影响。

1)仪器误差

(1)仪器校正后的残余 i 角误差:观测时注意使前、后视距相等,可消除或减弱其影响。

(2)水准尺误差:水准尺分划不准确、尺长变化、尺弯曲等。检验水准尺上真长与名义长度,加尺长改正数。

(3)水准尺的零点差:测段中采用偶数站到达方式予以消除。

2)观测误差

对于气泡居中误差、读数误差、水准尺倾斜(尤其注意前后倾斜)和视差的影响等,须严格认真操作、读数,避免误差的产生。

3)外界环境的影响

(1)仪器下沉:在软土或植被上时容易发生下沉,采用"后—前—前—后"的观测顺序,可以削弱其影响。根据《水运工程测量规范》(JTS 131),测站观测宜采用双面水准尺,其观测顺序,三等水准应为"后—前—前—后",四等水准与图根水准应为"后—后—前—前"。图根水准观测也可使用单面水准尺,其观测应采用两次仪器高进行,顺序为"后—前"。四等水准可采用两组同向观测,也可用变动仪器高或双摆尺的方法代替往返观测。

(2)尺垫下沉:采用往返观测取观测高差的中数可以削弱其影响。

(3)地球曲率和大气折光影响:地球曲率影响,采用前后视距相等来消除,即地球曲率对前后尺读数影响相同。大气折光影响,由于大气折光视线会发生弯曲。越靠近地面,光线折射的影响越大。因此要求视线要高于地面0.3m以上,前后视距相等也可消减该影响。

(4)温度影响:观测时应注意撑伞遮阳。

(三)角度测量

1.水平角测量方法

1)测回法

(1)B点安置经纬仪,A、C点上立目标杆,如图12-7所示。

图12-7 测回法

(2)将望远镜置为盘左的位置(所谓盘左,指面对目镜,竖盘位于望远镜的左边)。瞄准A点,通过度盘转换手轮将水平度盘置为稍大于零的位置,读数$A_左$,旋转望远镜,瞄准C点,读水平度盘的读数$C_左$,称为上半测回,计算上半测回角值$\beta_上 = C_左 - A_左$。

(3)将望远镜置为盘右的位置,瞄准C点,读水平方向读数$C_右$,然后旋转望远镜,再瞄准A点,读水平方向读数$A_右$,称为下半测回,计算下半测回角值$\beta_下 = C_右 - A_右$。

(4)精度评定:上、下半测回所得水平角之差值≤±40″(J6经纬仪)。计算一测回角值$\beta = (\beta_上 + \beta_下)/2$。

2)方向观测法

当测站上的方向观测数在3个或3个以上,也就是要瞄准3个或3个以上目标时采用。

(1)盘左位置

将度盘配成稍大于0,选择某一目标作为瞄准的起始方向,如选择目标A,那么A方向就称为零方向。瞄准A读数,然后顺时针方向依次瞄准目标B、C、D并读数,最后要再次瞄准A读数,称为归零。两次瞄准A的读数之差,称为半测回归零差。要求半测回归零差≤18″(J2经纬仪为12″),完成上半测回的观测。

(2)盘右位置

瞄准起始方向目标 A 读数,然后逆时针方向依次瞄准目标 D、C、B 并读数。同样要再次瞄准 A。半测回归零差≤18″,完成下半测回的观测。

以上称为一个测回的观测,如果观测多个测回,测回间仍按 180/N 变换起始方向的度盘读数。

(3)计算两倍照准误差 2C

C 称照准误差,指望远镜的视准轴与横轴不垂直而相差一个小角 C,致使盘左、盘右瞄准同一目标时读数相差不是 180°,所以 2C = 左 − (右 ± 180°)(注:J6 经纬仪没有具体要求,对于 J2 经纬仪要求在同一个测回之内任意方向的 2C 互差 18″之内)。

(4)计算各方向盘左盘右读数的平均值

平均读数 = [左 + (右 ± 180°)]/2,由于 A 方向瞄准了两次,因此 A 方向有两个平均读数。因此,应将 A 方向的平均读数再取均值,作为起始方向的方向值。

(5)计算归零方向值

将起始方向值进行归零,即将起始方向值化为 0° 00′ 00″。如果观测了多个测回,则同一方向各测回归零方向值互差应≤24″(J2 经纬仪要求≤12″)。如果满足限差的要求,取同一方向归零方向值的平均值作为该方向的最后结果。

(6)计算水平角

相邻两方向归零方向值的平均值之差即为该两方向间的水平角。

2. 竖直角测量方法

同一竖直面内,一点至目标点的方向线与水平线间的夹角,称为该方向线的竖直角,角值范围为 0° ~ ±90°。

视线在水平线之上称仰角,取"+"号;视线在水平线之下称俯角,取"−"号。

计算公式:竖直角 = 照准目标时的读数与视线水平时读数(常数)之差。

3. 经纬仪的检验与校正

1)经纬仪应满足的几何条件

水准管轴垂直于仪器竖轴($LL \perp VV$);横轴垂直于视准轴($HH \perp CC$);横轴垂直于竖轴($HH \perp VV$);十字丝竖丝垂直于横轴;竖盘指标差应为 0;光学对点器的视准轴与仪器竖轴重合。

2)照准部水准管轴垂直于竖轴($LL \perp VV$)的检验与校正

(1)检验:先进行粗平,然后将照准部水准管转到任意两个脚螺旋连线方向,调脚螺旋使气泡居中。然后旋转照准部 180°,若气泡不居中则需校正。

(2)校正:用拨针拨动水准管校正螺丝使气泡向水准管居中位置移动一半,然后调脚螺旋使气泡完全居中。此项检校应反复进行,直至照准部转至任意方向,气泡偏离均小于 1 格。

3)十字丝竖丝垂直于横轴的检验与校正

(1)检验:先找到一个明显点状目标,用十字丝纵丝(或横丝)的一端瞄准这个目标,转动望远镜微动螺旋(或水平微动螺旋),如果目标始终在纵丝(或横丝)上移动,则不需校正,否则需要校正。

(2)校正:取下分划板座的护盖,旋松四个压环螺丝,然后转动分划板座使目标与十字丝竖丝(或横丝)重合。最后转动微动螺旋,检查目标是否始终在竖丝(或横丝)上移动,如

图 12-8 所示。

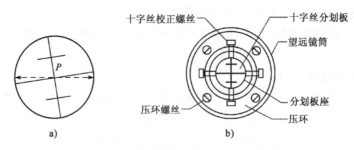

图 12-8　照准部水准管轴垂直于竖轴的检验与校正

4）视准轴垂直于横轴($HH \perp CC$)的检验与校正

(1) 检验：下面介绍"四分之一"检验法，还有"左盘右盘瞄准法"等。选一相距约 60～100m 的 A、B 两点，经纬仪安置在 A、B 中点 O 上，如图 12-9 所示，A 点立标志，B 点水平放置一把有毫米分划的尺子，要求 A 点标志、B 点尺子与 O 点的经纬仪同高。然后盘左瞄准 A 点，纵转望远镜（成盘右）在 B 点尺上读数 B_1。转动照准部盘右瞄准 A 点，纵转望远镜（成盘左）B 点尺上读数 B_2。如果 B_1 不等于 B_2，则视准误差 $C = \frac{1}{4}(B_2 - B_1)$。

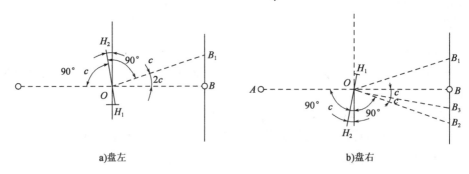

图 12-9　视准轴垂直于横轴的检验与校正

(2) 校正：在尺上定出 B_3 点，使 $B_2 - B_3 = \frac{1}{4}(B_2 - B_1)$，然后用拨针拨动十字丝分划板上的左右校正螺丝，使十字丝竖丝对准尺上的读数 B_3，反复进行，则视准轴垂直于横轴。

5）横轴垂直于竖轴($HH \perp VV$)的检验与校正

(1) 检验：在距仪器 20～30m 的墙上选择一个高目标 p，如图 12-10 所示，量出经纬仪到墙的水平距离 D。用盘左瞄准 p 点，然后将望远镜放平（竖盘读数为 90°）在墙上定出一点 p_1。再用盘右瞄准 p 点，然后将望远镜放平（竖盘读数为 270°）在墙上定出一点 p_2。如果 p_1 与 p_2 重合，则横轴垂直于竖轴。否则横轴不垂直于竖轴。

(2) 校正：取 p_1 与 p_2 两点的中点 p_m，转动水平微动螺旋使十字丝交点对准 p_m，然后上仰望远镜去观察 p 点，此时十字丝交点与 p 点必然不重合。转动横轴偏心环，改变横轴右支架的高度，使十字丝交点对准 p 点。

6）竖盘指标差的检验与校正

(1) 检验：用盘左盘右瞄准同一目标，读竖直度盘读数，计算出竖盘指标差。

(2)校正:计算盘右位置不含指标差时的正确读数,然后转动竖盘指标水准器微动螺旋使竖盘读数为正确读数,此时竖盘指标水准管气泡必不居中。用校正针拨动竖盘指标水准器一端的校正螺丝,将气泡居中。

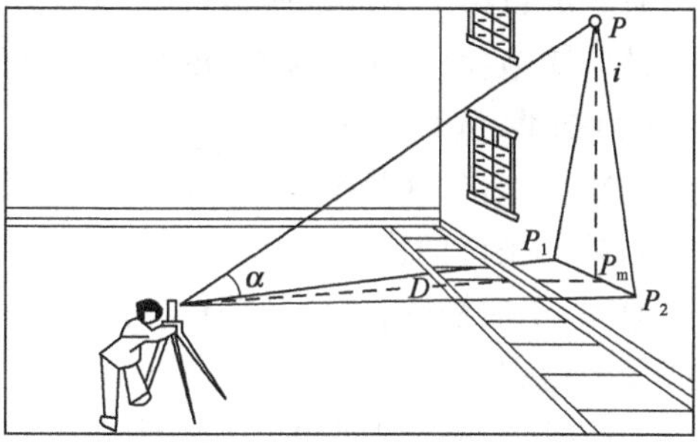

7)光学对中器的检验与校正

(1)检验:在地面上放一张白纸,标出一点P,将对中标志对准P,然后旋转照准部$180°$,若对中标志不再对准P,则需校正。

图 12-10　横轴垂直于竖轴的检验与校正

(2)校正:照准部旋转$180°$后在白纸上定出对中标志点P',画出PP'的中点O,拨动光学对中器的校正螺丝,使对中标志对准O点。

4.角度测量的误差分析

1)仪器误差

(1)视准轴误差

原因:即视准轴不垂直于仪器横轴时产生的误差。当存在视准轴误差时,用盘左盘右观测同一个目标时,水平度盘的读数就会有2倍视准轴误差存在,即$2C$。

消减措施:取盘左盘右观测的平均值。

(2)横轴误差

原因:横轴不垂直于仪器竖轴的误差。

消减措施:取盘左盘右观测的平均值。

(3)竖轴误差

原因:仪器竖轴不铅垂所产生的误差。照准部的水准管轴不垂直于竖轴,当水准管气泡居中,照准部水准管轴水平,而竖轴却不竖直。

消减措施:不能用盘左盘右取平均值消除,只能严格整平仪器来削弱它的影响。

(4)照准部偏心差(或称度盘偏心差)

原因:水平度盘的分划中心与照准部的旋转中心不重合而产生的误差。

消减措施:取盘左盘右观测的平均值。

(5)竖盘指标差

取盘左盘右读数的平均值可消除竖盘指标差的影响。

(6)度盘分划误差

是指度盘分划不均匀所产生的误差。可以采用测回间按$180°/n$配置度盘起始读数削减度盘分划误差的影响。

2)观测误差

(1)测站偏心误差(对中误差)

原因:对中不准确,使仪器中心与测站点不在同一铅垂线上。

消减措施:要严格对中,尤其在短边测量时。

(2)目标偏心误差

原因:瞄准的目标位置偏离了实际的地面点,通常是由于标志杆立得不直,而瞄准的时候又没有瞄准目标杆的底部所造成。

消减措施:目标杆要竖直,尽量瞄准杆的底部。

(3)瞄准、读数等误差

消减措施:仔细瞄准,消除视差,认真读数或改进读数方法。

3)外界条件的影响

原因:土质松软,大风影响仪器的稳定,日晒,温度变化影响气泡的稳定,大气辐射影响目标成像的稳定。

消减措施:稳定架设仪器,踩紧脚架。要选择合适的天气测量,最好是阴天,无风的天气,强光下打伞。

(四)导线测量

导线测量是平面控制测量的一种方法(是建立小地区平面控制网常用的一种方法),主要用于隐蔽地区、带状地区、城建区、地下工程、公路、铁路和水利等工程控制点的测量。

将相邻控制点连成直线而构成的折线称为导线,控制点称为导线点,折线边称为导线边。

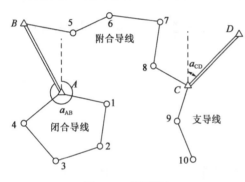

图 12-11 导线测量

要求出控制点的平面坐标,关键是要知道一个已知点的坐标、导线边的方位角以及两个控制点之间的水平距离。通常我们会有一些起算数据,例如图 12-11 中 AB 是更高一级的平面控制网的控制点,A、B 两点的坐标是已知的(通常用双线表示已知数据),然后我们将导线与 AB 进行联测。由于 A、B 的坐标已知,AB 的方位角则已知,然后只要测量每条导线边的转折角,根据方位角的推算公式就可以把每条导线边的方位角求出来。而导线边的距离可以用距离测量的方法测出来。至于已知点的坐标,我们可以利用 B 点坐标求出 1 点坐标,由 1 点坐标求出 2 点坐标,然后依次类推。

所以,导线测量的工作就是依次测定导线边的水平距离和两相邻导线边的水平夹角,然后根据起算数据,推算各边的坐标方位角,最后求出导线点的平面坐标。

1. 导线的布设

导线的布设形式有闭合导线、附合导线、支导线三种。

1)闭合导线

起止于同一已知点的导线,称为闭合导线,如图 12-11,从一高级控制点 A 和已知方向 BA 出发,经 1、2、3、4 点最后闭合到 BA 上。

2)附合导线

布设在两个已知点之间的导线,称为附合导线。如图 12-11 所示,从一高级控制点 A 和已知方向 BA 出发,经 5、6、7、8 点最后附合到另一高级控制点 C 和已知方向 CD 上。

3)支导线

仅从一个已知点和一已知方向出发,支出 1~2 个点,称为支导线,如图 12-11 所示的 C、9、10。

4) 结点导线和导线网

根据测区的具体情况，导线还可以布成结点导线和导线网的形式，图根导线就可以布成导线网的形式。

2. 导线测量外业

导线测量外业工作包括：踏勘选点、建立标志、量边、测角和联测。

1) 踏勘选点及建立标志

在踏勘选点之前，应到有关部门收集测区原有的地形图、高一等级控制点的成果资料，然后在地形图上初步设计导线布设路线，最后按照设计方案到实地踏勘选点。

2) 导线边长测量

图根导线边长可以使用检定过的钢尺丈量或检定过的光电测距仪测量。钢尺量距宜采用双次丈量方法，其较差的相对误差不应大于 1/3 000。钢尺的尺长改正数大于 1/10 000 时，应加尺长改正；量距时平均尺温与检定时温度相差大于 ±10℃ 时，应进行温度改正；尺面倾斜大于 1.5% 时，应进行倾斜改正。

3) 导线转折角测量

导线转折角是指在导线点上由相邻导线边构成的水平角。导线转折角分为左角和右角，在导线前进方向左侧的水平角称为左角，右侧的水平角称为右角。

4) 联测

对于与高级控制点连接的导线，需要测出连接角和连接边，用来传递坐标方位角和坐标。

3. 导线的内业计算

导线内业计算的目的是计算出各导线点的平面坐标，包括坐标方位角的计算和调整，坐标增量闭合差的调整与计算，坐标计算等。

(五) 小三角测量

在小区域平面控制测量中，除了可以采用导线进行平面控制外，还可以采用小三角测量进行平面控制。小三角测量布设的是小三角网，与国家级的三角网相比小三角网的边长要短得多，并且计算方法也不同，国家级的三角网采用严密平差，而小三角网使用近似平差的方法。

1. 小三角网的布设形式

根据测区的地形条件以及工程的需要，小三角网可以布设为单三角锁、中点多边形、大地四边形和线形三角锁。

2. 小三角测量的外业

小三角测量的外业工作包括选点、丈量基线和观测水平角。选点的工作与导线测量的选点是一样的，先收集资料，然后在野外选定控制点并用木桩或者混凝土桩做上标记。丈量基线在以前常常用精密钢尺量距的方法，现在一般用全站仪测距。观测水平角使用方向观测法进行观测。

3. 小三角测量的内业计算

(1) 绘制略图，进行编号。

(2) 角度闭合差的调整——第一次角值改正。

(3) 基线闭合差的计算与调整——第二次角值改正。

(4)边长和坐标的计算。根据正弦定理,由第二次改正后的角度就可以求出每条边的边长。对于每个三角点的坐标,可以根据坐标正算的公式推算出来。

(六)交会定点

如果当原有的控制点不能满足测图和施工的需要时,就需要进行控制点的加密。加密控制点可以采用交会定点的方法。

交会定点包括测角交会法、测边交会法和边角交会法,测角交会法又包括前方交会、后方交会和侧方交会。

1. 前方交会

前方交会如图12-12所示,图中 A、B 为已知控制点,通过观测水平角 α、β 来求待定点 P 点的坐标。

2. 侧方交会

侧方交会如图12-13所示,A、B 是已知控制点,通过观测水平角 α、γ 来求 P 点坐标。侧方交会是在一个已知控制点和待定点观测,间接得到 β 角,然后按前方交会计算待定点 P 的坐标。

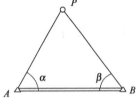

图12-12 前方交会

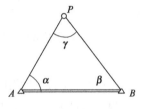

图12-13 侧方交会

3. 后方交会

如图12-14所示,A、B、C 是三个已知点,通过在 P 点安置经纬仪分别观测 α、β、γ 这三个水平夹角的大小来求 P 点的坐标称为后方交会。

4. 侧边交会

如图12-15所示,在已知点 A、B、C 分别测定到待定 P 点的距离,然后由余弦定理可以分别求出 A、C 两角的大小,求出 AP 和 CP 的方位角,计算 P 点坐标。

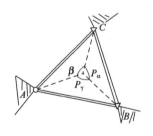

图12-14 后方交会

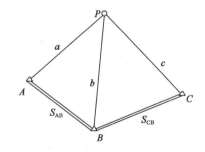

图12-15 侧边交会

三、测量误差基础知识

观测值与真值之差即真误差,记为 $\Delta_i = L_i - X$,式中,X 为真值,即能代表某个客观事物真正大小的数值;L_i 为观测值,即对某个客观事物观测得到的数值。

(一)误差的来源和分类

1. 误差的来源

1)测量仪器

一是仪器本身的精度是有限的,不论精度多高的仪器,观测结果总是达不到真值的;二是仪器在装配、使用的过程中,仪器部件老化、松动或装配不到位使得仪器存在着自身的误差。

2)观测者

是由于观测者自身的因素所带来的误差,如观测者的视力、观测者的经验甚至观测者的责任心都会影响到测量的结果。

3)外界条件

测量工作都是在一定的外界环境下进行的,例如温度、风力、大气折光、地球曲率、仪器下沉都会对观测结果带来影响。

上述三项合称为观测条件。在相同的观测条件下进行的一组观测称为等精度观测;在不同的观测条件下进行的一组观测称为不等精度观测。

2. 测量误差的分类

根据测量误差表现形式不同,误差可分为系统误差、偶然误差和粗差。

1)系统误差

误差的符号和大小保持不变或者按一定规律变化,则称其为系统误差。如钢尺的尺长误差,一把钢尺的名义长度为 30m,实际长度为 30.005m,那么用这把钢尺量距时每量一个整尺段距离就量短了 5mm,也就是会带来 -5mm 的量距误差,而且量取的距离越长,尺长误差就会越大,因此系统误差具有累计性。

正是由于系统误差具有一定的规律性,因此只要找到这种规律性就可以通过一定的方法来消除或减弱系统误差的影响。

(1)采用观测方法消除:如水准仪置于距前后水准尺等距的地方可以消除 i 角误差和地球曲率的影响。通过"后 - 前 - 前 - 后"的观测顺序可以减弱水准仪下沉的影响。通过"盘左、盘右"观测水平角和竖直角可以消除经纬仪的横轴误差、视准轴误差、照准部偏心差和竖盘指标差的影响。

(2)加改正数:如精密钢尺量距中的尺长改正,温度改正和高差改正,三角高程测量中的球气差改正数,光电测距仪的加常数和乘常数的改正等。

(3)检校仪器:将仪器的系统误差降低到最小限度或限制在一个允许的范围内。

2)偶然误差

偶然误差的符号和大小是无规律的,具有偶然性。如度盘分划不均匀引起的误差就是偶然误差,因为在度盘上有的地方可能分划的密度大一些,有的地方分划的密度要稀疏一些。又如我们在读数的时候,最后一位要估读,有时可能估读得大一些,有时估读得小一些,这是没有规律的。

虽然单个的偶然误差没有规律,但大量的偶然误差具有统计规律。

3) 粗差

也称错误,如瞄错目标、读错、记错数据和算错结果等错误。在严格意义上,粗差并不属于误差的范围。

在测量工作中,粗差可以通过检核——包括测站检核、计算检核以及内业工作阶段的检核发现粗差,并从测量成果中予以剔除。而系统误差和偶然误差是同时存在的。对于系统误差,通过找到其规律性,采用一定的观测方法来消除或减小。当系统误差很小,而误差的主要组成为偶然误差时,则可以根据其统计规律进行处理——测量上称为"平差"。

(二) 衡量精度的标准

1. 精度的含义

所谓精度是指误差分布的集中与离散程度。如误差分布集中,则观测精度高;若误差分布离散,则观测精度就低。误差分布的集中与离散程度可以用方差 σ^2 或标准差 σ 来表示。如果 σ 越小,误差偏离数学期望的程度就越低,则误差集中程度就会越高,即精度越高,反之如果 σ 越大,则误差的离散程度越高,精度越低,因此我们可以用 σ 即用标准差来衡量观测的精度。

2. 中误差(均方差)

测量工作中,用标准差来衡量观测的精度,我们称之为中误差,用 m 表示。设在相同的观测条件下,对未知量进行重复独立观测,观测值为 $l_1, l_2, \cdots, l_n$,其对应真误差为 $\Delta_1, \Delta_2, \cdots, \Delta_n$,则真误差的方差为

$$D(\Delta) = \sigma^2 = E[\Delta - E(\Delta)]^2 = E(\Delta^2) = \lim_{n \to \infty} \frac{[\Delta\Delta]}{n}$$

当 $n \to \infty$,$E(\Delta^2) = 0$,根据数学期望的定义 $E(\Delta^2)$ 就是 Δ^2 的算术平均值。式中,[ ] 为累加符号;$[\Delta\Delta] = \Delta_1\Delta_1 + \Delta_2\Delta_2 + \cdots + \Delta_n\Delta_n$。真误差的标准差为

$$\pm\sqrt{D(\Delta)} = \sigma = \pm \lim_{n \to \infty} \sqrt{\frac{[\Delta\Delta]}{n}}$$

实际工作中,观测次数有限,故取标准差的估值作为中误差为

$$m = \hat{\sigma} = \pm\sqrt{\frac{[\Delta\Delta]}{n}}$$

Δ_i 可以是对一个量 n 次同精度观测,亦可以是对 n 个量各进行一次同精度观测的误差。如在全站仪测距时测出来的距离不断地在变化,这实际上是全站仪在不断地测距,也就是对距离进行了多次等精度观测,而每次的观测值都有误差存在,误差时大时小,所以测出来的距离值不断在变化。又如方向法测水平角时,需要对多个方向观测,先瞄 A,再瞄 B,再瞄 $C\cdots$,这实际上就是对 n 个量进行了一次等精度观测。

例:设甲、乙两组观测,真误差为如下,试比较两组观测的精度。

甲:$+4''$,$+3''$,$0''$,$-2''$,$-4''$

乙:$+6''$,$+1''$,$0''$,$-1''$,$-5''$

$$m_{甲} = \pm\sqrt{\frac{16+9+0+4+16}{5}} = \pm 3.0''$$

$$m_{乙} = \pm\sqrt{\frac{36+1+1+25}{3}} = \pm 3.5''$$

因此,甲组观测的精度高。

3. 容许误差

根据误差的分布规律,在测量工作中,我们常常取三倍中误差作为偶然误差的容许值(或限差),如果精度要求较高时,就可以取两倍中误差作为限差,即

$$\Delta_{容} = 3m \text{ 或 } 2m$$

4. 相对误差

假设现在丈量了两段距离,甲 100m,$m_{甲} = \pm 0.01$m;乙 200m,$m_{乙} = \pm 0.01$m。如果从中误差来看,两组的精度相等,但这样显然不合理。因此,在距离测量中单纯地用中误差还不能反映距离丈量的精度情况,因为实际上距离测量的误差与长度相关,距离越大,误差的累积就越大,这就需要引入相对误差,即

$$K = \frac{|m|}{D} = \frac{1}{D/|m|}$$

因此,乙的观测精度更高些。

(三)误差传播定律

例如在三角高程测量中,已测出 A、B 两点的视距为 S_{AB}、仰角为 α_{AB},粗算 A、B 两点高差为 $h_{AB} = S_{AB}\sin\alpha_{AB}$,假设测角和测距的中误差分别为 m_{α} 和 m_S,那么 $m_h = ?$ 在这个例子中,粗算高差并不是直接观测到的,而是通过一定的函数关系间接计算得到的。这时,就要利用误差传播定律求出它的中误差。

所谓误差传播定律是指描述观测值中误差与其函数中误差之间关系的定律。一般函数的中误差传播公式为

$$m_y^2 = f_1^2 m_1^2 + f_2^2 m_2^2 + \cdots + f_n^2 m_n^2$$

(四)误差传播定律的应用

1. 水准测量的误差分析

假设我们用 DS3 水准仪进行了一段普通水准测量。每站的高差为 $h = a - b$;a、b 为水准仪在前后水准尺上的读数,读数的中误差 $m_{读} \approx \pm 3$mm。

1)测站的高差中误差

$$m_{站} = \pm\sqrt{m_{读}^2 + m_{读}^2} = \pm\sqrt{2}m_{读} \approx \pm 4\text{mm}$$

2)水准路线高差的中误差

如果在这段水准路线当中一共观测了 n 站,则总高差为

$$h = h_1 + h_2 + \cdots h_n$$

设每站的高差中误差均为 $m_{站}$,则水准路线高差的中误差为

$$m_h = \pm\sqrt{n}m_{站}$$

如取 3 倍中误差为限差,则普通水准路线的高差闭合容许误差为

$$f_{容} = \pm 12\sqrt{n} \text{ (mm)}$$

2. 水平角观测的误差分析

用 DJ6 经纬仪进行测回法观测水平角,那么用盘左盘右观测同一方向的中误差为 ±6″(注意:6″级经纬仪是指一个测回方向观测的平均值中误差,不是指读数的时候估读到 6″),即

$$m_{方} = \pm 6″$$

假设盘左瞄准 A 点时读数为 $A_{左}$,盘右瞄准 A 点时读数为 $A_{右}$,那么瞄准 A 方向一个测回的平均读数应为

$$A = \frac{A_{左} + (A_{右} \pm 180°)}{2}$$

因为盘左盘右观测值的中误差相等,即 $m_{A左} = m_{A右} = m_A$,则瞄准一个方向进行一次观测的中误差为

$$m_A = \pm \sqrt{2}m_{方} = \pm 8.5″$$

由于上半测回的水平角为两个方向值之差,$\beta_半 = b - a$,即

$$m_{\beta半} = \pm \sqrt{2}m_A \approx \pm 12″$$

设上下半测回水平角的差值为

$$\Delta_{\beta半} = \beta_{上半} - \beta_{下半}$$

则 $m_{\Delta\beta半} = \pm \sqrt{2}m_{\beta半} \approx \pm 17″$

考虑到其他不利因素,所以将这个数值再放大一些,取 20″作为上下半测回水平角互差。取 2 倍中误差作为容许误差,所以上下半测回水平角互差应该小于 40″。

3. 距离观测的误差分析

一个边长为 l 的正方形,若只测量一边,且中误差为 $m_l = \pm 1\text{cm}$,求周长的中误差?若四边均测量,测量精度相同且中误差均为 $m_l = \pm 1\text{cm}$,则周长中误差是多少?

第一种方法,由于周长 $S = 4l$,故

$$m_S = \pm\sqrt{(4m_l)^2} = \pm 4m_l = \pm 4 \text{(cm)}$$

第二种方法,由于周长 $S = l_1 + l_2 + l_3 + l_4$,故

$$m_S = \pm\sqrt{m_l^2 + m_l^2 + m_l^2 + m_l^2} = \pm\sqrt{4m_l^2} = \pm 2m_l = \pm 2\text{(cm)}$$

第二节 水运工程测量基本要求

一、平面控制测量

(一)平面控制网基本要求

(1)平面控制宜在国家等级控制网内建立加密网,依次分为一级、二级和图根三个级别。一、二级平面控制可作为测区的首级控制。

(2)各级导线网、三角网和三边网的起算点、边的精度不应低于高一级控制网的精度要求。一、二级导线网最弱点相对于起算点的点位允许中误差为 ±0.1m,各级三角网最弱边边长允许中误差及三边网各边相邻点的相对点位允许中误差为 ±0.1m,当测区最大比例尺大于 1:1 000 时,不应大于 50mm。

(二)导线测量

(1)导线宜布设成附合导线、闭合导线或结点网等形式。相同等级导线的边长应均匀,同一测站各方向边长之比不得小于 1:3。

(2)各级导线测量的主要技术要求应符合表12-2 和表12-3 的规定。

电磁波测距导线主要技术要求　　　　表12-2

等级	测回数 2″级	测回数 6″级	测角中误差(″)	方位角闭合差(″)	平均边长(m)	导线总长(m)	测距相对中误差	导线相对闭合差
一级	2	4	±5	±10$\sqrt{n}$	500	8 000	1/60 000	1/20 000
二级	1	2	±10	±16$\sqrt{n}$	400	4 000	1/30 000	1/10 000
图根	1/2	1	±20	±24$\sqrt{n}$	—	2 000	1/10 000	1/5 000

注:①表中 n 为导线的测站数;
②测区最大比例尺为 1:1 000,在导线中部联测坚强方向时,一、二级导线的平均边长和导线总长可适当放宽,但最大长度不应超过表中规定的 2 倍。

钢尺量距导线主要技术要求　　　　表12-3

等级	测回数 2″级	测回数 6″级	测角中误差(″)	方位角闭合差(″)	平均边长(m)	导线总长(m)	测距相对中误差	导线相对闭合差
一级	2	4	±5	±10$\sqrt{n}$	200	4 000	1/20 000	1/10 000
二级	1	2	±10	±20$\sqrt{n}$	100	2 000	1/10 000	1/5 000
图根	1/2	1	±20	±60$\sqrt{n}$	—	1 000	1/5 000	1/2 000

注:①最弱点点位中误差取 ±50mm 时,平均边长和导线总长不应大于表中规定值的 0.5 倍;取 ±0.2m 时,不应大于表中规定值的 2 倍;
②导线网布设成结点网时,网中起算点与结点、结点与结点间的路线长度应小于规定的导线总长的 0.7 倍;布设成结点网时,导线总长不宜超过相应等级规定总长的 1.7 倍;
③支导线总长不得超过相应等级导线规定总长的 0.4 倍;
④表中 n 为导线的测站数。

(3)水平角观测的主要技术指标应符合表12-4 的规定。

水平角观测主要技术要求　　　　表12-4

仪器类型	读数取位(″)	半测回归零(″)	一测回2C 互差(″)	同一方向归零后各测回互差(″)
2″级	1	12	18	12
6″级	6	18	36	24

注:①表中2C 为2 倍照准误差;
②观测方向的垂直角大于 3°时,该方向2C 互差可按相邻测回进行比较。

(三) 三角测量和三边测量

(1) 三角网、三角锁及三边网宜由近似等边的三角形组成。各三角形的内角应在30°~120°范围;特殊困难地区,个别角度不应小于25°;三边网的三角形内角大于100°时,宜用经纬仪按相应等级的测角精度对该角进行观测。

(2) 三角网和三角锁的主要技术要求应符合表12-5的规定。

三角网和三角锁的主要技术要求 表12-5

等级	测角中误差(″)	平均边长(km)	三角形最大闭合差(″)	测回数 2″级	测回数 6″级	相对中误差 起算边	相对中误差 最弱边
一级	±5	2.0	±15	2	4	1/40 000	1/20 000
二级	±10	1.0	±30	1	2	1/20 000	1/10 000
图根	±20	0.5	±60	—	1	1/10 000	1/5 000

注:最弱边边长中误差取±50mm时,平均边长不应大于表格中规定值的0.5倍;取±0.2m时,平均边长不应大于表中规定值的2倍。

(3) 单三角锁两条起算边和三边网两个起算方位角间的三角形个数不宜超过12个。当采用线形锁作为加密控制时,三角形个数不宜超过10个。

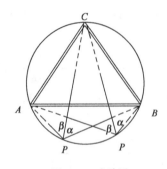

图12-16 危险圆

(4) 当采用交会法插点时,交会角宜在30°~120°范围。各种交会方法至少应有一个多余观测值。由两组观测值计算的交会点纵、横坐标互差不应大于相对点位中误差的2倍。当采用后方交会法时,交会点不应位于距危险圆1/4半径范围内。如图12-16所示,过A、B、C的外接圆称危险圆,若P点在危险圆上,则P点坐标解算不出来。如果P点十分靠近危险圆,那么解算出的P点坐标的精度也比较低,因此,要规定P点离危险圆的距离。

(四) GPS测量

GPS全称为"卫星授时与测距导航系统"(Navigation by Satellite Timing and Ranging Global Positioning System,NAVSTAR GPS),简称全球定位系统(GPS)。采用"多星、高轨、高频、测时-测距"体制,实现了全球覆盖、全天候、高精度、实时导航定位。GPS主要由三大部分组成:空间星座部分、地面监控部分和用户设备部分。

(1) 采用GPS测量技术建立各级平面控制网时,GPS网相邻点间基线向量的弦长中误差应满足《水运工程测量规范》(JTS 131)的要求。GPS平面控制网的技术要求如表12-6所示。

GPS平面控制网的技术要求 表12-6

项目 等级	固定误差(mm)	比例误差系数(mm/km)	约束点间的边长相对中误差	约束平差后最弱边相对中误差	平均边长(km)
一	$a \leq 8$	$8 \leq b \leq 10$	1/40 000	1/20 000	1.0
二	$a \leq 16$	$16 \leq b \leq 20$	1/20 000	1/10 000	0.5
图根		基线端点相对点位中误差小于图上0.1mm			

注:在保证精度的条件下,平均边长可适当放宽。当边长小于200m时,边长允许中误差为±20mm。

(2)测站观测应满足下列要求：
①卫星高度角不小于15°。
②观测时间不少于30min。
③采样时间间隔为5～30s。
④有效观测卫星不少于4颗。
⑤观测时点位几何图形强度因子（PDOP）不大于8。

二、高程控制测量

（一）基本要求

（1）水运工程高程控制测量依次分为三、四等和图根三个级别，各级高程控制宜采用水准测量方法，四等及其以下也可采用GPS高程测量、电磁波测距三角高程测量等方法。各级高程控制均可作为测区首级控制。

（2）高程控制网的基本精度应符合下列规定。

①三、四等高程控制网，相对于起算点的最弱点高程中误差不应超过20mm。作业困难地区的内河航道测量，以四等水准作为测区首级高程控制时，最弱点高程中误差可放宽到30mm。

②图根高程相对于起算点的最弱点高程中误差不应超过测图基本等高距的1/10；作首级控制时，不应超过50mm。单程观测路线长度不应大于8km。

（二）水准测量

根据《水运工程测量规范》（JTS 131），测站观测宜采用双面水准尺，其观测顺序，三等水准应为"后—前—前—后"，四等水准与图根水准应为"后—后—前—前"。图根水准观测也可使用单面水准尺，其观测应采用两次仪器高进行，顺序为"后—前"。四等水准可采用两组同向观测，也可用变动仪器高或双摆尺的方法代替往返观测。水准测量的主要技术要求应符合表12-7的规定。

水准测量的主要技术要求　　　表12-7

等级	每千米高差中误差（mm）		检测已测段高差不符值（mm）	附合或环线闭合差、往返测不符值（mm）		路线长度（km）		观测次数（双面尺）	
	偶然中误差	全中误差		平原	山区	附合或环线	支线	支线	附合或闭合
三等	±3	±6	±20$\sqrt{L}$	±12$\sqrt{R}$	±4$\sqrt{n}$	50	20	往返各一次	往返各一次
四等	±5	±10	±30$\sqrt{L}$	±20$\sqrt{R}$	±6$\sqrt{n}$	20	10	往返各一次	往一次
图根	—	±20	±60$\sqrt{L}$	±40$\sqrt{R}$	—	—	4	往返各一次	往一次

注：①L为已测测段路线长度（km）；R为附合或环线路线长度（km），计算往返测不符值时，R为测段或区段长度（km）；n为测站数；
②控制网布设成结点网时，结点与结点或起算点间的路线长度，不应大于表中规定值的0.7倍；
③作业困难地区的内河航道测量，以四等水准作为测区首级控制时，应进行往返观测，附合路线长度不应大于50km；
④数字水准仪测量的技术要求和同等级的光学水准仪相同；
⑤支线路水准测量不应采用变动仪器高法代替往返测。

三、水深测量

(一) 一般规定

(1) 水深测量前应检查平面控制点,校对基准面与水尺零点或自记水位计零点的关系。

(2) 水深测量应采用有模拟记录的单波束回声测深仪或多波束测深系统,在浅水区宜采用测深杆或测深锤;在水底树林和杂草丛生水域不宜使用回声测深仪;淤泥质回淤严重水域应进行适航水深测量。

(3) 测深应在风浪较小的情况下进行。当沿海波高超过 0.6m,内河波高超过 0.4m 时,应停止作业。采用姿态传感器进行波浪改正时可适当放宽。

(4) 测深定位点点位中误差,不应大于表 12-8 的规定。

测深定位点点位中误差限值　　　表 12-8

测图比例尺	定位点点位中误差限值(mm)
>1:5 000	图上 1.5
≤1:5 000	图上 1.0

注:对 1:200~1:500 测图可放宽至图上 2.0mm。

(5) 在不考虑平面位移的情况下,水深测量的深度误差不应大于表 12-9 的规定值。

深度误差限值　　　表 12-9

水深范围(m)	$H \leqslant 20$	$H > 20$
深度误差限值(m)	±0.2	±0.01H

注:①H 为水深值(m);
②对山区河流水深小于 5m 的硬底质水域,深度误差不应大于 0.15m。

(二) 测深线布设

(1) 单波束测深主测深线宜垂直于等深线总方向、挖槽轴线、河道走向、炸礁区较长边、船闸轴线、船坞轴线或岸线,可布设成平行线、螺旋线或 45°斜线。多波束扫测、侧扫声纳扫海和软式拖底扫海主测深线方向宜平行于测区较长边、挖槽轴线和河道走向。

(2) 测深线间距应符合表 12-10 的规定。

测 深 线 间 距　　　表 12-10

测量类别	工程类别或阶段	测深线间距	
		沿海	内河
			重点水域	一般水域
规划和设计测量	规划和可行性研究	图上 20mm	
	初步设计		
	施工图设计		

续上表

测量类别	工程类别或阶段		测深线间距		
			沿海	内河	
				重点水域	一般水域
施工测量	基槽	硬底质	5m		
		中、软底质	10m		
	炸礁、船闸、船坞	单波束测深	3～5m		
		多通道测深	有效扫宽全覆盖测区		
		多波束测深	有效扫宽全覆盖测区		
	疏浚	硬底质	图上 10mm	图上 10mm	
		中、软底质	图上 15mm		
	吹填		图上 20mm		
航道基本测量和航道检查测量			图上 10mm	图上 10mm	图上 15mm

注:①水工建筑物及附属设施施工水深测量测深线间距可参照基槽施工测深线间距执行;
②疏浚施工中的检查测量的计划测深线间距应符合表中的规定值,并应依次错开布设,增大测深线覆盖程度。

(3)疏浚测量应布设垂直于主测深线的纵向测深线,其间距不宜大于主测深线间距的4倍;在航道内应至少布设 2 条纵向测深线。主测深线的图上长度应超出挖槽边坡坡顶 30mm。

(4)测深检查线宜垂直于主测深线,单波束检查线长度不宜小于主测深线总长度的 5%,多波束测深检查线长度不得少于总测线长度的 1%。疏浚施工前,检查线可用纵向测深线代替;施工检测和交工测量的检查线应布设在挖槽边坡坡顶以外。

(5)对于多波束测量,采用多波束进行检查线测量时应使用中央波束。

(6)单波束测深不同作业组的相邻测段应布设一条重合测深线;同一作业组不同时期测深的相邻测深段应布设两条重合测深线。

(三)定位

(1)深测定位点间距应符合表 12-11 的规定。

定位点图上最大间距 表 12-11

项目	图上最大间距(mm) 仪具	测深仪	测深杆或测深锤
规划和设计测量		20	12
沿海航道、港池、泊位及吹填区施工测量		40	12
航道基本测量和航道检查测量			
水工建筑物及附属设施施工测量		10	10
内河航道、港池、泊位及吹填区施工测量	重点水域	10	10
	一般水域	15	10

注:1:500 测图,内河一般水域的航道、港池、泊位及吹填区施工测量,采用测深仪测深的定位点最大间距可缩小到图上 10mm。

(2)测深点应估算测区定位精度;当采用无线电定位时,尚应绘制等精度线图。

(3)定位中心应与测深中心一致,其偏差不宜大于图上 0.3mm,超限时应进行归心改正。

(4)使用全站仪、经纬仪和平板仪进行交会定位时,仪器对中误差不应大于图上 0.05mm。定位过程中,每隔 1~2h 及测深结束后宜对起始方向进行校核,其允许偏差,经纬仪宜为 1′,平板仪宜为图上 0.3mm,超限时应改正。

(5)测定浮标和系船浮等应有多余观测。对渔栅、固定渔网和海上养殖场等应测定其位置和范围。

(6)当采用断面索量距定位时,索长允许误差应为索长的 1/200。

(四)测深

(1)测深前测量船应与水位站及定位观测站校对时间。水位观测应在测前 10min 开始,测后 10min 结束。

(2)测深仪、具检验应符合相关规定。

(3)测深仪的转速偏差不应大于 1%。工作电压与额定电压之差,直流电源不应大于 10%;交流电源不应大于 5%。

(4)测深仪换能器应安装在距测量船船首 1/3~1/2 船长处。

(5)当使用机动船测深时,应根据需要测定测深仪换能器动吃水改正数。

(6)测深仪记录纸的走纸速度应与测量船的航速相匹配,记录纸上的回波信号应能清晰反映水底地貌。对疏浚及炸礁测量,记录纸上显示走纸长度与实地长度之比宜大于 1/4 000。

(7)测深检查线与主测深线相交处、单波束测深不同作业组相邻测段或同一作业组不同时期相邻测深段的重复测深线的重合点处,图上 1mm 范围内水深点的深度比对互差均应符合表 12-12 的规定。

深 度 比 对 互 差   表 12-12

水深 H(m)	深度比对互差(m)
$H \leq 20$	≤ 0.4
$H > 20$	$\leq 0.02H$

(8)水深测量的补测和重测应符合下列规定。

①当出现下列情况时应进行补测。

a. 测深线间距大于表 12-10 规定间距的 1.5 倍。

b. 测深仪记录纸上的回波信号中断或模糊不清,在纸上超过 3mm,且水下地形复杂。

c. 测深仪零信号不正常,无法量取水深。

d. 对于非自动化水深测量,连续漏测 2 个及以上定位点,断面的起点、终点或转折点未定位。

e. DGPS 定位,卫星数少于 3 颗,连续发生信号异常。

f. GPS 精度自评不合格的时段。

g. 测深点号与定位点号不符,且无法纠正。

h. RTK 三维水深测量时,RTK 水位异常。

②当出现下列情况时应重测。

a. 深度比对超限点数超过参加比对总点数的 20%。

b. 确认有系统误差,但又无法消除或改正。

(9)单波束测深,利用姿态传感器进行波浪改正时应符合下列规定。

①姿态传感器安装位置应靠近测深仪换能器,其 Y 轴正向应与测船艏向一致。

②测深仪或数据采集软件应同时记录原始测深数据、测船姿态数据和水深改正数据。

③测量过程中不得搬动姿态传感器。

④姿态传感器数据输出速率不应小于 20Hz。

⑤采用 GPS 三维姿态控制系统进行波浪改正时,应有比对成果。

(10)采用多波束测深系统测深应符合下列规定。

①多波束测深系统工作环境应符合系统中所有设备的技术要求。

②设备安装及系统校准应符合《水运工程测量规范》(JTS 131)的规定,系统中设备安装位置变动或更换设备后应重新进行校准。多波束测深应保证测量时换能器的姿态与校准时的姿态相同。

③每次作业前应在测区内有代表性的水域测定声速剖面,单个声速剖面的控制范围不宜大于 5km,声速剖面测量时间间隔应小于 6h。声速变化大于 2m/s 时应重新测定声速剖面。

④水深测量项目开始前应在不浅于测区水深的平坦水域进行多波束测深正交比对和用单波束进行校核,其比对互差均应满足表 12-12 的要求。

⑤作业时应实时监测各个传感器回波信号质量,不符合要求时应停止作业。

(五)水下障碍物探测

水下障碍物探测可采用多波束测深系统扫测、软式拖底扫测、硬式扫床、侧扫声纳或磁力仪扫测等方法。软式拖底扫测主要是寻找水下障碍物的概位,如图 12-17 所示,硬式扫床或侧扫声纳扫测则用于准确测定障碍物的位置和最浅水深,如图 12-18 所示。

各种水下障碍物探测方法的技术要求见《水运工程测量规范》(JTS 131)。

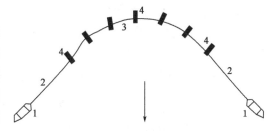

图 12-17 软式拖底扫测示意图
1-施船;2-拖索;3-扫绳;4-坠锤

(六)适航水深测量

(1)适航水深测量宜采用走航式适航水深测量方法,也可采用重力式器具及重度测量方法。

(2)采用走航式适航水深测量系统进行测量时,每平方千米内重度剖面测量不应少于 1 点,且每个测区内垂直重度剖面测量点不应少于 2 点,并应实地取样,现场率定密度。

(3)使用重力式器具及重度测量方法时,应对器具满足测量适航重度的能力和测深精度进行检验,重力式器具停止界面的重度不得大于适航重度。

(4)在适航水深测量过程中,应对密度计探头的后移量和定位系统的偏心量进行修正。

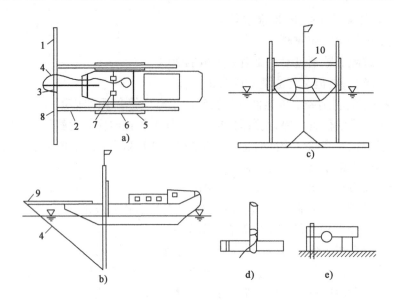

图 12-18 硬式扫床示意图
1-扫杆;2-标尺杆;3-悬臂;4-提头揽;5-铁环;6-活动框;7-垫木;8-连接点;9-滑车;10-横杆

四、水运工程施工测量

(一)施工平面控制测量

1. 施工平面控制网的布设应符合下列规定

(1)施工坐标宜与工程设计坐标一致。

(2)施工平面控制网最弱边相邻点的相对点位中误差不应大于50mm。

(3)施工控制网应充分利用测区内原有的平面控制网点。施工平面控制网可采用三角形网、导线、导线网或GPS网等形式进行布设。

2. 施工平面控制网的等级精度要求应符合表12-13的规定

施工平面控制网等级精度　　　　　　　表12-13

建筑物离岸距离(m) 相应于测量控制网等级 施工控制网形式	10~200	200~500	500~1 000	1 000~2 000	大于2 000
导线网	二级导线	一级导线			四等导线
三角网		一级小三角网、一级小三边网			四等三角或三边网
GPS网	一、二级GPS测量		一级GPS测量		国家E级以上GPS测量

注:①表中各级网的精度要求应符合《水运工程测量规范》(JTS 131)的有关规定;
②表中四等控制网精度应按现行国家标准《工程测量规范》(GB 50026)的有关规定执行。

3. 建立矩形施工控制网应符合下列规定

(1)矩形施工控制网边长应根据建筑物的规模而定,宜为100~200m。

(2)矩形施工控制网的轴线方向宜与施工坐标系的坐标轴方向一致,矩形施工控制网的原点及轴线方位应与整个平面坐标系联测,其轴线点点位中误差不应大于50mm。

(3)矩形施工控制网角度闭合差不应大于测角中误差的4倍。

4.施工基线的设置应符合下列规定。

(1)基线应与建筑物主轴线、前沿线平行或垂直,其长度不应小于放样视线长度的0.7倍。

(2)基线应设在通视良好、不易发生沉降及位移的平整地段,并应与测区基本控制网进行联测。

(3)港口陆域施工宜采用建筑物轴线代替施工基线。

(4)基线上设置的放样控制点的点位精度不应低于施工基线测设精度。

(5)施工控制网测定后,在施工中应定期复测,复测间隔不应超过半年。

(6)疏浚、吹填和航道整治工程可采用图根及其以上等级控制网作为施工控制网。

(二)施工高程控制测量

(1)原有高程控制点数量及分布不能满足施工放样要求时,应在原有高级水准点基础上加密施工水准点。

(2)施工水准点应布设在受施工影响小,不易发生沉降和位移的地点,其数量不应少于两个。

(3)施工高程控制点引测精度不应低于四等水准精度要求,其中码头、船坞、船台、船闸和滑道施工高程控制应按三等水准测量进行。

(4)施工过程中,应定期对施工水准点进行校核。

(5)在常规水准测量较困难的测区,可采用GPS高程测量或电磁波测距三角高程测量建立四等及图根高程控制网。

(6)当原有水准点无法继续保存时,应按原水准点的等级要求引测至地基稳定处。

(三)施工标志

(1)基槽开挖、水域抛石、疏浚及炸礁等工程的起止断面、里程、转向点、工程边界线、边坡线、挖槽边线和中线等可采用导标或浮标进行标定。

(2)施工导标宜配置单面发光灯,每组导标标牌形状、颜色和灯色应相同,并应与相邻的导标标牌相区别。

(3)当采用普通浮标控制挖槽边线时,应加重沉锤、缩短锚链长度,其标位距挖槽边线外的距离应为30~50m。

(四)疏浚和航道整治施工放样

疏浚施工、炸礁施工和航道整治施工等宜采用DGPS定位系统进行施工定位,也可采用放样导标、样桩点和轴线样桩点进行施工定位。

1.疏浚施工放样

(1)放样导标的测站点要求。

①仪器对中允许误差为±5mm。

②选择目标清晰的较远已知点作为零方向,并有一个检查方向。

③采用极坐标法和前方交会法放样时,采用正倒镜测设。
④距离测量相对误差不大于 1/5 000。
⑤测站点相对于控制点的点位中误差不超过 ±50mm。
(2)导标放样精度应满足下列要求。
①陆地导标相对其设计轴线的横向偏差不大于 0.1m。
②浅滩上的导标相对其设计轴线的横向偏差不大于 0.3m。
③(3)导标放样的方向校核误差不大于 12″。
(3)架设导标时,标杆顶的投影和标杆根部应位于导标轴线上,其横向偏差,对单柱标,不应大于标杆顶部直径的 1/2;对框架标,不应大于框架顶宽的 1/4。

2. 航道整治施工放样

(1)航道整治施工样桩点的放样精度应符合表 12-14 的规定。

样桩点放样精度　　　　　表 12-14

区　　域	点位中误差(m)	高程中误差(m)
陆域	±0.25	±0.02
水域	±0.50	±0.10

(2)样桩点放样应满足下列要求。
①初步标定样桩点后,再按平面位置、高程和工程规格的要求进行校核和调整。
②标定后,联测样桩点及与水尺零点的关系。
③测设固定导向桩及校核水准点,并定期检查样桩点的高程和平面位置。

(五)水工建筑物施工放样

1. 水上沉桩施工放样

(1)测量定位前应根据测量控制点和桩位平面计算定位参数,并应绘制定位图及数据表。
(2)桩位定位精度及仪器等级应符合规定。
(3)桩位放样时应寻桩位控制点的编号和后视点的位置进行复核。
(4)沉桩定位测量
①角度前方交会,相邻两台仪器视线的夹角控制在 30°～150°。
②当采用三台仪器作角度或方向交会时,所产生的误差三角形的重心到三角形各边的距离不大于 50mm。
③控制斜桩桩位及其平面扭角。
④随时观测桩位变化情况,沉桩结束时测定沉桩施工偏位。
(5)沉桩标高测量
①锤击记录应分阵次,阵次划分以桩身每下沉 1m 为准,当桩端穿越硬夹层或进入硬土层时,宜取 0.1~0.5m 为一阵。当桩端接近控制标高时应取 0.1m 为一阵。
②打入硬土层的桩,最后贯入度可按最后 0.1m 或最后 10 击的平均每击下沉量为准。
③在前后、后视距相等的条件下,采用水准仪测设定位标高和停锤标高。

2. 水下基槽和水下抛石的施工放样

(1) 基槽和基床的轴线、边线、转向点应测设纵向导标；基槽和基床的起点和终点，以及标高变化点应测设横向导标和里程标。

(2) 离岸较远的开阔水域，宜采用全站仪或 RTK-DGPS 进行施工定位，边坡测设允许偏差为 ±0.5m。

(3) 水下基槽开挖断面测量宜采用测深锤或测深仪进行。其断面间距应符合表 12-10 的规定。

(4) 水下基床和防波堤水下抛石断面测量宜采用花篮式测深锤进行。断面间距应符合表 12-10 的规定。

3. 水下基床整平的标高

水下基床整平的标高宜采用水准仪配合金属管尺测设。细平及极细平导轨标高的放样允许偏差为 ±10mm。

4. 沉箱和扶壁安装施工放线

(1) 顺岸和突堤式码头的沉箱或扶壁安装，宜用交会法、视准线法和测距法控制其顶部，当基床有预留倒坡时，构件临水面的前沿线位置应按坡度进行调整。

(2) 沉箱墩式码头第一个沉箱的定位宜采用前方交会法。

5. 方块安装施工放线

(1) 底层方块安装时，宜在基床上距设计前沿边线 100~200mm 处用吊锤引线法测设钢轨边线作为安装基线。

(2) 当基床有预留倒坡时，底层方块以上的各层方块应按预留坡度和下层方块的偏差情况依次后移。卸荷板的前沿线宜用视准线法进行测设。

6. 斜坡滑道、井字梁和轨道施工放样的测设精度

斜坡滑道、井字梁和轨道的施工放样宜按方块安装施工放线的规定执行，其测设精度应符合下列要求。

(1) 基床整平标高放样允许偏差为 ±10mm。

(2) 井字梁安装标高放样允许偏差为 ±5mm。

(3) 轨道安装标高放样允许偏差，水上为 ±2mm，水下为 ±3mm。

(4) 井字梁、轨道轴线放样允许偏差为 ±10mm。

7. 上部结构的施工放样

(1) 排架式结构，排架的轴线宜采用分段平差法测设，排架轴线测设允许偏差为 ±5mm。

(2) 多层安装的结构，应逐层控制安装标高。

(3) 上部结构浇筑混凝土前测量基桩偏位及桩顶高程。

(4) 采用分段平差法测设排架轴线。

(5) 测设预制构件安装的平面和高程位置。

(6) 上部结构现浇混凝土的模板放样，预埋件和预留孔的施工放样。

(六) 吹填施工测量

(1) 吹填施工测量应包括施工前、施工中、竣工后的地形测量和施工期的检查测量和沉降观测。

(2)平面控制网点应与附近城市或工程控制网二级以上的控制点联测,沿围埝布设图根点;高程控制网点应与附近城市或工程平面控制网四等以上水准点联测,并应埋设工作水准点,用图根水准测定图根点高程。

(3)地形测量应符合下列规定。

①测量内容应包括吹填区围埝、泄水口、陆上排泥管线位置及出、入口高程、沉降杆位置原地面高程及围埝外20m内的地形。

②测量前应检查控制点平面位置和高程。

③吹填区地面高程采用断面法或方格网法测定时,断面间距、点距不应大于图上20mm。地形起伏较大时,应适当缩小点距。

④吹填区内测量的点位中误差不应大于图上2mm;高程测量误差不应大于50mm。

(4)吹填区沉降杆的位置及观测应符合下列规定。

①沉降杆的位置和数量应根据工程需要和土质情况确定。

②沉降杆应稳固的竖直设置在吹填区原地面上,并应采取相应的保护措施。

③沉降杆应进行编号并测定其零点高程,其高程测量误差不应大于10mm。

五、水运工程变形观测

(一)一般规定

(1)变形测量可分为四个等级,变形测量点可分为基准点、工作基点和变形观测点。

(2)变形观测点相对于最近基准点的观测精度和适用范围应符合表12-15的规定。

变形观测点的观测精度和适用范围　　　　表12-15

等　级	点位中误差(mm)	高程中误差(mm)	适　用　范　围
一等	±1.5	±0.5	对变形特别敏感的水工建筑物
二等	±3.0	±1.0	对变形比较敏感的水工建筑物
三等	±6.0	±2.0	一般性水工建筑物和岸坡
四等	±12.0	±4.0	对观测精度要求比较低的水工建筑物和岸坡

注:①当水平位移变形测量用坐标向量表示时,向量中误差为表中相应等级点位中误差的$1/\sqrt{2}$;

②沉降观测,可根据需要按变形观测点的高程中误差或相邻变形观测点高差中误差确定测量等级。

(3)变形监测网等级应根据观测的内容、性质、目的和要求,按照观测中误差的绝对值为允许变形值的1/10～1/20的原则确定。

(4)变形测量每次应固定观测人员和仪器设备,采用相同的观测线路和观测方法,选择最佳时段,并在规定的环境条件下进行观测。

(二)监测网的布设

1.监测网的布设应符合下列规定

(1)平面控制可采用边角网、三角网和GPS网等形式,受地形条件限制时可布设成导线网形式,导线网中相邻结点间的导线点数不得多于2个。当采用GPS网时,其起算点不应少于2个。

(2)高程控制宜采用闭合水准网形式。

2. 基准点及变形观测点的布设应符合下列规定

(1)基准点宜选在地基稳固、便于监测和不受影响的地点。一个测区的基准点不应少于3个。

(2)当基准点远离变形体或不便直接观测变形观测点时,可布设工作基点,其点位应稳固便于监测。

(3)变形观测点应选择在能反映变形体变形特征又便于监测的位置。

(4)当采用视准线法进行水平位移观测时,视准线两端应布设基准点或工作基点,视准轴线上的变形点偏离基准线的距离不应大于20mm,并应在视准线上至少布设2个检查点。

(三)监测网观测

(1)监测网的精度应符合表12-16的规定。

监测网的精度要求 表12-16

等级	相邻基准点或工作基点相对点位中误差(mm)	相邻基准点或工作基点高差中误差(mm)	两次观测基准点或工作基点的坐标互差(mm)	两次观测相邻基准点或工作基点高差互差(mm)
一等	±1.5	±0.5	±3.0	$±0.4\sqrt{n}$
二等	±3.0	±1.0	±6.0	$±0.8\sqrt{n}$
三等	±6.0	±2.0	±12.0	$±2.0\sqrt{n}$
四等	±12.0	±4.0	±24.0	$±4.0\sqrt{n}$

注:表中 n 为测段或闭合环的测站数。

(2)各等级监测网应定期进行复测,宜在建网初期和停止变形观测后各复测1次。变形观测期间,宜每半年复测1次,当对监测网的稳定性产生怀疑时,应随时进行复测。

(3)每期变形观测前,应按相应等级的观测精度对所需的工作基点或基准点进行检查。

(四)水平位移观测

(1)采用交会法进行水平位移观测时,交会方向不宜少于3个。测角交会法的交会角,应在60°~120°,测边交会法的交会角,宜在30°~150°范围。

(2)采用极坐标法时,宜采用双测站极坐标法,其边长应采用钢尺丈量或电磁波测距仪测距。采用钢尺量距时,不宜超过一尺段,并应进行尺长、温度和高差等项改正。

(3)当采用经纬仪投点法或小角法时,应检验经纬仪的垂直轴倾斜误差,当垂直角超出3°时,应进行垂直轴倾斜改正。

(4)当采用视准线法时,变形观测偏离基准线的距离不应大于20mm。

(5)当采用GPS测量法时,其观测技术要求应符合前面有关GPS测量的规定。

(五)滑坡观测

(1)施工场地滑坡观测,应测定滑坡的周界、面积、滑动量、滑移方向、主滑线以及滑动速度,并视需要进行滑坡预报。

(2)滑坡观测点的布设应满足下列要求。

①符合设计要求,并考虑工程地质的需要。

②测点设置在滑坡周界附近、滑坡量较大、滑坡速度较快的轴线方向和滑坡前沿区等部位。

③均匀布设滑坡面上的观测点,滑动量较大和滑动速度较快的部位,适当加密。滑坡周界外稳定的部位和周界内比较稳定的部位,也布设观测点。

(3)滑坡变形观测点位的标石、标志及其埋设,应满足下列要求。

①对土体上的观测点,埋设预制混凝土标石,标石埋深不小于1m,在冻土地区埋至标准冻土线以下0.5m。标石顶部露出地面0.2~0.3m。

②对岩体上的观测点,采用现场浇固的钢筋标志。

③对观测周期不长、观测次数不多的小型滑坡观测点,埋设硬质木桩。

(4)滑坡观测,在雨季宜每半个月或一个月测一次,在旱季宜每季度测一次。当发现滑速增快、有大滑动可能或遇暴雨、地震、解冻等情况时,应及时增加观测次数。

(5)进行滑坡水平位移观测时,应同时进行垂直位移观测。

(六)垂直位移观测

(1)垂直位移观测可分为表层垂直位移观测和内部垂直位移观测。垂直位移观测所用仪器应根据观测等级、观测方法和观测要求选用。

(2)垂直位移观测点设置应符合下列规定。

①表层垂直位移观测点应结合工程特点布设在下列位置:

a. 沉降或伸缩缝两侧。

b. 不同结构分界处。

c. 不同基础或地基交接处。

d. 码头的前后沿。

e. 墩式结构的四角。

②内部垂直位移观测点的位置和数量应按观测的目的和要求确定,每个观测断面不得少于两个观测点。其观测点的设置应沿铅垂线方向,每一土层不得少于1点。最浅的观测点应设在基础底面下不小于0.5m处,最深的观测点应设在岩石层或超过压缩层理论深度处,经论证也可设在适当深度处。

(3)水工建筑物的表层垂直位移观测宜采用几何水准、液体静力水准或电磁波测距三角高程测量等测量方法。内部垂直位移观测宜采用电磁式沉降仪观测法、干簧管式沉降仪观测法或水管式沉降仪观测法。

(4)地基堆载或卸载的沉降观测,当观测标志需升高或降低时,应在升高或降低后、后各观测一次。

(5)垂直位移观测方法及精度应符合表12-17的规定。

垂直位移观测方法及精度　　　　表12-17

等级	观测方法要求	往返互差、附合或环线闭合差(mm)
一等	可采用国家一等水准精度(设双转点,视线≤15m,前后视距差≤0.3m,视距累积差≤1.5m)。精密液体静力水准测量、微水准测量等	$\pm 0.15\sqrt{n}$
二等	采用国家一等水准测量和精密液体静力水准测量	$\pm 0.30\sqrt{n}$
三等	按《工程测量规范》(GB 50026)二等水准测量和液体静力水准测量进行	$\pm 0.60\sqrt{n}$
四等	按《工程测量规范》(GB 50026)三等水准测量或短视距电磁波测距三角高程测量进行	$\pm 1.40\sqrt{n}$

注:①n测段的测站数;

②垂直位移观测高程中误差应符合表10-15的规定。

(七)倾斜观测

(1)倾斜观测可采用水平位移和沉降观测推算法或测斜仪直接观测法。

(2)倾斜观测点宜布设在竖轴线或其平行线的顶部和底部,分层倾斜观测点宜分层布设高低点。有条件时,倾斜观测点可利用水平位移或垂直位移观测点。

(3)倾斜观测精度应符合《水运工程测量规范》(JTS 131)的规定。

(4)倾斜观测应同时观测物体周边气温,观测精确到0.1℃。

第三节 水运工程测量质量检验标准简介

为统一水运工程测量质量检验标准,保证水运工程测量质量,满足水运工程规划、设计、施工和运营的需要,交通运输部组织有关单位制定了《水运工程测量质量检验标准》(JTS 258),该标准适用于水运工程测量成果的质量检验,应与《水运工程测量规范》(JTS 131)配套使用。

由于篇幅限制,下面主要结合"施工测量"这个单位工程,对水运工程测量质量检验的方法和要求进行介绍。

一、基本规定

(一)单位工程、分部工程和分项工程的划分

(1)测量工程应按测量内容或阶段划分为单位工程、分部工程和分项工程。

(2)水运工程测量共划分九个单位工程,分别是平面控制测量、高程控制测量、地形测量、水位控制测量、水深测量、变形测量、施工测量、水文观测和制图。

(3)"施工测量"单位工程的分部工程和分项工程如表12-18所示。其他单位工程的分部工程和分项工程划分详细情况见《水运工程测量质量检验标准》(JTS 258)。

施工测量单位工程的分部、分项工程划分　　表12-18

分 部 工 程	分 项 工 程
技术设计	—
施工平面控制测量	选点埋石,绘点之记,仪器检验、校准,外业观测,外业记录,内业计算与资料整理
施工高程控制测量	选点埋石,绘点之记,仪器检验、校准,外业观测,外业记录,内业计算与资料整理
工前地形测量或浚前水深测量	仪器检验、校准,外业观测,内业计算与资料整理
施工标志测设	标志制作,测设元素计算,标志放样和标定
施工放样	仪器检验、校准,放样元素计算,放样观测和成果
施工过程中的变形观测	吹填区沉降观测,水工建筑物变形观测
竣工测量	仪器检验、校准,外业观测,内业整理
技术报告	—

(4)在单位工程中,平面控制测量、高程控制测量所含的 GPS 测量、导线测量、三边测量和水准测量等独立测量项目,根据作业实际情况,可独立作为一项单位工程,其分部、分项工程的划分不变。

(5)当分部工程中不再划分分项工程时,可直接对分部工程的样本质量进行详查。

(二)质量检验程序

(1)测量质量检验应按照严重缺陷、一般缺陷和轻微缺陷分别扣分的方法进行。

严重缺陷是指影响测量质量的重要因素严重不符合规定,以致测量成果不经返修或返工不能提供使用的情况;一般缺陷是指影响测量质量的重要因素不符合规定,对测量成果使用有一定影响的情况;轻微缺陷是指影响测量质量的一般因素不符合规定,但对测量成果使用无影响的情况。

(2)测量质量检验应实行两级检查、一级验收,并应编写检查报告和验收报告,各级检查和验收,应按检验程序独立进行,不得省略或代替。

两级检查是指过程检查和最终检查,过程检查是在作业组自检互检的基础上,由作业队对其测量成果进行的全面检查,最终检查是在过程检查的基础上,由生产单位质量管理部门对影响测量质量的因素进行的复查。

验收是指为判断测量成果是否符合要求或能否被接收,由委托单位、任务下达单位或被授权单位对测量成果进行的检验。

(3)验收不合格的测量成果,应全部退回生产单位进行修测、补测或返工,并应重新抽样检验。

二、测量质量检验

(一)一般规定

(1)测量质量应按单位工程分别进行检验。

(2)对于有外业检测要求且不可重复测量的内容,验收单位应在实际测量时跟踪检验,并应保存相应记录作为检查资料。

(3)过程检查的抽样率应为100%,最终检查和验收的抽样率的最低要求见《水运工程测量质量检验标准》(JTS 258),其中"施工测量"单位工程最终检查和验收的抽样率的最低要求如表12-19 所示。

施工测量单位工程的最终检查和验收的最低抽样率 表12-19

检验内容	最终检查最低抽样率(%)	验收的最低抽样率(%)
测量任务书	100	100
技术设计	100	100
技术报告	100	100
选点埋石	30	20
仪器检验、校准	50	20
内业计算与资料整理	50	10

续上表

检 验 内 容	最终检查最低抽样率(%)	验收的最低抽样率(%)
施工平面控制测量	20	10
施工高程控制测量	20	10
工前地形测量或浚前水深测量	30	10
施工标志测设	20	10
施工放样	20	10
施工过程中的变形观测	20	10
竣工测量	50	20

(4)验收单位对最终检查中发现的问题应全部进行核查。

(5)验收单位应对样本进行详查,对样本以外的成果进行概查,概查内容占总成果的比例不应低于30%,概查内容应包括过程检查和最终检查等资料,对测量资料的概查,应记录严重缺陷。

(6)样本抽取方法可采用随机抽样,抽样前应制定抽样方案。

(7)检验过程中发现的问题应及时记入质量检验专用表,并应对各类缺陷数进行统计。

(二)质量检验方法

测量工程的质量检验按照单位工程分别进行检验。各单位工程的检验项目内容、分部工程质量所占权重的划分及其所含分项工程详查内容、质量缺陷分类及内容等详细情况见《水运工程测量质量检验标准》(JTS 258)。

由于篇幅有限,下面只介绍"施工测量"单位工程的情况,其他单位工程情况类似。

(1)施工测量单位工程的检验项目应包括技术设计、施工平面控制测量、施工高程控制测量、施工标志测设、施工放样、工前地形测量或浚前水深测量、竣工测量及技术报告等内容。

(2)施工测量单位工程的各分部工程质量所占权重的划分及其所含分项工程详查内容应符合表12-20的规定。

施工测量各分部工程质量所占权重的划分及其所含分项工程详查内容 表12-20

分部工程	权重	分项工程	详查内容
技术设计	0.1	—	①技术设计格式、内容与规范的符合程度; ②设计技术指标、方案与规范或合同要求的符合程度; ③引用的原始数据及资料; ④文字、术语和计量单位
施工平面控制测量	0.2	选点埋石	①控制点和基线点的分布、数量、位置的确定; ②标桩、标墩的埋设; ③基线点的埋设
		绘点之记	①内容完整性; ②绘制质量
		仪器检验、校准	①仪器的选择; ②强检仪器的计量检定; ③现场检验与校准的项目、方法和结果; ④检验、校准资料

续上表

分部工程	权重	分项工程	详查内容
施工平面控制测量	0.2	外业观测	①水平角和竖直角的观测方法、测回数、重测数; ②测距作业方法; ③定位现场比对; ④GPS观测条件和观测质量; ⑤觇标高、仪器高、天线高的量取方法,气象元素的测定方法和精度; ⑥测站重测
		外业记录	①记簿质量和计算; ②观测、记簿的差错及处理
		内业计算与资料整理	①外业验算; ②平差计算方法; ③不同坐标系的换算及应用; ④内业计算成果质量、精度和验算; ⑤资料整理、汇总和归档
施工高程控制测量	0.2	选点埋石	①水准点的分布、数量、位置的确定; ②水准点埋设质量
		绘点之记	①内容完整性; ②绘制质量
		仪器检验、校准	①仪器的选择; ②强检仪器的计量检定; ③现场检验与校准的项目、方法和结果; ④检验、校准资料
		外业观测	①对已有水准点的水准路线联测或接测的方法; ②水尺零点接测、校核; ③水准观测方法; ④水准观测各项误差; ⑤成果取舍和重测
		外业记录	①记簿质量和计算; ②观测、记簿的差错及处理
		内业计算与资料整理	①外业验算; ②平差计算方法; ③内业计算成果质量、精度和验算; ④资料整理、汇总和归档
工前地形测量或浚前水深测量	0.1	仪器检验、校准	①仪器的选择; ②强检仪器计量检定; ③测前测后的现场校验
		外业观测	①地形测量见《水运工程测量质量检验标准》(JTS 258)相应的详查内容; ②水深测量见《水运工程测量质量检验标准》(JTS 258)相应的详查内容; ③吹填区地物、地貌平面和高程精度
		内业计算与资料整理	见《水运工程测量质量检验标准》(JTS 258)相应的详查内容

续上表

分部工程	权重	分项工程	详查内容
施工标志测设	0.05	标志制作	①导标标牌形状、颜色、灯质和组合方案; ②导标灯光射程、灯光和电源; ③标志的坚固性和标高
		测设元素计算	①起算数据; ②计算资料
		标志放样和标定	①仪器的选择; ②放样方法; ③各项误差和限差; ④复验; ⑤记簿和注记
施工放样	0.1	仪器检验、校准	①仪器的选择; ②强检仪器的计量检定; ③现场检验与校准的项目、方法和结果; ④检验、校准资料
		放样元素计算	①计算数据; ②计算资料; ③计算的校核方法
		放样观测和成果	①放样方法; ②放样精度、校核记录; ③复测情况、记簿
施工过程中的变形观测	0.1	吹填区沉降观测	①观测点和标志设置; ②观测方法和精度
		水工建筑物变形观测	见《水运工程测量质量检验标准》(JTS 258)相应变形观测的详查内容
竣工测量	0.1	仪器检验、校准	①仪器的选择; ②强检仪器的计量检定; ③现场检验与校准的项目、方法和结果; ④检验、校准资料
		外业观测	①地形测量见《水运工程测量质量检验标准》(JTS 258)相应的详查内容; ②水深测量见《水运工程测量质量检验标准》(JTS 258)应的详查内容; ③吹填区地物、地貌平面和高程精度; ④水工建筑物测定和变形观测成果
		内业整理	①见《水运工程测量质量检验标准》(JTS 258)相应的详查内容; ②水工建筑物测定和变形观测的资料

续上表

分部工程	权重	分项工程	详查内容
技术报告	0.05	—	①技术报告内容与规范的符合程度； ②技术设计执行情况； ③对关键技术环节或新技术应用的描述； ④对出现的技术问题的处理； ⑤对质量和精度指标的检查统计分析； ⑥对成果的评价和建议

注：①同一检验项目包含两个及以上不同工程类型的施工测量时，应分别检验各类施工测量的质量，按其所占权重的比例进行加权平均，确定总的施工测量得分值；
②工前地形测量、浚前水深测量均已实施的施工测量，应对其成果质量分别详查、评分，按其各自工作量的比重进行加权平均；
③施工船自动导航定位的项目，测量单位不进行施工放样时，施工放样分部工程可不评分，其权重按比例分配给浚前水深测量和竣工测量。

(3)施工测量单位工程的质量缺陷分类及内容应符合表 12-21 的规定。

施工测量质量缺陷分类及内容 表 12-21

质量缺陷类别	缺 陷 内 容
严重缺陷	①无技术设计和技术报告，或其均不符合规范要求； ②伪造成果； ③国家规定的强检仪器未定期送检，或未进行现场检验和校准，或检验不合格； ④施工控制网布设和埋石严重不符合要求； ⑤施工基线布设不符合要求两处及以上； ⑥施工坐标系或转换关系用错，或施工高程系用错，或起算数据采用错； ⑦平面或高程外业放样观测精度超限； ⑧控制测量外业记录连环涂改 3 处及以上； ⑨陆域施工放样无校核资料 3 次及以上； ⑩RTK 测图时未进行点校正或结果错误； ⑪平面控制点点位中误差超限或高程联测闭合差超限； ⑫见《水运工程测量质量检验标准》(JTS 258)中与竣工测量相关的严重缺陷内容； ⑬见《水运工程测量质量检验标准》(JTS 258)中与内业绘图相关的严重缺陷内容； ⑭其他严重的差、错、漏
一般缺陷	①无技术设计，或无技术报告，或其不符合规范要求； ②强检仪器已送检，现场检验或校准每缺 1 项或超限 1 项； ③重要点的点之记每漏绘 2 处； ④控制网观测记录每有 1 处连环涂改； ⑤施工标志轴线放样偏差每有 1 个大于限差； ⑥记录中对结果影响较大的计算错误，每 1 处； ⑦每有 1 项无校核资料的施工放样； ⑧计算无校核，造成结果错误，每 2 次； ⑨水下整平放样偏差每超限 1 处； ⑩见《水运工程测量质量检验标准》(JTS 258)中与工前地形测量或浚前水深测量、竣工测量相关的一般缺陷内容； ⑪见《水运工程测量质量检验标准》(JTS 258)中与内业绘图相关的一般缺陷内容； ⑫其他较大差、错、漏

续上表

质量缺陷类别	缺陷内容
轻微缺陷	①观测记录字迹潦草； ②记录、计算错误，但对结果影响轻微； ③记簿或图上注记错漏，或装订编号错漏； ④资料整理不完善； ⑤放样测量记录不规范、不清晰； ⑥见《水运工程测量质量检验标准》(JTS 258)中与工前地形测量或浚前水深测量、竣工测量相关的轻微缺陷内容； ⑦见《水运工程测量质量检验标准》(JTS 258)中与内业绘图相关的轻微缺陷内容； ⑧其他轻微缺陷

三、质量评分和合格标准

(一) 质量评分

(1)测量质量评分应采用百分制。

(2)测量质量评分应在最终检查时进行，并提交验收单位确认。

(3)在测量质量检验中，当详查或概查中发现严重缺陷时，可终止评分计算，并判为质量不合格。

(4)测量质量评分应根据其分部工程的权重及其相应的缺陷个数和扣分标准进行计算。质量缺陷扣分标准应符合表12-22的规定。

质量缺陷扣分标准 表12-22

质量缺陷类别	每个缺陷扣分值	质量缺陷类别	每个缺陷扣分值
一般缺陷	8	轻微缺陷	1

(5)测量质量评分时，扣分值可根据测量工程产值的大小进行适当调整，其调整系数应符合表12-23的规定。

测量工程质量评分时扣分值调整系数分档 表12-23

C(万元)	≤10	20	40	80	160	300	≥500
T	1.0	0.9	0.8	0.7	0.6	0.5	0.4

注：表中 T 为测量工程质量评分时扣分值调整系数，内插到小数点后2位；C 为按国家现行测量收费标准计算出的该项测量工程的产值，单位为万元。

(6)测量质量评分，应符合下列规定。

①分项工程应只考核缺陷类型，不计算得分值。

②在没有严重缺陷的情况下，分部工程质量评分应按下式计算：

$$n = 100 - 8iT - jT$$

式中：n——分部工程质量得分值，取小数点后1位；

i——分部工程所含一般缺陷个数；

j——分部工程所含轻微缺陷个数；

T——质量扣分调整系数。

③单位工程质量评分应按下式计算：

$$N = \sum_{i=1}^{k} n_i p_i$$

式中：N——单位工程质量得分值，取整数位；
　　　n_i——单位工程所含各分部工程质量得分值；
　　　p_i——单位工程所含各分部工程质量的权重；
　　　k——单位工程中所含的分部工程个数。

(二)合格标准

(1)测量工程无严重缺陷。
(2)所有单位工程质量得分均不低于60分。

思 考 题

1. 控制测量、地形测量和施工测量的基础知识。
2. 测量误差基础知识，误差传播定律及其应用。
3. 测量工作的基本内容(水准测量、角度测量和距离测量)和要求。
4. 水准仪、经纬仪和全站仪的应用、检验及校正。
5. 地形图的判读及应用。
6. 水运工程施工测量中的基线布设形式及特点。
7. 水运工程变形观测要求。
8. 水深测量及计算。
9. 码头沉桩施工中的测量控制及计算。
10. 三、四等水准测量的精度控制。
11. 一、二级导线及图根导线测量的精度控制。
12. 重力式码头施工(平面、高程控制)中控制点、导标、水尺的测设。
13. 整治工程测量常规要求和方法。
14. 疏浚与吹填工程测量常规要求和方法。
15. 船闸施工测量常规要求和方法。
16. 水运工程测量质量检验单位工程、分部工程和分项工程的划分。
17. 水运工程测量质量检验测量质量合格标准和检验方法。
18. 从4M1E的五个方面，熟练分析水运工程测量各环节质量控制的重点。

第十三章 水运工程环保和安全监理简介

第一节 水运工程对环境的影响及防治措施

一、水运工程对生态的影响及防治

水运工程对生态环境造成的影响可分为施工期和营运期两个阶段。一般情况下营运期造成的生态影响较小,施工期则是生态保护措施落实的关键。

(一)对陆生生态的影响

水运工程会使本地区的生态环境发生变化,一些有特殊要求的物种种群向其他地区迁移。同时可能使大型动物的活动区域缩小,领地被重新划分。其结果可能使种群变小,种群间交流减少。

水运工程施工对生态环境的影响,从时间上区分,可大致分为长期影响和暂时的影响。长期影响可以认为是由施工建设对当地生态环境产生的直接的或间接的影响和效应,它们共同的特点是具有持续性,一旦产生则不易消除,有些甚至在施工结束后才逐渐显现出来。暂时影响是在施工期间产生的临时影响,一旦施工结束,这类影响往往会自然消失,或可经过人工恢复手段而得以改善或消除。

1. 长期影响

1)水文影响

水运工程可能改变地表径流的固有态势,从而造成冲、淤、涝、渍等局部影响。

2)景观影响

水运工程对自然景观的影响是不可避免的,其影响实际上是人造景观(如港口等)与自然景物相互作用的问题,或者交相辉映,相互增彩;或者互不协调,破坏景观,尤其是破坏自然景观的美感。

2. 短期影响

水运工程施工对生态环境造成的短期影响,主要是指施工期间及其前后 1~2 年的短暂时间内造成的,并且随着施工行为的停止而自然恢复,或按有关法律法规要求进行人工设计、恢复。

(1)施工车辆扬尘四起,可能使果木庄稼蒙尘,花不受粉,穗不结实,农业减产。

(2)为开辟施工铺道和作业场地,要清除地表植被,有可能影响珍稀物种的生长亦会加剧水土流失。

(3) 挖山弃土弃石，顺坡滚滑，埋压植被；弃土弃石随水流失，会淤塞下游河床、水库、湖泊，严重时会形成泥石流。

(二) 对水生生态的影响

1. 水下工程、疏浚、抛泥施工对生态的影响

1) 悬浮物增加对施工水域近岸水生生态环境的影响

疏浚作业产生的污染物主要是悬浮物，它会引起施工水域内的局部水域水质浑浊，这将使阳光的透射率下降，从而使得该片水域内的游泳生物迁移到别处，尤其是滤食性浮游动物和进行光合作用的浮游植物受到的影响较大。

2) 底质破坏对施工水域底栖动物的影响

在港池、航道工程建设中，由于疏浚挖掘泥沙、填充石料、填海造陆等施工作业，改变了作业区域原有的底质和岸线，改变了生物的原有栖息环境，生活在其中的潮间带生物和底栖生物，少量活动能力强的底栖种类逃往他处，大部分底栖种类将被掩埋、覆盖，除少数能够存活外，绝大多数将死亡。从这个意义上讲，施工作业对施工区潮间带和底栖生物群落的破坏是不可逆转的。港口建成后，在堤坝及其他水工建筑物上会逐渐形成以藤壶、牡蛎、贻贝等附着生物为主的新的生物群落。

3) 在水运工程的建设过程中，港池、航道疏浚物（泥沙等）一部分用于进行吹填造陆外，其余部分都将外运至抛泥区进行抛投。挖泥船撒漏和抛泥将对航线附近水域及抛泥水域造成污染。

2. 吹填对生态环境的影响

吹填对生态环境的影响主要表现在两个方面，一是陆域吹填区覆盖了部分潮间带滩涂，对潮间带生物的破坏是永久的；另外，吹填往往设置围埝，围埝溢流口流出的低浓度泥浆进入水域，增加了水体的混浊度，从而对水中的浮游生物的生存环境造成影响。

3. 水下爆破对海洋生态环境的影响

水下爆破是水运工程施工中常见方法之一，所采用的工艺通常为钻孔装药、起爆、清除，所采用的炸药多为防水硝铵炸药。水下爆破对环境的影响主要是对水质及海洋生态环境的影响。

1) 对海洋生态环境的影响

水下爆破后，水体中重金属含量、COD 和 TOC 的浓度、无机氮的浓度以及 PH 和 DO 均有所变化。水下爆破对海水的影响主要是浑浊度和悬浮体的增高，产生的高浑浊水团由于潮流产生的输移、扩散和沉降作用，会影响周围生态系统，威胁海洋生物资源。由试验得知，水下爆破对鱼类的致死范围较小，主要是与距爆炸中心的距离有关，而与鱼种关系较小。另外，位于爆炸中心的底栖生物，除强声压致死外，那些致昏而处于半死状态的底栖生物，在遭到爆破产生的大量泥沙石块掩埋之后会窒息、死亡。

2) 对渔业资源的影响

短时间的连续爆破，除首炮，其余各炮对洄游鱼类的直接杀伤相对要小。所以，在某一海域长期持续进行水下爆炸，将会起到大范围驱赶洄游鱼类的作用。如果在某一渔场禁捕期进

行爆炸、勘探,可使该海域渔场中的鱼类生息繁殖环境受到破坏,导致在该渔场习惯性产卵、育幼、索饵的洄游鱼类游迁其他海域,会造成作业区域渔业资源的匮乏。

(三) 水运工程中生态环境保护措施

1. 陆生生态环境保护

在水运工程项目永久用地周边及港口附属小区进行园林绿化。

(1) 在保证主体工程发挥社会和经济效益的同时,充分发挥生物措施的环保、生态和景观效益。

(2) 应根据项目周边环境状况,"宜林则林、宜草则草、宜荒则荒"。在水热条件优越的地区,宜尽多采用生物措施,使工程占地内的生态环境得到恢复与优化。

(3) 临时用地占用的临时便道、临时营地、拌和站等施工场地,以及大量的取弃土场应进行专项的土地复垦工程,原为耕地或林草地的,应恢复为耕地或林草地,不得荒芜。

2. 水生生态恢复与补偿措施

1) 过鱼设施

在河流上设置水工建筑物,阻挡了鱼类游上或游下,阻隔了鱼类的洄游通道。为使鱼类能够在上、下游间通过,枢纽大坝一般设有过鱼设施,其类型有鱼道、鱼闸、升鱼机、集运渔船等。

2) 人工增殖放流技术

人工增殖放流是恢复天然渔业资源的重要手段,通过有计划地开展人工放流种苗,可以增加鱼类种群结构中低、幼龄鱼类数量,扩大群体规模,储备足够量的繁殖后备群体,达到遏制鱼类资源衰退的目的。

海洋生物人工增殖放流技术在我国应用较早,自20世纪80年代以来,我国先后在渤海、黄海、东海放养了以中国对虾为代表的近海海洋资源,目前规模化放流和试验放流种类已扩大到日本对虾、三疣梭子蟹、海蜇、虾夷扇贝、魁蚶、海参、鲍以及梭鱼、真鲷、黑鲷、牙鲆等10多个品种,对近海海洋生物恢复起到了积极作用。

3) 人工鱼礁技术

人工鱼礁技术在我国南方海区进行过大规模试验。2000年广东省在阳江近海海面沉放了两艘百余吨级的水泥拖网渔船,以改善近海渔场生态环境。2001年我国首次在珠海东澳进行人工鱼礁试验。2002和2003年在广东、浙江舟山群岛、江苏、海南等海域先后开展大规模的人工鱼礁试验。

4) 海岸带湿地的生物恢复技术

采用人工方法恢复和重建湿地是海岸带生态恢复的重要措施。在海湾利用工程弃土填升逐渐消失的滨海湿地,当海岸带抬升到一定高度就可以种植一些先锋植物来恢复沼泽植被。2000年在山东东营市开展的黄河三角洲湿地生态恢复是我国较为成功的海岸带生态恢复项目,此工程通过引灌黄河水、沿海修筑围堤、增加湿地淡水存量,同时强化生态系统自身调节能力来进行海岸带生态恢复。目前淡水湿地面积明显增大,植被生长旺盛,许多候鸟纷纷在保护区内筑巢产卵。

需要指出的是,河口、海岸带是世界上最复杂和最不稳定的生态系统,目前虽然对生态系统退化总体原因已有所认识,但是对海岸带生态系统各部分之间以及与海洋生态系统和陆地生态系统之间的关系和相互作用机理了解仍不够深入;河口、海岸带生态系统修复和试验示范研究还停留在一些小的、局部的区域范围内或集中在某一单一的生物群落或植被类型,缺乏从海岸带整体系统水平出发的区域尺度综合研究与示范;河口、海岸带恢复目标主要集中在生态学过程的恢复,没有与海岸带管理法律、法规以及海岸带社会经济发展和居民的福利有机地结合起来,生态修复往往难以达到最初的目标。

二、水运工程对水土保持的影响及防治

(一)水运工程对水土保持的影响

(1)破坏地表植被,产生新的裸露坡面,为水土流失提供了有利条件。

施工前的场地清理和清表作业,需将征地和借地范围内的植被进行清理、掘除,这些施工作业均造成了地表植被的破坏,使土壤表层裸露,从而降低了它的抗蚀能力,诱发新的水土流失。

(2)改变局部地貌和土壤结构,加剧水土流失。

施工特别是土石方工程必然出现大量挖方、填方,改变了沿线(岸)的局部地貌,使裸露坡面的土壤结构发生变化,加之有机质含量少,抵抗侵蚀的能力减弱,从而产生新的水土流失。边坡的改造还有可能引起崩塌、滑坡,进一步加剧水土流失。

(3)取土、弃土、弃渣产生的水土流失。

工程建设过程中为满足填方需要而大量取土,或因挖方产生大量的弃土弃渣,这些岩土孔隙大、结构疏松,遇下雨或刮风将会导致新的水土流失及生态环境的恶化。

(4)临时工程和临时设施建设产生的水土流失。

临时用地的清理、填方和挖方等作业,与主体工程施工一样,也将造成地表植被的破坏,使土壤表层裸露,从而降低了它的抗蚀能力,产生新的水土流失。

(5)港口、航道护岸处置不当产生水土流失。

(6)防波堤等水工建筑物边坡防护措施不当产生水土流失。

(7)疏浚土陆域回填处置不当产生水土流失。

(二)水运工程水土流失的防治措施

1.采用护岸工程防止水土流失

为保证防护效果,护岸工程设计时应遵循以下原则:根据海岸、河岸动力特点进行防护,有利于岸滩稳定,减少水流(波浪)集中,避免相邻建筑物的连接处形成薄弱点,与邻近建筑物和环境相协调。

2.对疏浚回填土进行处理

疏浚吹填时为防止泥沙随排水流入海域(河道),在吹填区四周设置抛石围埝,让排水在吹填区内经过较长距离的沉淀过程后变得较为澄清,再从溢流口排出。吹填围埝应有闭水或过滤功能,以保证泥沙不经堰体泄漏;必要时围埝外尤其是溢流口处,可以再设置过滤网,进一步降低溢出水体的悬浮物浓度。陆域吹填需在围埝高出水(海)面后进行。另一方面,吹填完成后,在疏浚土固化过程中,做好围挡加固措施,防止水土流失。

三、水运工程噪声和振动的影响及防治

(一)噪声和振动污染源

水运工程在施工期,施工机械不单是噪声源,同时也是振动源。如在混凝土预制(现浇)时水泥混凝土拌和设备、振捣设备;在桩基施工的打桩设备;在航道疏浚施工的挖泥船;爆破作业等都是噪声和振动污染源。在运营期,如车辆噪声源、港口机械运营噪声等。

(二)噪声与振动的防治措施

按《港口工程环境保护设计规范》(JTS 149),在防治交通噪声措施中,噪声与振动控制的措施有三大类:第一类是法律、法规;第二类是规划、管理,如调整项目选址、周边敏感建筑区域和功能规划;第三类是声学技术措施,包括设置隔声设施,如堆筑工程弃方、建造声屏障、栽植绿化林带等,其原理可分为吸声、隔声、消声、减振及阻尼、消振、隔振、吸振和阻尼减振。

(1)法律规范。我国发布了一系列的噪声污染防治法律、法规和标准,为噪声污染控制提供了法律依据及行政保障。如对车辆实行年检和车辆出厂检验等,市区禁鸣或夜间禁鸣,禁止拖拉机或大货车进入市区,车辆限速等规定。

(2)项目规划。合理选线选址,避绕敏感区,在规划时就避免产生噪声污染问题。港口应避免选址于城市市区和乡镇的中心区,并尽可能避让学校、医院、城镇居民住宅区和规模较大的村庄等环境敏感点。

(3)项目周边敏感建筑区域和功能规划。在区域发展规划中,航道两侧以及港口周边的规划红线内,不再新建学校、医院、居住区等敏感点。

(4)运营环保管理。在水运工程项目周边,如有学校、医院、居民区等敏感建筑,可采用禁止鸣笛;限制车速,禁止夜间作业等方法,减少噪声污染。

(5)噪声控制工程。噪声传播途中遇到声屏障,会使声波反射、吸收和绕射而产生附加衰减。在水运工程建设中,必要时可利用噪声控制工程进行噪声防治。

(6)劳动者防护。在高噪声作业环境中的工作人员应采取自身保护。工作时间应满足《工业企业设计卫生标准》(GBZ 1)中日接触8h噪声限值85dB的要求。防护的措施包括轮流操作高噪声机械、佩戴防声耳罩等。

四、水运工程对水环境的影响及防治

(一)水质标准

水的用途十分广泛。不同用途的水均应满足一定的水质要求,也就是水质标准。水质标准是环境标准的一种。包括水质量标准和污水处理后的排放标准。

1. 地表水环境质量标准

地表水环境质量标准是规定地表水体中污染物含量容许容量的具有法律性的技术规范,是地表水环境保护的目标值和制定水污染物排放标准的依据。《地表水环境质量标准》(GB 3838)依据地表水水域环境功能和保护目标,按功能高低依次划分为五类。

Ⅰ类：主要适用于源头水、国家自然保护区。

Ⅱ类：主要适用于集中式生活饮用水、地表水源地一级保护区、珍稀水生生物栖息地、鱼虾类产卵场、仔稚幼鱼的索饵场等。

Ⅲ类：主要适用于集中式生活饮用水、地表水源地二级保护区、鱼虾类越冬场、洄游通道、水产养殖区等渔业水域及游泳区。

Ⅳ类：主要适用于一般工业用水区及人体非直接接触的娱乐用水区。

Ⅴ类：主要适用于农业用水区及一般景观要求水域。

2. 海水水质标准

按照海域的不同使用功能和保护目标，海水水质分为四类。

第一类：适用于海洋渔业水域，海上自然保护区和珍稀濒危海洋生物保护区。

第二类：适用于水产养殖区，海水浴场，人体直接接触海水的海上运动或娱乐区，以及与人类食用直接有关的工业用水区。

第三类：适用于一般工业用水区，滨海风景旅游区。

第四类：适用于海洋港口水域，海洋开发作业区。

3. 生活饮用水水源水质标准

生活饮用水水源水质分为二级。

一级水源水：水质良好，地下水只需消毒处理，地表水经简易净化处理（如过滤）、消毒后即可供生活饮用者。

二级水源水：水质受轻度污染，经常规净化处理（如絮凝、沉淀、过滤、消毒等），其水质可供生活饮用者。

水质浓度超过二级标准限值的水源水，不宜作为生活饮用水的水源。

4. 其他水质标准

除上述水质标准外，我国还颁布了适用于单一渔业保护区、鱼虾产卵场水域的《渔业水质标准》；适用于城市污水、工业废水用作农田灌溉用水时的《农田灌溉水质标准》以及工业用水的水质要求等。

（二）水运工程对水环境的影响

水运工程项目在施工过程中对水环境的影响主要来自施工作业中施工船舶和施工机械所产生的含油污水、施工人员生活污水以及疏浚、吹填、抛泥、水下炸礁等作业对水体的污染。

1. 陆上施工对水环境的影响

（1）施工物料流失及取、弃土场冲蚀的影响。由于建筑材料堆放、管理不当，特别是易流失的物资如黄沙、土方等露天堆放，遇暴雨时将可能被冲刷进入水体。在靠近水体区域施工，往往容易发生物料流失。

（2）施工人员和机械污水点源排放的影响。施工人员集中生活，如果施工营地生活污水直接排放，对附近河道（海域）会产生一定的污染。同时，施工机械设备维修站的污水，常含有泥沙和油类物质，若不经过处理直接排入周围水体，必将造成水域的油类污染。

2. 涉水施工对水环境的影响

(1)桩基施工的影响。水运工程中桩基施工,特别是钻孔灌注桩施工,对水体的影响主要是钻孔扰动河水使底泥浮起,使局部悬浮物(SS)增加,河水(海水)变得较为混浊。钻孔作业会产生一定量的钻渣和泥浆,由于钻渣和泥浆含水率高,特别是泥浆的含水率高达90%以上,须进行沉淀和干化等处置。钻孔扰动也会使底泥中含有的污染物溶入水中,对下游生活或渔业用水造成影响。上部结构现浇或预制施工与养护会产生工艺废水。水运工程施工生产废水的主要污染物是悬浮物、石油类,以及底泥中的污染物质(如重金属类)。

(2)船舶油污水的影响。船舶的机舱部分舱底水也称机舱水,是机舱内各闸阀和管路中漏出的水与机器在运转时漏出的润滑油、主辅机燃料油、加油时的溢出油、机械及机舱板洗刷时产生的油污水等的混合物。施工船舶上的机舱含油污水因管理不严易进入水域,同样会造成水域的油类污染。

(3)船舶生活污水的影响。船舶生活污水,主要是船员和施工人员在生活中产生的排放物,包括任何形式的厕所排出孔的排出物及其他废弃物;医务室(药房、病房等)的面盆、洗澡盆等排出孔的排出物;厨房、餐厅下水道的排出物;或混有以上排出物的其他废水。船舶生活污水若未经收集处理而直接排放,对水域会产生相应的污染。

(4)疏浚、挖泥作业的影响。挖泥船挖泥作业时,刀头(或耙头)将水底泥沙松动、扰动,虽然大部分泥沙被吸入泥泵,但少部分泥沙仍引起悬浮,在紊动水流的作用下向四周扩散,从而引起局部水域浊度增大。

(5)吹填作业的影响。挖泥船挖掘出来的泥沙通过输泥管送到围埝,经一定时间沉淀,上层泥浆水悬浮物浓度减小后通过溢流口回流入水体,造成溢流口附近水域悬浮物增加,从而对溢流口附近水域环境造成一定的影响;其次由于吹填引起疏浚物的理化环境的改变,造成疏浚物中有毒、有害物质的释放,从而对水质产生一定程度的影响。

(6)抛泥作业的影响。疏浚物向抛泥区倾倒过程中大部分泥沙迅速沉降至水底,少部分泥沙再悬浮,造成水体浑浊水质下降,对水生生物的生存环境也产生影响。倾倒区原有底质和底栖生态环境因受泥沙覆盖而造成破坏;倾倒活动对周围游泳生物还将起到驱赶作用。

(7)水下爆破的影响。水下爆破导致水体浑浊度增高和悬浮物增加,这将妨碍水生生物的卵和幼体的正常发育,影响鱼类和其他水生动物的栖息环境,抑制水生植物的光合作用,减少水生动物饵料等。

(三)水运工程水污染的主要防治措施

1. 地表水环境影响的减缓措施

施工材料如沥青、油料、化学品物质等的堆放地点应设在河床之外,并应备有临时遮挡物(如帆布),须妥善保管,防止被暴雨冲刷进入水体引起污染。

2. 疏浚、吹填对水环境影响的减缓措施

依据工程施工实践,水运工程疏浚、吹填施工中疏浚土的再悬浮及炸礁过程引起的振动,将对施工区水域构成影响。在施工中应采取如下措施,力求将施工影响控制在较小的范围内。

(1)对于限制污染的施工区域,在疏浚船舶选型上,优先选用污染较轻的挖泥船种;在使用耙吸船舶施工时,应适当控制侧扬和溢流的施工方式。

(2)合理安排施工船舶的数量、位置及施工进度,尽量将靠近养殖区的疏浚作业以及疏浚土外抛的时间安排在水产养殖非高峰期进行。

(3)陆域吹填时,为防止泥沙随排水流入海域,在吹填区四周设置抛石围堰,让排水在吹填区内经过较长距离的沉淀过程后变得较为澄清,再从溢流口排出。陆域吹填作业中应派专人监控管理泥浆溢流口流出液的浓度,如发现浓度过高,宜通过采取间歇吹填、调整吹泥口的位置、增加分隔设施等措施,适当延长吹填区泥浆停留时间,以降低溢出液中悬浮物的浓度值,陆域吹填需在围堰高出海面后进行。

(4)吹填围堰应有闭水或过滤功能,以保证泥沙不经堰体泄漏;必要时,围堰外尤其是溢流口处,可以再设置过滤网,进一步降低溢出水体的悬浮物浓度。

(5)做好施工设备的日常检查维修工作,重点对挖泥船与吹泥管的连接点以及泥驳门的密封系统和关闭泥门的传动部件进行检查,发现泥管胶皮管有破裂或泥门关闭不严的现象应及时修复,杜绝吹泥管沿线以及自航耙吸船或泥驳在航行中途发生大量泥浆泄漏事故。

(6)如施工附近有养殖场,应加以注意并采取保护措施,进行必要附近水域的水质监测。

此外,施工人员施工过程中产生的生活污水要妥善处理。对于施工机械维修过程中产生的含油污水应予以收集,送交污水处理厂或油污回收船处理,不得直接排入水体。

3. 疏浚物海上倾倒对水环境影响的减缓措施

(1)抛泥区设置明显的标志。在疏浚物倾倒过程中,为保证施工安全以及外围航道等其他水域功能区的合理运作,应在该工程选定抛泥区外围设置明显的标志,抛泥区中心位置设专用标志。以利施工船舶方便地进入倾倒区后实施相应作业,避免产生不必要的污染事故。

(2)挖泥船到位倾倒。挖泥船必须严格按照所划定的倾倒区界区内进行倾倒作业,禁止未到达指定区域便实施抛泥。实施定点到位作业是保证倾倒区周围水域环境不受较大影响的重要环节,必要时可安排相应人员,配置必要的监测仪器进行监控。如在挖泥船舶上配备航迹记录仪器,通过检查船舶航迹记录,监督船舶必须到位倾倒,也是实施水域环境保护的有效办法。

(3)确保舱门密闭,严防泥浆泄漏。挖泥船在倾倒区抛泥完毕后,应及时关闭舱门,并确定舱门关闭无误后方可返航,否则泥舱关闭不严,在航行沿途中由于泥浆的泄漏入海将会导致污染事故的发生。同时在疏浚物倾倒作业期间,应关注气象信息,在恶劣天气条件下,应提前做好防护准备并停止挖泥和倾倒作业。

(4)在主要经济鱼类繁殖期(一般为 4~7 月)应尽可能地减少倾倒量。

(5)在实施倾倒作业期间须开展全过程的海洋环境监测工作,及时掌握倾倒对海洋环境影响状况,以便及时调整倾倒作业方案,防止对海洋环境产生损害。

4. 水下爆破对水环境影响的减缓措施

水下爆破与炸礁对周围鱼类影响较大,因此应制订科学、严谨、周密的施工方案,采用先进的施工工艺,如水下钻孔爆破,在最大程度上减少爆破量;在爆破控制上,应采用对生态影响较小的方法,如延时爆破法,尽量减缓冲击波对鱼类的影响;在时空安排上,应尽可能避免在产卵期、鱼类洄游繁殖期、索饵期的时段和区域进行爆破施工。

5. 水上溢油应急计划

虽然国际国内对环境保护都很重视,然而油污染事故仍经常发生。为了能够对突发性的溢油事故迅速有效地采取应急行动,将油污染损害降至最低,必须事先制定一个具有法规性和技术性的溢油应急计划,并建立起溢油应急反应体系。

(1)船上油污应急计划。制定并实施船舶《船上油污应急计划》是为了船舶在可能发生溢油事故时,使船舶与沿海国管理当局能够及时联系,并以最快速度组织、调动船舶及沿海国的应急队伍、设备器材,或同其他国家、地区进行区域性合作,使船舶在发生油污事故时,能及时得到控制,并使损失减到最小。船上备有经主管机关批准的《船上油污应急计划》还可指导船长应用简单明了的流程图和检查表,实施必要的措施和决定,增加应变能力,以减少各种差错和失误,争取时间,控制环境污染,减少船舶和船员的危险性。

(2)海上船舶溢油应急计划。我国于1998年加入OPRC(国际油污防备、反应和合作)公约,根据公约要求,我国海上船舶溢油应急计划体系现已编制完成了国家、海区和港口三个层次的溢油应急计划。

国家级溢油应急计划的目的是对特大溢油事故的应急反应进行组织协调和指挥,指导海区和港口溢油应急计划的制订和实施,满足OPRC公约和国际区域合作的需要。

海区船舶溢油应急计划是根据中华人民共和国海事局海上安全责任区的划分、船舶事故多发水道、船舶运输密集区、环境敏感水域等分为北方海区、东海海区和南海海区以及特殊区域四个海区溢油应急计划。

根据我国国情制定的海上船舶溢油应急计划包括总则、组织和管理、溢油应急反应和溢油应急反应支持系统等四个部分。

6. 水上溢油应急处理设备与技术

应急计划的目的是要在保护水域环境的要求下有效地清除油污,尽早恢复原来的自然环境。溢油清除目前最常用的方法有机械回收、化学分解和海上焚烧三种清除技术,其选择要根据溢油的品种、自然环境和气候、溢出时间的久暂、水面还是岸滩礁石等条件而定。

五、水运工程对大气环境的影响及防治

(一)水运工程对大气环境的影响

水运工程引发的对空气环境的污染主要来自施工扬尘、施工车辆尾气、动力船舶机械产生的尾气及沥青烟气,其中以扬尘和沥青烟气对周围环境的影响较为突出;同时,应特别关注对包括幼儿园、学校、医院、敬老院、居民集中区以及珍稀动植物保护区等在内的环境敏感点的影响和保护。

(二)大气污染及防治的主要措施

1. 车辆及机械尾气

(1)加强汽车维修保养,保证汽车正常、安全运行。

(2)加强对施工机械的维修保养,合理安排运行时间,发挥其最大效率。

2. 运输扬尘的防治

(1)加强运输管理,保证汽车安全、文明、按规定车速行驶。
(2)科学选择运输路线。
(3)运输道路应及时洒水,保持路面湿润。
(4)粉状材料应罐装或袋装,粉煤灰采用湿装湿运。土、水泥、石灰等材料运输时禁止超载,并盖篷布,如有洒落应派人立即清除。

3. 水泥混凝土拌和扬尘

(1)灰土和水泥混凝土采用集中拌和,采用先进的拌和装置,配套除尘设备。
(2)封闭装罐运输。
(3)尽量减少拌和场,拌和场不得选在环境敏感点上风向,与其距离应在300m以上。
(4)拌和场为操作人员配备口罩、风镜等,实行轮班制并定期体检。

4. 堆场扬尘

(1)粉状建材堆放地点选在环境敏感点下风向,距离100m以上。
(2)遇恶劣天气加篷覆盖。
(3)控制堆存量并及时利用,必要时设围栏或作洒水防尘。

六、水运工程固体废物对环境的影响及防治

施工期固体废物主要来源于以下几个方面:工程占地范围内清表产生建筑垃圾、表层弃土及废弃植物,港口建设底泥清除产生淤泥,施工船舶垃圾,房建工程产生建筑垃圾,施工营地产生生活垃圾,工程试验室产生危险固废等。

营运期固体废物主要来源于管理区及港口生产生活垃圾以及船舶垃圾。

水运工程固体废物主要产生于施工阶段,按来源可分为生活垃圾、弃土弃渣、拆建废物、船舶垃圾、施工废物(材料包装品、剩余物料、机械废油渣等)和试验室废物,结合固体的来源、组成与性质,可分为生活垃圾、建筑垃圾(包括弃土弃渣、拆建废物、剩余洁净物料、一般包装物等)和危险固废(包括工地试验室废物、盛装危险废物的包装物、受油污或洗涤剂污染的棉纱和废弃用品、废旧电池等)。就固体的处置与管理而言,分为生活垃圾、建筑垃圾和危险固废更方便操作。

生活垃圾应分类收集,电池必须由相关单位回收处理。对于生活垃圾的处置,可与当地环卫部门联系,纳入当地生活垃圾收集处理系统;在偏远地区,可考虑就近填埋,一般情况下,应将营地内的生活垃圾集中收集后,运至附近的弃渣场填埋;若所在地区生态环境敏感,则应将垃圾运离敏感区域后再行处置。

第二节 水运工程施工环境保护监理

一、施工期环境风险应急预案

水运工程往往施工环境恶劣,突发环境污染风险较大。建设工单位应独立编制并定期演练环境风险应急预案,施工期环境风险应急预案和体系应纳入区域环境风险应急体系中。施

工期环境风险应急预案编制应包括以下内容：

（1）应急预案的编制目的、依据、适用范围及预案体系。

（2）环境的现状及风险评价。

（3）明确应急组织体系、指挥机构及职责。

（4）预防与预警措施。

（5）应急响应和救援措施，应建立分级响应体制；应编制救援措施说明，包括污染事故现场应急救援措施说明、大气类污染事故保护目标的应急救援措施说明、水类污染事故保护目标的应急救援措施说明、受伤人员现场救护、救治与医院救治处置方案等。

（6）应急事故发生后环境监测的方案、现场保护与现场洗消方法及程序。

（7）应急终止的条件、终止后的行动及善后处理工作安排。

（8）应急培训和演习的安排。

二、施工准备期环境保护监理

（1）熟悉工程资料，掌握工程整体情况，包括工程环境影响区域。在此阶段监理工程师需要熟悉的资料有工程环境影响报告书、水土保持方案及相应的批复、工程设计文件中的环境保护篇章、施工合同中的环境保护条款、工程所在地的环境保护要求等。

（2）初步审查施工单位提交的临时工程设计文件中的环境保护措施和方案，提交业主组织审查。

（3）编制施工环境保护监理计划（规划）。

（4）根据施工环境保护监理计划（规划），编制各单位工程的环境保护监理实施细则。

（5）根据工程情况，配置满足工程需要的环境监测设备和仪器。

（6）建立环保工作网络，要求施工单位建立环境保护管理体系。

（7）审查施工单位编制的《施工组织设计》中有关施工环境保护及防治方案，了解污染物的排放环节，排放的主要污染物、采用的治理措施、污染物的最终处置方法和去向；对不符合工程环保要求的环节内容提出改正要求，对遗漏的环节和内容要求增补。

（8）参加第一次工地会议，对施工单位进行环境保护监理交底。

三、施工期环境保护监理

（一）施工临时用地环保监理要点

（1）熟悉工程环境影响评价文件和水土保持方案文件，同时实地踏勘，对项目所在区域可能涉及的生态敏感点进行识别和确认。

（2）临时用地的规划、布置，应充分考虑环境保护的要求，全面规划、合理布局、统筹安排，规划施工便道、便桥、码头、取土场、弃土场、生活区、水池、油库、炸药库等建设用地。避免因选址不慎，造成对环境的人为干扰。

（二）临时施工道路环保监理要点

（1）临时施工道路的开辟和修筑以及运输车辆的行驶会破坏地表植被，包括耕地、园地、林地以及牧草地等。为此，应规划好临时施工道路的路线走向，以减少植被破坏为首要原则，尽量利用现有道路；若无现成道路可利用，则应严格控制施工道路修筑边界，路线走向必须绕开各种生态敏感点(区)。

(2)对于施工道路边界上可能出现的土质裸露边坡，应有临时防护设施；在条件允许的地区，宜采用生态防护措施，可在施工道路修建的同时进行复绿；在气候条件恶劣地区，应有防止土壤侵蚀的工程防护措施，以防止土壤的自然侵蚀。

(3)施工便道属临时性质，载重汽车来往频繁，容易损坏，应及时修补保持平整，设立施工道路养护、维修专职人员，随时保持运行状态良好，减少扬尘污染。

(4)运输车辆行驶产生的扬尘影响植物(作物)正常的繁殖和发育过程，应通过路面硬化处理以及定期清扫、洒水抑制扬尘的发生，路面应始终保持湿润。对施工车辆要求限速行驶，在主要环境敏感点附近，行驶时速宜控制在15km以内。施工废气、粉尘排放应当符合国家规定的环境空气质量标准。

(5)施工噪声应当符合国家规定的施工场界排放标准(该阶段施工场界噪声的限值为昼间75dB，夜间55dB)。居民区附近禁止施工便道的作业，必要时应报当地环保部门批准，并公告居民才能夜间作业。

(6)施工结束后，必须恢复临时占用土地原有的土地利用功能。对现场初始的地形地貌、地表植被等自然特征应有客观的文字描述和完整的影像记录，以作为将来进行恢复的依据和参考。

(三)材料堆放场环保监理要点

(1)对临时借地材料堆放场，应按照临时用地审批文件规定的内容和要求，并结合现场的实际情况划定。在施工结束后，必须恢复原有的土地利用功能。对现场初始的地形地貌、地表植被等自然特征应有客观的文字描述和完整的影像记录，作为将来进行恢复的依据和参考。

(2)水泥、石灰、矿粉等堆置和洒落会通过改变土壤的理化性质，破坏土壤的结构以及土壤微生物的理化环境，从而降低土壤肥力。因此水泥、石灰、矿粉要有指定地点堆置，并且应采取密封存放的方式，控制其扬尘；存放点地面应做硬化处理，硬化处理前应剥离地表熟土，并集中保存。施工结束后，应去除硬化地面，将保存的熟土回填，并恢复初始地表植被。对于堆置点附近可能被污染的土壤应进行改良，恢复其肥力。

(3)材料仓库和临时材料堆放场要防止物料散漏污染。仓库四周应有疏水沟系，防止雨水浸湿，水流引起物料流失。

(4)油料、化学物品等不堆放在民用水井及河流湖泊附近，并采取措施，防止雨水冲刷进入水体。

(5)多风天气(或大风来临前)应注意对物料加以覆盖，减少扬尘。

(6)石灰石、电石、雷管、炸药不得露天堆放，炸药应有专门的仓库。

(四)拌和场和预制场环保监理要点

拌和场和预制场潜在环境影响如表13-1所示。监理人员应做好以下几项工作。

拌和场和预制场潜在环境影响 表13-1

序　号	活动内容	潜在影响
1	拌和场、砂石场、轧石场	①扬尘；②废水；③噪声；④固体废弃物
2	预制场	①废水；②噪声；③固体废弃物

(1) 稳定土拌和场、水泥混凝土拌和场、沥青混凝土拌和场等各种拌和场以及砂石场等不得设在饮用水源地保护区内。对临时借地范围要有明确的边界,以便控制对临时借地外围土地的不合理占用。

(2) 场地平整将对沿线植被及动物栖息地造成永久性的破坏;此外,表层土壤的剥离容易造成土壤结构的破坏和肥力的下降。对于剥离和开挖的土壤,应予以保存,既可用于其他地面的土地改良,也可用于沿线受破坏土地的恢复,在土壤的再利用之前,应有专门的场地用于堆置和保存。

(3) 水泥、沥青、石灰、矿粉等堆置和洒落会通过改变土壤的理化性质,破坏土壤的结构以及土壤微生物的理化环境,从而降低土壤肥力。水泥、石灰、矿粉要有指定地点堆置,并且应采取密封存放的方式,控制其扬尘;存放点地面应作硬化处理,硬化处理前应剥离地表熟土,并集中保存。施工结束后,应去除硬化地面,将保存的熟土回填并恢复初始地表植被。对于堆置点附近可能被污染的土壤应进行改良,恢复其肥力。

(4) 拌和场和预制场地向周围环境排放噪声应当符合施工场界排放标准(该阶段施工场界噪声限值为昼间 70dB,夜间 55dB)。拌和场的声源位置较高,声级又强,一般屏障等治理措施很难达标,简易可行的办法就是远离,因此对拌和场的选址应严格把关。拌和场、预制场砂石场及轧石场距离学校、医院、疗养院、城乡居民区和有特殊要求的地区不宜小于 300m,同时避免对环境敏感点的粉尘和噪声影响。

(5) 大型拌和场(预制场)应配有除尘装置;砂石料场应及时洒水;砂石装卸时应尽量降低落差。施工人员应配有防尘用具以保护工人健康。小型临时拌和场地应离敏感点大于 100m,并应尽量避开下风向有人群的地段。

(6) 砂石料冲洗废水其悬浮物含量大,需建沉淀池,悬浮物进行沉淀后排放。部分废水澄清后可用建筑工地洒水防尘。

(7) 混凝土搅拌车应定点清洗,设置临时沉淀池对清洗水沉淀处理后方能外排。有条件者也可采取废水回收处理后循环使用。

(8) 混凝土养护可以直接用薄膜或塑料溶剂喷刷在混凝土表面,待溶液挥发后,与混凝土表面结合成一层塑料薄膜使混凝土与空气隔离。

(9) 夜间施工,强光照射会干扰植被和动物的生活节律,严重时会导致植物的死亡以及动物生理紊乱而影响其种群繁衍。在附近有保护物种的情况下,应缩短夜间施工时间,必要时在施工区域周围设置高于光源的挡光墙。

(10) 上述拌和场和及砂石场、轧石场距离学校、医院、疗养院、城乡居民区和有特殊要求的地区不宜小于 300m,减少它们对环境敏感点的粉尘和噪声污染。

(11) 在堆土场、灰土拌和场的周围设土工布围栏,既防止泥土、灰料等进入水体、农田,雨季又可拦截泥砂。土工布围栏的做法是:用宽 65cm 的土工布,每 3m 设置直径不小于 5cm 的立柱,土工布固定在立柱上,并将 15cm 压埋在地下。

(五) 取、弃土场环保监理要点

(1) 熟悉工程环境影响报告书,同时结合实地踏勘,对取、弃土场选址和范围进行识别和确认。

(2)对于剥离的表层土应予以保存,既可用于其他地面的土地改良,也可用于沿线受破坏土地的恢复,在表层土的再利用之前,要求并协助建设方设置专门的场地用于堆置和保存,并配置相应的防雨和排水设施。

(3)对可恢复的临时用地,应会同建设方对现场初始的地形地貌、地表植被等自然特征进行客观的文字描述和完整的影像记录,建立档案,以作为将来恢复的依据和参考。

(4)向建设方就临时防护工作提出要求,重点应关注临时防护设施的选择以及实施的时间(如生态防护),并通过巡视进行日常的监督和管理。

(5)对于砂石料冲洗废水,应明确要求建设方设置沉淀池,废水必须进行沉淀后排放。

(六)临时码头环保监理要点

临时码头包括构件出运码头、驳载码头、避风码头等,码头的建设地址选择、建设过程、使用过程都会对周边环境造成影响。临时码头对环境的影响因素如表 13-2 所示。

临时码头潜在环境影响   表 13-2

项目	序号	活动内容	潜在影响
码头建设	1	选址	①对海岸线的影响;②航行路线的影响
码头建设	2	基槽挖泥	①漏油;②船舶油污水;③生活垃圾;④水污染
码头建设	3	基础施工	①漏油;②船舶油污水;③生活垃圾;④水污染
码头建设	4	混凝土浇筑施工	①废物;②噪声;③水污染
码头使用	1	靠泊	①漏油;②船舶油污水;③生活垃圾
码头使用	2	装运	①撒漏;②船舶油污染;③生活垃圾

临时码头施工期的环境保护,重点是防止作业船舶、疏浚挖泥、混凝土施工等对水环境、生物、噪声、大气等环境因素的影响。

(1)重点关注临时码头的选址。熟悉工程环境影响报告书,同时结合实地踏勘,对临时码头选址及周边水生环境以及保护对象进行识别和确认,同时对临时码头的选址向建设方提出限制性要求,并对实际的选址情况进行跟踪检查。

结合永久工程的平面布置,尽量采用先期建设的永久工程作为临时泊位,减少污染源。临时码头选址宜临近主体工程,但应与环境敏感区应保持一定的保护距离,如码头离开养殖区域宜为 200m 以上,同时应充分考虑船舶运输物料的线路,船舶航行线路尽量避免经过环境敏感区,港池宽度应满足船舶靠泊及调头回旋水域要求。

(2)对可恢复的临时用地,应会同建设方对现场初始的自然特征进行客观的文字描述和完整的影像记录,建立档案,以作为将来恢复的依据和参考。

(3)向建设方就临时防护工作提出要求,重点应关注临时防护设施的选择以及实施的时间(如生态防护),并通过巡视进行日常的监督和管理。

(4)对于不可避免的河岸或海岸开挖工程,应明确并严格控制开挖界限,不得任意扩大开挖范围,将受影响的两栖动物或潮间带生物生境控制在最小范围。

(5)监理人员应熟悉工程环境影响报告书,同时结合实地踏勘,对项目所在区域所涉及水域的保护目标和保护范围进行识别和确认,并通过文字好图件的形式明确告知建设方,不得排入《海水水质标准》(GB 3097)中所规定的一类水域;排入其他水域时,必须符合相应的水质标准,不符合时要进行水质处理,如油污水应进行隔油处理。码头上应设置生活污水、压舱水、油污水等的岸上收集处理系统,禁止船舶污水随意排放。

(6)禁止装卸有毒、有害物料;装载散料应采取防撒漏的措施,如可设置装卸溜槽。

(7)码头后方堆存货物,应根据货物的性质采取必要的措施,防止雨水冲刷流失,污染水域。

(8)设置必要的垃圾箱。

(9)关注拟建临时码头所处位置的水流、泥沙运动情况,避免在码头建成后由于水文条件的变化导致泥沙淤积,从而改变岸线使得水下生态环境改变、恶化。必要时应要求通过工程措施进行清淤。

(七)生活、办公区及试验室环保监理要点

(1)妥善处理生活垃圾。监理人员应明确要求在每个施工营地设置垃圾箱和垃圾临时堆放点,并有专人负责清理并集中处理垃圾。生活垃圾堆放点应选择30m范围内无生活用水和渔用水体的废弃沟凹或废弃干塘。堆放点应无直通沟道与邻地相通。不得向垃圾点内排放生活污水。垃圾箱和垃圾临时堆放点地面应做硬化处理,周边应保持清洁并做到每日清运。

为防止生活垃圾的二次污染,垃圾箱和垃圾运输车均应采用封闭式。对于上述要求的落实情况,监理人员应在日常巡视中予以监督。

(2)修建临时性污水处理设施。为收集与处理由临时驻地的住房、办公室、其他建筑物和流动性设施排放的污水,应要求建设方在合适的地点修建容量适当的临时污水处理池,建有化粪池或其他能满足要求的系统,并予以管理、维护。

监理人员应熟悉工程环境影响报告书,同时结合实地踏勘,对项目所在区域所涉及水域的保护目标和保护范围进行识别和确认,并通过文字和图件的形式明确告知建设方,污水不得排入《地面水环境质量标准》(G 3838)中所规定的Ⅰ、Ⅱ类水域;排入其他水域时,必须符合相应的水质标准,不符合时要进行水质处理,如油污水应进行隔油处理。

在明确上述要求后,监理人员应在日常巡视中予以监督。

(3)噪声控制。生活区对环境影响最大的噪声源是备用的柴油发电机,应放置在室内,加强门窗隔声,并在进风口、出风口安装消声器。试验室各种机械设备如切割机、取芯机、磨光机等噪声源产生的噪声也会对周边环境产生明显的影响,也应采取隔声、消声和减振等措施。

(4)厨房油烟处理。厨房应设置排风系统。如果厨房附近有居民,应采取如下措施:较大的通风管道安装消声器或采取管壁阻尼减振;管道穿墙(或支撑)处应采用避振喉(或避振吊钩);加装油烟净化器净化油烟,并以高于周围建筑的高度排放;油烟净化器应安装在室内。

(八)涉水爆破施工环保监理要点

(1)在爆破施工开工前,监理工程师应审批施工方案中的环保措施。要求施工单位采取周密的环境保护措施。

(2)监理工程师根据工程环境影响特点,确定本阶段环保监理的巡视、旁站计划。监督检查施工单位是否按爆破施工工艺及环保要求进行施工。

(3)水下爆破与炸礁对周围鱼类影响较大,应制定科学、严谨、周密的施工方案,控制一次起爆药量和采用消减水中冲击波的措施。

①根据以往的工程经验,鱼类嗅到炸药产生的气味会远离爆区,故在施工初期爆破应采

用较小药量试爆,起到驱赶鱼类的作用,再根据现场爆破试验观察结果,决定起爆药量。

②施工时采用"先试后爆"的施工方案,安排一至两次试爆,根据现场爆破影响试验实际监测结果观察,来决定是否减少最大起爆药量。

③起爆前应驱赶受影响水域内的水生物;减少鱼汛期施工的频率,而在非鱼汛期加快施工进度。

④炸礁施工时间选择应避开鱼类的洄游期、繁殖期,以减缓对鱼类生长繁殖的影响。

⑤采用先进的施工工艺,如水下钻孔爆破,其施工可靠,爆破效果好,可最大限度地减少爆破量。

⑥在爆破控制上,应采用对生态影响较小的方法,如延时爆破法,可以减缓冲击波对鱼类的影响。

⑦在爆破区附近水域进行鱼损状况观察和死鱼样品检验,必要时进行爆破前后的环境水质监测。

(4)实施水下爆破时,应提出涌浪对岸边建筑物、设施以及水上船舶、设施的影响程度和范围。监理工程师在本阶段应注意水体悬浮物SS以及噪音等监测指标,避免施工对水体和人群造成影响,必要时可进行现场监测。

(5)对施工过程中不符合环保要求的行为,监理工程师可以发出监理指令,责令改正;情况严重时可发出暂时停工令。施工单位无正当理由拒绝整改的,监理工程师可以对该部分工程量拒绝支付。

(九)码头水上施工环保监理要点

(1)在工程开工前,监理工程师应审批施工方案中的环保措施。要求施工单位采取周密的环境保护措施。

(2)监理工程师根据工程环境影响特点,确定本阶段环保监理的巡视、旁站计划。监督检查施工单位是否按环保要求进行施工。

(3)水上施工时应优化施工设计方案,尽可能采取先进施工工艺,加强科学管理,在确保施工质量前提下提高施工进度,尽量缩短水下作业时间。

(4)加强施工设备的管理与维修保养,杜绝泄漏石油类物质以及所运送的建筑材料等,减少对水域污染的可能性。

(5)施工中挖出的淤泥、废渣卸到海洋主管部门指定的抛泥区。

(6)水上平台工作人员的生活污水、压载水及生活垃圾、施工垃圾不得直接排放和抛弃到海中,应设立临时厕所与垃圾箱,设专人定期清理以减少对水质的污染。

(7)施工船舶压载水、生活污水、含油污水集中处理达标排放,船舶垃圾集中收集处理,监理工程师应注意水环境质量的悬浮物、石油类等监测指标,必要时可进行现场监测。

(8)沉箱临时存放区应避开具有特殊保护价值的海域。

(9)施工用砂石应限制在海岸直接取用。

(10)对施工过程中不符合环保要求的行为,监理工程师可以发出监理指令,责令改正,情况严重时可发出暂时停工令。施工单位无正当理由拒绝整改的,监理工程师可以对该部分工程量拒绝支付。

(十)疏浚与吹填工程环保监理要点

(1)工程开工前,监理工程师应审批施工方案中的环保措施。要求施工单位采取周密的环境保护措施。

(2)监理工程师根据工程环境影响特点,确定本阶段环保监理的巡视、旁站计划。监督检查施工单位是否按环保要求进行施工。

(3)疏浚设备的选择。疏浚设备的选择过程不是单一的,依赖于以下几个不可分割的因素:疏浚作业水域的环境要求;被疏浚物质的物理性质;疏浚物最终处置地的位置及限制条件;疏浚作业点的风、浪和海况。目前港口施工可供选择的疏浚设备较多,各挖泥船施工时的环境影响程度也有较大差别,在满足施工要求的情况下,应尽量选择对环境影响小的设备。

(4)疏浚作业的施工工艺控制。为减少悬浮物污染,应采取以下措施:

①减少超挖方量。由于挖泥船泥仓容积、耙头耙吸的泥层宽度和厚度有限,整个施工过程中的作业轨迹是不连续的,在挖下一船泥时,很难使耙头恢复到前一挖泥时工作位置,因而很容易产生重挖或漏挖现象,建议配备 GPS 全球定位系统,准确确定需开挖的位置,从而可以减少疏浚作业中不必要的超深、超宽的疏浚土方量,从根本上减少对环境产生影响的悬浮物数量。

②控制装舱溢流对水体产生的影响。疏浚作业从开始后,泥浆进入泥舱时,较粗的泥沙深入舱底。为增大挖泥船的装舱浓度,提高挖泥效率,降低作业费用,耙吸式挖泥船的两侧设有溢流口,当泥浆量超过两侧溢流口时,稀泥即从溢流口溢出。这一环节将会引起疏浚区局部水域浑浊度增加而影响该水域的水质。因此施工部门应根据以往疏浚作业的经验,掌握合适的溢流时间。

③缩短旁通时间。自航式耙吸式挖泥船的挖掘工作主要是依靠船舶配置的耙头挖掘机具,由耙臂弯管和船体的吸泥管、泵等系统连接,依靠泥泵的抽吸将浆泥装入泥舱,在开始装舱前,一般需进行试喷,以检验其管路是否完好。为控制进入水域的疏浚物的数量,施工操作人员应尽量缩短旁通时间,并确认耙臂弯管和船体吸泥管口的连接完全对位后再开始疏浚作业,以免疏浚泥浆从连接处泄漏入海而污染施工区域水域。

④疏浚作业季节及作业周期选择。在某些环境敏感的区域仍然有可能进行疏浚活动,在目前疏浚设备的情况下,作业时应配以综合治理手段以保证对环境的影响控制在最小程度,如改变施工作业的时间和周期,回避鱼类的迁徙期和产卵期。

(5)疏浚物质的转移运输。疏浚物运输阶段的环境影响集中在操作技术上,这一阶段应重点强调防治疏浚物溢出和泄漏,往往一旦在水产养殖等敏感海域发生泄漏事故,在污染赔偿公共关系处理方面将耗费大量精力。因此应采取以下措施:

①严防外溢。抓扬式挖泥机挖取的疏浚物常常通过管道输送或吹填,或通过驳船运往抛泥点。为了降低浊度并防止悬浮物的扩散,必须使抓斗及驳船底部的抛泥闸吻合严密,抓斗需要防止过载,驳船也要限制装载量以防外溢。

②耙吸式挖泥船在装满泥后,自航至倾倒区进行抛泥,在运输中泥门是关闭的。若关闭不严将会导致泥浆泄漏入海,使沿途水域遭遇污染。因此,施工单位应经常检查挖泥船底部泥门的密封性能,控制泥门开关的传动装置也应经常维修保养,及时更换液压杆上的密封圈,以

免液压系统失控导致泥门关闭不严。

③恶劣气象条件禁止作业。挖泥船在运输途中,遇到大风或恶劣天气,容易发生船舶倾斜或翻船、耙头损坏船体等船舶事故。操作人员应提高安全与环境意识,根据该船的抗风浪性能,在超出其安全系数的恶劣天气条件下应停止运输,切不可为赶任务而冒险作业。

(6)疏浚物的最终处置方式和地点。自航耙吸式挖泥船和泥驳将挖出的泥浆运到指定的抛泥区抛卸或用于陆域回填。挖泥船抛泥倾倒作业是整个疏浚工程对周围环境影响最为严重的一个环节,吹泥作业的环境影响虽然比较严重,但通过设置溢流口可以对吹泥区高浓度悬浮物实施有效控制。

①尽量减少抛泥作业。按照清洁生产的原则,建议充分利用疏浚物质源,尽可能减少抛泥,多吹填,最好将全部疏浚物用于吹填造陆,实现既减少对海域环境的扰动,又降低各方面资源浪费的双重功效。

②严格监控吹泥区溢流口的悬浮物排放。吹泥作业期间应设置围埝,同时关闭溢流口,待悬浮物静置沉降、水体变得较澄清时,再打开溢流口,释放多余水量。

③抛泥作业应满足海洋倾废管理条例要求。即便有时由于工程特点不得已将部分疏浚物外抛,根据我国海洋倾废管理条例的要求,建设单位应对新开辟的抛泥区是否满足要求进行专题评价,在得到国家海洋主管部门认可后方可实施。

④抛泥准确到位。若抛泥船没有航行至抛泥区就开始抛泥,或者还没有完全抛完就匆匆上线离开抛泥区,则其影响范围将会扩大。为缩小抛泥过程的影响范围,施工单位应在每个抛泥区均设置灯浮装备,以使抛泥船准确到位抛泥。

⑤内河航道施工时,为减小或避免工程弃渣对水环境和水生生物的影响,弃渣场应选择在洪水淹没线以上,弃渣场周围应设置挡渣墙、截水沟和排水沟,以避免弃渣流失造成水质污染和影响水生生物栖息环境。

(7)吹填工程作业应在围埝工程建成后进行,监督检查围埝施工是否符合设计要求和环保要求。

①应控制好围埝堤身材料级配,不宜采用空隙率较大的大块石。

②保证倒滤层的级配及厚度,使得堤身具备有效的过滤功能。

③为防止漏泥,围埝内侧应有防治悬浮泥沙外漏的措施;围埝堰体可增加倒滤层的厚度,在二片石和倒滤层之间设土工布;围埝外侧25m处设立竖向土工布防污帘,对堰堤渗水起到二次过滤的作用。

④吹泥口的布置。保持吹泥口距离泄水口距离不少于200m;后期采取导流措施,尽量让吹填水形成环流。

⑤泄水口应设在远离排泥口处,泄水口排放的悬浮泥沙浓度应达到排放标准;当采用平流沉淀不能满足悬浮泥沙允许排放浓度时,应在围埝内设整流防污措施。泄水口埋管分多层埋设,在管端设可开闭装置,可根据泥沙沉淀情况调节流量和出水口的高度。

⑥对淤泥质土进行吹填施工,围埝外侧宜设置防污帘。

(8)吹填过程中,应严格按照设计要求控制吹填标高,应确保堤身安全,防止由于土压力过大造成堤身滑动,防止堤身垮塌造成大型的漏泥污染环境事故。

(9)监理工程师应巡视围埝漏泥情况,防污帘的完整情况;对发生泄漏的,应当场责令施工单位改正,并旁站监督整改过程。

(10)应根据悬浮泥沙的沉淀情况,控制吹填流量,必要时进行间歇吹填。

(11)监理工程师应观察泄水水质情况,要求施工单位采取调节泄水流量及吹泥流量、围堰内整流等措施,保证泄水水质满足环保要求。

(12)对施工过程中不符合环保要求的行为,监理工程师可以发出监理指令,责令改正;情况严重时可发出暂时停工令。施工单位无正当理由拒绝整改的,监理工程师可以对该部分工程量拒绝支付。

(13)监理工程师应注意水环境质量的悬浮物指标,必要时可进行现场监测。

四、交工验收及保修期环境保护监理

(一)交工验收环境保护监理要点

交工验收环境保护监理的主要任务是检查施工合同约定的环境保护各项内容的完成情况,指出遗留的环境保护问题,监督其整改,以免施工单位撤出后无法落实。必要时邀请环保和水保行政主管部门参加部分已整治、恢复好的临时用地的初验和移交。最终形成环境保护初验结果,对该项工程是否可进行下一步的交工验收提出意见和建议。环境监理参加由建设单位组织的交工验收。

(1)组织交工验收前的环境保护工作内容初验。工程进行交工验收前,施工单位提交交工验收申请报告,环境监理在接到交工验收申请后,对各施工单位的环境保护工作内容进行初验,逐一排查,发现问题,监督其整改。

(2)整理环境监理资料并归档。

(3)参加交工验收。

(二)保修期的环境保护监理要点

1. 保修期环境保护监理的内容

(1)定期检查施工单位对交工环境保护验收提出的环境保护遗留问题(环保、水保等)整改措施和计划的实施情况。必要时根据工程具体情况对施工单位的整改计划作出调整,并督促实施。

(2)对项目环境保护设施工程施工进行现场监理,并对环境保护设施运行情况进行检查,如不能达到环评报告书中的相关要求,及时督促其整改。

(3)督促施工单位按合同及有关规定完成施工环境保护竣工资料的整理、归档,编写施工环境保护工作总结报告。

(4)整理完成环境保护监理竣工资料,并编写工程环境保护监理总结报告。

2. 协助竣工环境保护验收

(1)对需要进行环保、水保单项验收的项目,环境监理应做好验收前的初验工作,并应协助建设单位做好组织验收工作。

(2)参加项目的水保、环保及工程竣工验收,并完成竣工验收小组交办的工作。

(3)竣工环境保护验收资料及时归档。

第三节　水运工程施工安全监理概述

一个工程项目的安全施工,主要依靠施工单位严格、科学、规范的管理。在工程施工的全过程中,安全监理工作是工程监理工作中的重要组成部分。

一、基本要求

(1)工程开工前,监理工程师应审查施工单位编制的施工组织设计中的安全技术措施或专项施工方案是否符合强制性标准。

(2)监理工程师应审查分包合同中是否明确了施工单位与分包单位各自在安全方面的责任。

(3)监理工程师在巡视、旁站过程中应监督施工单位按安全施工方案组织施工,若发现未按有关安全法律、法规和工程强制性标准施工、违规作业时应予以制止。对危险性较大的工程作业等要定期巡视检查,如发现安全事故隐患,应立即书面指令施工单位整改;情况严重的应签发工程暂停令,并及时报告建设单位。施工单位拒不整改或者不停止施工的,应及时向有关主管部门报告。

(4)督促施工单位进行安全生产自查工作,落实施工生产安全技术措施,参加施工现场的安全生产检查。

(5)建立施工安全监理台账。监理机构应建立施工安全监理台账,并由专人负责。监理人员应将每次巡查、检查、旁站中,发现的涉及施工安全的情况、存在的问题、监理的指令以及施工单位处理的措施和结果及时记入台账。总监应定期检查台账。

(6)分项、分部工程交工验收时,如安全事故的现场处理未完成,不得签发《中间交工证书》。

二、施工准备期安全监理要点

(一)安全监理的工作准备

(1)根据监理规划和工程特点,编制专项安全监理实施细则。

(2)组织监理人员开展安全教育,确定工作内容。监理工程师应组织监理人员熟悉设计文件和施工周边环境,学习施工、监理合同文件,熟悉合同文件中的安全监理工作内容和要求,并按照监理规划中的安全监理方案和专项安全监理实施细则中的内容,对监理人员进行安全交底和进入工地现场的自身安全教育。

(3)参加建设单位组织的设计交底会,了解设计对结构安全的技术要求和施工过程的安全注意事项。

(4)建立和完善安全监理组织网络,确定安全监理管理工作内容,制订安全监理责任制及各级监理岗位安全职责,将安全监理责任分解到各监理岗位,纳入监理工作质量考核办法并进行定期检查考核。

(二)审核施工单位安全生产管理的相关材料

1. 审查施工单位安全生产管理体系

(1)检查施工单位安全管理体系中的管理机构,总、分包现场项目经理和专职安全生产管理人员持证上岗、安全员数量配备情况。

(2)检查施工单位的安全生产责任制度、安全生产教育培训制度、安全生产规章制度和操作规程、消防安全责任制度、安全生产事故应急救援预案、安全施工技术交底制度以及设备的租赁、安装拆卸、运行维护保养、自检验收管理制度等是否健全和完善。

(3)检查督促施工单位与分包单位之间签订施工安全生产协议书,其内容是否符合建设单位与施工单位签订的施工安全生产协议书的精神。

(4)检查施工单位安全技术措施或文明施工措施费用的使用计划。

(5)督促施工单位制定安全事故应急救援方案、重点部位和重点环节制定的工程项目危险源监控措施和应急救援方案的实施。

(6)对有关施工单位安全生产管理体系的检查项目,由项目监理机构在第一次工地会议上,书面向施工单位告知。

(7)明确本项目工程安全事故的上报与处理程序。

2. 审查施工单位进入现场的报验手续

(1)安全设施的审查。在安全设施未进入工地前可按下列步骤进行监督。

①施工单位应提供当地或外购安全设施的产地、厂家以及出厂合格证书,供监理工程师审查。

②监理工程师可在施工初期,根据需要对这些厂家的生产工艺等进行调查了解。

③必要时可要求施工单位对安全设施取样试验,确保安全设施满足要求。

(2)大、中型施工机械的审查。审查施工单位进场大、中型施工机械设备一览表及合格证,对施工单位申报进入施工现场的大、中型施工机械设备数量、型号、规格、生产能力、完好率进行审查。当发现施工单位的进场机械和报审表不一致时,要求施工单位更正。

(3)特种作业人员的进场审查。审核施工单位申报的特种作业人员资格,包括垂直运输机械作业人员、安装拆卸作业人员、起重信号工、登高架设人员、爆破作业、电工、预应力张拉、水上作业、大(中)型机械操作员等特种作业人员的名册、岗位证书的相符性和有效性。

3. 审查施工现场平面布置

审查施工单位的施工组织设计时,必须从安全的角度审查施工现场平面图设计的合理性和符合性,是否符合安全生产要求。

(1)施工现场的生活生产房屋、变电所、发电机房、临时油库等均应设在干燥地基上,并应符合防火、防洪、防风、防爆和防震的要求。

(2)施工现场要设置足够的消防设备。

(3)生产生活房屋应按规定保持必须的安全净距,活动板房不小于7m,铁皮板房不小于5m,临时的锅炉房、发电机房、变电室等与其他房屋的间距不小于15m。

(4)易燃易爆的仓库、变电所等应采取必要的安全防护措施,严禁用易燃材料修建。炸药库的设置应符合国家有关规定,工地的小型油库应远离生活区 50m 以外,并外设围栏。

(5)工地上较高的建(构)筑物、临时设施及重要库房,如炸药房、油库、龙门吊架等,均应加设避雷装置。

(6)对环境有污染的设施和材料应设置在远离人员居住的空旷地点。污染严重的工程场所应配有防污染的设施。

(7)场内道路、铁路交叉口及其他交通设施布置应符合有关规范的要求;应设置符合规定的明显交通标志;设置安全防护设施。

(8)施工现场的临时设施布置是否避开天然危险地带,选在水文、地质良好的地段。

4. 审查安全技术措施

重点审查相关安全技术措施是否符合有关要求,针对每项工程在施工过程中可能发生的事故隐患和可能发生安全问题的环节进行预测,从而在技术上和管理上采取措施,消除或控制施工过程中的危险因素,防范安全事故的发生。

安全技术措施主要包括防台、防洪、防火、防毒、防爆、防尘、防雷击、防触电、防坍塌、防物体打击、防机械伤害、防溜车、防高空坠落、防陆上交通事故(水上和陆上)、防寒、防暑、防疫和防环境污染等方面的措施。

5. 审查专项安全施工方案

1)需要编制专项安全施工方案的项目

(1)不良地质条件下有潜在危险性的土方、石方开挖。

(2)滑坡和高边坡处理。

(3)桩基础、挡墙基础、深水基础及围堰工程。

(4)水上工程中的打桩船作业、施工船作业、外海孤岛作业、边通航边施工作业等。

(5)水下工程中的水下焊接、混凝土浇筑、爆破工程等。

(6)爆破工程。

(7)大型临时工程中的大型支架、模板、便桥的架设与拆除;桥梁、码头的加固与拆除。

(8)其他危险性较大的工程,如预应力结构张拉施工、特种设备施工、大江(大河)的导流(截流)施工、采用新技术、新工艺、新材料的工程等,也必须督促施工单位编制专项安全方案。对于施工现场临时用电设备在 5 台及 5 台以上的或设备总容量在 50kW 及 50kW 以上的,也应督促施工单位编制临时用电专项安全方案。

2)专项安全施工方案审查的程序和方法

(1)专项安全施工方案应在施工前办理监理报审。

(2)监理采用程序性、符合性、针对性的方法审查。程序性审查——按规定方案须经专家论证、审查的,是否已经执行;方案是否经施工单位技术负责人签认。符合性审查——方案是否符合强制性标准的规定,并附有安全验算的结果;经专家论证、审查的项目是否附有专家审查的书面报告;方案是否包括紧急救护措施等应急救援预案。针对性审查——方案是否针对本工程特点以及所处环境、管理模式,具有可操作性。

(3)方案经监理工程师审查,签署意见,签字确认。

(4)特别复杂的专项安全施工方案,项目监理机构应报请监理单位技术负责人审查确认。

6. 对施工单位事故应急救援预案的审查

尽管重大、特大事故发生具有突发性和偶然性,但事故的应急管理不只限于事故发生后的应急救援行动。监理人员对应急救援体系管理是对重大事故的全过程管理,充分体现"预防为主、常备不懈"的管理思想。

(1)在施工准备期:对体系的管理网络内人员的组成、危险源的识别结果、预案编制的针对性、可操作性及完整性进行审查,提出整改意见,督促建立健全应急救援体系。

(2)在施工阶段:对预案涉及的资源准备和操作演练进行跟踪动态检查,及时发现缺陷与问题,书面提出整改意见,督促施工单位不断完善,补充调整预案的可操作性。

(3)在事故发生过程,记录和分析应急救援响应过程中不足之处,在事后进行科学分析,对经验和教训进行及时总结和提高,以不断完善应急救援体系。

三、施工期安全监理要点

(一)巡视检查

监理人员每天要对施工过程,特别是危险性较大工程作业情况进行巡视检查,监督施工单位落实各项安全措施。发现有违规施工和存在安全事故隐患的,应要求施工单位整改;情况严重的由总监理工程师下达工程暂停施工令,并报告建设单位;施工单位拒不整改或不停止施工的,应及时向当地政府有关部门书面报告。每日巡视,如果发现存在安全隐患,应及时签发《监理通知》,责成施工单位整改,并跟踪整改结果。

(二)督促施工单位安全自检

安全检查是消除隐患、防止事故的重要手段,是安全控制工作的一项重要内容。安全自检的目的是发现工程危险因素,以便有计划地采取措施,保证安全生产。安全自检应由项目经理定期进行组织,安全自检可分为日常性检查、专业性检查、季节性检查、节假日前后的检查和不定期检查等。

(1)日常性检查,即经常的、普遍的检查。企业一般每年进行1~4次;工程项目部每月至少进行一次;班组每周、每班次都应进行检查。专职安全技术人员的日常检查应该有计划,针对重点部位周期性地进行。

(2)专业性检查,是针对特种作业、特种设备、特殊场所进行的检查,如电、气焊和起重设备。

(3)季节性检查,是指根据季节特点,为保障安全生产的特殊要求的检查。

(4)节假日前后的检查,是针对节假日期间容易产生麻痹思想的特点而进行的安全检查。

(5)不定期检查是指在工程或设备开工和停工前、检修中、工程或设备竣工及试运转时进行的安全检查。

(三)对施工单位自查情况进行抽查

监理要对施工单位自查情况进行抽查,抽查后编制安全检查报告,对施工单位自检情况进行综合评价。

(1)定期或不定期对施工单位自查情况进行抽查、评价和考核。

(2)抽查中发现存在的不安全行为和隐患,签发安全整改通知,督促施工单位制订整改方案,落实整改措施,整改后应予复查。

(3)抽查应采取随机抽样、现场观察和实地检测的方法,并记录检查结果,纠正违章指挥和违章作业。

(四)监督施工安全技术措施实施

(1)安全生产责任制落实情况。

(2)安全管理机构的建立及人员配备是否符合要求。

(3)总包单位对分包单位安全生产的管理是否落实。

(4)三类人员及特种作业人员的资格是否符合规定。

(5)安全生产教育培训制度落实情况。

(6)应急救援人员和物资、器材的配备的情况。

(7)检查施工安全技术交底是否落实。

(五)监督专项安全施工方案实施

(1)监督检查危险性较大的分部、分项工程是否按照批准的专项安全施工方案进行施工。

(2)如需对专项安全施工方案进行修改,是否按原程序报经原批准部门同意,发现擅自修改,应予以制止。

(六)核查现场机械和安全设施的验收手续

监理应对现场使用的施工机械和设施的采购、租赁等情况进行检查验收。核查施工单位提交的有关施工机械、安全设施等验收记录,并由项目总监在验收记录上签署意见。

施工机械应当按照施工总平面布置图规定的位置和线路设置,不得任意侵占场内道路。施工机械进场的须经过安全检查,经检查合格的方能使用。施工机械操作人员必须建立机组责任制,并依照有关规定持证上岗,禁止无证人员操作。

(七)检查现场安全防护设施

1. 检查施工现场安全防护用品的提供及使用情况

(1)检查劳动防护用品是否具有生产许可证、产品合格证和安全鉴定证;是否经本单位安全管理部门验收;按照防护用品的使用规则和防护要求,正确使用防护用品。使职工做到"三会",即会检查防护用品的可靠性;会正确使用防护用品;会正确维护保养防护用品。应按照产品说明书的要求,及时更换、报废过期和失效的防护用品。

(2)劳动防护用品的使用必须在其性能范围内,不得超限使用;不得使用未经国家指定检测部门认可或检测达不到标准的产品。

2. 检查安全标志

施工单位在施工现场出入口或沿线各交叉口、施工起重机械、拌和场、临时用电设施、爆破物及有害危险气体和液体存放处以及孔洞口、隧道口、基坑边沿、脚手架、码头边沿、桥梁边沿等危险部位,是否设置明显的安全警示标志或者必要的安全防护设施。

3. 检查安全防护设施

高处作业防护、临边作业防护、洞口作业防护、攀登作业防护、悬空作业防护、移动式操作平台防护、交叉作业防护、特殊季节和气候条件施工防护等措施,是否按照经批准的专项施工方案执行,发现问题及时按监理程序处理。

4.检查临时用电防护

(1)检查电力线路、电气设备接地设置是否符合安全规定。

(2)巡视检查电缆线路是否采用埋地或架空敷设,与其他管线间距是否符合安全要求,防护套管、接线盒安装等是否符合安全要求,埋地电缆是否设置标志等。

(3)检查配电箱及开关箱设置,是否按照经批准的专项施工方案执行。

5.核查安全施工措施费用的使用

核查安全作业环境及安全施工措施所需费用,是否用于施工安全防护用具及设施的采购和更新,安全施工措施的落实,安全生产条件的改善,是否挪作它用。

(八)参加建设单位或上级部门组织的安全生产专项检查

监理应参加建设单位或上级部门组织的各种安全生产专项检查,配合做好施工现场安全管理。对检查中发现的问题,督查施工单位的整改并及时向建设单位上报。

(九)安全会议

(1)在定期召开的监理会议上,将安全生产列入会议主要内容之一,评述现场安全生产现状和存在问题,提出整改要求,制定预防措施,使安全生产工作落到实处。

(2)发现严重安全事故隐患或紧急情况时,召开专题安全会议,邀请业主、施工单位主要负责人参加,研究整改措施。

四、交工验收及保修期安全监理要点

(1)检查安全设施的"三同时"。"三同时"是指生产性基本建设项目中的劳动安全设施必须符合国家规定的标准,必须与主体工程同时设计,同时施工,同时投入生产使用,以确保建设项目竣工投产后,符合国家规定的劳动安全卫生标准,保障劳动者在生产过程中的安全与健康。

(2)核查修复作业是否符合专项施工方案的要求,是否制定预防生产安全事故的专项技术措施。

第四节 水运工程施工安全防护技术要求简介

一、施工安全技术准备

(一)施工现场总体布置原则

(1)施工现场水、电、路和通信应畅通,场地应平整、坚实,并符合安全、消防和环保规定。

(2)施工现场的办公区、生活区和作业区,不得设在易产生山体滑坡、泥石流或易受潮水、洪

水侵袭和雷击的区域。

(3)施工现场的办公区、生活区和作业区应分开设置,并保持安全距离。

(4)易产生噪声、粉尘、烟雾和对人体有害物质的作业,应远离办公区、生活区和人群密集区,并符合安全生产和环境保护的规定。

(5)易燃、易爆物品仓库或其他危险品仓库的布置以及与相邻建筑物的距离,必须符合国家和相关部门的规定。

(6)施工水域内布置的临时设施,应符合有关部门的规定,并满足安全生产的要求。

(7)施工现场应设置安全警示标志。

(二)水上临时设施

(1)临时码头宜选择在水域开阔、岸坡稳定、波浪和流速较小、水深适宜、地质条件较好、陆路交通便利的岸段。

(2)临时码头应按照使用要求和相应技术规范进行设计和施工,并设置安全警示标志。

(3)设计水上工作平台应考虑自重荷载、施工荷载、水流力、波浪力、风力和施工船舶系靠力等。借用工程结构做临时工作平台时,应按施工期间可能出现的最不利荷载组合进行核算。工作平台搭设时应按设计图进行施工,并应符合下列规定。

①水上工作平台应稳固。顶部应满铺面板,面板与下部结构连接应牢固,悬臂板应采取有效的加固措施。

②水上工作平台顶面的四周,应设置高度不低于1.2m的安全护栏。上下人员的爬梯应牢固,梯阶间距宜为30cm。平台上作业场地的大小,应充分考虑施工人员的作业安全。

③水上工作平台应设置安全警示标志和必要的救生器材。

④在水上工作平台上作业的人员应配备必要的通信工具。

(4)水上搭设的临时栈桥,应按照使用要求和相应技术规范进行设计和施工。

(5)水上临时人行跳板,宽度不宜小于60cm,跳板的强度和刚度应满足使用要求。跳板应设置安全护栏或张挂安全网,跳板端部应固定或系挂,板面应设置防滑设施。

(6)舢板、木筏、浮筒等水上临时工作设施,使用前应经过24h重载漂浮试验;使用时应限定作业人数,配齐救生设备。

(7)水上拖带舢板、木筏、浮筒等其上不得载人。

(8)在波高大于等于0.8m或流速大于或等于1.0m/s时,不宜使用舢板、木筏或浮筒等进行水上作业。

(9)施工船舶临时锚泊地应进行水深测量;浅滩、水下暗礁和障碍物等应设置明显的安全警示标志。临时锚泊地应选择工况条件和水底土质适宜的水域,并具有足够的船舶回转水域和富余水深。

(三)施工用电

(1)施工现场的临时用电应符合现行行业标准《施工现场临时用电安全技术规范》(JGJ 46)的相关规定。

(2)施工岸电通往水上的线路,应用绝缘物架设,导线长度应留有余量,不得挤压或拉曳电缆线。

(3)水上和潮湿地带的电缆线,必须绝缘良好并具有防水功能。电缆线的接头,必须进行防水处理。

(4)水上施工使用岸电时,其配电线路和电气设备应符合三相五线制的规定,如图13-1所示,并应设置专用配电箱。

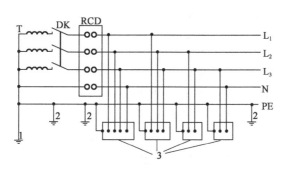

图13-1 TN-S接零保护系统示意图

1-工作接地;2-PE线重复接地;3-电气设备金属外壳(正常不带电的外露可导电部分);L_1、L_2、L_3-相线;N-工作零线;PE-保护零线;T-变压器;DK-总电源隔离开关;RCD-总漏电保护器(兼有短路、过载、漏电保护功能的漏电断路器)

(5)配电箱中漏电保护器的额定漏电动作电流不应大于30mA,额定漏电动作时间不应大于0.1s。用于潮湿或有腐蚀介质场所的漏电保护器应采用防溅型产品,其额定漏电动作电流不应大于15mA,额定漏电动作时间不应大于0.1s。

(6)船舶进出的航行通道、抛锚区和锚缆摆动区严禁架设或布设临时电缆线。

(7)临时安放在施工船舶上的发电机组应单独设置供电系统,不得随意与施工船舶的供电系统并网连接。

(8)施工电气设备必须绝缘良好。遇有临时停电、停工或移动电气设备时,必须及时关闭电源。

二、通用作业的安全防护

(一)一般规定

(1)各作业工种、施工船舶、机械和电器设备等应制定安全操作规程,作业人员应严格执行,不得违章指挥、违章操作。

(2)施工船舶必须具有相应的有效证书,船员必须持有与其岗位相适应的适任证书。

(3)施工船舶或大型机械设备应满足最低安全配员和定人、定机的要求。

(4)进入施工现场的人员必须戴好安全帽。作业时必须正确佩戴和使用劳动防护用品、用具。

(5)施工现场的安全防护设施、标志、警示牌等,不得擅自拆除或移动。确需拆移的应经过施工负责人同意。

(6)陆上作业时,遇有能见度不良无法看清场地、雷雨或风力大于等于6级的天气,应停止打桩、振冲、强夯、排水板打设、深层拌和、地连墙施工和泵车输送混凝土等作业;当风力大于等于8级时,应对设备采取防风加固措施。

(7)水上作业遇有超过船舶作业性能的工况条件或无法看清场地的能见度不良天气应停止作业。水上作业的工况条件虽未超过施工船舶的作业性能,但难以保障作业人员的安全亦应停止作业。

(8)进入下列水上场所,必须正确穿戴救生衣。

①在无护栏或1.0m以下低舷墙的船甲板上。

②在工作船、舢板、木筏、浮筒、排泥管等上。

③在各类施工船舶的舷外或临水高架上。

④乘坐交通工作船和上下施工船舶时。

⑤在未成形的码头、栈桥、墩台、平台或构筑物上。

⑥在已成形的码头、栈桥、墩台、平台或构筑物边缘2.0m范围内。

⑦在其他水上构筑物或临水作业的危险区域。

(9)遇下列情况之一时,严禁起重吊装作业。

①超载或被吊物重量不明。

②无指挥或指挥信号不明。

③起重设备安全装置不符合要求。

④吊索系挂和附件捆绑不牢或不符合安全规定。

⑤被吊物上站人或吊臂及被吊物下站人。

⑥被吊物捆绑处的棱角无衬垫,边缘锋利的物件无防护措施。

⑦被吊物埋在地下或位于水下情况不明。

⑧夜间工作场地无照明设施或能见度不良,无法看清场地和被吊物。

⑨越钩或斜拉。

⑩陆上风力大于等于6级、水上工况条件超过船舶作业性能。

(二)测量作业

(1)测量作业前,应了解作业区域内的地势环境、施工水域的水文和气象等条件,分析不安全因素,采取相应的安全防护措施。

(2)外海的施工测量平台应稳固可靠,作业时应派交通船守护。

(3)使用磁力仪、浅层剖面仪、声纳等水下测量设备作业,应按规定在测量船的明显处设置号灯或号型。收放尾标电缆时应停车并关闭电源。

(三)模板工程

(1)模板系统应根据混凝土的自重力、侧压力、风力、浇筑速度和其他施工荷载等验算强度、刚度和稳定性。受潮水影响的模板系统,还应考虑水流、波浪力的作用。

(2)大型钢模板上应设置工作平台和爬梯,工作平台上应设置防护栏杆和限载标志。机械吊安的模板应进行吊点设计。

(3)模板安装就位后必须立即进行支撑和固定。支撑和固定未完成前,严禁升降或移动吊钩。

(4)模板拆除时,承重模板应在混凝土强度达到能够承受自重及其他可能叠加的荷载或在混凝土强度达到第二章第一节表2-5的数值后方可拆除。水下和水位变动区模板拆除时间应适当延后。设计有规定的应按设计规定执行。

(四)钢筋工程

(1)钢筋加工作业区应设置明显的警示标志。

(2)钢筋加工车间内的照明灯应加设安全网罩。雷雨天气不得进行露天钢筋加工作业。

(3)钢筋对焊机应安装在室内或搭设的防雨棚内,并设有可靠的接地、接零装置。多台并列安装时,其间距不应小于3m。对焊作业时闪光区四周应设置挡板。

(4)绑扎的钢筋骨架高度超过2m时,应设置脚手架或作业平台,作业人员不得直接爬踏钢筋骨架。

(5)钢筋骨架应有足够的稳定性,稳定性不足时应采取防倾倒措施。

(6)水上大型混凝土承台施工时,承台底模板上不得集中堆放或超重码放钢筋。

(7)钢筋冷拉作业应符合下列规定。

①钢筋冷拉作业区的两端必须装设防护挡板。

②冷拉时,夹具应与钢筋卡牢。

③冷拉钢筋卷扬机的位置应使操作人员能见到全部冷拉场地,卷扬机与冷拉中线距离不得小于5m。

④冷拉时钢筋或牵引钢丝绳两侧3m内及冷拉线两端严禁站人或通行。

⑤在运行中遇突然停电时,必须立即关闭冷拉机械的电源。

(8)预应力钢筋张拉应符合下列规定。

①预应力钢筋的张拉线两端应设置安全防护设施。张拉时人员不得进入张拉区域。

②预应力钢绞线张拉时操作应平稳、均匀,张拉端的正面不得站人。采用延伸率控制时应设置限位标志。

(五)混凝土工程

(1)混凝土搅拌前,操作人员应确认搅拌、供料、控制等系统运行正常。

(2)维修、保养或清理搅拌系统、供料系统时必须切断电源,悬挂"严禁合闸"安全警示标志,并派专人看守。

(3)检修或清理搅拌滚筒必须封闭下料口,切断电源,悬挂"严禁合闸"安全警示标志,并派专人看守。

(4)搅拌机运转时,作业人员不得将手臂伸入料斗或搅拌筒内。

(5)袋装水泥堆放应压茬码放整齐,高度不得超过10袋,且不得紧靠墙壁。

(6)采用吊罐浇筑混凝土时,起吊、运送、卸料应由专人指挥,吊罐下不得站人。

(7)混凝土振捣器的配电箱应安装漏电保护装置,接地或接零应安全可靠。移动振捣器时应切断电源,并不得使用自身电缆线直接拉动。

(六)电焊、气焊施工

(1)焊接作业除应按规定穿戴劳动防护用品外,尚应根据不同作业环境采取防止触电、高处坠落、一氧化碳中毒和火灾事故的安全措施。

(2)氧气瓶、乙炔瓶等搬运时不得撞击、水平滚动或剧烈振动,亦不得在烈日下暴晒。乙炔瓶使用时应立放,并采取防倾倒措施。氧气瓶和乙炔瓶间的距离不得小于5m。

(3)吊运氧气瓶或乙炔瓶必须使用装具。严禁使用钢绳、铁链直接捆绑或使用电磁吸盘等进行吊运。

(4)氧气瓶、乙炔瓶存放或使用时,严禁靠近热源或易产生火花的电气设备。

(5)电焊、气割等明火作业点10m范围内,严禁存放油类、木材、氧气瓶、乙炔瓶等易燃易爆物品或其他可燃危险物品。

(6)电焊机的一次侧电源线长度不得大于5m。二次侧焊接电缆线应采用防水绝缘橡胶护套铜芯软电缆,长度不宜大于30m。进出线处应设置防护罩。

(7)电焊钳必须具有良好的绝缘和隔热能力。钳柄与导线必须连接牢固、接触良好。电缆芯线严禁外露。

(8)电焊机外壳接地电阻不得大于4Ω。接地线不得利用建筑物的金属结构、管道、轨道或其他金属物体搭接形成焊接回路。

(9)承压状态下的压力容器及管道、带电设备、承载结构的受力部位或装有易燃、易爆物品的容器严禁进行焊接或切割。使用过危险化学品的容器、设备、槽桶、管道、舱室等,动火前必须进行清洗,并经测爆合格后方可进行焊接或切割,必要时应采取惰性气体置换措施。容器内部喷涂的油漆、塑料等应预先予以清除。

(10)容器内焊接作业必须设置通风、绝缘、照明装置,并设专人监护。金属容器内照明设备的电压不得超过12V。

(11)潮湿地带焊接作业,操作人员必须站在干燥的绝缘物体上。雨天必须停止露天电焊作业。

(七)起重吊装

(1)起重吊装作业应明确作业人员分工,专人指挥,统一指挥信号。

(2)起重吊装所使用的钢丝绳和索具,必须有具备生产资质的制造厂商提供的出厂合格证和材质证明。

(3)起重绳索必须进行受力计算,索具、滑车等必须根据计算结果合理选配。吊装前必须对其进行检查。

(4)当被吊物的重量达到起重设备额定起重能力的90%及以上时,应进行试吊。

(5)两台起重设备起吊同一重物时,必须制定专项起吊方案。起吊前必须根据重心位置等合理布置吊点。吊运过程中必须统一指挥,两台起重设备的动作必须协调。各起重设备的实际起重量,严禁超过其额定起重能力的80%,且钩绳必须处于垂直状态。

(6)钢丝绳的断丝数量少于报废标准,但断丝聚集在小于6倍绳径的长度范围内或集中在任一绳股里,亦应予以报废。

(八)高处作业

所谓高处作业,是指在坠落高度离相对基准面2m及其以上,且有可能坠落的高处进行的作业。

(1)高处作业场所的临边应设置安全防护围栏和昼夜显示的警示标志。

(2)高处作业的安全设施有缺陷或隐患时必须及时处理,危及人身安全时必须立即停止作业。

(3)高处作业不宜进行上下交叉作业。必须进行上下交叉作业时,应搭设安全防护棚或采取有效的隔离措施。

(4)雨雪天气应采取防滑措施,风力大于等于6级或雷雨天气时,不得进行露天高处作业。

(5)安全网的质量、使用和保管应符合现行国家标准《安全网》(GB 5725)的规定,出厂合格证应妥善保管。安全网安装和使用应符合下列规定。

①安全网安装应系挂安全网的受力主绳,不得系挂网格绳。安装完毕应进行检查、验收,合格后方可使用。

②安全网安装或拆除应根据现场条件采取防坠落安全措施。

③作业面与相对基准面的高差超过3.2m且无临边防护装置时,临边应挂设水平安全网,外侧挂立网封闭。作业面与水平安全网之间的高差不得超过3.0m。

(6)高处作业应正确佩戴安全带。安全带的质量、使用和保管应符合现行国家标准《安全带》(GB 6095)的有关规定,出厂合格证应妥善保管。

(九)水上抛石施工

(1)挖掘机、装载机等在驳船上作业时,驳船的纵横倾角应控制在允许范围内且不得超载。

(2)挖掘机、装载机等在驳船上抛石应控制其旋转方向,不得将装载块石的铲斗跨越船员室或人员。

(3)人工抛石作业时,抛石人员应保持适当的距离,并应先取石堆顶部块石,石堆陡坡下不得站人。

(4)进入潜水作业区前,抛石船应与潜水负责人取得联系。配合潜水员抛石时,应服从潜水负责人的指挥。

(十)沉排、铺排及充砂袋施工

(1)铺排船上的起重设备吊装及展开排布应有专人指挥。卷排时排布上、滚筒和制动器周围不得站人。

(2)吊运混凝土联锁块排体应使用专用吊架,排体与吊架连接应牢固。吊放排体过程中应使用控制绳等措施控制其摆动,吊起的排体降至距甲板面1m左右时,施工人员方可对排体进行定位。

(3)升降铺排船滑板或溜放排体时,滑板和排体上不得站人。

(4)充砂袋冲灌前,灌砂口、输砂管接头及高压水管接头应连接牢固。冲灌时高压水枪不得射向人员或电气设备。

(十一)潜水作业

(1)从事潜水作业的人员必须持有有效潜水员资格证书。

(2)潜水作业现场应备有急救箱及相应的急救器具。水深超过30m应备有减压舱等设备。

(3)当施工水域的水温在5℃以下、流速大于1.0m/s或具有噬人海生物、障碍物或污染物等时,在无安全防御措施情况下潜水员不得进行潜水作业。

(4)水下整平作业需补抛块石时,应待潜水员离开抛石区后方可发出抛石指令。

(十二)爆破作业

爆破作业安全技术要求见第十章。

三、预制构件起吊、出运和安装

(一)预制构件起吊、出运

(1)起吊混凝土预制构件时,吊绳与水平面夹角不得小于45°。作业人员应避开构件的外伸钢筋。

(2)大型构件吊离地面20~50cm时,应暂停起升,检查起重设备的制动装置、吊索受力状态和构件平衡状态等。

(3)起重船在吊重状态下移船时,各绞缆机应协调配合,缆绳收放速度应均匀。发现异常应立即停车。

(4)沉箱移运下水或装半潜驳前,应对通水阀门操纵系统进行检查,并应对沉箱、通水阀门进行渗漏水检查。

(5)沉箱近程浮运拖带应符合下列规定。

沉箱近程浮运拖带是指航程在30n mile以内且连续航行中无夜间航行的沉箱拖航。

①沉箱吃水、压载和浮游稳定必须按相关规范进行验算,并满足要求。使用液体压载还必须验算自由液面对浮游稳定的影响。

沉箱的干舷高度计算如图13-2所示,应满足下式的要求,当沉箱干舷高度不满足要求时,可采用密封舱顶等措施。

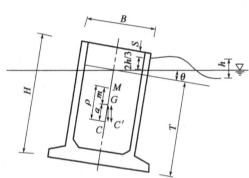

图13-2 沉箱浮游稳定和干舷高度计算图式
M-定倾中心;G-重心;C-浮心;C'-倾斜的浮心

$$F \geqslant \frac{B}{2}\tan\theta + \frac{2h}{3} + S$$

式中:F——沉箱的干舷高度(m),$F = H - T$,其中,H为沉箱高度,T为沉箱吃水,计算时钢筋混凝土重度取25kN/m³;

B——沉箱宽度(m);

θ——沉箱的倾角(°),溜放时采用滑道末端的坡角,浮运时取6°~8°;

h——波高(m);

S——沉箱干舷的富余高度(m),取0.5~1.0m。

沉箱靠自身浮游稳定时,必须验算其以定倾高度表示的浮游稳定性。定倾高度应按下式计算:

$$m = \rho - a$$

式中:m——定倾高度(m);

ρ——定倾半径(m),按《重力式码头设计与施工规范》(JTS 167—2—2009)附录计算;

a——沉箱重心到浮心的距离(m)。

计算时钢筋混凝土和水的重度应根据实测资料确定;如无实测资料时,钢筋混凝土重度宜取 24.5kN/m³,水的重度淡水宜取 10kN/m³,海水宜取 10.25kN/m³。

沉箱的定倾高度应满足:沉箱近程浮运时定倾高度不小于 0.2m;沉箱远程浮运,以块石和砂等固体物压载的沉箱定倾高度不小于 0.3m,以液体压载的沉箱定倾高度不小于 0.5m。

②拖航前应对拖航沿线的航道水深、航道宽度、暗礁、浅点、渔网和水产养殖区等进行勘察,并在海图上标明。

③沉箱下水后应进行不少于 24h 的漂浮试验,无渗漏水时方可进行简易封舱或拖航准备。

④沉箱近程拖航前,应掌握中、短期水文气象预报资料。当风力不大于 6 级且波高不大于 1.0m 方可启航拖运。

⑤进出港航道的富余水深应大于 0.5m,航道宽度应大于 2 倍的拖轮长度。港外拖带时的水深还应考虑可能出现的波高值。

⑥沉箱顶部应按规定设置号灯、号型,其高度不得低于 2.5m,且应明显、牢固。启航后沉箱上不得载人。

⑦在沉箱拖航方向的外侧应标绘明显的吃水线。航行中应随时观察沉箱吃水变化,并做好记录,如有异常应迅速采取措施。

(6)沉箱远程浮运拖带。沉箱远程浮运拖带是指航程超过 30nmile 或连续航行中需夜间航行的沉箱拖航。沉箱远程浮运拖带除应符合近程拖带的有关规定外,尚应符合下列规定。

①沉箱拖带前应对航线进行调查,制定航行计划,选好避风港并提前与避风港取得联系。

②拖航前应掌握本次航行区间的中长期水文气象预报资料。启航后 3 天内的水文气象预报,风力不大于 6 级且波高不大于 1.5m 时,方可启航拖运。

③沉箱顶面应进行水密封舱,并应在封舱盖板上设置防滑、护栏等安全防护设施。盖板的结构应根据施工荷载经计算确定。

④沉箱拖航应配备不同类型的辅助船舶、水泵、动力设备、堵漏物资和具有海上施工经验的潜水及辅助人员等。

⑤远程拖带的沉箱舱格内宜设置自动水位报警装置,拖航中应有专人监测。

(二)构件安装

(1)大型或复杂的构件安装应编制专项施工方案,并进行典型施工。

(2)构件起吊后,起重设备在旋转、变幅、移船和升降钩时应缓慢、平稳,吊安的构件或起重船的锚缆不得随意碰撞或兜曳其他构件、设施等。

(3)构件安装应使用控制绳控制构件的摇摆,待构件稳定且基本就位后,安装人员方可靠近。

(4)吊安消浪块体的自动脱钩应安全、可靠。起吊时应待钩绳受力、块体尚未离地、挂钩人员退至安全位置后方可起升。

(5)用自动脱钩起吊的块体在吊安过程中严禁碰撞任何物体。

(6)扶壁安装后应及时采取回填等防止扶壁倾覆的措施。

(7)用起重船助浮安装沉箱应待吊装绳扣受力后方可向舱格内灌水。起重船吊重不得超过额定负荷的 80%。

(8)沉箱安装宜在风力不大于6级,波高不大于0.8m,流速不大于1.0m/s的工况条件下作业。

四、桩基施工

(一)一般规定

(1)桩基施工前应对施工现场进行踏勘,并制定对临近建筑物、架空线路、管线、岸坡和围堰等的监测方案。

(2)作业前应对沉桩设备、安全装置进行检查,并使其处于良好状态。吊桩绳扣、滑车、索具等应经计算后选用。

(3)沉桩作业区应设置明显的安全警示标志,非作业人员和非作业船舶不得进入沉桩作业区。

(4)吊桩入抱桩器或套戴替打时,操作人员必须使用工具,严禁身体任何部位进入替打下方或置于桩与滑道之间。

(5)作业人员必须沿爬梯或乘坐电梯笼上下桩架。

(6)打桩过程中,作业人员严禁手拉、脚蹬运行中的滑轮、钢丝绳等。

(7)打桩作业停止后,桩锤和替打应落地或封固在桩架底部,吊钩应封固。

(8)陆域沉桩后,低于地面的桩孔或不高于地面0.8m的管桩应设置安全护栏或盖板,并应设置安全警示标志。

(二)陆上锤击、振动、水冲沉桩

(1)轨道式打桩机的轨道铺设应平顺,两轨应采用道尺固定,枕木摆放应均匀,轨端应设置车挡。轨道不得直接压在已打完的桩顶上。

(2)桩的吊点数量、位置应根据设计要求或经计算确定。起吊混凝土桩时,捆绑位置的偏差不得大于20cm。

(3)锤击沉桩过程中,指挥人员应随时观察桩、锤、替打的运行状态,发现问题应立即停锤。

(4)斜桩定位时打桩机应缓慢变幅,变幅不得超过限值。

(5)电动振动锤使用前应测定电动机的绝缘值,且不得小于0.5MΩ,并应对电缆芯线进行通电试验,电缆绝缘层应完好无损。

(6)电动振动锤的电缆线应采取有效防止磨损、碰撞的保护措施。

(7)水冲沉桩前,应检查射水管接头绑扎、连接是否牢固。试射水时射水头应固定牢固,施工人员应避开管路接头和水流喷射方向。

(8)水冲沉桩应根据不同土质合理控制射水嘴的入泥深度,射水嘴一次入泥不得过深。

(三)水上锤击、振动、水冲沉桩

(1)水上打桩船和运桩船驻位应按船舶驻位图抛设锚缆,并应设置浮鼓,锚缆不得互绞。

(2)打桩架上的作业人员应在电梯笼内或作业平台上操作。电梯笼升降应在回至水平原位并插牢固定销后进行。

(3)打桩船作业时应随时观察锚缆附近的情况,注意其他作业船舶和人员的动态。移船时锚缆不得绊桩。如桩顶被水淹没,应设置高出水面的安全警示标志。

(4)在可能溜桩的地质条件下打桩作业应认真分析地质资料,并采取预防溜桩的措施。

(5)水上悬吊桩锤沉桩应设置固定桩位的导桩架和工作平台。导桩架和工作平台应牢固可靠,并在工作平台的外侧设置安全护栏。

(6)沉桩后应及时进行夹桩。

(四)灌注桩

(1)安装钻机时,应对钻机及配套设备进行全面检查,钻机安装应平稳、牢固。钻架应加设斜撑或缆风绳。

(2)钻机不得超负荷作业。提升钻头受阻时,不得强行提拔。

(3)当钻孔内有承压水时,护筒顶应高于稳定后的承压水位$1.5\sim2.0\mathrm{m}$。

(4)灌注桩成孔过程中地面发生大面积坍塌时,作业人员应及时撤离并采取应急措施。

(5)泥浆池的泥浆不得外泄,废浆处理应符合环保规定。泥浆池的周围应设置安全护栏和安全警示标志。

(6)钢筋笼应设置吊点,必要时钢筋笼应采取整体加固措施。

(7)冲击成孔的钻机应经常检查冲锤、钢丝绳、绳卡和吊臂等的磨损或变形。开孔时应低锤密击。正常冲击时冲程应根据土质的软硬程度调整,最大冲程不宜超过$4\mathrm{m}$,并应防止发生空锤。

(五)挖孔桩

(1)挖孔桩施工前,应认真分析地质及地下水等资料,并制定专项施工方案。

(2)相邻两桩同时成孔施工时,其间距应大于等于3倍桩径,当设计桩孔间距小于3倍桩径时,应采取间隔跳挖的措施。

(3)作业人员上下桩孔应采用专用爬梯,爬梯宽度宜为$50\mathrm{cm}$,步距宜为$30\mathrm{cm}$,强度应满足2人同时攀爬的要求。作业人员不得随吊桶上下桩孔。

(4)孔深超过$10\mathrm{m}$或孔内存在有害气体时,桩孔内应采取强制通风措施。挖孔桩内的空气质量应符合现行国家标准《环境空气质量标准》(GB 3095)的有关规定。

(5)每班开挖均应对护壁和空气质量等进行检查,合格后方可开挖。

(6)作业人员在桩孔内作业时,应戴安全帽、系安全带和穿防水绝缘胶鞋。安全带的保险绳应固定在孔口上,配合人员不得擅离职守。

(7)在非硬黏土和非完整岩层中成孔应及时对孔壁进行支护。地质较好时,每段护壁高度宜为$1.0\mathrm{m}$。地质较差时,每段护壁高度宜为$0.3\sim0.5\mathrm{m}$。

(8)采用现浇混凝土护壁时,浇筑前应将上下段护壁的钩拉钢筋绑扎牢固。拆除护壁模板时,混凝土强度应达到$10\mathrm{MPa}$以上。

(9)桩孔内的孤石宜采用膨胀法破碎。采用浅眼松动爆破处理桩孔内孤石应符合现行国家标准《爆破安全规程》(GB 6722)的有关规定。爆破时,其他桩孔内的作业人员亦应全部撤离。爆破后,孔内应通风排烟,空气质量符合标准后方可下孔作业。

五、深基坑支护及开挖

(一) 一般规定

(1) 深度大于或等于2.0m的基坑应设置临边防护设施;深度大于等于5.0m的基坑,或虽未达到5.0m但地质条件和周围环境复杂、地下水位在坑底以上的基坑,应制定支护及开挖专项施工方案。

(2) 基坑周围的机械设备和堆存的物料等距基坑边缘的距离必须满足边坡稳定或设计的要求。

(3) 全部放坡开挖的基坑,机械设备上下基坑时应设置专用通道。通道的地基、宽度、坡度应满足施工和安全行车的要求。

(4) 基坑边坡、支护结构、临时围堰等应进行沉降和位移监测。

(5) 基坑内进行上下交叉作业应采取安全防护措施。

(二) 板桩支护

(1) 板桩的类型、规格和支护材料等应符合设计要求。

(2) 板桩围堰的基坑必须按支护结构设计和降排水要求分层支护、分层开挖,在支撑结构未形成前严禁超挖。

(3) 钢板桩墙的转角桩应采用原钢板桩沿纵向割下的带锁口的肢体焊接而成的异形板桩,围图与板桩间应密实接触。

(4) 板桩支护结构应按设计施工。板桩墙围图和支撑结构上不得堆放重物或机械设备。

(三) 地下连续墙

(1) 在回填土、塌方区或土质松软的地质条件下进行的地下连续墙施工应对场地及施工道路进行处理。地基承载力应满足施工荷载的要求。

(2) 地下连续墙的导沟开挖段应设置导墙、围挡和安全警示标志。导墙应具有足够的强度和稳定性。

(3) 成槽施工中泥浆大量流失或槽壁严重坍塌必须立即停机,并及时采取处理措施。

(4) 地下连续墙用作挡土结构应待地下连续墙的混凝土强度达到设计值后,方可按施工程序分层开挖。

六、疏浚和吹填施工

(一) 一般规定

(1) 工程开工前,陆地吹填区域应设置安全警示标志。

(2) 疏浚施工中挖到危险或不明物应及时报告有关部门,不得随意处置。

(3) 疏浚船舶在库区、坝区下游或回水变动区施工应预先了解水库调度运行方式。

(4) 水上建筑物附近疏浚作业应根据设计要求制定专项施工方案。

(二)耙吸式挖泥船

(1)作业时驾驶人员应保持正规的瞭望,加强与过往船舶的联系,谨慎操作,安全会让。情况紧急时,应主动采取有利于防止碰撞的措施。

(2)下放泥耙后,泥耙的吊索应保持垂直状态,不得松弛。波浪补偿器跳动较大,耙头工作异常应立即起耙检查,并测出船位,准确记录。

(3)疏浚过程中不得急剧大角度转向。遇有横向强风、流时,船舶航向应与风向、流向保持适当角度。

(4)清除耙头杂物应携带通信工具并设专人监护。作业人员应正确站位并使用专用工具清除。

(5)泥浆浓度伽玛检测仪必须由专人负责使用管理。检查或修理必须由具有相应资质的厂家和专业人员进行。

(三)绞吸式挖泥船

(1)定位钢桩应在船舶抛锚定位后沉放。双钢桩沉放状态下,船舶不得横向移动。

(2)沉放或起升定位钢桩时,人员不得在液压顶升装置和定位钢桩附近通过或停留。

(3)疏浚作业前,排泥管线的出泥管口应经检查确认稳固、正常,并应设置安全警示标志。必要时应设置围挡。

(4)启动泥泵前,排泥管线附近的所有船舶和人员应撤离。

(5)短距离移泊时不得调整定位钢桩。长距离移泊或调遣应按船舶技术说明书对定位钢桩进行处置或将定位钢桩放倒封固。

(6)水上排泥管线每间隔50m应设置一个昼夜显示的警示标志。固定浮管的锚应设置锚标。

(7)泥浆浓度伽玛检测仪必须由专人负责使用管理。检查或修理必须由具有相应资质的厂家和专业人员进行。

(8)受风、浪影响停工时,船舶必须下锚停泊,严禁沉放定位钢桩。

(四)链斗式挖泥船

(1)链斗式挖泥船驻位应根据施工现场的工况,确定抛锚顺序及锚位。

(2)链斗式挖泥船挖泥时,应密切观察斗链运转状况和斗桥动态,发现异常或遇有水下障碍物应立即停船检查处理。发现塌方应迅速松放主缆,移船躲避。

(3)卸泥槽应在泥驳靠泊挖泥船后松放,并应在泥驳解缆前绞起。

(4)清除泥井中障碍物时严禁斗链运转和斗桥移动。作业人员进入泥井前,必须清除泥井上方可能坠落的物体,作业时必须设专人监护。

(5)斗、链拆装前应显示船舶减速信号,插牢链斗保险装置。启用吊车作业应指定专人统一指挥,明确指挥信号。

(6)启动链斗前应检查有无障碍物,作业人员必须离开斗、链。启动链斗时应慢车操作,缓慢空斗旋转。

(五)抓斗式挖泥船

(1)抓泥作业前,抓斗机操纵人员应预先发出警示信号,人员不得进入其作业半径范围内。

(2)移动抓斗时,抓斗不得碰撞泥驳或缆绳。装驳时泥驳应根据干舷高度的变化及时调整系缆。

(3)抓斗下落时不得突然刹车。开挖强风化岩时应控制抓斗下放速度,不得强行合斗。

(4)抓斗机应在允许负荷量的范围内进行操作,不得超载。抓到不明物体应立即停止作业并探明情况。

(5)抓斗的索链缠绕抓斗时应立即停止作业,排除故障。作业人员不得攀爬或站在处于悬吊状态的抓斗上作业。

(6)检修吊臂或其他属具应将吊臂放于固定支架上,并停车、断电、悬挂"禁止启动"安全警示标志。

(六)铲斗式挖泥船

(1)在软土区域用钢桩进行抬船操作应均匀地对其施加压力,不得用单根钢桩抬船。

(2)拔出前钢桩应分级加荷,逐步拔出。

(3)铲斗式挖泥船前移时,后钢桩的倾斜角最大不得超过20°。

(4)开挖风化岩或坚硬土质应采用隔斗挖掘法。

(七)吹泥船

(1)吹泥前,排泥管线附近的人员和船舶应撤离,并应与排泥区作业人员取得联系。

(2)清理沉石箱应在关闭泵机并在操纵台上悬挂"禁止启动"安全警示标志后进行。

(3)吸泥管堵塞后应关闭泵机并在操纵台上悬挂"禁止启动"安全警示标志。清除堵塞物应设专人监护。

(八)泥驳

(1)泥驳不得超载。泥驳装载过程中的纵横倾角应在允许范围内。

(2)卸泥时泥驳不得在横浪或转向航行过程中卸泥。

(3)清除泥舱内较重杂物时,绳索、卡具及捆绑方式应安全可靠。提升前舱下人员应撤离。用泥驳的绞缆机向外拖曳杂物时,绞缆人员应站在缆绳的侧面,其他人员不得靠近缆绳。

(4)装泥过程中泥驳舱内不得打捞杂物,确需打捞时应停止装泥作业。

(九)排泥管线拖运架设

(1)排泥管线对接时,操作人员应站在固定管线的一侧。

(2)调整管线对接螺栓孔的位置时,作业人员不得将手指伸入法兰孔内;紧固管线对接螺栓时,作业人员身体的各部位不得进入排泥管下部。

(3)受潮水影响、斜坡段或坝顶上的管线应进行固定。

(4)排泥口的管线架应稳定牢固。斜撑与水平杆应相互牵拉形成整体。

(5)水上拼接管线应设专人指挥,并应由起锚艇配合,作业人员应两人以上。

(6)风浪、流速较大的水域接拆排泥管时,作业人员应系牢保险绳。工作船上应配备带保险绳的救生圈,并设监护人员。管线晃动严重时应停止接拆作业。

(7)在通航水域沉放水下排泥管线必须申请发布"航行通告",并设置警戒船只。

(8)挖泥船自吹注水沉管时,管线的注水端应采用管线锚予以固定,且注水速度不得过快。

(9)空压机充气起浮水下管线时,充气管的耐压强度应满足要求,接口应绑扎连接牢固。

(10)管线拖航前,浮筒应经漂浮试验。浮筒两侧链条及卡带应完好,卡带螺栓应拧紧,首尾管口应用堵板予以密封。

(11)被拖管线上应设置号灯、号型,其高度应高出管线 1.5m 以上。

(12)拖轮拖带浮筒、管线时拖带的管线长度应根据拖轮的拖力、水文气象和航道条件等因素确定。拖轮的拖带能力应满足在静水中的拖航速度不小于 5kn 的要求。拖带航行时,风力宜小于 6 级。

七、主要施工船舶安全操作

(一)一般规定

(1)施工船舶必须在核定航区或作业水域内施工。

(2)施工船舶应按规定配备有效的通信、消防、救生、堵漏设备,制定各项安全技术措施及应急预案,并定期进行演练。

(3)施工船舶的梯口、应急场所等应设有醒目的安全警示标志或标识。楼梯、走廊、通道应保持畅通。

(4)作业、航行或停泊时,施工船舶应按规定显示号灯或号型。

(5)上下船舶应安设跳板,张挂安全网。使用软梯上下船舶应设专人监护,并备有带安全绳的救生圈。

(6)施工船舶应根据施工水域的水底土质、水深、水流、风向等,选择合适的锚型、锚重和锚缆。

(7)抛锚应在专人指挥下进行,并应根据风向、潮流、水底土质等确定抛出锚缆长度和位置,并应避开水下电缆、管道、构筑物和禁止抛锚区。

(8)施工船舶穿越桥孔或过江架空管、线前,必须预先了解其净空高度、宽度、水深和流速等情况。

(9)在狭窄水道或来往船舶较多的水域施工时,通信频道应有专人值守,并及时沟通避让方式。

(10)解、系缆绳作业应符合下列规定。

①解、系缆人员应按照指挥人员的命令进行作业,不得擅自操作。

②作业人员不得骑跨缆绳或站在缆绳圈内,向缆桩上带缆时不得用手握在缆绳圈端部。

③绞缆时绞缆机应根据缆绳的受力状态适时调整运转速度。危险部位有人时应立即停机。

④移船绞缆应观察锚缆的状况,不得强行收绞缆绳且不得兜曳其他物件。

⑤陆域带缆必须检查地锚的牢固性。缆绳通过的地段,必须悬挂安全警示标志,必要时设专人看护。

⑥施工船舶靠泊后,系缆长度应根据水位变化及时调节。

(11)舷外作业应符合下列规定。

①船上应悬挂慢车信号,作业现场应设置安全警示标志。

②作业现场应有监护人员并备有救生设备。

③船舶在航行中或摇摆较大时不得进行舷外作业。

(12)使用船电作业应符合下列规定。

①船舶电气检修应切断电源,并在启动箱或配电板处悬挂"禁止合闸"警示牌。

②带电作业必须有专人监护,并采取可靠的防护、应急措施。

③船舶上使用的移动灯具的电压不得大于50V,电路应设有过载和短路保护。

④岸电和船电系统为中性点接地的三相交流系统时,船舶接岸电必须将岸电接地线与船体接地设施进行可靠连接。

(13)进入施工船舶的封闭处所作业应符合下列规定。

①施工船舶应配备必要的通风器材、防毒面具、急救医疗器材、氧气呼吸装置等应急防护设备或设施。

②作业人员进入封闭处所前,封闭处所应进行通风并测定空气质量。

③作业人员进入封闭处所作业时,封闭处所外应有监护人员并确保联系畅通。

④在封闭处所内动火作业前,动火受到影响的舱室必须进行测氧、清舱、测爆。通风时严禁输氧换气。作业时必须将气瓶或电焊机放置在封闭处所外。

⑤封闭处所内存在接触性有毒物质时,作业人员应穿戴相应的防护用品。

(14)收放船舶舷梯应符合下列规定。

①收放舷梯应控制舷梯的升降速度,舷梯上严禁站人。

②舷梯、桥梯的踏步应设置防滑装置。

③舷梯、桥梯下应张挂安全网。

(15)救生艇上的设备和物资应完好有效。救生艇应按规定进行应急操作演练。

(16)施工船舶不得搭乘或留宿非作业人员。

(二) 自航式施工船舶

1. 拖轮作业应符合下列规定。

(1)拖航前应制定拖带方案。

(2)拖缆施放前,作业人员应清理甲板作业区。放缆人员应理顺拖缆并合理站位。

(3)启拖时拖轮应待拖缆受力后方可逐渐加速。拖航中拖缆附近不得站人或跨缆行走。调整拖缆应控制航行速度。

(4)拖轮傍靠被拖船时,靠泊角度不宜过大,并应控制船速。傍拖时各系缆受力应均衡有效。

(5)拖轮与被拖船间放置缓冲垫时,船员不得骑跨或站在舷墙上操作。

2. 锚艇作业应符合下列规定。

(1)抛、起、移锚应有专人指挥,正确使用车舱控制船速。

(2)风浪中起锚时,锚艇不得横浪驻位或强行起锚。

(3)连接缆绳的卡环通过导缆孔、带缆桩时,缆绳应缓慢收放并设专人监护。

3. 交通工作船的使用应符合下列规定。

(1)交通工作船应持有有关部门签发的与施工水域相适应的有效证书。

(2)船上配备的消防、救生及通信设施应完好、有效、适用,并按规定进行标识。

(3)交通工作船应按核定人数载人,不得超员运行或客货混装。

(4)船上严禁装载或携带易燃易爆及危险有毒物品。

(5)登船和下船的乘员人数应清点和记录。

(6)交通工作船靠泊施工船舶应预先与施工船舶取得联系,确定靠泊位置及登船方法。

(三)非自航式施工船舶

(1)驳船装载不得超宽、超载或偏载。

(2)起重船作业应符合下列规定。

①作业前作业人员应熟悉吊装方案,明确联系方式和指挥信号。

②根据吊装要求,起重船应指导驳船选择锚位和系缆位置。

③吊装前,吊钩升降、吊臂仰俯、刹车性能应良好。安全装置应正常有效。

④吊装结束后起重船应退离安装位置,并对起重吊钩进行封钩。

(3)打桩船作业应符合下列规定。

①吊桩、立桩、仰俯桩架和桩定位应服从打桩指挥人员的指挥。

②电梯笼必须设有防坠落安全装置。笼内必须装设升降控制开关。

③桩锤检修或加油时,严禁启动吊锤卷扬机。

④穿越桩群的前缆应选择合适位置;绞缆应缓慢操作,施工船舶或作业人员不得进入缆绳两侧10.0m范围内。

(4)铺排船作业应符合下列规定。

①锚泊时铺排的滑板应根据水文气象条件放至适宜的位置。

②设有滑板的侧舷严禁靠泊船舶。

③拖航时滑板应拉起并与船体锁定。

(5)半潜驳作业应符合下列规定。

①装载前应确定下潜装载、航行、下潜卸载各作业阶段可能出现的工况条件下装载物和船舶的安全性。当无资料和类似条件下施工的实例时应进行验算。

②半潜驳下潜前,与下潜有关的设备和控制系统应经检查并处于完好状态。甲板面上不得留有任何施工机具及材料并应关闭水密装置。

③下潜或起浮应统一指挥,密切配合,协调一致。

④在起浮或下潜过程中,甲板面即将露出或浸入水面时,半潜驳的纵、横倾角必须控制在允许范围内。

⑤半潜驳的浮力储备舱必须保持水密,严禁放置任何物品。

八、特殊条件下施工

(一)雨季

(1)雨季施工应制定防洪、防汛安全应急预案。

(2)雨季前,大型施工围堰、堤坝和土石边坡等应采取加固和防坍塌措施。易受水流冲刷的部位应采取防冲或导流措施。

(3)雨季来临前,基坑、闸室或干施工河道的排水设施应进行检查、修复或完善。

(4)潮湿多雨季节必须定期检测机电设备的绝缘电阻和接地装置,不符合规定的设备必须停止使用。电气开关必须采取防雨措施。

(5)雷雨季节到来前,施工现场的烟囱、水塔、高层脚手架、易燃易爆品仓库及起重、打桩等设备的避雷装置应进行检查。

(二)冬季

(1)冬季施工现场的道路、工作平台、斜坡道和脚手板等均应采取防滑措施。

(2)办公、住宿或工作间严禁使用电炉、碘钨灯等取暖。采用煤炭炉取暖必须具有防火和防止一氧化碳中毒的措施。

(3)遇有雪天、风力大于等于6级的天气或电梯滑道、电缆结冰时,施工现场的外用电梯应停止使用,并将梯笼降至底层,切断电源。

(4)冬季施工时,冻结的氧气瓶、乙炔瓶、阀门、胶管等严禁使用明火烘烤或开水加热。采用热水解冻时水温应控制在40℃以下。

(5)内河流冰期施工应及时掌握水温,流量、流速变化和上游闸坝放水信息。流冰前水上在建构筑物、临时设施和施工船舶等应采取防撞措施,并应在施工现场的上游布设破冰防线。

(三)高温季节

(1)高温季节施工应按时发放防暑降温物品,加强饮食卫生管理,设置必要的防晒设施。远离基地的施工现场应设置医疗救护点。

(2)在高温条件下必须作业的场所应采取通风和降温措施。

(3)施工船舶的舱室应经常打开进行通风透气,并在打开的舱口处设置安全防护装置。施工船舶的呼吸管道应保持畅通。

(4)施工现场使用和存放的易燃易爆物品应采取防晒措施。

(四)热带气旋季节

(1)施工单位应建立、健全防抗热带气旋的组织领导机构、指挥系统和应急抢险队伍,并应根据现场情况,制定施工安全措施计划和应急预案。

(2)施工现场应按预案的要求对在建工程、车间、仓库、临时建筑、生活和办公用房等进行防风加固,疏通排水沟渠,配备防抗热带气旋的材料及设施。

(3)陆域施工机械和运输机械应选择不被水淹、避风条件较好的存放场地。大型固定机械应制定加固或快速拆卸方案。

(4)施工单位应落实船舶避风锚地和施工人员的转移地点。

(5)发布热带气旋警报后施工单位必须立即启动应急预案,应急工作必须符合下列规定。

①防台指挥系统必须实施24h专人值班制度,并按时收听气象预报和查阅有关台风信息,跟踪掌握热带气旋动向。

②陆域机械设备、施工人员必须按应急预案要求进行转移。

③临时发电机组、值班专车和必要的救护设备等必须提前到位。抢险队伍和医务人员必须处于戒备状态。

(五) 夜间

(1) 施工船舶或作业场所应设置照明设备,照度应满足施工要求。
(2) 作业现场的预留孔洞、上下道口及沟槽等危险部位应设置夜间警示标志。
(3) 探照灯或其他照明设备的光束不得直接照射施工船舶、机械的操作和指挥人员。
(4) 施工船舶应按规定显示航行、作业和停泊的号灯。
(5) 碍航的水上设施、未完工程应设置警示照明灯。

(六) 能见度不良天气

(1) 船舶雾航必须按《国际海上避碰规则》和《中华人民共和国内河避碰规则》的有关规定执行。停航通告发布后必须停止航行。
(2) 自航施工船舶应预先了解、掌握航标布设、通航密度、船舶活动规律和锚泊船只的分布情况及航道边缘以外水深。
(3) 船舶航行时驾驶人员应按规定鸣放雾号,减速慢行,注视雷达信息,并派专人进行瞭望。

(七) 无掩护水域

(1) 施工船舶的作业性能必须满足无掩护水域的工况条件。
(2) 施工前施工单位应根据非自航施工船舶的数量、大小和种类,配备适量适航的监护拖轮和救生设施。
(3) 远离陆域基地的海上施工现场应配备通信和救护等设施,并宜设置供施工人员临时食宿的住宿船和交通工作船。
(4) 施工单位应向气象台站收集中长期天气及海浪预报,并每天按时收听当地的气象和海浪预报。
(5) 非自航施工船舶应配备防风锚,并应对锚机、锚缆采取加固、加长措施。
(6) 停止作业后,施工船舶应将起重钩、桩锤、抓斗、臂架及属具等进行封固。

九、施工船舶调遣和海上防风

(一) 施工船舶调遣

(1) 施工单位必须制定调遣、拖航计划和应急预案。
(2) 拖轮与被拖船应符合船舶法定检验规定的各项要求,并取得适拖证书。
(3) 施工单位应掌握启航港和沿途数天的水文气象信息,召开调遣会议,确定开航时间,落实安全技术措施。
(4) 拖轮的拖曳设备应确保正常,并应采取防止拖缆磨损的措施。拖轮或被拖船应根据航区配有备用拖缆及拖属具。
(5) 被拖船应设置明显的吃水线标志或渗漏水警报装置。

(二) 船舶调遣拖航

(1) 启航后拖航主管部门应掌握船舶的航行动态,确保通信畅通,实施24h值班制度。
(2) 拖航期间,船舶至少每隔12h收听一次气象、海浪预报,并记录风力、风向、波高、波浪周期和48h的天气趋势。

(3)拖航过程中,被拖船的航行灯、吃水线标志及航行状态应由专人监视并作好记录。有留守人员的被拖船应主动与拖轮保持联系。

(4)拖轮应与岸上基地保持24h通信联络,并定时报告船位、气象、航速及航行情况。

(5)在调遣途中需避风锚泊时,拖轮应及时报告原因及预计续航时间,并应按避风港的港章、港规和指定地点进港停船或锚泊。

(三)施工船舶防风

(1)施工单位应根据船舶的抗风能力和施工水域的掩护条件、水深、风浪、水流及其变化,制定相应的防风应急预案,并服从有关部门的指挥。

(2)避风锚地应选择在具有天然或人工屏障,且水文条件、水域面积适宜的水域。

(3)台风来临前装有物资的船舶应尽快卸载,来不及全部卸载时应调整平衡后进行封固,并提前进入避风地点。

(4)主机、副机、舵机、锚机等航行或锚泊重要设施严禁随意拆检。

(5)在台风期间,施工单位及施工船舶必须严格执行甚高频(VHF)守听制度,及时收听、记录气象预报及台风警报,并在"台风位置标示图"上跟踪、标绘台风路径及未来走向。

(6)在7级风圈半径到达前,非自航船舶和水上辅助设施应调遣至避风锚地。自航施工船舶应根据预案和自身抗风浪能力,适时抵达避风锚地。

(7)在台风袭击中,施工单位在施工现场和避风锚地必须设有抗台指挥人员。指挥人员应掌握台风动向,及时向施工现场、各施工船舶发布台风最新消息和指令。

(8)采用锚泊方式抗台时,施工船舶应与其他船舶或障碍物保持足够的距离,并应加强值班,勤测锚位,备妥主机。

思 考 题

1. 各类水运工程施工安全防护技术要点。
2. 码头、防波堤、护岸、船坞等工程施工安全监理要点。
3. 航道工程安全监理主要要求和监理工作重点。
4. 水上沉桩、沉箱出运、水上吊装作业的施工安全监理要点。
5. 危险性较大的分部分项工程施工专项方案的审查。
6. 水运工程施工阶段环境保护监理工作的内容和方法。
7. 码头、港区陆域形成、疏浚工程、港口其他配套工程施工阶段的环境保护要点。
8. 航道工程施工环境保护监理的主要要求和监理工作重点。
9. 沉箱的浮游稳定及多种运输安装方式。

参 考 文 献

[1] 中华人民共和国行业标准.JTS 257—2008 水运工程质量检验标准[S].北京:人民交通出版社,2008.
[2] 中华人民共和国行业标准.JTS 202-2—2011 水运工程混凝土质量控制标准[S].北京:人民交通出版社,2011.
[3] 中华人民共和国行业标准.JTS 202—2011 水运工程混凝土施工规范[S].北京:人民交通出版社,2011.
[4] 中华人民共和国行业标准.JTS 202-1—2010 水运工程大体积混凝土温度裂缝控制技术规程[S].北京:人民交通出版社,2010.
[5] 中华人民共和国行业标准.JTS 154-1—2011 防波堤设计与施工规范[S].北京:人民交通出版社,2011.
[6] 中华人民共和国行业标准.JTS 167-2—2009 重力式码头设计与施工规范[S].北京:人民交通出版社,2009.
[7] 中华人民共和国行业标准.JTS 167-1—2010 高桩码头设计与施工规范[S].北京:人民交通出版社,2010.
[8] 中华人民共和国行业标准.JTS 167-3—2009 板桩码头设计与施工规范[S].北京:人民交通出版社,2009.
[9] 中华人民共和国行业标准.JTS 167-4—2012 港口工程桩基规范[S].北京:人民交通出版社,2012.
[10] 中华人民共和国行业标准.JTJ 294—98 斜坡码头及浮码头设计与施工规范[S].北京:人民交通出版社,1998.
[11] 中华人民共和国行业标准.JTJ 296—96 港口道路、堆场铺面设计与施工规范[S].北京:人民交通出版社,1996.
[12] 中华人民共和国行业标准.JTJ 312—2003 航道整治技术规范[S].北京:人民交通出版社,2003.
[13] 中华人民共和国行业标准.JTJ 300—2000 港口及航道护岸工程设计与施工规范[S].北京:人民交通出版社,2000.
[14] 中华人民共和国行业标准.JTS 181-5—2012 疏浚与吹填工程设计规范[S].北京:人民交通出版社,2012.
[15] 中华人民共和国行业标准.JTS 207—2012 疏浚与吹填工程施工规范[S].北京:人民交通出版社,2012.
[16] 中华人民共和国行业标准.JTJ 305—2001 船闸总体设计规范[S].北京:人民交通出版社,2001.
[17] 中华人民共和国行业标准.JTJ 307—2001 船闸水工建筑物设计规范[S].北京:人民交通出版社,2001.

[18] 中华人民共和国行业标准. JTS 204—2008 水运工程爆破技术规范[S]. 北京:人民交通出版社,2008.

[19] 中华人民共和国行业标准. JTS 131—2012 水运工程测量规范[S]. 北京:人民交通出版社,2012.

[20] 中华人民共和国行业标准. JTS 258—2008 水运工程测量质量检验标准[S]. 北京:人民交通出版社,2008.

[21] 中华人民共和国行业标准. JTS 205-1—2008 水运工程施工安全防护技术规范[S]. 北京:人民交通出版社,2008.

[22] 中华人民共和国行业标准. JTJ 216—2000 水运工程施工监理规范[S]. 北京:人民交通出版社,2001.

[23] 周福田. 质量控制[M]. 北京:人民交通出版社,2003.

[24] 韩理安. 港口水工建筑物[M]. 北京:人民交通出版社,2008.

[25] 胡旭跃. 航道整治[M]. 北京:人民交通出版社,2008.

[26] 刘晓平,陶桂兰. 渠化工程学[M]. 北京:人民交通出版社,2009.

[27] 长江航道局. 航道工程手册[M]. 北京:人民交通出版社,2005.

[28] 周福田,张贤明. 水运工程施工[M]. 北京:人民交通出版社,2004.

[29] 中国交通建设监理协会. 交通建设工程安全监理[M]. 北京:人民交通出版社,2010.

[30] 中国交通建设监理协会. 交通建设工程施工环境保护监理[M]. 北京:人民交通出版社,2010.